Die Eisenbahn
Verona–Brenner

UMSCHLAG

Farbfoto: Ein Zug auf der Strecke nahe Pflersch

Schwarzweißaufnahmen, von oben: Die Ankunft des ersten Zuges im neuen Bahnhof von Verona, 1922

Eine Lokomotive der Baureihe 229 in der Bahnhofsanlage von Trient, Anfang des 20. Jahrhunderts

Die Eisackbrücke bei Bozen (das Foto stammt aus den Jahren des Baus der Bahnlinie; etwa 1858)
Die Bahnstation von Sterzing in den dreißiger Jahren

VORSATZ

Ein Güterzug mit Lokomotive der Baureihe 895 im Bahnhof am Brenner.
Die Aufnahme stammt aus den fünfziger Jahren.

1995
Alle Rechte vorbehalten
© by Verlagsanstalt Athesia Ges.b.m.H., Bozen
Titel der italienischen Originalausgabe: »La ferrovia Verona–Brennero«
Aus dem Italienischen übertragen von Schahrzad Assemi
Layout: Erwin Kohl und Laura Facchinellli
Gesamtherstellung: Athesiadruck, Bozen
ISBN 88-7014-856-4

Laura Facchinelli

Die Eisenbahn Verona–Brenner

Geschichte
einer bedeutenden Verkehrslinie

VERLAGSANSTALT ATHESIA · BOZEN

Inhalt

Der Bau und die Entwicklung der Eisenbahnlinie

Brücke über die Etsch bei Parona. Das Foto des Studios Lotze stammt aus einem Album zum Bau der Eisenbahn von Verona nach Bozen (ca. 1858).

Die ersten Verbindungswege an Etsch und Eisack

Wer von Verona durch das Etschtal nach Norden fährt, dem werden die vielen Verkehrslinien auffallen, die alle in Richtung Brenner führen. Staatsstraße, Eisenbahn und Autobahn schlängeln sich im Talgrund dahin, einmal eng an den Fluß geschmiegt, ein andermal in den Talerweiterungen entfernt vom allerersten Verkehrsweg in dieser Gegend, der als solcher bis in die Antike zurückreicht.

Fast parallel zum Strom ziehen sich diese Verkehrslinien durch das Etschtal hin, begleiten dann den Eisack, als den größten Nebenfluß der Etsch, und folgen so der einzigen Talfurche, die sich inmitten der Berge zum Brenner hinaufzieht. In den in erdgeschichtlicher Zeit entstandenen Engtalstrecken – wir denken an die Veroneser oder Berner Klause bei Ceraino und an die Enge der Porphyrfelsen zwischen Kardaun und Kollmann –, an diesen einzigartigen Orten also nähern sich, ja kreuzen sich die vier Verkehrsadern Fluß, Straße, Eisenbahn und Autobahn; die künstlichen Wege verlaufen über Brücken und Viadukte, und an vielen Stellen verlaufen sie durch Tunnels im Inneren der Berge.

So erliegen wir dem Zauber der Natur und gleichzeitig dem der modernen Technologie und erkennen den grundlegenden Charakter dieser Landstriche, die – von der Veroneser Poebene über Trient, Südtirol und jenseits der Wasserscheide bis hin nach Österreich und Deutschland – seit jeher wichtige Durchgangsgebiete waren. Eben jene Verbindungswege begründeten mit dem Handel und später dem Tourismus den wirtschaftlichen Reichtum dieser Regionen und prägten durch die direkte Berührung mit verschiedenen Kulturen deren einmalige Gestalt.

Der Brenner bildet die Wasserscheide zwischen der Adria und dem Schwarzen Meer; am Gipfelpunkt entspringen nicht weit voneinander entfernt die beiden Flüsse Eisack und Sill: Der erste fließt durch Südtirol in Richtung Süden und in die Etsch, die in die Adria mündet; die Sill hingegen mündet bei Innsbruck in den Inn, der seinerseits in die Donau fließt; seine Wasser strömen also ins Schwarze Meer.

Schon die Etrusker scheinen den Brenner gekannt zu haben, den damaligen *Pirenus,* und nannten die Straße, die aus dem Süden kommend zu ihm hinaufführte, »Via Sacra«, die »Heilige Straße«, da sie unter dem Schutz der Götter stand. Archäologische Funde beweisen, daß der Brenner bereits im Bronzezeitalter passierbar war, also 1700–1800 Jahre vor Christus.

Natürlich waren diese alten Straßen nichts anderes als bescheidene Pfade, die Mensch und Tier ausgetreten hatten und deren Ränder von den tiefen Furchen der Karrenräder gezeichnet wurden. Da man sich die bequemsten Übergänge aussuchte, blieben diese Strecken auch für die später angelegten Verkehrswege maßgeblich. Dies gilt vor allem für die Längsachse Etsch-Eisack, die man über die Jahrhunderte hinweg im wesentlichen unverändert beließ und auf deren Linie die Straße (später die Eisenbahn und ein Jahrhundert danach auch teilweise die Autobahn) sich den geographischen Gegebenheiten der Landschaft anpaßte, wo die Enge des Tales keine andere Wahl ließ.

Die großen Verkehrsadern der Römer

Die erste Straße von Verona zum Brenner wurde von den Römern angelegt; militärische und politische Gründe machten den Bau neuer Verkehrsadern notwendig. Über weite Entfernungen hinweg wurden Verbindungen geschaffen, die stabile und tragfähige Beziehungen zu den Regionen ermöglichten, die man nach und nach eroberte. Die Straßen sollten dazu beitragen, diese Gebiete besser in den römischen Staat zu integrieren.

Die Hauptstrecke längs der Etsch und des unteren Eisacklaufes gehörte zum Reich des Augustus, der X. *Regio* Augustea, die im Norden an die »provinciae«, die kaiserlichen Provinzen *Raetia et Vindelicia* und *Noricum,* grenzte.

Die Hauptstraße längs der Etsch – genannt *Claudia Augusta Padana* – begann beim Binnenhafen *Hostilia* am Po, durchquerte Verona und kreuzte die querlaufende Via *Postumia* und führte schließlich nach Norden in Richtung *Augusta Vindelicorum* (Augsburg) im Herzen von Raetia.

In jedem Falle scheint es, daß die *Via Claudia Augusta* ursprünglich noch vor Bozen *(Pons Drusi)* in den Vinschgau abbog und daß der Straßenabschnitt längs des Eisacks erst später angelegt wurde. Letzterer verdrängte dann aber schnell die Strecke über den Reschenpaß, einfach weil er, wenn auch unbequem und holperig, kürzer war.

Nach neuesten Erkenntnissen kann man für das Gebiet von Verona bis zum Brenner getrost annehmen, daß die ehemalige römische Straße großteils mit dem heutigen Verlauf der Staatsstraße und der Eisenbahnlinie übereinstimmte. Die *Via Claudia Augusta Padana* berührte Parona und führte wieder in die Talsohle nach San Pietro in Cariano zurück und setzte sich dann in Richtung Ponton und Volargne fort. Nach Volargne, wo auch eine Raststätte *(Mansio Vennum)* erwähnt wird, verlief sie wohl auf der rechten Flußseite. Auf alle Fälle berührte sie schon Avio, dann (wieder auf der linken Uferseite) Ala und Serravalle (bezie-

Die Luftaufnahme zeigt eine Teilstrecke der Eisenbahn nahe Blumau; wenig entfernt davon verläuft die Autobahn. Zwischen den beiden Verkehrsadern fließt der Eisack.

hungsweise Ad Palatium und Mansio Sarnis). Und damit sind wir in Trient *(Tridentum),* wo man auf die *Via Claudia Augusta Altinate* traf, die von Altino über Feltre und der Valsugana herkam. Hinter Trient führte die römische Straße bereits wie heute über Gardolo, Lavis, Pressano, Nave San Felice, Salurn, Neumarkt. In Neumarkt befand sich die Straßenstation *Endidae.* Die Straße scheint sodann kurz vom Tal weg nach Castelfeder abgewichen zu sein, dann aber gleich wieder nach Auer und Branzoll hinuntergeführt zu haben.

Recht verschieden voneinander sind die Theorien über die Lage von *Pons Drusi.* Mit größter Wahrscheinlichkeit befand sich der Ort aber am Eisack, an den Hängen des Virgls, dort, wo heute Bozen liegt. Von *Pons Drusi* aus führte, wie bereits erwähnt, ein Zweig der Straße in den Vinschgau.

Vom Bozner Talkessel aus nach Norden führte die Straße im Eisacktal weiter, berührte Kardaun, überquerte dann den Eisack und setzte sich am rechten Ufer fort, erreichte Atzwang und die Holzbrücke, dort wo fast zweitausend Jahre später der Bahnhof Kastelruth entstehen sollte.

Die heutigen Verkehrsstrecken stimmen also im großen und ganzen mit den antiken römischen Straßen überein; diese Feststellung betrifft die Eisenbahnlinie und natürlich die »ältere« Staatsstraße; unser kurzer Ausflug in die Geschichte sollte dies verdeutlichen.

In bezug auf die Enge des Eisacktales zwischen Kardaun und Kollmann behaupten einige Geschichtsforscher, daß die römische Straße hier nicht in der Talsohle, sondern über eine längere Strecke auf der Hochebene des Rittens verlief. Andere halten dieser Annahme entgegen, daß die in alten Dokumenten über-

»Die Aquila Tirolensis – Tiroler Adlerkarte« wurde 1609 von Matthias Burgklechner angefertigt und in den Jahren 1620 und 1626 vervollständigt. Im Vogelkörper ist die Landkarte Tirols ab Borghetto eingezeichnet. Das Original wird im Tiroler Landesmuseum Ferdinandeum in Innsbruck aufbewahrt.

Ein Ausschnitt aus der Karte von Matthias Burgklechner, der das Gebiet von Salurn bis Matrei zeigt.

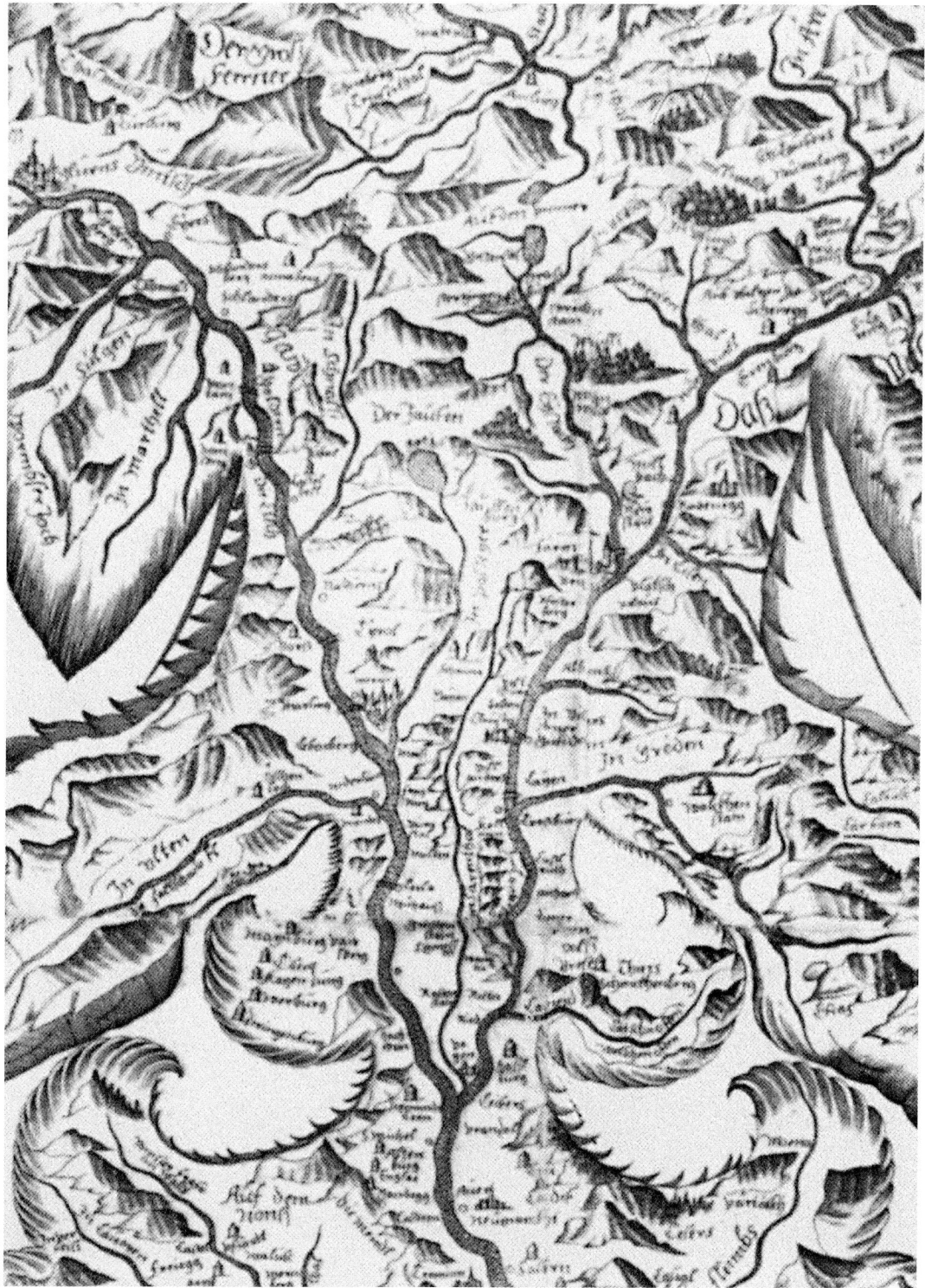

lieferten Entfernungsangaben mit denjenigen des Verlaufs im Talgrund übereinstimmten; die Frage ist bis heute ungeklärt.

Nahe dem heutigen Waidbruck lag die Mansio Sublavione. Der Rastplatz der Römer hatte eine Zollstelle (hier verlief die Grenze zwischen *X. Regio und Raetia*).

Nach der Abzweigung in die Valsugana und jener in den Vinschgau ging der dritte Strang von der Achse Etsch–Eisack zwischen Brixen und Franzensfeste ab. Diese Straße führte von Aquileja her, erreichte dann Lienz (Aguntum), von wo aus sie sich durch das Pustertal fortsetzte, Innichen (Littamum) und Bruneck (Sebatum) berührte und schließlich Sterzing (Vipitenum) erreichte.

Jenseits des Brenners zog die Straße in Richtung Innsbruck und erreichte Veldidena, das heutige Wilten in der Nähe der Tiroler Hauptstadt.

Schon in der römischen Epoche waren also die wichtigsten Trassen in der heutigen Region Trentino-Südtirol gezogen. Einige Spuren dieser Zeit sind noch erkennbar – die Meilensteine zum Beispiel oder die in den Fels gegrabenen Fahrrillen im Gebiet um Franzensfeste. Diese Rinnen wurden von den alten Erbauern auf den Bergstraßen angelegt, um zu verhindern, daß die Wagenräder die Spur verloren, was vor allem bei Vereisung leicht geschehen konnte.

Die Handelsstraße

Im 3. Jahrhundert begannen die Völkerwanderungen, und der Brenner wurde zur »Janua barbarorum«. In der Folgezeit bekam die Verkehrsader den Namen Kaiserstraße, da sie von Königen und Kaisern benutzt wurde, die entweder in kriegerischer Absicht gegen die Halbinsel zogen oder durch die Krönung in Rom die Herrschaft des Römisch-Deutschen Reiches festigen wollten.

Im Mittelalter bedienten sich vor allem die venezianischen Händler der Kaiserstraße, um

11

ihre Waren nach Deutschland zu befördern. Aber auch in umgekehrter Richtung wurden Handelsgüter aus Deutschland und anderen Ländern Mitteleuropas eingeführt und in die Seitentäler weitertransportiert. Bereits gegen das Jahr 1000 floß der Handelsverkehr vom Sterzinger Talkessel nicht nur in Richtung Bozen, sondern auch längs des Pustertales nach Toblach und von dort nach Cortina und Treviso. Ebenso konnte man weiter südlich das Etschtal verlassen, in die Valsugana abzweigen und dann der Brenta entlang Bassano und Padua erreichen oder nach Feltre und Treviso abbiegen. Über dieselbe Hauptstraße an Eisack und Etsch lief der Handelsverkehr zwischen der Lombardei und Deutschland, der dem Südufer des Gardasees bis nach Lazise folgte,

dann den Ort Pontone an der Etsch bei Domegliara erreichte und von dort aus gegen Norden weiterzog.

Seinerzeit reiste man noch mit Lasttieren, zu Fuß oder im Sattel. Man kam langsam vorwärts, legte zwanzig, höchstens dreißig Kilometer am Tag zurück und mußte den verschiedensten Gefahren, die häufigen Raubüberfälle eingeschlossen, trotzen. Eine Tagreise zu Fuß voneinander entfernt lagen die Herbergen, die dem Reisenden Mahlzeiten und die Möglichkeit zur Übernachtung boten.

Der Handelsaustausch zwischen Italien und Deutschland nahm im 15. Jahrhundert stark zu. In Richtung Norden transportierte man orientalische Gewürze und venezianische Manufakturwaren, aber auch Früchte aus dem Süden und die Weine und Produkte des Etschtales; der Handelsverkehr wuchs ständig. Im Jahre 1300 schon wurden ungefähr 3000 Tonnen Güter über den Brenner transportiert, zwei Jahrhunderte später waren es bereits 5000

Tonnen, und in der Mitte des 18. Jahrhunderts verdoppelte sich die Menge. Im Jahre 1800 waren es 15.000 Tonnen und ein halbes Jahrhundert später 60.000.

Es ist offensichtlich, daß der große Verkehr von Mensch und Waren in den Gebieten, die die wichtige Verkehrsader streifte, das Dienstleistungsgewerbe und die technischen Hilfsdienste förderte – von den Gaststätten bis hin zu den großen Pferdeställen für den Wechsel der Tiere, dazu die Berufe des Fuhrmanns, des Sattlers und so weiter.

Mit dem Anbruch des Eisenbahnzeitalters sollten zunächst für die Straße nur noch wenige lokale Transporte übrigbleiben – ein schwerer Schlag für die Gastwirte und die zahlreichen Handwerker. Die Auswirkungen waren längs der gesamten Hauptverkehrsstraße spürbar. Vor dem Aufkommen der Eisenbahn hatten ja auch die Streitkräfte die Straße benutzt, und über die Straße wurde die Post befördert. Die Bahn, die auch diese Funktionen für sich vereinnahmte, sollte somit die Gewohnheiten und das Verständnis von Raum und Zeit gänzlich verändern.

Längs der Verbindungsstrecke zwischen Brenner und Poebene gab es einige schwierige Stellen. Vom Norden her lag die erste zwischen Waidbruck und Bozen, wo die Unzugänglichkeit der Schlucht in der Talsohle die Reisenden zu einem langen Umweg auf die Hochebene des Rittens zwang. Erst im Jahre 1314 schuf der Bozner Kaufmann Heinrich Kunter Abhilfe, indem er auf seine Kosten die Straße längs des Eisacks bauen ließ, die fortan den Namen Kuntersweg tragen sollte. – Ein zweiter kritischer Punkt lag zwischen Neumarkt und Salurn. Hier bildeten die häufigen Überschwemmungen der Etsch eine große Gefahr. Schon in der Römerzeit hatte man nicht nur einen, sondern sogar zwei Höhenwege zur Auswahl, um dieser Widrigkeit aus dem Wege zu gehen. Ein besonders unzugänglicher und schwieriger Engpaß war dann auch die Klause von Ceraino (Berner Klause), wo die überhöht in den Fels gehauene Straße ein sehr steiles Stück überwand. Wir werden auf all diese Einzelheiten in den jeweiligen Kapiteln zurückkommen.

Das Foto aus den Anfangsjahren des 20. Jahrhunderts zeigt ein Boot im »Militärhafen« bei der Klause von Ceraino.

Die Brennerstraße wurde oft neu angelegt und verbessert. Ab dem 16. Jahrhundert setzte man ein eigens mit der Instandhaltung der Straßen beauftragtes Personal ein.

Spricht man über Händler und Handel, wird man sich sogleich der Bedeutung bewußt, die die Hauptlinie Verona–Brenner seit jeher hatte. Der Durchgangsverkehr und der rege Handelsaustausch bildeten die Voraussetzungen für die Entstehung und Entwicklung von Verona, Trient, Bozen und ebenso der kleineren Orte.

Geht man zu den Anfängen zurück, findet man die ersten Besiedlungen genau längs der natürlichen Leitlinie. Man denke etwa an das Etschtal, in dem besonders in seinem mittleren Teil die Städte Meran, Bozen, Trient und Rovereto heranwuchsen. Wir möchten aber auch die Zuflüsse der Etsch nicht außer Betracht lassen, wie den Eisack, an dem sich die Stadt Brixen entfaltete. Vor allem die Mündungen größerer und kleinerer Täler längs des Flusses – insofern er nicht nur ein Verkehrsweg war, sondern auch das lebensnotwendige Wasser brachte – waren bevorzugte Siedlungsgebiete, da man von dort aus schnell in die Berge vordringen und auch die Wasserkraft nutzen konnte. An solchen Stellen entstanden die Orte Gossensaß, Lavis, Mattarello und Calliano. Und es ist nur zu natürlich, daß die wirtschafliche Entwicklung der Orte von den Verkehrswegen entscheidend beeinflußt wurde: Städte an großen internationalen Verkehrsknotenpunkten waren seit jeher begünstigt, wie etwa Bozen, Trient und Brixen. Dies gilt einmal für den Handelsverkehr, zum anderen für die Industrie (die schneller Ausfuhrstrecken bedarf), aber auch für den Tourismus.

Die erste genaue kartographische Aufzeichnung von Tirol erarbeitete Peter Anich in Zusammenarbeit mit Blasius Hüber in der zweiten Hälfte des 18. Jahrhunderts im Auftrage der Kaiserin Maria Theresia. Die beiden Wissenschaftler begannen im Jahre 1760 im nördlichen Tirol und arbeiteten sich allmählich nach Süden vor. Als Anich an den Folgen einer Erkrankung starb, vollendete Hüber allein den Auftrag. 1774 wurden die Aufzeichnungen in zwanzig Bildtafeln als »Atlas Tyrolensis« vom Wiener Drucker Johann Ernst Mannsfeld herausgegeben.

In diesen ersten Gebietskarten unterschied man zwei Straßenarten: die Landstraßen und die ortsgebundenen, einfachen Saumpfade.

Mit dem Schiff über die Etsch

Als Verkehrsverbindung kommt der Etsch bis in die Mitte des 19. Jahrhunderts eine vorrangige Bedeutung zu, war sie doch über Jahrhunderte hinweg die Hauptverkehrsader – und als solche viel wichtiger als der lange und schwierige Landweg – zwischen der Adria und dem Norden.

Die Etsch wurde schiffbar bis Branzoll. Dank auch dieses Binnenhafens wuchs Bozen zur Handelsstadt heran – mit zwei Messen im Jahr, die dann vier werden sollten – und wurde zum Knotenpunkt für den Handelsaustausch zwischen der italienischen Halbinsel und Mitteleuropa.

Bereits zu Anfang haben wir über die von der Wasserscheide des Brenners getrennten Einzugsgebiete gesprochen. Wie man über die Etsch von Branzoll in die Adria schiffen konnte, so fuhren die Schiffe auf dem Inn in Hall – dem Hafen von Innsbruck – ab und gelangten über die Donau ins Schwarze Meer. Längs der Etsch transportierte ein vollbeladenes Handelsfloß zwischen 15 und 17 Tonnen im ersten Abschnitt und bis zu 25 im unteren Verlauf. Mit den Flößen, die bis zu 28 Meter Länge und fünf bis sechs Meter Breite maßen, transportierte man schwere Güter, so z. B. bis zu 220 Kubikmeter trockenes Holz und Marmorblöcke aus den alten Steinbrüchen von Sant'Ambrogio.

Die Schiffe trugen hingegen weniger Gewicht, auf den verschiedenen Abschnitten des Flusses von zehn bis allerhöchstens 18 Tonnen. Zudem kamen sie nur sehr langsam vorwärts. Allein für das Stück von Trient nach Verona brauchten sie ungefähr 24 Stunden und erreichten dann erst am dritten Tage Venedig.

Sie fuhren auch gegen den Strom; Zugpferde und -ochsen schleppten sie stromaufwärts auf dem Treidelweg am Ufer.

Die Flöße, die von einem oder zwei Flößern gesteuert wurden, waren wesentlich schneller als die Schiffe, konnten jedoch nur stromabwärts fahren; bei ihrer Ankunft wurden sie auseinandergenommen. – Längs des Flusses gab es zahlreiche Ankerplätze für die Flöße. So war nach Branzoll Neumarkt ein für die Schiffahrt wichtiger Ort; danach folgten Trient, Sacco di Rovereto und Verona. Von Verona aus fuhren die Flöße nach Legnano weiter, das der Umschlaghafen in Richtung Ostiglia war (erreichbar über den Landweg mit anschließender Weiterfahrt auf dem Po). Die Flöße mit Zielrichtung Chioggia und Venedig blieben auf der Etsch.

Auch der Schiffsweg über die Etsch barg einige Schwierigkeiten in sich. Auf der Höhe der Klause und in den engen Flußbiegungen hatte man mit einer sehr starken Strömung zu kämpfen. Im Einfahrtsstück von Verona machten einem die zahlreichen Windungen, die Brückenpfeiler und anderes mehr zu schaffen, und die Flößer mußten aufpassen, um auf den Schotterbänken nicht aufzulaufen. Wenn der Wasserspiegel auf den Pegeln in den Zollstationen ein bestimmtes Maß überschritten hatte, wurde die Schiffahrt gesperrt. Eine andere Gefahr war der Frost, da sich dann große Eisblöcke von den oberen Flußufern lösten, die stromabwärts treibend die Schiffe stark beschädigen konnten.

Wir haben über den Wasserspiegel gesprochen. Überschwemmungen stellten jahrhundertelang eine ständige Gefahr dar, und nicht selten riefen sie Katastrophen hervor. Eine endgültige Lösung des Problems ergab sich nach vielen Versuchen und vereinzelten Eingriffen erst am Ende des 19. Jahrhunderts; der notwendig gewordene Schutz der Schienenstrecke sollte den Ausschlag zu dieser Wandlung geben.

Die Geschichte des blühenden und friedlichen Handelsverkehrs, der jahrhundertelang über die Etsch floß, sollte zum Ende des 18. und Anfang des 19. Jahrhunderts ein jähes Ende finden. Die Gründe waren verschiedener Natur – vom Sturz der Republik Venedig bis zur Ausdehnung der österreichischen Vorherrschaft mit der Schaffung des Königreiches Lombardo-Venetien. Die Stadt Verona konzentrierte ihre ganzen Kräfte auf das Militärwesen, bis sie schließlich als das bestbefestigte Bollwerk des Reiches galt. Die durch die militärische Besatzung verursachten negativen Auswirkungen für Verona wurden durch den Bau großer öffentlicher Bauwerke und der Verteidigungsanlagen wettgemacht, welche die Österreicher in den letzten Jahren ihrer Anwesenheit ohne Unterlaß schufen; einen wichtigen Teil dieser Infrastrukturen bildete die Tiroler Eisenbahnlinie.

Genau diese Eisenbahn war es, die dem Schiffsverkehr auf der Etsch den Todesstoß versetzte und den Flußweg in ein Abseits drängte, indem ein Massenverkehr nicht gewährleistet werden konnte. Unterschiedlich dazu zeigten sich die Auswirkungen auf den Straßentransport, der zwar zunächst von der Lokomotive überholt wurde, nach und nach aber wieder erheblich zulegen konnte.

Straßen und Postkutschen

Bevor wir zu unserer Eisenbahnlinie kommen, betrachten wir zunächst das gesamte Straßennetz und die verschiedenen Transportmöglichkeiten von Personen und Gütern in der Mitte des 19. Jahrhunderts, die alsbald von der Eisenbahn verdrängt werden sollten. Im Jahre 1772 wurde der Straßenabschnitt von Brixen zum Brenner neu angelegt, und auch der untere Abschnitt durch das Eisacktal wurde erneuert. Dieser Kuntersweg, dessen Bau nunmehr 500 Jahre zurücklag, reichte nicht mehr aus und war ständig von Felsstürzen bedroht. Um 1840 wurde der Weg neu angelegt. Die Mittel zur Erhaltung der Straßen zog man größtenteils aus den Einnahmen von Wege- und Brückengeldern.

Im 18. Jahrhundert, dann in der napoleonischen Epoche und später unter der Führung Österreichs erneuerte und verbesserte man die anderen Verbindungsstraßen, die fast alle Bozen und Trient berührten. Von 1820 bis 1825 bauten die Österreicher unter enormen technischen Schwierigkeiten die Straße zum Stilfser

Joch, um die Verbindung mit der Lombardei über das Veltlin zu gewährleisten.

Die Menge der über den Brenner beförderten Güter stieg schnell an. Den Transport besorgte man mit zwei- oder vierrädrigen Wagen, die von Maultieren bzw. Pferden gezogen wurden. In den Ställen standen immer genügend frische Zugtiere zum Wechseln bereit. Im letzten Abschnitt vor dem Brenner hielt man zusätzlich Pferde bereit, welche die starke Steigung überwinden halfen.

Über Jahrhunderte hinweg waren es Händler, Wallfahrer, Diplomaten und zuweilen Reisende auf der Suche nach Abenteuern und neuen Erfahrungen, welche die Straßen bevölkerten; man reiste durchwegs zu Pferde. Erst mit Beginn des 18. Jahrhunderts wurde eine regelmäßige Postkutschenverbindung zwischen Bozen und Innsbruck eingerichtet. Später dehnte sich diese zu einem ausgesprochenen Linienverkehr mit mehreren Fahrten und festgesetzten Fahrzeiten aus.

Eine wichtige Linie verband Mailand und Venedig über Verona. Eine andere, stark befahrene Strecke war jene von Mantua nach Trient. Von Verona aus fuhren die Kutschen gegen Norden über Volargne, Peri, Ala, Rovereto. Als die Gebiete nördlich von Borghetto noch zu Österreich gehörten, wurden die Entfernungen von der Annasäule in Innsbruck aus gemessen. Nach der Angliederung an Italien rechnete man vom Abetonepaß im Apennin aus, und auch heute noch reisen wir auf der »Abetone- und Brennerstaatsstraße 12«.

Soweit zum Verkehr auf den zwei ältesten Verbindungswegen, der Etsch und der Straße. Die Transportbedingungen und die damit verbundenen Tätigkeiten längs der Strecke änderten sich im Laufe der Jahrhunderte nur geringfügig, bis dann die Eisenbahnlinie die große Wende brachte.

Um mehr über die Lebensbedingungen in den Tiroler Berggebieten in der Mitte des 19. Jahrhunderts zu erfahren, kann man eine in jenen Jahren gemachte Aussage von Filippo Maria Deliliers zitieren, in der dieser die Notwendigkeit einer österreichisch-italienischen Zollvereinigung betonte. Da Tirol – so erklärte

der Essayist – ein gebirgiges Land sei, böte es nicht genügend Raum für den zum Selbsterhalt nötigen Pflanzenanbau. In der Tat gab es wenig Weizen und Mais, obwohl man auf allen anbaufähigen Flächen Ackerbau betrieb. So verlegten sich die Tiroler hauptsächlich auf die Viehzucht, die, begünstigt durch die weiten Almweide, bald den größten Reichtum des Landes bildete. Man exportierte auch eine große Menge von gegerbtem Leder, das in ganz Europa und nach Amerika versandt wurde. Herrliche Handarbeiten aus Leinen, Garnen und Hanf fertigten die Frauen zumeist im Winter an, während die Männer vor allem in Gröden Spielzeug und Figuren aus Holz schnitzten. Die ungenügende Nahrungsmittelversorgung zwang an die 40 Prozent der Welschtiroler in den Wintermonaten zum Verlassen ihres Landes. Man zog nach Bayern, in die Schweiz und nach Italien und trug auf den Schultern die in den Bozner Tälern gefertigten Holzarbeiten. Im Land gab es mehrere Bergwerke, in denen man Blei, Zink usw. förderte. So entstanden Fabriken, in denen unter anderem die Produktion von Schußwaffen florierte.

Weitaus besser waren die Lebensbedingungen in den Städten. F. de Golbery schrieb in seinem 1840 veröffentlichten Geschichts- und Landschaftsführer über die Schweiz und Tirol: »Wenn die Gemeinde Bozen im Vergleich zu vergangenen Zeiten auch stark heruntergekommen ist, so gibt es dennoch genügend Reiche. Diese lieben in großem Maße die Vergnügungen des Landlebens, und es ist einfach herrlich, anmutige Damen und Herren im schwarzen Anzug auf 4000 Fuß Höhe den Straußwalzer tanzen zu sehen ... Die Kleider der Damen, die Gewänder der zum Fest geschmückten Bauersfrauen, die wehenden Fahnen, das Knallen der Salvenschüsse und das Echo in der Ferne, all' dies gibt ein Bild ab, das man nicht beschreiben kann.«

Auch die Tiroler fernab der Heimat ließen sich die Freude an einem erholsamen Ferienaufenthalt nicht nehmen, und so – berichtet weiter Golbery – »unternehmen sie oftmals sehr lange Reisen, um auch nur einige Tage in der Sommerfrische zu genießen. Dies ist ein recht kostspieliger Lebensstil, da man alles mit großen Mühen und zu teuren Preisen über schwierige Straßen hinweg befördern muß«.

Dies waren die Bedingungen zur Zeit, als die Eisenbahnlinie verlegt wurde, ein Verkehrs- und Transportmittel, das der Wirtschaft zu einem bedeutenden Aufschwung verhalf, das aber auch eine neue Bequemlichkeit darstellte, welche die persönlichen Gewohnheiten stark verändern sollte. Es scheint, daß die Bevölke-

rung als man den Vorschlag zum Bau der Eisenbahn vorbrachte, große Zweifel über eine solch riesige und kostspielige Unternehmung hegte. Man schlug vor, statt dessen die Verbindungen längs der Etsch auszubauen. Diesem Vorschlag lag eine vorsichtige Haltung zugrunde, die auf Bestehendes aufbaute. Aber schon bald nach der Eröffnung der Eisenbahnlinie löste eine vorübergehende Einstellung des Betriebes Unruhe und Verwirrung aus; der Schritt in ein neues Zeitalter war getan.

Pferdekutschen auf der winterlichen Piazza Dante in Trient. Das Foto von S. Perdomi stammt aus den ersten Jahrzehnten unseres Jahrhunderts.

Die Entwicklung der Eisenbahnstrecke im Österreichischen Kaiserreich

In der Mitte des 19. Jahrhunderts dehnte sich das Großreich Österreich-Ungarn über eine weite Fläche aus, um die sich die längste Festlandgrenze aller europäischer Staaten zog. In der vom Kaiser im Jahre 1845 unterschriebenen Verfassung waren die folgenden Kronländer aufgelistet: das Erzherzogtum Österreich, das Herzogtum Salzburg, das Herzogtum Steiermark, das Königreich Illyrien (das die Herzogtümer Kärnten und Krain, die fürstliche Grafschaft Görz und Gradisca, die Markgrafschaft Istrien, die Stadt und das Gebiet von Triest umfaßte), die gefürstete Grafschaft Tirol und Vorarlberg, das Königreich Böhmen, die Markgrafschaft Mähren, das Herzogtum von Ober- und Unterschlesien, die Königreiche Galizien und Lodomerien mit seinen Herzogtümern und dem Großherzogtum Krakau, ferner das Herzogtum Bukowina, die Königreiche Dalmatien, Kroatien und Slawonien mit der kroatischen Küste, die Stadt Fiume mit ihrem Hoheitsgebiet, das Königreich Ungarn sowie die Großfürstentümer Siebenbürgen (die mehrere Provinzen umfaßten).

Und da war schließlich das Königreich Lombardo-Venetien, dessen Beziehungen zum Kaiserreich in einem Sonderstatut geregelt waren.

Jene Kronländer bildeten die Erbmonarchie des Hauses Habsburg-Lothringen, die konstitutionell, frei, unabhängig, unteilbar und unauflöslich war. Die Stadt Wien war die Hauptstadt der Monarchie und Kaisersitz, aber den verschiedenen Kronländern war im Rahmen der Verfassung eine gewisse Autonomie mit der Rechtsgleichheit für alle Häuser zuerkannt; so hatte jedes Land das unantastbare Recht, seine Nationalität und die eigene Sprache zu bewahren und zu pflegen.

In einem derart weiten und heterogenen Hoheitsgebiet bildeten die Donau und die Adria die besten Verbindungswege zwischen Ost und West. Das Reich besaß einen großen Reichtum an verschiedenen landwirtschaftlichen und industriellen Produkten, und natürlich war sich die Regierung der enormen Bedeutung der Verkehrswege für die wirtschaftliche Entwicklung bewußt.

Vor dem Bau der Eisenbahnlinie gab es zwei Verkehrsadern, die man ausbaute. Zunächst verfügte Österreich über eine große Anzahl schiffbarer Wasserläufe, aber deren Auseinanderstreben und die Gebirgszüge ließen ein in sich geschlossenes Verkehrsnetz nicht zu. Der wichtigste Fluß war die Donau; weitere schiffbare Wasserwege waren der Dnjestr, die Weichsel, die Elbe und – auf italienischem Gebiet – die Etsch und der Po. So erreichte man über das Wasser das Schwarze Meer, die Ostsee, die Nordsee und die Adria. Zum Kaiserreich gehörte zudem ein weites Kanalnetz in Ungarn, aber auch in der Lombardei. Die Kanäle stellten ein effizientes Bewässerungssystem dar; im Handelsverkehr spielten sie allerdings eine unerhebliche Rolle.

Besondere Fürsorge der österreichischen Regierung galt den Straßen, die im Jahrzehnt 1816–1825 mit gezieltem Einsatz über die Alpenketten gezogen wurden (die berühmteste dieser Straßen ist die bereits erwähnte zum Stilfser Joch). Sie bildeten in der Mitte des Jahrhunderts ein dichtes und effizientes Netz. Das österreichische Italien gehörte neben dem Erzherzogtum Österreich und Böhmen zu den am besten mit Straßen bestückten Landesteilen, während Ungarn z. B. nur wenige Verbindungen aufweisen konnte.

In den dreißiger Jahren begannen sich in England (wo die erste Eisenbahnlinie überhaupt im Jahre 1825 eröffnet wurde), in Frankreich, Belgien, in der Schweiz und in Deutschland die Schienenwege zu entfalten. Österreich erkannte sehr schnell, welch große Bedeutung dieses neue Verkehrsmittel haben würde.

Bereits im Jahre 1829 präsentierte der Wiener Professor Franz Xaver Riepl einen Plan, um Österreich mit Deutschland verkehrsmäßig zu verbinden. Eine erste, noch mit Zugtieren betriebene Eisenbahnlinie wurde 1832 zwischen Linz und Budweis in Böhmen in Betrieb genommen.

Seinen tatsächlichen Anfang nahm das Eisenbahnnetz des Kaiserreiches durch private Initiativen. Im Jahre 1836 wurde der »Privilegierten Kaiser-Ferdinand-Nordbahn« die Genehmigung erteilt, die Hauptstadt Wien mit Bochnia zu verbinden, einem Ort an der russischen Grenze. Eine Zweiglinie über Olmütz hätte dann die Nordbahn mit dem bereits entwickelten Netz auf preußischem Gebiet verbunden; weitere Zweigbahnen waren für Brünn und Troppau vorgesehen. Ebenso im Jahre 1836 schlug der deutsche Wirtschaftswissenschaftler Friedrich List den Bau einer Eisenbahnstrecke von München nach Innsbruck vor. Im darauffolgenden Jahr wurden die Fundamente für die Trasse von Kufstein nach Innsbruck verlegt, und Ingenieur Luigi Negrelli mit der Planung beauftragt.

Negrelli und die ersten Maschen des Eisenbahnnetzes

An dieser Stelle müssen wir wenigstens kurz auf die Person Luigi Negrellis, des Erbauers der Tiroler Eisenbahnlinie von Verona bis Bozen, eingehen. Negrelli spielte auch eine wichtige Rolle bei der Anlage der Bahnlinien in Lombardo-Venetien, arbeitete jedoch vorwiegend in Mitteleuropa. Dank seiner technischen Erfahrung, seiner Intelligenz und seines für alle seine Arbeiten charakteristischen Scharfsins, trug er erheblich zu der Gestaltung des Eisenbahnnetzes bei, das damals ja noch in den Kinderschuhen steckte.

Der am 23. Januar 1799 in Primör (Premier) geborene Negrelli stieg sofort ins Bauwesen ein, nachdem er als gerade Zwanzigjähriger das Staatsexamen in Ingenieurwissenschaften am Polytechnikum in Innsbruck abgelegt hatte. Von 1821 bis 1825 war er mit Straßenbauarbeiten im Etschtal und im Pustertal beschäftigt. Seine ersten Erfahrungen mit der Eisenbahn erwarb er in der Schweiz, wo er am Bau der Strecke Zürich–Basel mitarbeitete, aber auch an den Entwürfen zum gesamtschweizerischen Streckennetz beteiligt war. Im Jahre 1836 unternahm er eine Studienreise, um seine Kenntnisse auf dem Gebiet der technischen Eisenbahnplanung zu vertiefen und besuchte die bestehenden Schienenwege in Frankreich, England und Belgien. Er lernte auch den Erfinder der Lokomotive, George Stephenson, kennen und besprach mit ihm eingehend die Möglichkeiten, auch starke Neigungen mit der Maschine zu überwinden. Negrelli war von der Möglichkeit der Realisierung dieser Idee fest überzeugt, und bald sollte er sie bestätigt finden.

Im Jahre 1837 wurde in Innsbruck zur Verwirklichung der Linie Innsbruck–Kufstein eine private Kapitalgesellschaft gegründet; Negrelli wurde wie erwähnt mit dem Projekt beauftragt. Der Ingenieur kam im Januar 1838 in Tirol an und präsentierte nach eingehenden Besichtigungen im Inntal die »Studie zur Trassierung einer Eisenbahnlinie von Innsbruck bis zur königlich-bayerischen Grenze an der König-Otto-Kapelle bei Kiefersfelden«. Es war der erste konkrete Entwurf für eine Eisenbahnstrecke in Tirol, der die Grundlage für den Bau der K. K. Nordtiroler Staatseisenbahn bilden sollte.

Wieder in Österreich übernahm Negrelli im Jahre 1840 von Carlo Ghega die Bauleitung der erwähnten Privilegierte Kaiser-Ferdinand-Nordbahn, der ältesten und wichtigsten Eisenbahnlinie des Kaiserreiches, die auf private Initiative hin gebaut wurde. Der erste Abschnitt von Florisdorf/Wien nach Deutsch-Wagram wurde bereits 1838 eröffnet; es war die erste

Eisenbahnlinie des Kaiserreichs, die mit einer Dampflokomotive betrieben wurde. Negrelli beendete die Strecke Wien–Olmütz, entwarf die Anschlußverbindung mit Bayern und dem Großherzogtum Baden und wurde mit der technischen Leitung der Linien Wien–Prag und Wien–Triest beauftragt.

Ende der dreißiger Jahre hatte man für die Zulassungsverfahren der Eisenbahnlinien bestimmte Regeln erstellt. Auf der Grundlage dieser Vorschriften wurden neben anderen die Konzessionen für die Linie Mailand–Monza und vor allem für die Privilegierte Kaiser-Ferdinand-Nordbahn in Lombardo-Venetien von Mailand bis Venedig vergeben.

Der Staat aber, der den Privaten bislang Last und Nutzen der Bahnlinien überlassen hatte, besann sich bald eines anderen. So entschied man sich im Jahre 1841 kraft Regierungsbeschlusses zum Bau eines großen staatlichen Eisenbahnnetzes; das weit verzweigte Hauptnetz sollte auch die abgelegensten Punkte des Reiches miteinander verbinden. Die Bahn sollte Venedig mit Mailand und dem Comer See verknüpfen; die Verbindung von Venedig nach Triest stellte die Dampfschiffahrt her; von Triest sollte dann eine Bahnlinie über Wien die ganze Monarchie von Süden nach Norden durchqueren. Die dritte Hauptverbindung war die Strecke Wien–Prag in Richtung Dresden.

Um das Streckennetz so schnell und sicher wie möglich zu bauen, trug der Staat die Lasten des gesamten Vorhabens. Und nicht nur das – bald übernahm er auch alle anderen, bereits konzessionierten Bahnlinien, mit Ausnahme der Kaiser-Ferdinand-Nordbahn.

So entwickelte sich auf der einen Seite unter der technischen Leitung von Ingenieur Luigi Negrelli das nördliche Streckennetz, das weiterhin in privater Hand blieb. Auf staatlicher Seite hingegen wurde im Jahre 1842 eine Generaldirektion der Staatsbahnen, der »Ferrovie dello Stato« – abgekürzt FS – ins Leben gerufen, die dem venezianischen Ingenieur Ermenegildo Francesconi (1795–1862) anvertraut wurde. Dieser wählte als Mitarbeiter Negrelli und den Venezianer Ingenieur Carlo Ghega

(1802–1860), der in Italien bereits Arbeiten im Wasser- und Straßenbau geleitet hatte, wie jene in der Valsugana, und der später in Österreich einige Verkehrsstraßen im Inntal verwirklichen sollte.

Die K. K. Staatliche Südbahn, welche die Hauptstadt Wien mit Triest – der aufgrund ihres Hafens strategisch wichtigen Stadt – verbinden sollte, war für Österreich von großem Interesse. Er beauftragte Ghega mit der Planung; auch Negrelli kümmerte sich um diese Linie, da dem Triester Hafen nach der Fertigstellung des Suezkanals eine große Zukunft als Verkehrsknotenpunkt bevorstand, das riesige Bauvorhaben auf ägyptischem Boden jedoch beschäftigte Negrelli während seiner ganzen Tätigkeit bis hin zu seinem Tode. Er entwarf die Pläne zum Suezkanal und leistete einen wesentlichen Beitrag zur Wahl von dessen Verlauf und der technischen Lösungen.

Beim Bau der Linie Wien–Triest hatte man ein schwieriges technisches Problem zu lösen, und zwar den Übergang am Semmering. Negrelli kümmerte sich um die Vorbereitungsarbeiten für diese Strecke, bis dann Carlo Ghega die Leitung übernahm, der auch ihr Initiator gewesen war. Negrelli übernahm den Auftrag zum Bau der Eisenbahn im nördlichen Teil der Monarchie, besonders der Nördlichen Staatsbahn, die von Brünn über Prag bis an die sächsische Grenze bei Bodenbach führte und dann Anschluß an die erste sächsische Eisenbahn nach Dresden hatte. Inzwischen beteiligte er sich an der Ausarbeitung der Eisenbahnstrecke in Galizien, die von Bochnia an die russische Grenze führen sollte.

Noch im Jahre 1842 wurde der Trentiner Negrelli von König Wilhelm I. zur Überprüfung eines bereits von ortsansässigen Ingenieuren erarbeiteten Projektes zum Bau eines Württembergischen Eisenbahnnetzes berufen; dies war die Heimat des Ingenieurs Karl von Etzel, des Erbauers der Strecke von Bozen nach Innsbruck, über den wir in einem späteren Kapitel sprechen werden. Negrelli hatte eine Studie über die Bergeisenbahnen veröffentlicht, in der er von der praktischen Möglichkeit zur Überwindung größerer Steigungen und stärke-

rer Krümmungen ausging und im einzelnen
vorschlug, besonders für den Übergang am
Semmering starke Steigungen im Rückwärtsgang und unter Einsatz zweier Lokomotiven
(eine vorne und eine hinten) zu bewältigen. Die
Idee, die zwar nicht am Semmering verwirklicht
wurde, sich aber dann bei einer anderen Gelegenheit als wertvoll erwies, war wie geschaffen
für die geographischen Bedingungen Württem-
bergs. So beauftragte der König Negrelli mit
dem Entwurf, von dem er sich nützliche Vorschläge zur Einsparung von Zeit und Kosten
versprach.

Nachdem Negrelli in der Schweiz am Bau
der Bahnlinie Zürich–Basel gearbeitet hatte,
deren Pläne ebenfalls von ihm stammten, war
der Ingenieur im Jahre 1848 wieder in Österreich, wo er zum Generaldirektor der Eisenbahn im neuen Ministerium für Öffentliche
Arbeiten ernannt wurde. Zwei Monate später
versetzte man ihn als Reichskommissar für
Lombardo-Venetien nach Verona mit dem Auftrag, das Bahnnetz zu vervollständigen und
neu zu ordnen, einschließlich der Straßen,
Brücken und Flußregulierungen.

Im folgenden Kapitel werden wir uns mit den
Tätigkeiten Negrellis in seinem neuen Amt beschäftigen, das er mit dem Bau des unteren
Abschnitts der Tiroler Eisenbahnstrecke von
Verona nach Bozen beschloß. Es sei an dieser
Stelle nur erwähnt, daß in Lombardo-Venetien
die Bahnstrecke Mailand–Venedig entstand,
die zugleich die erste große Eisenbahnlinie auf
der italienischen Halbinsel darstellte.

Alles hatte im September 1835 angefangen,
als Sebastian Wagner und Francesco Varé von
der Handelskammer der Lagunenstadt den
Vorschlag zu einer Verkehrsverbindung Mailand–Venedig vortrugen.

Zu jener Zeit gab es in Italien noch keine
Eisenbahnlinie, und es war auch keine in Aussicht. 1836 wurde Kaiser Ferdinand eine Anfrage zur Erlassung eines »Sondervorrechtes«
vorgelegt. Man gründete die »Privilegierte Kai-
ser-Ferdinand-Eisenbahn Lombardo-Veneti-
en«, mit deren Projektplänen Ingenieur Giovanni Milani betraut wurde. Ende 1841 begannen
die Bauarbeiten in Marghera.

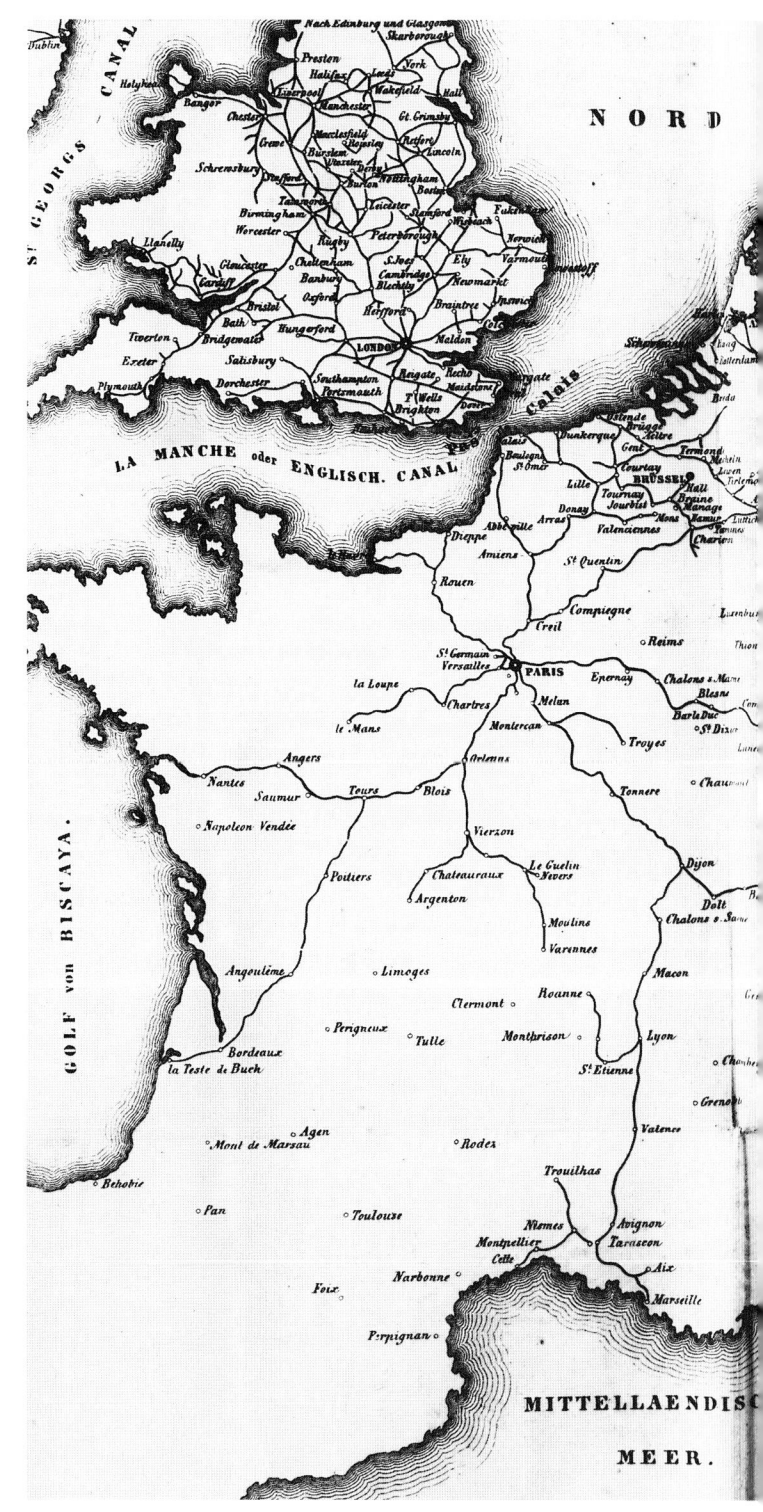

Die »Eisenbahn-Karte von
Mittel-Europa« wurde im Jahre
1857 vom Pester Lloyd
zusammen mit der Broschüre
»Ungarische Briefe«
veröffentlicht.
Die Strecke Verona–Bozen ist
im Bau, und jene von Bozen
nach Innsbruck nur projektiert.

EISENBAHN-KARTE von MITTEL-EUROPA.

Zeichen-Erklärung.

Bahnen:

———————— eröffnete

- - - - - - - - im Bau begriffene

· · · · · · · · projectirte

Anmerk. Die rothen Linien bezeichnen
das Netz der Theisseisenbahnens.

19

Die ersten Pläne für eine Eisenbahnlinie von Bayern zur Adria

Gehen wir einige Jahre zurück, um zu sehen, wie die Idee zu einer Verbindung Nord-Süd durch Tirol entstanden war und an welchen Stellen und auf welche Weise sich ihre ersten Anfänge zeigten, bis schließlich der Bau begann.

Im Jahre 1835 wurde vom bayerischen Ministerrat der Vorschlag des Barons von Eichtal bezüglich einer Linie begutachtet, die von München–Rosenheim aus eine Anschlußverbindung mit der geplanten Eisenbahn Wien–Triest schaffen sollte; zu dieser Zeit gab es im Reich lediglich eine einfache Pferdebahn. Der Vorschlag des Barons wurde zwei Jahre später von Georg von Klöber aus München wieder aufgegriffen, der eine Zweiglinie von Rosenheim nach Kufstein und Innsbruck hinzufügte.

Eine Eisenbahnstrecke von Innsbruck nach Kufstein war auch in Tirol im Gespräch, wo diesbezügliche Entschlüsse von den Provinzbehörden gefaßt wurden; diese wurden allerdings von Wien nicht in Betracht gezogen. Die bayerische Regierung stellte sich gegen die Verwirklichung der Pläne.

Die Bahnlinie über den Brenner kam zum ersten Mal 1838 ins Gespräch, als der Innsbrucker Bürgermeister eine Eisenbahnstrecke von München nach Triest in drei Teilen vorschlug: Eine Dampfeisenbahn sollte von Triest über Sterzing nach Venedig fahren, eine Pferdebahn von Sterzing nach Innsbruck, und von dort sollte sich die Reise auf der normalen Bahnstrecke bis München fortsetzen.

Im selben Jahr entwarf ein gewisser Leopold Oktavian Philip eine Verbindung von München nach Innsbruck, die nach Landeck und zum Reschenpaß weiterführen sollte, um dann Bozen zu erreichen; von dort sollte sie nach Trient und sodann in die Valsugana Richtung Venedig weitergehen. Ein anderer Vorschlag war hingegen die Verbindung Triest–Venedig–Trient–Bozen–Brenner–Innsbruck–Hall und der Zweig München–Rosenheim. Das Zwischenstück

sollte auf dem Schiffswege über den Inn zurückgelegt werden. Die Eisenbahntechnik von einst ließ die Überwindung des steilen Brenners mit der Dampflokomotive immer noch als äußerst schwierig erscheinen.

Noch im Jahre 1838 besichtigte Luigi Negrelli mit einigen Mitarbeitern das Inntal und legte ein Gutachten mit Entwürfen und Kostenrechnung für eine Eisenbahnlinie von Innsbruck nach Kufstein vor.

Die Industrieunternehmen und die Handelskammern von Vorarlberg und Kärnten drängten immer entschlossener – mit Unterstützung der Städte Triest und Venedig, die auf eine Wiederbelebung des Seehandels hofften – auf den Bau einer Eisenbahnlinie, die den Bodensee mit der Adria verbinden sollte.

Eine für die Tiroler unerwartete Unterstützung kam aus England, das für seinen Postverkehr mit der Ostindischen Kompanie die Linie Triest–Brenner–Ulm der französischen Linie über Marseille vorzog. Im Auftrag der englischen Regierung legte Kapitän G. R. Rose der österreichischen Regierung den Entwurf einer Eisenbahnstrecke vom Bodensee via Landeck–Meran–Bozen bis zur Adria vor. Als die österreichische Regierung das Projekt ablehnte, reagierten die britischen Zeitungen mit lebhafter Ironie und einigten sich auf eine neue Lösung, welche die Überquerung der Alpen über die Schweizer Pässe vorsah.

Nun verstärkte sich der Druck der Tiroler Wirtschaftskreise auf die Zentralregierung. Erneut betonte man die Notwendigkeit einer Verkehrsverbindung entweder mit Deutschland oder Norditalien. Endlich schloß im Jahre 1847 die österreichische Regierung im Rahmen des Gesamtprogrammes zum Eisenbahnbau eine Linie von Verona zur bayerischen Grenze über Trient, Bozen, den Brenner, Innsbruck K. K. ufstein mit ein. Seinerzeit hatte der venezianische Bankier Levi, seit jeher Verfechter einer Bahnlinie durch Tirol, dem Veroneser Ingenieur Qualizza den Auftrag zu einem Entwurf erteilt; dieser legte den Plan einer Eisenbahnlinie von Verona bis Hall bei Innsbruck vor, aber die von ihm vorgeschlagenen Lösungen riefen wiederum Kritik hervor.

Qualizza legte eine Höchstneigung von 16,4 Promille fest. Um dieses Niveau halten zu können, genügte es, zwischen Verona und Bozen dem Lauf der Etsch zu folgen. Um das steile Stück des Kunterswegs am Eisack im Norden von Bozen zu überwinden, schlug er einen kurzen Tunnel auf der Höhe von Blumau vor; das erste steile Stück bei Brixen sollte mit einer langen, spiralförmigen Rückwärtsfahrt bewältigt werden. Zwei weitere Umfahrungen setzte Qualizza im Abschnitt jenseits von Mauls an. Der erste drang auf der Höhe von Sterzing im Westen in das Ridnauntal vor; der zweite, weniger ausgeprägte, betraf gleich nördlich von Gossensaß das Pflerschtal. Am Brenner sah der Entwurf Qualizzas blieb dann einen Tunnel von 5,760 Metern vor.

Jenseits des Brenners zog Qualizza die Strecke durch das Silltal; und um die festgesetzte Steigung nicht zu überschreiten, ließ er sie oberhalb Innsbrucks passieren und erreichte so das Inntal bei Hall; dann ging es getreu dem vorhergehenden Entwurf Negrellis weiter nach Kufstein; aber auch der Plan Qualizzas blieb unausgeführt.

Die geowissenschaftliche Vereinigung, welche die Erhebungen für eine Eisenbahnlinie von Verona nach Rosenheim ausgeführt hatte, schlug zur Überwindung des Traktes zwischen Brixen und Innsbruck das Einsetzen von Zugtieren vor. Die Möglichkeit, Kosten einzusparen und gleichzeitig größere Steigungen zu bewältigen, schienen für diese Lösung zu sprechen.

In jenen Jahren hatte Robert Stephenson, der Sohn des Erfinders der Lokomotive, in einem Gutachten zum Bau des Schweizer Eisenbahnnetzes 16 Promille als maximale Neigungsgrenze für Reibungsbahnen angesetzt, während er zur Überwindung stärkerer Steigungen die Verwendung einer Rampe mit Zugseil empfahl.

Aus einem im November 1849 veröffentlichten Artikel in der »Eisenbahn-Zeitung« – einem von Karl Etzel und Ludwig Klein betreuten Blatt – wissen wir von einer Initiative von seiten der Gemeinden Bozen, Trient und Rovereto zum Bau der Tiroler Eisenbahn. Das Unternehmen sollte mit den Gemeindeverwaltungen von Venedig und Verona abgestimmt werden, wobei man die jeweiligen Handelskammern in den Entwurf mit einbeziehen wollte.

Noch im Jahre 1849 beschlossen die Justizbehörde und der Bürgerausschuß von Innsbruck, dem bayerischen Botschafter Hofer, dem österreichischen Innenminister und dem Ministerium für Handel, Beruf und Öffentliche Arbeiten eine Petition vorzulegen, um den Bau der Tiroler Eisenbahn zu beschleunigen. Zusätzlich wandten sie sich an Feldmarschall Radetzky in Verona, der den Tirolern in ihrem Vorhaben seine volle Unterstützung zusagte.

Die Zentralregierung reagierte positiv, allerdings mit Einschränkungen: Die Eisenbahnlinie von Innsbruck bis Kufstein würde vom Staat übernommen werden, sobald die Bayern mit dem Bau der Strecke von Kufstein nach Rosenheim beginnen würden. Zur schnelleren Realisierung des Abschnittes Verona–Bozen wurde dem Ingenieur Negrelli die Koordination der lombardisch-venezianischen Eisenbahnen übertragen. So wollte man in wenigen Jahren die südliche Schienenstrecke verlegen, welche die nördliche bis Kufstein ergänzte; das Zwischenstück von Bozen nach Innsbruck sollte gebaut werden, sobald man eine technische Lösung für den Brenner gefunden hatte.

Am 21. Juni 1851 unterschrieben Österreich und Bayern ein Abkommen, das eine Verbindung der Bahnstrecken der beiden Staaten vorsah. Die Königlich-Bayerische Regierung verpflichtete sich zum Bau einer Bahnstrecke von München nach Rosenheim und von dort bis zu den zwei österreichischen Grenzen bei Salzburg und Kufstein. Die Kaiserlich-Österreichische Regierung hingegen sollte eine Bahnlinie von Salzburg bis zur Hauptstrecke bei Bruck an der Mur bauen, und eine andere von Kufstein bis Innsbruck. Zusätzlich verpflichtete man sich, die bereits entworfene

Der im Jahre 1859 in Rovereto geschlossene Kaufvertrag über die zum Bau der Eisenbahn erforderlichen Grundstücke.
Besonders interessant ist der Briefkopf mit dem zweiköpfigen Adler.

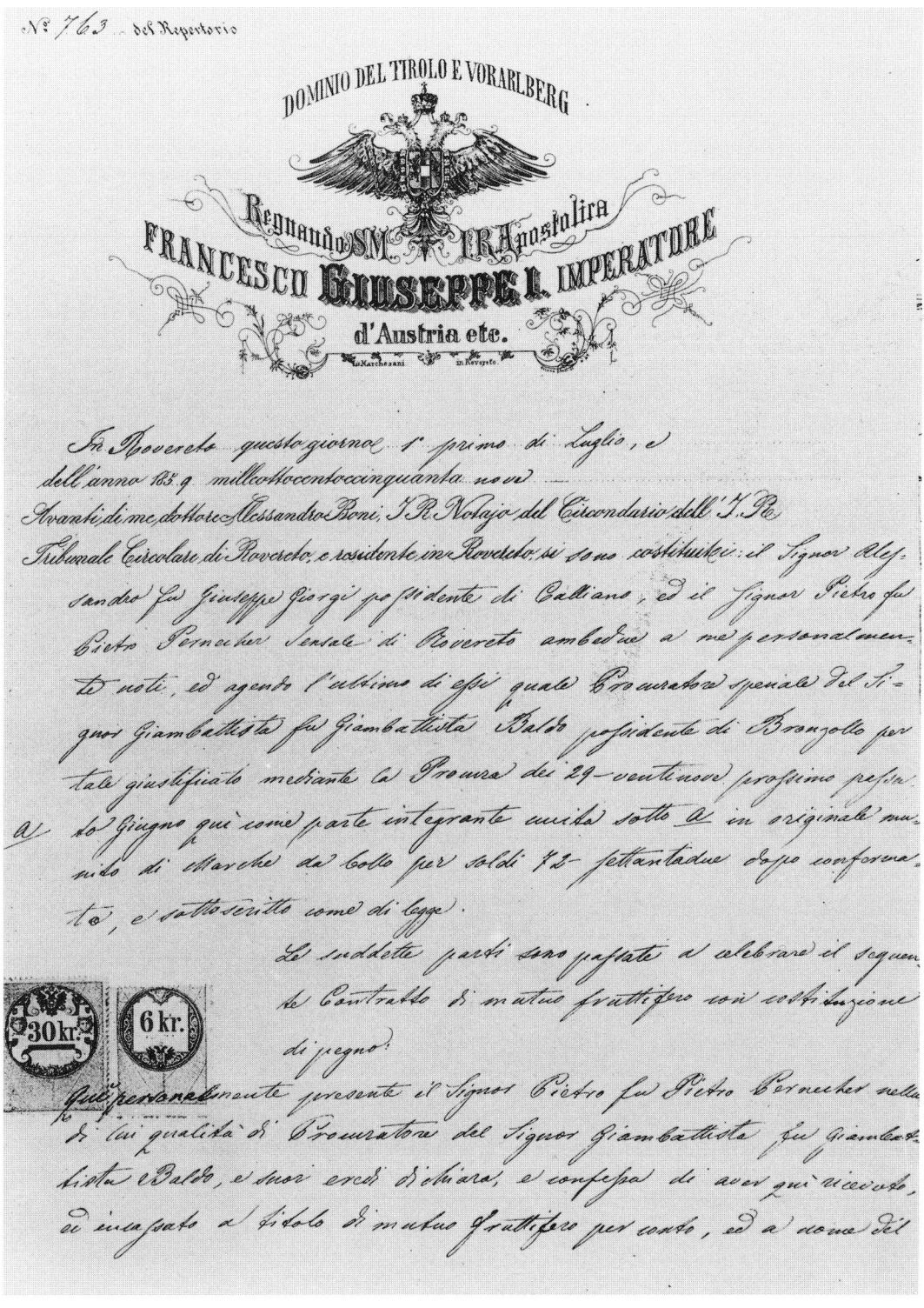

Ein moderner Zug fährt durch die Ebene von Sterzing.

Schienenstrecke von Verona nach Bozen weiterzubauen und ihre Fertigstellung innerhalb des Jahres 1858 zu garantieren, »wobei gleichzeitig die begonnenen Vorbereitungsarbeiten mit dem Ziel weitergeführt werden sollten, die beiden Punkte Bozen und Innsbruck zu erreichen«.

Interessant ist Punkt 6 des Abkommens, der für den Bau des Schienenweges »sogleich ein Doppelgeleise vorsah, so daß das zweite, bei der Eröffnung der Bahnstrecke vielleicht nicht verlegte Geleise nachträglich ohne Schwierigkeiten angelegt werden könne, sollte es die Zunahme des Verkehrs erforderlich machen«.

Ein moderner Zug fährt durch die Ebene von Sterzing.

Negrelli und der Bau der Eisenbahnstrecke von Verona nach Bozen

Luigi Negrelli kam im August 1848 als Leiter der neuen, in Verona eingesetzten »Oberdirektion für Straßen-, Wasser-, Eisenbahn- und Telegrafenbau« in Italien an. Der neuen Behörde, die direkt dem Ministerium für Handel, Industrie und Öffentliche Arbeit in Wien unterstellt war, wurde eine große Handlungsfreiheit und ein weites Wirkungsfeld zugestanden. Negrelli sah sich so vor die Probleme des gesamten Verkehrsnetzes von Lombardo-Venetien gestellt, einschließlich des Wiederaufbaus der vom jüngsten Kriege zerstörten Brücken, Straßen und Schienenstrecken.

Die äußersten Trassen der großen Bahnlinie Mailand–Venedig waren bereits in Betrieb – von Mailand bis Treviglio und auf der östlichen Seite von Venedig bis Vicenza. Um die durch die Zerstörung schwierige Verkehrssituation schnellstmöglich zu überwinden, begann Negrelli sofort mit den Instandsetzungsarbeiten, besorgte neue Dampflokomotiven und ließ die beschädigten reparieren.

Der Abschnitt von Vicenza nach Verona wurde am 2. Juli 1849 eröffnet. Indessen begannen die Bauarbeiten an der großen Brücke über die Etsch, und man arbeitete am Abschnitt von Verona nach Brescia, kam aber nur sehr langsam voran. Das technische Zentralbüro für den Bau der Kaiserlich-Königlichen Ferdinand-Eisenbahn Lombardo-Venetiens hatte seinen Sitz in Verona. Die Weiterführung der Linie Mailand – Venedig wurde Negrelli übertragen.

In jenen Jahren erließ man Vorschriften zur Sicherheit der Eisenbahnen, die strenge Strafen vorsahen; von einem bis zu fünf Jahren Haft standen auf Beschädigungen an Schienenstrecken, Maschinen und anderen Einrichtungen, die die körperliche Sicherheit oder den persönlichen Besitz bedrohten. Für Fälle »besonderer Böswilligkeit oder Gefährdung« lag die Strafe zwischen fünf und zehn Jahren. Bei ernsthaften Schadensfällen bestanden Haftstrafen von zehn bis zwanzig Jahren und – bei erschwerten Umständen – lautete die Strafe lebenslänglich.

Im Juni 1849 legte Negrelli dem Ministerium einen Bauplan für das lombardisch-venezianische Streckennetz vor. Sein Vorschlag beruhte auf einer zweiten Verbindungslinie zwischen den beiden Städten Verona und Mailand. Von Villafranca aus sollte der obere Zweig bis Brescia verlaufen und sich mit der im Bau befindlichen Strecke Mailand–Como verbinden; weiter südlich sollte eine zweite Linie Mantua und Cremona berühren und in Treviglio auf die bereits bestehende Schienenstrecke stoßen. Doch von den zahlreichen, in diesem Entwurf genannten Vorhaben wurde trotz der Zustimmung des Wiener Ministeriums aus finanziellen Gründen nur der Abschnitt von Verona nach Villafranca mit der anschließenden Fortsetzung bis Mantua genehmigt.

Unterdessen erarbeitete Negrelli die Fortführung der Linien Venedig–Triest und Verona–Brenner. Der Entwurf, dem bereits ein europaverbindendes Konzept zugrunde lag, zog natürlich militärische, aber auch kommerzielle Aspekte in Betracht. Die wirtschaftliche Tragfähigkeit einer Eisenbahnlinie beruhte auf dem Verkehrsaufkommen in dem von ihr durchmessenen Gebiet. Gleichzeitig hing von der Wahl der Trassierung die wirtschaftliche Zukunft und die gesellschaftliche Entwicklung der Länder und Staaten ab.

In der österreichischen Regierung reifte die Idee, die Herzogtümer von Modena, Parma und der Toskana einander anzunähern, um Piemont zu isolieren. Negrelli entwarf die Verbindungsstrecken zwischen der Ferdinand-Linie und dem mittleren und südlichen Italien zwischen der Adria und dem Tyrrhenischen Meer. Im Mai 1851 wurde der Vertrag über den Bau einer Eisenbahnlinie über den Apennin unterschrieben. Hauptfigur war auch in diesem Falle Negrelli, der in seiner Funktion als Präsident der »Internationalen Kommission der zentralitalienischen Eisenbahnen« auftrat.

Im gleichen Jahr wurden die Strecke von Verona bis Sant'Antonio Mantovano und der erste Abschnitt der geplanten Linie nach Triest, der von Mestre bis Treviso reichte, in Betrieb genommen. Im Jahre 1852 gab man die Etschbrücke bei Verona für den Verkehr frei. Negrelli setzte die von der Baudirektion getrennte »Eisenbahndirektion für Lombardo-Venetien« vom 1. Januar 1853 an durch und übernahm die Präsidentschaft. Noch 1853 konnte die Strecke Verona–Peschiera in Betrieb genommen werden, und im September desselben Jahres begannen die Arbeiten am Abschnitt Verona–Trient.

Die Arbeiten an der Linie Venedig–Mailand wurden 1857 abgeschlossen. Gleichzeitig konnte der von Ghega verwirklichte Streckenabschnitt Triest–Wien eröffnet werden. Ghega hatte die Trassierung erarbeitet und mit recht kühnen Lösungen die Arbeiten vorangetrieben. Zur Überwindung des Semmerings wurde ein 1.431 Meter langer Tunnel angelegt, der 1854 fertiggestellt wurde (Eröffnung der Strecke Turin–Genua mit dem Giovi-Tunnel im gleichen Jahr). Die Eisenbahnlinie von Triest nach Wien war die erste Gebirgsbahn der Welt.

Von Innsbruck nach München

Im Jahre 1858 beendete man den Bau der K. K. Nordtiroler Staatseisenbahn von Innsbruck nach Kufstein. Um den Fortgang der Bauarbeiten auf dieser Strecke – der Weiter-

Eine im Jahr 1862 in Branzoll abgefaßte Urkunde

Eine von der Gemeinde San Pietro in Cariano im Jahr 1854 überlassene Beurkundung

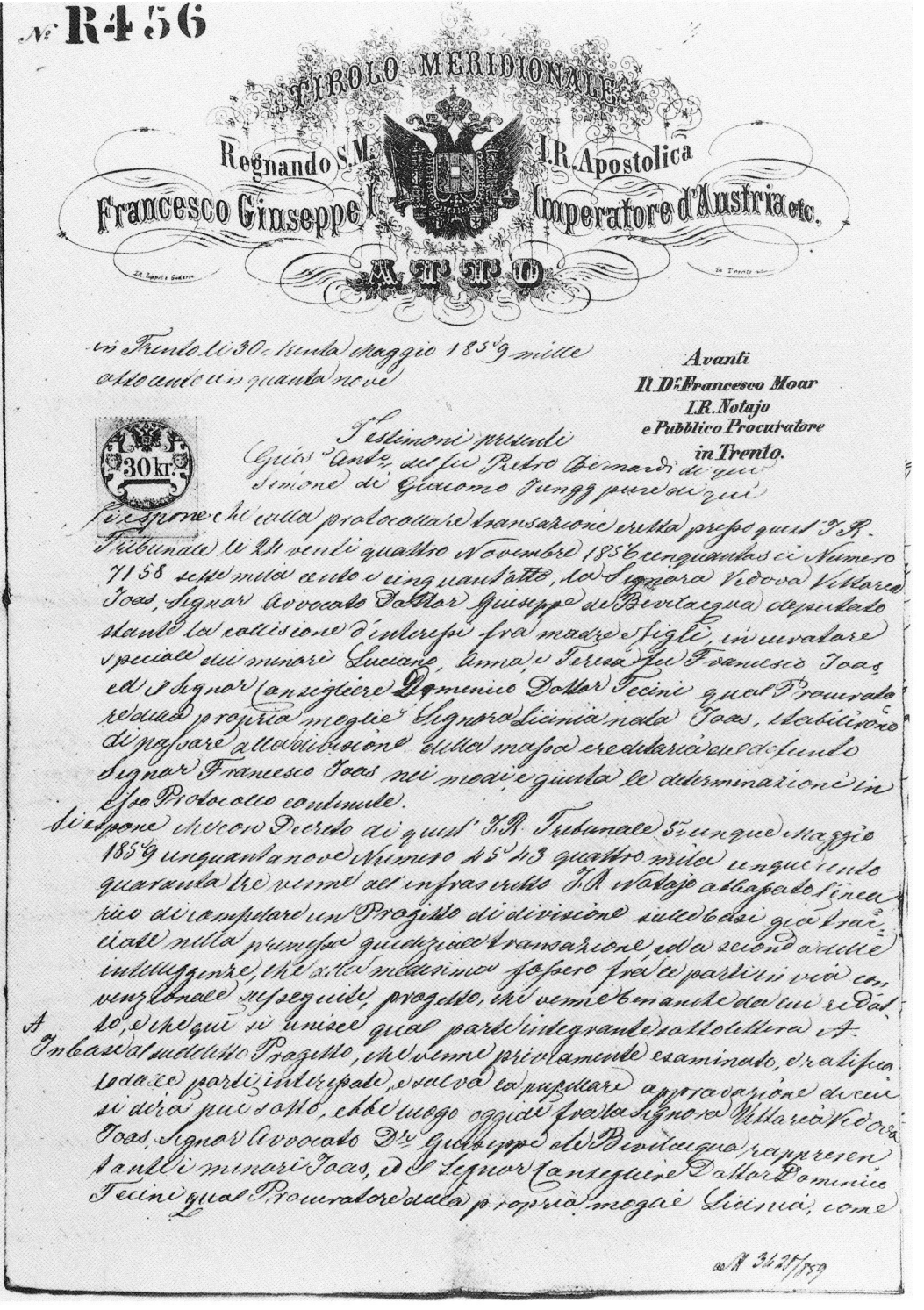

führung der Brennerbahn in Richtung Deutschland – nachzuvollziehen, müssen wir ins Jahr 1850 zurückgehen. In jenem Jahr richtete das Handelsministerium für die Linie Innsbruck–Kufstein eine Ingenieurabteilung ein und ließ unter der Verantwortung Carlo Ghegas, damals Leiter der Abteilung Eisenbahnbau im Ministerium, einen Endentwurf ausarbeiten.

Nach dem Abkommen zwischen Österreich und Bayern stellte man, ebenfalls unter Ghega, auch die Durchführungsentwürfe fertig. Ghega war in der Zwischenzeit in Wien zum Leiter der Zentraldirektion für Eisenbahnbau ernannt worden und hatte somit die Vollmacht über alle Bahnen der Monarchie mit Ausnahme der Linie Lombardo-Venetien. Er übernahm die bereits von Negrelli vorgetragene Lösung und näherte die Schienenstrecke der Stadt Innsbruck an. Der Entwurf wurde angenommen, und 1853 begannen die Bauarbeiten in der Tiroler Hauptstadt.

Der ganze Streckenabschnitt bis Kufstein wurde am 24. November 1858 dem Verkehr übergeben. Von Innsbruck aus fuhr die Eisenbahn durchs Inntal über Wörgl, Kundl, Brixlegg, Jenbach, Schwaz, Fritzens und Hall.

Noch vor der Linie Innsbruck–Kufstein war – in drei Phasen – die Verbindung zwischen der bayerischen Haupstadt München und Kufstein geschaffen worden. Das erste Streckenstück von der bayerischen Hauptstadt bis Großhesselohe eröffnete man im Juni 1854, jenes von Großhesselohe nach Rosenheim im Oktober 1857; der letzte Abschnitt bis Kufstein wurde im August 1858 übergeben. Da aber der erste Streckenabschnitt bei München wegen der starken Neigungen und engen Kurven recht beschwerlich zu überwinden und an einer, nicht umsonst als »Teufelsgrab« bezeichneten Stelle sogar gefährlich war, dachte man sehr bald an eine neue Trasse, die München über eine kürzere Strecke mit Rosenheim verbinden sollte. Die Variante wurde im Jahre 1871 über Grafing fertiggestellt und ist mit der heutigen internationalen Bahnlinie voll identisch.

Die Eisenbahnpolitik
im Kaiserreich

Wichtige Veränderungen in der Eisenbahnpolitik der Wiener Regierung bahnten sich in den fünfziger Jahren des 19. Jahrhunderts an. Wir haben bereits erfahren, wie im Jahre 1841 das österreichische Handelsministerium, das sich der großen Bedeutung der Eisenbahn für die wirtschaftliche und gesellschaftliche Entwicklung des Landes bewußt war, die bereits gebauten Schienenwege verstaatlichte und über einen Erlaß die neuen auf Staatskosten verlegen ließ; dies erlaubte eine Beschleunigung der Bauarbeiten.

Die ersten Eisenbahnprojekte waren zwar, soweit sie auf private Initiative zurückgingen, unter wirtschaftlichen Gesichtspunkten mit Sicherheit vielversprechender. Vor allem war es gelungen, die europäische Finanzaristokratie dafür zu interessieren, unter ihr vor allem das Bankhaus Rothschild. In der zweiten Phase ergriff der Staat die Initiative, da er die Notwendigkeit – und in der Bahn die Möglichkeit – erkannt hatte, auch die unterentwickelten Landstriche zu fördern.

Aber der Betrieb dieser Linien war schwierig und mühevoll. Der Staat besann sich erneut der Privaten, förderte Privatinitiativen und gab staatliche Garantien für zum Bau nötige Kredite. 1854 begann mit den Konzessionsvergaben an Private die dritte Phase. Die Rothschilds gründeten 1855 in Wien die »Kreditanstalt für Mobiliarvermögen«, die eine bedeutende Rolle in der Geschichte des Eisenbahnbaus übernehmen sollte.

1856 überließ die Regierung die verschiedenen bereits in Betrieb befindlichen Streckenabschnitte – mit der anfänglichen Ausklammerung der noch im Bau befindlichen Linie Verona–Bozen – einer Vereinigung privater Unternehmer, in der neben der Kreditanstalt für Mobiliarvermögen wichtige Wiener (besonders das Bankhaus Rothschild), italienische (Herzog von Galliera, Herzog Melzi usw.), französische und englische Unternehmen zusammengeschlossen waren.

Der Betrieb der Tiroler Eisenbahnen (einschließlich der zu erstellenden Strecke im Pustertal) wurde durch einen Konzessionsvertrag vom 23. September 1858 einer Genossenschaft von Inlands- und Auslandskapital übergeben und umfaßte die südlichen Staatseisenbahnen (darunter die Bahnstrecke Wien–Triest mit Zweiglinien), die Kärntner Bahn Marburg–Klagenfurt mit der Verlängerung bis Villach, die kroatische Eisenbahn und zuletzt die Tiroler Bahnstrecke Verona–Kufstein. Der gleichen Genossenschaft übertrug die Regierung den Auftrag – im Falle eines Verkaufs der K. K. Lombardisch-Venezianischen Eisenbahn und der Franz-Joseph-Orientbahn und mit deren Einverständnis – eine einzige Bahngesellschaft und ein einziges Streckennetz zu gründen; auf der Grundlage dieser Ermächtigung fand ab dem 1. Januar 1859 die Fusion statt.

Die neue Gesellschaft mit dem Namen »K. K. Privilegierte Südliche Staats-, Lombardisch-Venezianische und Zentralitalienische Eisenbahngesellschaft« hatte ihren Sitz in Wien.

Die Gesellschaft besaß eine in Verona ansässige Verwaltung, der die Bahnlinien von Casarsa nach Mestre, von Mestre nach Peschiera und Mailand (mit den Strecken Mailand–Magenta und Mailand–Camerlata) unterstellt waren. Innerhalb weniger Monate war die Eröffnung des neuen Streckenabschnittes von Casarsa an die illyrische Grenze vorgesehen, der später bis Nabresina verlängert wurde. Außer den genannten Bahnlinien, die alle von der Veroneser Direktion abhängig waren, war die Eisenbahngesellschaft zudem Rechtsinhaber für die Triester Bahn inklusive Zweiglinien sowie die zentralitalienische und die ungarische Eisenbahn. Insgesamt waren dies 3.000 Kilometer Schiene – zur Hälfte bereits in Betrieb, zur Hälfte noch im Bau.

Das Betriebseinkommen aller Bahnlinien der Gesellschaft zusammengenommen belief sich im Jahr 1859 auf 60 Millionen Franken. Ein Viertel der Einnahmen kam aus Militärtransporten; diese Zahl gibt eine Vorstellung der Truppenbewegungen von Österreich nach Italien. Die Einnahmen der neuen Tiroler Bahnlinien (Verona–Bozen und Innsbruck–Kufstein) je-

doch lagen nur knapp über zwei Millionen. 1860 sanken die Verkehrseinnahmen auf weniger als 47 Millionen (13 Millionen weniger als im vorangegangenen Jahr; um diesen Betrag waren die Militärtransporte zurückgegangen). Die Tiroler Bahnlinien hatten ihr Verkehrsaufkommen um zehn Prozent erhöht, allerdings war der Beitrag des südlichen Abschnittes, der nur an die Linie Mailand–Venedig Anschluß hatte, eher gering.

Die 1859 gegründete genannte Gesellschaft bildete den Kern der am 20. Juni 1862 ins Leben gerufenen »K. K. Privilegierten Südbahn-Gesellschaft«.

Unterdessen hatte auch der italienische Staat, der mit der Führung der bestehenden Bahnlinien und dem Bau neuer Strecken ebenfalls finanzielle Schwierigkeiten hatte, im Jahre 1856 angefangen, die Bahnen an private Gesellschaften zu vergeben. Darunter war die »Società delle Strade Ferrate dell'Alta Italia« (SFAI – Oberitalienische Eisenbahngesellschaft) – auch sie unter Aufsicht der Bankiersfamilie Rothschild –, welche die Eisenbahnen des Piemont, der Lombardei und Mittelitaliens übernommen hatte.

Nach Kriegsende im Jahr 1859, mit dem die Lombardei von Österreich an Italien ging, wurde die Trennung vom lombardischen und österreichischen Streckennetz im Züricher Vertrag festgelegt. Nach dieser Erklärung des Königreiches Italien einschließlich der Lombardei gingen im Jahre 1861 die Reichseisenbahnen an die »Società Strade Ferrate Lombarde e dell'Italia Centrale« (»Lombardische und Zentralitalienische Eisenbahngesellschaft«) über. Das heutige Gebiet der sogenannten Drei Venetien (Triest–Udine–Trient) wurde hingegen von Österreich vereinnahmt und die dazugehörige Eisenbahnlinie von der bereits erwähnten »K. K. Privilegierten Südbahn-Gesellschaft« verwaltet.

Die Eisenbahnlinie im Etschtal

Erinnern wir uns: 1847 hatte die Wiener Regierung eine Eisenbahnlinie für die Hauptstrecke München–Verona geplant. Das Vorhaben war

Teil eines umfassenden Entwurfes für das Kaiserreich, der den Bau eines Eisenbahnnetzes längs dreier Hauptstrecken vorsah. Eine Hauptlinie sollte Oberösterreich, die Steiermark und Tirol mit der Strecke Wien–Salzburg–München verbinden; eine weitere Linie, von Wien nach Linz sollte zur bayerischen Grenze und in Richtung Regensburg und Frankfurt führen. Die dritte Hauptstrecke sollte dann die Lombardisch-Venezianische Eisenbahnlinie mit den bayerischen Linien und jenen der anderen großen Staaten Süddeutschlands verknüpfen. Man dachte also an eine Eisenbahn, die von Verona nach Bozen, Innsbruck K. K. ufstein fahren sollte.

Im 1851 geschlossenen Abkommen zwischen Österreich und Bayern über die Ausführung dieses ehrgeizigen Planes legte man das Jahr 1858 als Frist für die Fertigstellung der Eisenbahnstrecke Verona–Bozen fest. Die Bauarbeiten zu dieser K. K. Südtiroler Staatseisenbahn liefen über einige Jahre hinweg unter staatlicher Führung. 1858 sollte dann die »K. K. Privilegierte Südbahn« als Teilhaber eintreten; der Entwurf Luigi Negrellis wurde am 1. Juli 1853 genehmigt.

Im »Amtsblatt zum Tiroler Bothen« wurde von der »Direzione Superiore delle Pubbliche Costruzioni Strade Ferrate e Telegrafi nel Regno Lombardo Veneto«, der »Oberdirektion des Öffentlichen Eisenbahn- und Telegrafenbaus im Königreich Lombardo-Venetien«, eine für den 18. August 1853 vorgesehene öffentliche Versteigerung für den Bau der Bahnlinie von Verona nach Bozen bekanntgegeben. Die Verlautbarung war unterschrieben mit »Luigi cav. Negrelli-Moldelbe, K. K. Regierungsrat, Oberdirektor«.

Die Ausführungsarbeiten zur Venezianisch-Tirolischen Eisenbahn wurden über fünf öffentliche Ausschreibungen vergeben. Der erste Vertrag für den Abschnitt von Verona nach Volargne ging an Ignazio Weil-Weiss. Der zweite von Volargne bis Ala an Canzio Canzi. Der dritte von Ala bis Trient an Pietro Gonzales. Der vierte von Trient bis St. Michael an der Etsch an Antonio Talacchini (der sich in einem weiteren Vertrag zudem den Bau der Etschbrücke

bei Parona sicherte). Der fünfte und letzte Vertrag wurde mit Paolo Vanotti abgeschlossen und betraf die Strecke von St. Michael an der Etsch bis Bozen.

Die Leitung der Arbeiten wurde den Oberingenieuren Girolamo nob. Amai für den Abschnitt Verona–Ala, Giovanni Bartel für die Strecke Ala–Bozen und Ernst Hranatsch für die Gebäude der Bahnhöfe übergeben. Die drei Techniker arbeiteten unter der Oberaufsicht des K. K. Inspektors Gedeone Scotini.

Als erste wurden im Januar 1854 die beiden Streckenabschnitte Verona–Volargne–Ala vergeben. Die Arbeiten begannen im Juni, machten anfangs allerdings nur schleppende Fortschritte. Der notwendige Gesamtentwurf mit detaillierten Vermessungen und Plänen erforderte viel Zeit. Als recht langwierig erwiesen sich auch die Grundablösungen, da es an Ackerland mangelte und die Bauern ihrem Grundbesitz einen eher gefühlsmäßigen als reellen Wert beimaßen, was natürlich die Verhandlungen erheblich erschwerte. Ein anderer Grund für das langsame Vorankommen waren die aufwendigen Kunstbauten innerhalb der Projekte, angefangen bei der Etschbrücke nahe Parona.

Im Jahre 1854 präsentierte das Handelsministerium den Entwurf eines Eisenbahnnetzes für die österreichische Monarchie, der in den folgenden Jahren genehmigt und verwirklicht wurde.

Im September 1855 wurde Negrelli überraschend aller seiner Ämter enthoben, die er in Italien innehatte; über ihn wurde eine geheime Untersuchung eingeleitet. In verleumderischer Weise war vom Verdacht auf Korruption die Rede, der sich allerdings sehr bald als unbegründet erwies. Man beharrte aber auf der Kritik an den zu hohen Ausgaben und am persönlichen Verhalten Negrellis gegenüber antiösterreichisch eingestellten Personen. Zu den beiden Anschuldigungen, die dem Trienter Ingenieur zur Last gelegt wurden, kam der Einwand, ob es denn überhaupt angebracht sei, Lombardo-Venetien ein derart weites und leistungsfähiges Eisenbahnnetz zur Verfügung zu stellen, das mit Sicherheit das Einigkeitsgefühl

»Bekanntmachung« der Eisenbahngesellschaft in der Trienter Zeitung »Gazzetta di Trento« vom 22. März 1859; in der Ankündigung der Eröffnung der Teilstrecke Verona–Trient am 23. März ist der Fahrplan mit zwei täglichen Fahrten je Richtung angegeben.

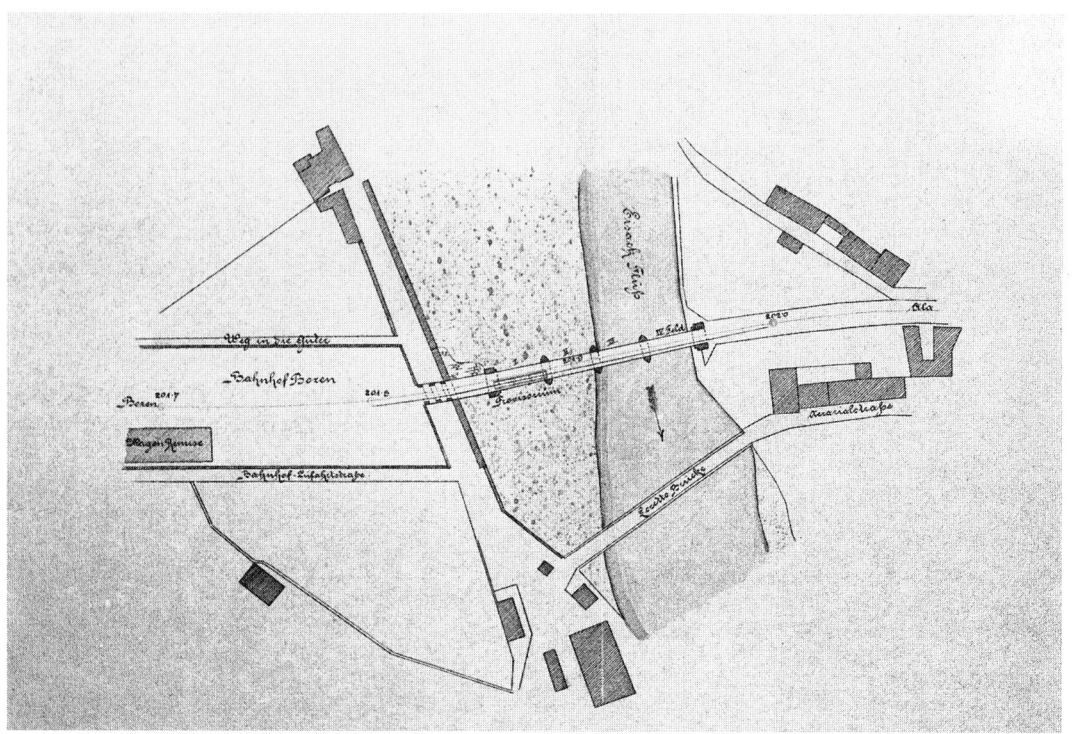

der Italiener stärken würde. Dies ist die von Biographen erstellte Rekonstruktion der Ereignisse (angefangen bei A. Birk aus den Jahren unmittelbar vor dem Ersten Weltkrieg). – Sicher ist, daß im Februar 1856, wenige Monate nach seiner Absetzung, der Kaiser höchstpersönlich den ehrenhaften und anständigen Negrelli zu sich rief und eine lange Unterredung mit ihm führte. Gleich darauf setzte er Negrelli wieder in das öffentliche Amt als Generalinspekteur der Staatseisenbahnen ein.

Unterdessen waren die Pläne zum Bau des Suezkanals in eine entscheidende Phase eingetreten. Negrelli, der seit 1846 an den Entwürfen für den Kanal mitgearbeitet hatte, konnte 1856 die Annahme seines Plans, der einen Durchstich vorsah, feiern. Als man jedoch ein Jahrzehnt später das Bauwerk verwirklichte, tauchte der Name Negrellis nicht mehr auf. Erst viele Jahre später wurde von den Geschichtsforschern der wahre Stammvater dieses bedeutenden Werkes wiederentdeckt.

Zurück zu unserer Tiroler Eisenbahnstrecke. Ihre Fertigstellung sollte Negrelli allerdings nicht mehr erleben; er verstarb am 1. Oktober 1858 im Wiener Bezirk Alsergrund.

Am Bau der Eisenbahn waren vorwiegend Arbeiter beschäftigt, die von der italienischen Halbinsel kamen. Der Tageslohn lag bei drei oder vier Gulden, aber der Arbeitstag hatte zwölf Stunden – von fünf Uhr morgens bis elf Uhr vormittags und von zwei Uhr nachmittags bis acht Uhr abends.

Der Streckenabschnitt von Verona bis Trient war bereits bis Sommerende 1858 fertiggestellt. Am 19. September fuhr die erste Lokomotive über die Schienen. »Gestern morgen« –

Oben: Lageplan mit der Eisenbahnbrücke über den Eisack in Bozen

Unten: Eine Lokomotive im Bahnhof von Trient. Im Hintergrund das erste Bahnhofsgebäude mit dem Schutzdach.

so berichtete die »Gazzetta di Trento« am folgenden 20. September – »wohnte das ganze Volk in festlicher Stimmung und voller Aufregung einem für viele gänzlich neuen, von allen hochbegrüßten Schauspiel bei, der Ankunft der Lokomotive ›Galileo‹, die zum allerersten Male von Verona aus in diesen Bahnhof einfuhr. Es ist unmöglich, die Neugierde, das Staunen und die Freude zu beschreiben, die von der jubelnden Menge beim Anblick des erwarteten Zuges, der in Verona nach acht Uhr am Morgen abgefahren war und ohne Unterbrechung nach dreieinhalb Stunden Fahrt in Trient ankam, ausgingen.«

Alles schien zur Eröffnung der Linie bereit zu sein. Sogar das nötige Personal war eingestellt worden. Doch die ersehnte Inbetriebnahme verzögerte sich noch um etliche Monate. Wenn man den in den ersten Monaten des Jahres 1859 veröffentlichten Kommentaren in der Trienter Zeitung Glauben schenkt, beabsichtigte die Regierung mit der Eröffnung so lange zu warten, bis die ganze Strecke Verona–Bozen in Betrieb genommen werden konnte. Aber die ungeduldigen und besorgten Trienter übten so lange Druck aus, bis das Teilstück nach kurzer Zeit dem Verkehr übergeben wurde.

Von Verona nach Trient

Der 23. März 1859 wurde als Eröffnungstag angesetzt. »Diese Nachricht« – berichtete die Zeitung – »stammt nicht direkt von der Gesellschaft ... über deren Nachlässigkeit wir uns allerdings in Anbetracht weitaus bedeutenderer Unregelmäßigkeiten im Handeln der Konzessionsgesellschaft nicht im geringsten gekränkt fühlen müssen.«

Am 9. März gab die in Verona ansässige Betriebsdirektion der K. K. Privilegierten Südbahngesellschaft die Fahrzeiten auf der demnächst zu eröffnenden Bahnstrecke Verona–Trient offiziell bekannt. Es waren zwei Fahrten in beide Richtungen vorgesehen; die Fahrzeit sollte dreieinhalb Stunden betragen. Die Abfahrtszeiten von Verona Porta Vescovo wurden auf 6.17 Uhr (mit Ankunft in Trient um 9.57 Uhr) und 16.40 Uhr (Ankunft um

20.22 Uhr) festgesetzt. In Trient sollte der Morgenzug um 7 Uhr (mit Ankunftszeit 10.28 Uhr in Verona P. Vescovo) abfahren, der zweite Zug dann um 16.22 Uhr (19.50 Uhr in Verona).

Zwischen Verona und Trient lagen elf Bahnhöfe: Parona, Pescantina, Domegliara, Ceraino, Peri, Avio, Ala, Mori, Rovereto, Calliano und Mattarello; der Zug sollte in allen halten.

Auch legte man bereits die Verbindungen mit den lombardisch-venezianischen Eisenbahnen in Richtung Venedig, Casarsa, Mailand und Mantua fest.

In Trient hatten die Züge Anschluß an die Postkutschen von und nach Innsbruck. Von der Tiroler Hauptstadt aus bediente sich der Postdienst der Eisenbahnlinie nach Kufstein und Rosenheim in Richtung München, das ein wichtiger Knotenpunkt war.

In der offiziellen Verlautbarung der Generaldirektion der Gesellschaft wurde die Eröffnung der Linie Verona–Trient mit der gleichzeitigen Zusicherung für die folgende Teilstrecke bis Bozen bekanntgegeben, für die man bereits den vollständigen Fahrplan aufgestellt hatte. Demnach verließ der erste Zug Verona um 6.35 Uhr, kam in Trient um 10.17 Uhr an, fuhr um 10.25 Uhr weiter und erreichte Bozen um 12.25 Uhr. Der zweite Zug fuhr in Verona um 14.35 Uhr ab, kam in Trient um 18.17 Uhr und in Bozen um 20.25 Uhr an. Von Bozen aus ging der Morgenzug um 6 Uhr, der zweite dann um 14 Uhr; die Ankunftszeiten in Verona waren 11.32 Uhr beziehungsweise 19.32 Uhr.

Wenige Tage nach der Eröffnung stattete Seine Exzellenz Graf Zichy, der Hofmarschall Seiner Durchlaucht des Erzherzogs Ferdinand Maximilian, seinen Besuch ab. In Begleitung eines Präsidenten der Gesellschaft begutachtete Zichy die soeben fertiggestellte Eisenbahnlinie. Auch der Generaldirektor der Betriebsgesellschaft, Diday, kam zu Besuch. Er gab technische Anweisungen zur Inbetriebnahme und ließ einen Raum im Bahnhof von Trient teilweise als Café einrichten.

Am 22. März, einen Tag vor der allgemeinen Eröffnung, lenkte die Trienter Zeitung »Gazzetta di Trento« die Aufmerksamkeit auf eine Regierungsverordnung vom 16. November 1851,

welche die Sicherheitsvorschriften für die Eisenbahnstrecken auflistete. »Es ist unter Androhung sofortiger Haft und Strafe strengstens verboten, die Schienenwege und Bahnböschungen zu betreten, die Schranken zu öffnen, die Schienen willkürlich und außerhalb der festgesetzten Übergänge zu überschreiten, in die dem Zugang verbotenen, eingefriedeten Bereiche der Bahnhöfe einzudringen wie grundsätzlich jegliche Beschädigung oder Behinderung der Schienenwege ... und ebenso ist das Weiden von Tieren ohne Aufsicht in der direkten Umgebung verboten.«

Auch die Fahrpreise wurden wie die Fahrpläne bereits für die gesamte Strecke bis Bozen festgelegt. Eine Fahrkarte für die erste Klasse kostete 6 Gulden und 60 Heller, für die zweite 4.95 und für die dritte 3.45.

Die ersten Tage der Bahnlinie nach Trient

Als große Neuheit, aber natürlich auch wegen ihrer Bequemlichkeit, zog die Bahn sogleich eine große Anzahl Reisender an. In den ersten Festtagen wurden die sechs Waggons des Nachmittagszuges ab Trient von den Fahrgästen regelrecht gestürmt. Die Trienter Zeitung forderte beim Bahnhofsvorstand ein paar Waggons an, die bei Bedarf eingesetzt werden könnten.

Eine in der »Gazzetta Ufficiale di Venezia« veröffentlichte und von der Trienter Zeitung am 1. April übernommene Studie enthielt den Rechenschaftsbericht der Eisenbahngesellschaft und die Kalkulation über das zukünftige Betriebseinkommen des neuen Verkehrsmittels. Die Baukosten für die gesamten 148 Kilometer der Bahnstrecke Verona–Bozen lagen knapp unter 50 Millionen Lire. Die größte Summe – 26 Millionen 700.000 Lire – hatte der Straßenbau einschließlich der Brücken, Viadukte und anderer Kunstbauten verschlungen. Oberbau, Planierung und Unterbau waren mit zwölf Millionen beziffert, weitere neun Millionen waren für die Grundablösungen gezahlt worden; dazu kamen noch zwei Millionen für allgemeine Ausgaben und Zinsen.

Die wahrlich ungewöhnlich hohen Kosten für die Bodenenteignungen hatten vor allem im Tiroler Abschnitt stark zu Buche geschlagen. Tatsächlich war von den neun Millionen nur eine Million für die Gebiete von Verona bis zur Tiroler Grenze gezahlt worden; die anderen acht Millionen hatte man für die 110 Kilometer von der Grenze bis Bozen ausgegeben. Wie bereits erwähnt, war der Mangel an Ackerland und der dementsprechend hohe Wert, den die Bauern ihrem Grund beimaßen, die Ursache für derart große Entschädigungssummen.

Im übrigen stellte die Ackerwirtschaft die wichtigste Einkommensquelle der Bevölkerung dar. In jener Zeit war Tirol mit dem Trentino ein wirtschaftlich eher mittelloses Land. In der Chronik der Trienter Zeitung hieß es, daß »bis auf wenige Reiche und einige Kaufmänner die Masse der Bevölkerung von der neuen Dampfeisenbahn wohl keinen Gebrauch machen wird«. Deswegen erwartete man ein eher bescheidenes Verkehrsaufkommen für die Schiene.

Eine ähnlich pessimistische Vorhersage betraf auch den Güterverkehr, da eben »auch die Industrie keine große Einkommensquelle darstellt ... im allgemeinen gibt es wenige Fabriken in Tirol ... und die Produkte dieser wenigen sind in der Regel weder schwer noch groß«. Der Export von Wein und Seide und der Import von Getreide und Kolonialwaren stellten ein zu geringes Handelsvolumen dar, um eine Eisenbahnlinie voll auslasten zu können.

Die einzige Lösung war die Verlängerung der Südtiroler Bahnlinien, um den Anschluß an die Nordtiroler Eisenbahn herzustellen, die bereits auf der Strecke Innsbruck–Kufstein verkehrte. Die Eisenbahn würde mit einer Verbindung zwischen Italien und Deutschland eine runde und wirtschaftlich einträgliche Sache werden können.

Im April wurde der Eisenbahnbetrieb für einige Tage eingestellt und der tägliche staatliche Postkutschendienst wieder eingesetzt. Dieser Umstand rief große wirtschaftliche Bedenken hervor – ein Zeichen, daß die Schiene bereits die Gewohnheiten und Zukunftspläne der Bevölkerung geändert hatte.

Nebenstehende Seite: Die von der Eisenbahngesellschaft in Verona am 6. Mai 1859 verbrei-
tete Bekanntmachung über die Eröffnung der
Teilstrecke Trient–Bozen. Sie vervollständigt
die Linie von Verona nach Bozen.

Diese Seite: Der im Bau befindliche Viadukt über
den Avisio – das Foto wurde von Lotze um das
Jahr 1858 aufgenommen.

Bis nach Bozen

Die Eröffnung des Streckenabschnittes von Trient nach Bozen wurde für den 16. Mai 1859 festgesetzt. Anfangs sollte sich der Dienst auf nur eine Linie pro Richtung beschränken; der Anschluß des Postdienstes wurde von Trient nach Bozen verlegt.

Lesen wir in der Chronik der »Trienter Zeitung« vom darauffolgenden 17. Mai zur Einweihungsfeier: »Seit den frühen Morgenstunden schnaubten gestern zwei festlich geschmückte Lokomotiven voller Ungeduld im Wunsche, den neuen Schienenweg zu befahren, der die bislang so große Entfernung mit der lieben und sympathischen Stadt Bozen verkürzt. Die mit Bändern, Blumen, Girlanden und Fahnen in den kaiserlichen und den jeweiligen österreichischen Landesfarben geschmückten zwei Lokomotiven trugen die Namen ›Trento‹ und ›Bozen‹. An der Vorderfront der ersten stach der von zahllosen Fahnen umgebene kaiserliche Adler hervor und darunter ein ›Hoch lebe Kaiser Franz Joseph I.‹. Von den mit grünen Girlanden umhängten Schornsteinen der Lokomotiven hingen schneeweiße und rosarote Schleier herunter, fast einer Braut im heißersehnten Augenblick der Hochzeit ähnelnd.«

»Um 10 Uhr waren alle unsere Oberhäupter aus Politik, Militär, Gemeinde oder ihre Vertreter am Bahnhof, um der feierlichen Zeremonie beizuwohnen. Tatsächlich setzte sich der Zug um 10.25 Uhr schnell in Richtung Bozen in Bewegung. In Mezzolombardo wollte diese Gemeinde mit Böllerschüssen von ihrer Kirche aus – obwohl so weit von der Eisenbahnlinie entfernt, daß man den Rauch der abgegebenen Schüsse sehen, aber nicht den Knall hören konnte – ihre Freude über das Ereignis kundtun. In Neumarkt wurden wir mit den Klängen der Musikkapelle empfangen und hatten schließlich die Strecke von Trient nach Bozen in weniger als zwei Stunden zurückgelegt.«

»Die Ankunft in Bozen war ein Schauspiel, das den Pinselstrich Gauermanns verdiente. Auf dem als Unter der Würger (Untervirgl) bezeichneten Berg ... standen in zahlreichen

Gruppen Tausende, in Landestracht gekleidete Menschen ... Kaum im Bahnhof angekommen, hatte man unter dem Bahnsteigdach einen wahrhaft feierlichen Empfang vorbereitet. Als die erste Lokomotive einfuhr und die ausgezeichnete Stadtkapelle die Kaiserhymne anstimmte, übertönte ein lautes und freudiges Vivat! den Hall der Böllerschüsse und die harmonischen Klänge der Musikkapelle. Alle Oberhäupter Bozens waren in Gala erschienen, um die Gäste zu begrüßen; die Frauen von Bozen bildeten einen hübschen Kranz, der sich vom einen zum anderen Ende des Bahnhofes zog. Am Ausgang standen zahlreiche Kutschen bereit, die die Ankömmlinge in den Gasthof der Kaiserlichen Krone brachten, wo von einigen angesehenen Bürgern der Stadt ein reiches Bankett vorbereitet worden war. Während des Essens spielte die Philharmonie mit seltenem Können ausgesuchte und fröhliche Musikstücke auf. Zum Champagner erhob sich der Bürgermeister von Bozen, Doktor

Kappeller, erklärte in wenigen, aber ausdrucksstarken und gut verständlichen Worten den Sinn des Festes und forderte dann zum Gruß Seiner Majestät Unseres Erlauchten Kaisers und Herrn auf, dem mit einem dreifachen und freudigen Vivat gefolgt wurde.«

Um halb vier Uhr nachmittags fuhr der Zug wieder nach Trient zurück. Da es die einzige Fahrt war, konnten die Geladenen dem Theaterabend in Bozen nicht beiwohnen.

Am Einweihungstag erschien auch die »Bozener Zeitung« in festlicher Aufmachung. Die abgebildeten Wappen der Städte Ala, Rovereto, Trient und Bozen waren mit Girlanden untereinander verbunden, und man hatte eine Karte der gesamten Eisenbahnlinie ab Verona abgedruckt.

Doch in jenem Mai befand man sich mitten im Krieg. Bald sollten entscheidende Schlachten ausgefochten werden, angefangen von jener bei Montebello und Palestro. Diese Tiroler Eisenbahn schien die Trienter Bevölkerung zu

Nebenstehende Seite: Die Brücke von Parona in einer Lithographie von Seelos. Diese und andere Ansichten der soeben fertiggebauten Eisenbahnlinie wurden in Wien – zusammen mit einer zweisprachigen technischen Beschreibung – anläßlich der Einweihung der Linie Verona–Bozen veröffentlicht.

Diese Seite: Eine andere Lithographie von Seelos aus der Sammlung des Jahres 1859. Man erkennt die ursprüngliche Etschschleife vor der Aufschüttung und – ganz rechts – den Bahnhof von Trient.

erschrecken (darüber berichtet ein in der Zeitung »Der Brenner« veröffentlichter Artikel, siebzig Jahre später zum Gedenken geschrieben), und dies umso mehr, »als man genau in jenen Tagen einen Kometen erblickte«. Der Bericht erzählt von Trient, wo »in San Lorenzo ein dichtes Gedränge herrschte, alle liefen dorthin. Die entsetzten Frauensleute verfluchten die ungeheuerliche Höllenmaschine und befahlen erschreckt den Jungen dort, vor Ort niederzuknien, um angesichts eines solch teuflischen Vorkommnisses zu beten. Die Feuermaschine schritt erhaben und aufrecht mit qualmendem Schornsteine einher.«

Das einfache Volk erschrak über die Kühnheit eines solchen Unternehmens: »Es muß eine große Strafe folgen ...«, sagte man. Und: »Schau doch, ob das nicht der Teufel mit seinen Feueraugen ist ... in die Knie ... der Teufel!«

Bei der Eröffnung gab es zwischen Trient und Bozen sechs Bahnhöfe: Lavis, St. Michael an der Etsch, Salurn, Neumarkt, Auer.

Acht Jahre lang, bis zur Eröffnung der Anschlußstrecke in nördlicher Richtung, gab es für Reisende, die von Wien über Tirol nach Italien wollten, nur den Zug bis Innsbruck. Dort mußte man dann in die Postkutsche umsteigen, um nach Bozen und wieder in die Eisenbahn zu kommen.

Regeln, Preise und Anschlüsse

Im Jahre 1862 verkehrten zwischen Verona und Bozen zwei Züge pro Richtung; sowohl von Verona als auch von Bozen aus fuhren die Züge um 6.35 Uhr morgens und um 15 Uhr nachmittags ab. Die Fahrzeit von Verona in Richtung Norden dauerte etwas länger (ungefähr 15 Minuten).

Die Fahrkarten waren jeweils nur für den angegebenen Zug und Tag gültig. Auf Verlangen mußte der Reisende sie dem Wartesaalwärter, dem Wärter im Ankunftsbahnhof und während der Reise den Angehörigen des Eisenbahnpersonals vorzeigen. Wurde ein Fahrgast ohne Fahrkarte ertappt, mußte er den dreifachen Preis entrichten; zahlte er die Summe nicht,

wurde er vom Personal aus dem Zug gewiesen und der Polizei übergeben.

Im Zug durfte man kostenlos bis zu 25 Kilogramm Gepäck mit sich führen. Kinder, die auf dem Schoß gehalten wurden, bezahlten nicht, Kinder von zwei bis zehn Jahren die Hälfte. Die Preise waren wegen der verschiedenen Währungen recht kompliziert. Zum Beispiel: Von Venedig nach Avio (wo man Silbermünzen als Landeswährung hatte) galt der Normaltarif. Er lag bei 36 Kreuzer für jeden Reisenden und jede Meile in der ersten Klasse, 27 Kreuzer in der zweiten, 18 Kreuzer in der dritten Klasse. Eine Erhöhung um 20 Prozent hingegen trat auf der Strecke von Avio bis Bozen in Kraft, außerdem auf allen anderen Bahnlinien der Gesellschaft, wo Geldscheine als Zahlungsmittel galten.

Eigenartig waren auch die Uhren eingestellt. Die Fahrzeiten auf den Eisenbahnstrecken zwischen Görz, Venedig, Verona, Mantua, Bozen und Peschiera richteten sich nach der »Ortszeit« von Verona. Im Bahnhof von Peschiera wirkte sich das so aus, daß sich die Abfahrtszeiten für Verona und Venedig nach der Ortszeit von Verona richteten, jene für Mailand aber nach der Ortszeit Turins (im Vergleich zur Zeit von Verona 13 Minuten früher). Ähnlich war es in Görz, wo sich die Abfahrten Richtung Triest und Wien nach der Prager Ortszeit richteten (im Vergleich zu Verona 14 Minuten später). Natürlich waren auch die Uhren in den Bahnhöfen auf die gleichen Zeiten eingestellt.

In Verona hatte man Anschluß an die Züge der verschiedenen zusammenlaufenden Bahnlinien. Ein Reisender, der von Venedig nach Bozen wollte, mußte also in Verona Porta Vescovo aussteigen und dort auf seinen Zug warten. Das gleiche galt für denjenigen, der von Bozen nach Venedig wollte. Hingegen fand der aus Bozen kommende Reisende mit Zielrichtung Mailand den Anschluß in Porta Nuova.

Werfen wir nun einen Blick auf den im Jahre 1859 gültigen Fahrplan mit den Linien, die in Verona Anschluß an den ersten Abschnitt der Tiroler Eisenbahn hatten.

Zwischen Venedig und Mailand verkehrten sechs Züge in jeder Richtung, aber nur drei pro

Richtung deckten die gesamte Strecke ab (für die man zehn Stunden brauchte). Ein Zugpaar verkehrte zwischen Venedig und Vicenza (knapp über zwei Stunden), ein anderes zwischen Venedig und Verona (vier Stunden), während ein drittes Paar auf der Strecke Verona–Mailand fuhr (sechs Stunden). Erinnern wir uns, daß am Anfang die Entfernung zwischen den zwei am weitesten auseinanderliegenden Bahnhöfen der Ferdinand-Eisenbahn aufgrund des langen Umweges über Bergamo 284 Kilometer betrug.

Vier Zugpaare verkehrten auf der Strecke Venedig–Casarsa (eines davon befuhr nur den Abschnitt Venedig–Triest).

Die Auswirkungen des neuen Verkehrsmittels auf das gesellschaftliche und wirtschaftliche Leben der versorgten Gebiete wurden rasch deutlich. Der erste Eindruck war, daß die Bahn unweigerlich große Wandlungen hervorrufen würde. Aber für den Augenblick herrschte vor allem Unsicherheit. »Ob die neu eröffnete Eisenbahn unserem Lande Schaden oder Nutzen bringen wird, das wird man nicht herausfinden können« –, schrieb R. Zotti 1862 in seinem Buch »Geschichte der Vallagarina« –, »solange sie noch nicht ganz fertiggestellt ist, solange sie mit den anderen Eisenbahnnetzen noch nicht verbunden ist, solange sie noch nicht, wie vorhergesehen, zum wichtigsten Verkehrsmittel des europäischen Handels geworden ist, solange nicht die Armut in den verschiedenen Ländern ohne Fremdenverkehr, ohne Handelsverkehr abgeschafft sein wird – solange sich nicht auch der letzte Einwohner von Trient an die neue Situation angepaßt haben wird, solange wird es schwierig sein, mit Sicherheit zu urteilen, und wir werden nichts anderes tun können, als über die erlittenen Schäden der einzelnen Länder zu sprechen. Da wir aber schon genügend Klagelieder vorzutragen haben, ist es wohl besser, zu schweigen über etwas, das, so hoffen wir, die Zeit heilen wird.«

Nebenstehende Seite: Eindrucksvoller Blick auf die Bahnlinie bei der Klause von Ceraino. Auch dieses Foto stammt von Lotze.

Karl von Etzel und die Bahnlinie von Bozen zum Brenner in Richtung Innsbruck

Das Anschlußstück von Innsbruck nach Bozen stellte zweifelsohne den schwierigsten Teil der Tiroler Eisenbahn dar. Carlo Ghega hatte mit dem kühnen Bau seiner Gebirgsbahn über den Semmering einen ersten Schritt getan, aber die kritischen Stimmen zu diesem Unternehmen, das fast an Wahnsinn zu grenzen schien, wollten nicht verstummen. Das sollten sie erst, als der technische Berater des Ministeriums, Ingenieur Engerth, eine Lokomotive mit ausreichender Leistungskraft erfand, die dann erfolgreich am Semmering eingesetzt wurde.

Während die Entscheidungen auf sich warten ließen, wurde ab 1857 der Druck von seiten Tirols immer stärker, als im Piemont der Antrag zum Bau der Moncenisio-Eisenbahn mit einem Tunnel über zwölf Kilometer Länge genehmigt wurde.

Der Moncenisio führte den Beweis, daß die Technik auch die größten Hindernisse zu überwinden verstand; gleichzeitig ließen die fortschreitenden Bauarbeiten am Suezkanal eine beträchtliche Verkehrszunahme zwischen den Häfen an der Adria und den mitteleuropäischen Ländern voraussahen.

Als zwischen August und November 1858 die lange Bahnstrecke München–Rosenheim–Innsbruck für den Verkehr freigegeben und im Mai 1859 der südliche Abschnitt von Verona bis Bozen fertiggestellt wurde, hob die Tiroler Presse die Bequemlichkeit, welche die Eisenbahn für den Reisenden bedeute, deutlich hervor und nannte zum Vergleich das Mittelstück, auf dem man wie in alten Zeiten 15 Stunden quälender Fahrt in einer wackeligen Kutsche über eine verwahrloste Straße ertragen mußte. Die gleiche Zeit war nötig, um die weitaus längere Strecke von Innsbruck bis Wien mit dem Zug zurückzulegen.

Wie erwähnt, hatte die Regierung erst kürzlich ihre Eisenbahnpolitik geändert und sowohl die Bauarbeiten als auch den Betrieb der Linien über Konzessionsverträge an private Gesellschaften abgegeben.

Um die Konzession für den Bau einer Eisenbahn über den Brenner bewarben sich drei Gruppen: der Bankier Levi aus Verona (der zum Bankhaus Rothschild enge Beziehungen unterhielt), eine französische Gesellschaft und zuletzt die »Südalpen-Eisenbahn-Gesellschaft«, die unter der Leitung des Grafen Strachwitz auftrat. Diese Gesellschaft schickte ihre Stellvertreter nach Innsbruck, Bozen und Trient; sie unterbreiteten einen Entwurfsplan und unterstrichen besonders die geplanten Flußregulierungen in dem von der Bahn durchmessenen Gebiet.

Die ersten Entwürfe für die Brennerbahn

Rufen wir uns kurz den ersten Entwurf der Brennerbahn ins Gedächtnis, den der Veroneser Ingenieur Qualizza Anfang 1847 angefertigt hatte. Darin war im Hinblick auf die damalige maximale Leistungsfähigkeit der Lokomotiven eine höchste Neigung von 16,4 Promille angesetzt; folglich plante man, die Bahntrasse in den Seitentälern in einigen Kehren zu ziehen und, um nicht an Höhe zu verlieren, die Stadtmitte von Innsbruck zu meiden.

Ein anderer Entwurf wurde von dem berühmten Ingenieur Carlo Ghega vorgelegt, der wegen seines Baues der Semmeringlinie als Fachmann für Gebirgsbahnen galt. In seinem 1853 präsentierten Ausführungsplan übernahm Ghega im wesentlichen die von Qualizza entworfene Trasse, verlängerte allerdings den Tunnel unter dem Brenner und verringerte die Neigung auf 15 Promille. Im unteren Abschnitt schlug er zwei Umwege vor – einen ins Pflerschtal, einen anderen schon vorher nach Mauls. Die Südbahn präsentierte diesen Verhandlungsentwurf dem Handelsministerium.

1855 wurde auf Bestreben Luigi Negrellis hin auch der Ingenieur Luigi Tatti damit beauftragt, den Entwurf einer Bahnlinie über den Brenner auszuarbeiten. Tatti machte vor allem für die Teilstrecke von Bozen bis Brixen, die als die technisch schwierigste galt, ausführliche Erhebungen und legte der Regierung den Bericht vor.

In einer 1859 veröffentlichten Studie betonte der Ingenieur die erstrangige Bedeutung, welche die Bahnlinie von Mailand in Richtung Bodensee und Rhein für den Handelsverkehr hatte. Er verwarf den Plan Splügenpaß – die kürzeste, geradlinige Verbindung, die allerdings zu steil war –, legte ohne positives Ergebnis auch die Entwürfe zur Überschreitung der umliegenden Pässe beiseite, hielt »angesichts der Mittel, die der Mensch bislang zu entwickeln vermochte, einen Übergang über die Westalpen mit der Lokomotive für unmöglich« und gab als einzig mögliche Lösung die Ausgänge in den Tälern der Rhône und des Inn an. War in der ersten Verbindung der Tunnel durch den Moncenisio die Lösung, so blieb hier nur eine Überschreitung des Brenners übrig, der die Poebene und das Mittelmeer mit den Donau- und Rheintälern verknüpfen würde.

Der Übergang über den Brenner erschien anderseits aufgrund seiner mäßigen Höhe, des Vorhandenseins weiter und befahrbarer Seitentäler und seines insgesamt milden Klimas als einfach. Einzig das Gebiet um Sterzing in der Sattelhöhe des Brenners wies ein eher rauhes Klima auf, und die Schneehöhe betrug oftmals – so Tatti – mehr als einen Meter, und

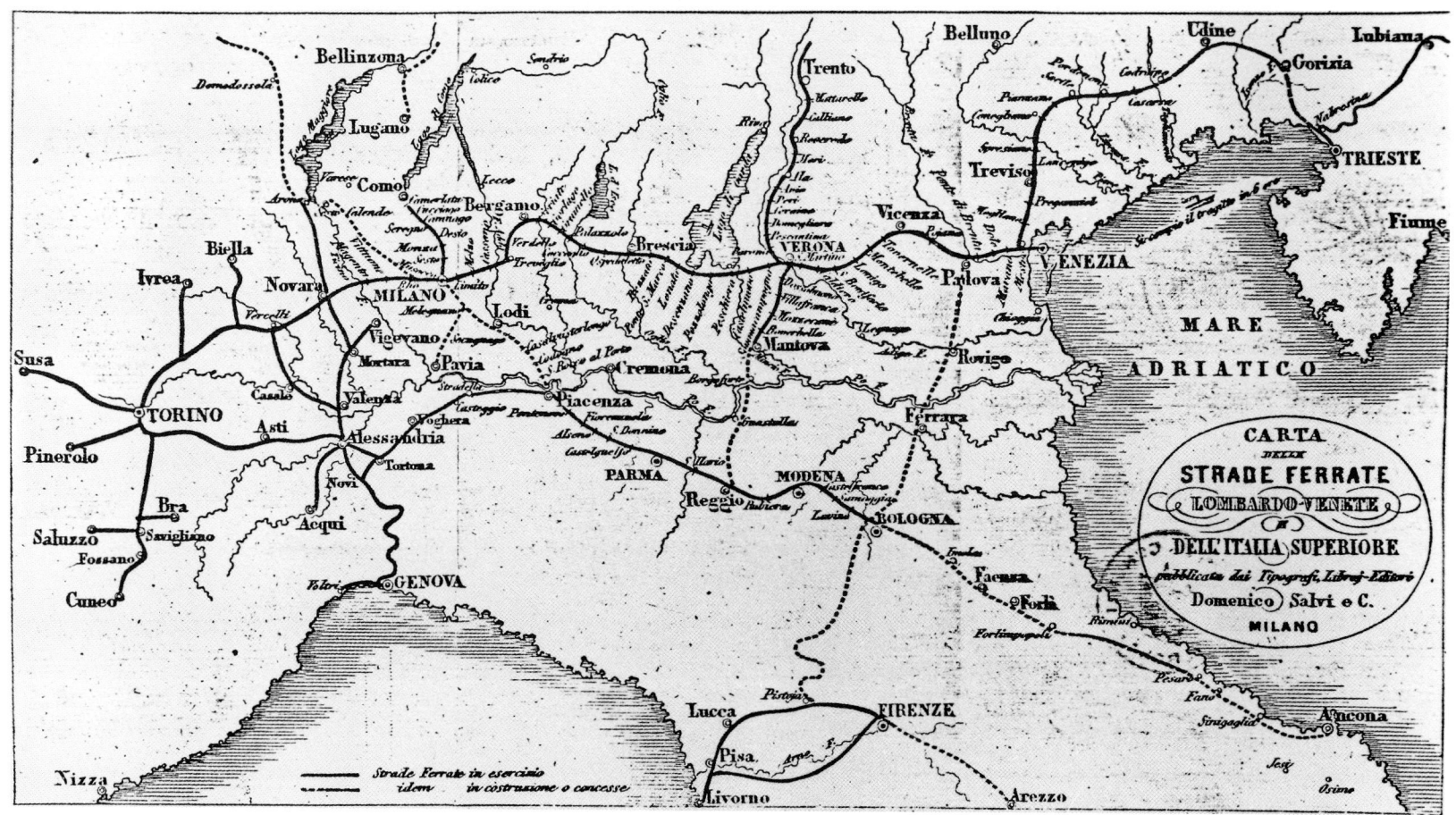

Die »Karte der lombardo-venezianischen und oberitalienischen Eisenbahnlinien« lag im Jahre 1860 in Mailand dem »Reiseführer über die Eisenbahnstrecken und Dampfschiffe mit Anschluß an den Postfrachtdienst und die Postkutschen mit Abfahrt Mailand« bei.

das über einen Zeitraum von vier oder fünf Monaten pro Jahr.

Das Eisacktal war auch wegen des Aufbaues seiner Berge günstig; Granit im Norden und Porphyr in Richtung Bozen stellten ein hervorragendes Baumaterial dar.

Einen dritten Entwurf für die Bahnstrecke Bozen–Innsbruck verfaßte Achilles Thommen. Der Schweizer Ingenieur verlängerte die Strecke im Vergleich zum vorhergehenden Vorschlag Carlo Ghegas zwar um sechs oder sieben Kilometer, die Bahnlinie berührte damit aber viele Orte. Eine Schwierigkeit jedoch stellte der gefährliche Abschnitt von St. Jodok bis zum Brenner dar.

Etzel: Der Wille zum Vereinfachen

Karl von Etzel trat 1859 als Baudirektor in den Dienst der Südbahn. Der Ingenieur, der schließlich die Brennerbahn entwerfen und bauen sollte und dessen starke Persönlichkeit die Bahnlinie entscheidend prägte, war am 6. Januar 1812 in Heilbronn im Land Württemberg geboren worden. Schon von klein auf zeigte Etzel große Begabung für die Technik, sollte aber trotzdem nach dem Willen seines Vaters Theologie studieren. Nach der Matura in Stuttgart konnte er allerdings endlich seiner

Begabung folgen und entschied sich für ein Architekturstudium; 1835 erlangte er in Tübingen die Doktorwürde.

Gleich darauf ging er nach Paris, wo er in der Abteilung Architektur jener Bauleitung angestellt wurde, die für den Bau der Eisenbahnlinie nach Saint-Germain zuständig war. Schon damals beeindruckte Etzel mit seinem Entwurf für die Seinebrücke bei Asnieres. Das Vorhaben wurde umgehend ausgeführt, und Etzel bekam die Bauleitung. Ende 1836 unternahm der junge Etzel eine Studienreise nach England, wo er sich ein allgemeines Wissen über den Eisenbahnbau erwarb. Erinnern wir uns, daß auch Negrelli im selben Jahr eine ähnliche Studienreise in jene Länder unternahm, die als erste über Eisenbahnen verfügt hatten. Nach der Mitarbeit am Bau der Versailler Eisenbahn kam Etzel nur für kurze Zeit nach Württemberg zurück; 1839 wurde er nach Wien beordert, wo er für vier Jahre im Baugewerbe tätig war.

1843 kehrte Etzel im Alter von 31 Jahren in die Heimat zurück und trat in den Staatsdienst ein. Sein erster Auftrag war der Bau eines Eisenbahnnetzes in Württemberg. Das stellte für Etzel die ideale Gelegenheit dar, sich mit dem Bau von Gebirgsbahnen vertraut zu machen. Das erste größere Hindernis war die »Schwäbische Alb« auf der Strecke zwischen Stuttgart und Ulm. Die Anhöhe verstellte wie eine Mauer den Weg, und man stand vor einer entscheidenden Wahl: Sollten die Gleise über oder durch den Berg führen? Etzel entschied sich gegen den Tunnel und zog die Trasse mit einer starken Steigung in Kurven den Hang hinauf. Die einzigen erforderlichen Kunstbauten waren Stützmauern, die vor Erd- und Felsrutschen schützen sollten. So hatte Etzel bereits bei der in seiner Heimat gebauten Eisenbahnstrecke sein Bemühen um einfache und wirtschaftliche Lösungen unter Beweis gestellt, ein Prinzip, das er später auch beim Bau unserer Brennerbahn befolgen sollte.

Ebenfalls in Württemberg leitete Etzel den Bau der Linie Plochingen–Stuttgart–Heilbronn (eine Eisenbahn, die seine Geburtsstadt berührte), arbeitete kurze Zeit in Wien (wo er eine Maschinenfabrik baute) und dann an der Linie Bietigheim–Bruchsal. 1852 übernahm er die Bauleitung bei der »Zentralschweizer Eisenbahngesellschaft«, ein Amt, das er über fünf Jahre lang innehatte und in dem er großartige Kunstbauten schaffte, wie etwa die Sillbrücke in St. Gallen, die Brücken über die Aare bei Olten und Bern und einen gewagten Tunnel in Hauenstein.

Eines der aufsehenerregendsten Bauwerke war der Viadukt, der über 300 Meter Länge und in einer Höhe von 30 Metern über dem Talboden die Enz überquerte. Diese Erfahrungen erläuterte Etzel in einem Buch mit dem Titel »Brücken und Talübergänge der Schweizer Eisenbahn«. Die Veröffentlichung bewies ein weiteres Mal sein bewundernswertes Talent zu Prägnanz und Klarheit.

Während seines Arbeitsaufenthaltes in der Schweiz arbeitete Etzel mit dem Schweizer Ingenieur Achilles Thommen zusammen, den er später zum Bauleiter der Brennerbahn ernennen sollte.

Gegen Ende der fünfziger Jahre des 19. Jahrhunderts ging die Südtiroler Eisenbahnlinie von Verona bis Bozen ihrer Fertigstellung entgegen. Negrelli starb im Jahre 1858. Etzel rief man nach seinen großen Erfolgen in der Schweiz in das Direktorat der Franz-Joseph-Orientbahn-Gesellschaft. Als diese 1859 mit der Südbahn fusionierte, wurde Etzel wie erwähnt Baudirektor der neuen Gesellschaft. Das neue Amt bescherte ihm ein weites Tätigkeitsfeld, zu dem die Reparaturarbeiten der im Krieg beschädigten Eisenbahnstrecken und der Bau von 1500 Kilometern neuer Linien vor allem in Südungarn, Kroatien und Kärnten gehörten.

Tatsächlich wurden unter der Leitung Etzels, der mittlerweile als einer der besten Ingenieure Europas anerkannt war, zahlreiche Eisenbahnlinien verlegt und bei anderen Schienenstrecken der Bau begonnen. Es sei besonders an die Strecke Marburg–Villach erinnert, die in westlicher Richtung durch das Pustertal weiterführen sollte. In jenen Jahren wurden auch zahlreiche Holzbrücken auf der erst kürzlich fertiggestellten Linie Wien–Triest durch neue Eisenbrücken ersetzt.

Der Entwurf für den Brenner

Die letzte Arbeit Etzels – und gleichzeitig jene, auf die er am meisten Wert legte – war die Eisenbahn über den Brenner, deren Beendigung ihr Konstrukteur und Baumeister allerdings nicht mehr erleben durfte. Wie es der Zufall wollte, starben Negrelli und Etzel noch bevor sie das Ergebnis ihrer Anstrengungen um die Tiroler Eisenbahn bewundern konnten.

Obwohl es in Österreich eine Reihe hervorragender Ingenieure gab, mußte man aufgrund gleichzeitiger Bauarbeiten an verschiedenen Orten zusätzliche ausländische Ingenieure hinzuziehen. Auch Etzel hatte für sein letztes Werk Techniker verschiedenster Nationalitäten beauftragt.

Er verwarf alle vorherigen Entwürfe und machte 1861 in den Seitentälern an Inn und Eisack allgemeine Erhebungen. Auf der Grundlage dieser Vermessungen wurde die Trassierung der Linie entschieden und dann deren Längen- und Querprofil errechnet. Die umfangreichen Vorbereitungsarbeiten bildeten die Basis für eine genaue Ausführung des Bauvorhabens. Die Vorbereitungs- und Planungsphase dauerte wie vorgesehen drei Jahre.

Etzel strich den Brennertunnel und verlegte die Eisenbahnstrecke auf die Erdoberfläche mit einer maximalen Neigung von 25 Promille. Um diesen Neigungswinkel zu halten, fügte er lediglich zwei Umfahrungen ein – nördlich des Brenners nach St. Jodok und im südlichen Abschnitt ins Pflerschtal. Die Trasse Etzels war die kürzeste von allen bislang erstellten Entwürfen, und im Vergleich zum Plan Ghegas maß sie gute 36 Kilometer weniger (125 statt 161).

Bevor er sich zur Lösung der Paßüberschreitung entschied, hatte Etzel die Idee eines Tunnels genauestens überprüft. Der Brenner bildet ja keinen schmalen Einschnitt, sondern statt dessen ein ungefähr sieben Kilometer langes Hochtal mit einer mäßigen Steigung, das auf der Südseite steil abfällt. Um den höchsten Übergangspunkt um 70 bis 80 Meter abzusenken, hätte man einen Tunnel von zehn bis elf Kilometern Länge bauen müssen. Inspektor

Vorhauser hatte empfohlen, den Brenner ganz zu meiden und statt dessen durch das Pflerschtal zu bauen, um durch einen noch längeren Tunnel das Obernberger Tal zu erreichen.

Damals gab es bereits viele Tunnelbauten; allerdings betrug ihre Länge nur einen Kilometer oder wenig mehr. Unterirdischen Bauten größeren Ausmaßes stand man noch etwas ängstlich gegenüber. Der Bau eines Tunnels in der erforderlichen Größe hätte äußerst lange gedauert, während Tirol jedoch voller Ungeduld auf die Eisenbahnstrecke wartete und zudem das Jahr 1866 in der Konzession als Fertigstellungstermin angegeben war. Zusätzlich hätte ein Tunnel beträchtliche Geldmittel erfordert (man veranschlagte eine Summe von 15 Millionen Gulden – mehr als die Hälfte der Kosten der gesamten Bahnlinie). Aber während man bei anderen Eisenbahnprojekten auf die

Eine weitere Lithographie von Seelos mit der Etschbrücke nahe Gmund

Beteiligung mehrerer Staaten hoffen konnte (an der Gotthard-Eisenbahn beteiligten sich zum Beispiel Deutschland, Italien und die Schweiz), lasteten die Ausgaben der Brennerbahn einzig und allein auf der privaten K. K. Privilegierten Südbahn-Gesellschaft und überstiegen deren Möglichkeiten um ein weites.

Aus diesen Gründen wurde der Entwurf zum Bau eines Tunnels von zehn bis elf Kilometern Länge verworfen. Der Vorschlag zum Bau eines tiefgelegenen Tunnels, der noch mehr Zeit und Geld in Anspruch genommen hätte, wurde nicht einmal in Betracht gezogen.

Man entschied sich für die Überquerung des Brenners. In nördlicher und südlicher Richtung folgte die Eisenbahn dann den tiefen Furchen von Sill und Eisack.

Jetzt mußte nur noch die starke Steigung hinauf zur Paßhöhe verringert werden. Etzel schloß nach genauer Prüfung aus, daß die beiden Kehren von St. Jodok und im Pflerschtal verkürzt werden könnten, da man eine Neigung von 25 Promille nicht überschreiten woll-

te. Eine negative Erfahrung mit größeren Steigungen hatte man auf der Strecke Genua–Alessandria gemacht, wo man mit nicht wenigen technischen Problemen zu kämpfen hatte.

Etzel stützte sich auf die Mitarbeit verschiedener Techniker. Als Direktor der Abteilung Infrastrukturen fungierte Oberinspektor Wilhelm Pressel, der auch Etzels Stellvertreter war. Direktor der Abteilung Bauwesen war der Chefarchitekt Wilhelm Flattich; Leiter der Abteilung Oberbau und Gleisbaumaschinen war Oberinspektor Rudolf Paulus. Um das Bauvorhaben zu beschleunigen, richtete man in Innsbruck eine Bauaufsichtsbehörde ein, deren Leitung Etzel dem neunundzwanzigjährigen Schweizer Ingenieur Achilles Thommen unter der Mitarbeit von Wilhelm Hellwag anvertraute. Die Dienststelle war anfangs in drei Abteilungen unterteilt, mit jeweiligem Sitz in Innsbruck (Ing. Wilhelm von Prangen), Sterzing (Wilhelm Nest) und Bozen (Friedrich Bunz); später kam eine vierte Abteilung in Brixen (Josef Ackerl) dazu.

Für die Grundablöseverhandlungen wurde ebenfalls in Innsbruck eine Karl Ratza anvertraute Kommission gegründet, die im Auftrage der Gesellschaft agierte.

Als der Entwurf dem Handelsministerium zur Konzessionsbewilligung vorgelegt wurde (gemäß dem für private Eisenbahngesellschaften erforderlichen Verfahren), verlangte man von Etzel, den Mindestkrümmungsradius von 316 auf 190 Meter zu verringern. Doch der Ingenieur widersetzte sich und unterstrich die große Bedeutung dieser Bahnlinie. Schließlich einigte man sich auf 285 Meter. Als noch einige andere Einwände ebenfalls geklärt waren, wurde der Entwurf im September 1863 genehmigt.

Unter den Vorschriften für den Bau sei jene erwähnt, die das Baumaterial betraf, das von bester Qualität sein mußte, um zukünftigen Schäden vorzubeugen. Die Bauarbeiten durften auch in keiner Weise den Verkehr auf der Poststraße behindern.

Spezielle technische Vorschriften hatte Etzel bereits bei dem ebenfalls von der Südbahn realisierten Bau der östlichen Eisenbahnlinie erlassen. Diese Normen wurden von Thommen neu bearbeitet und den Bedingungen der Brennerbahn angepaßt.

Der Bau

Endlich konnten am 23. Februar 1864 die Bauarbeiten mit den Grabungen zum Tunnel am Bergisel bei Innsbruck beginnen. Nachdem kein Unternehmen die Belastung für den Bau der gesamten Bahnlinie übernehmen wollte, wurde die Strecke in sechzehn Abschnitte unterteilt, die ebenso vielen Auftragnehmern aus verschiedenen Gegenden des Reiches zugesprochen wurden (nur die schwierigsten Streckenabschnitte wurden direkt unter der Leitung der Südbahn gebaut). In der Folgezeit

zog man diese Abschnitte in vier Gruppen zusammen.

Gleich hinter Innsbruck trifft die Eisenbahn auf das Silltal und durchfährt es bis hin zum Brenner. Ab diesem Punkt folgt die Linie dann talabwärts dem Eisack bis Bozen, wo der Fluß in die Etsch mündet. Etzel hatte wie erwähnt zur Überwindung der größten Steigungen auf beiden Seiten des Passes zwei Umleitungen in die Seitentäler von Schmirn (St. Jodok) und Pflersch (bei Gossensaß) vorgesehen. Unter der Verantwortung von Ingenieur Thommen baute man zwei spiralförmige Tunnels. Eingang und Ausgang der Tunnels liegen zwar nahe beieinander, doch überwinden sie einen beachtlichen Höhenunterschied, da die Eisenbahn den Berg mit einer engen Kehre bewältigt.

Südlich des Brenners war das ausgedehnte, unsichere Sumpfgebiet in der Ebene von Sterzing (Sterzinger Moos) eine weitere schwierige Stelle. Auf der Höhe der Franzensfeste ergab sich die Notwendigkeit, die Erfordernisse der Eisenbahn mit militärischen Auflagen in Einklang zu bringen. Im Abschnitt von Waidbruck bis Blumau bildeten die über eine enge Schlucht senkrecht aufragenden Porphyrfelsen eine ständige Steinschlaggefahr. Etzel entschied, die Schienenstrecke längs des Flusses zu legen, den er lediglich an zwei kritischen Punkten überquerte – unterhalb von Kollmann und vor Atzwang.

Für die Grabungen und Verkleidungen des Hochklausener Tunnels zwischen Blumau und Bozen setzte man eine vom Trienter Unternehmer Francesco Ranzi erfundene Maschine ein. In einer 1868 veröffentlichten Notiz erklärte Ranzi, daß sich die Maschine sowohl für geradlinige als auch für kurvige Tunnelbauten eigne. Sie bewegte sich auf Schienen und konnte je nach Bedarf erhöht oder gesenkt werden. Es war ein zuverlässiges und wirtschaftliches Gerät, da es problemlos aufgebaut und nach Gebrauch wieder abgebaut und an anderer Stelle eingesetzt werden konnte. Nicht zuletzt garantierte diese völlig neue Maschine ein hohes Maß an Arbeitssicherheit; die Panzerung hielt dem Gewicht der oberhalb liegenden Felsschichten nach ihrer Sprengung stand.

Die Eisenbahnstrecke gliederte sich hinsichtlich ihrer Neigungswinkel in drei unterschiedliche Abschnitte: jenen von Innsbruck bis zum Brenner mit einer Steigung von 25 Promille, jenen vom Brenner bis Brixen, wo die stärkste Neigung sich auf 22,5 Promille verringerte, und den dritten von Brixen bis Bozen mit 15 Promille. Nur im letzten Abschnitt glaubte man, die Eisenbahnzüge nicht halbieren zu müssen. Nach einem Bericht des Ingenieurs Tatti aus dem Jahre 1868 sei die im südlichen Teil geringer angesetzte Steigung wohl darauf zurückzuführen, daß man auf der Strecke von Italien nach Österreich und Deutschland einen stärkeren Handelsverkehr als umgekehrt vorhersah, da die Rohstoffe über das Meer von den Häfen an der Adria und am Mittelmeer herangeliefert werden würden. In den Bahnhöfen erreichte man Neigungen von 2,5 Promille, »vielleicht zuviel«, merkte Tatti an, »wenn man bedenkt, daß die Züge sich lediglich mit ihren Bremsen halten können, daß Unvorsichtigkeit oder Unberechenbarkeit der Verladearbeiter und anderer Angestellter eine Gefahr darstellen oder daß die Kraft des Windes auf dem nachfolgenden steilen Gefälle Teile des Zuges in Bewegung setzen könnte, was mit einem sicheren Verlust verbunden wäre«.

Da die Trasse mit vielen Kurven gezogen wurde, sollte diese Alpenlinie dank dem allgemein sanften Verlauf des Tales ungewöhnlich wenige Tunnels haben: nur 29 auf der Gesamtstrecke. Die wichtigsten lagen auf den erwähnten Umleitungsstrecken in den Seitentälern, dazu kam der Tunnel am Bergisel bei Innsbruck. Im Süden des Brenners errichtete man nur acht Tunnels – allein fünf davon auf dem Abschnitt des Kuntersweges.

Ebenso waren nur wenige große Brücken erforderlich – vier Balkenbrücken aus Eisen zwischen Brixen und Bozen (die größte in der Nähe von Albeins maß 81 Meter). Zwei kleinere Brücken (eine davon ebenfalls über den Eisack) baute man zwischen Sterzing und Mauls; die Breite der Schienenstrecke wurde für ein Doppelgleis angelegt.

Tatti nennt die herausstechendsten Merkmale des Werkes. Da war vor allem der gänzliche Mangel an großen Viadukten oder Kunstbauten. Dieser für eine Alpenlinie eher ungewöhnliche Umstand ließ sich auf die Entscheidung zurückführen, nach der man »gewaltige Erdmassen schichtete, um die tiefen Furchen zu füllen, die zu überwinden waren, und nur für die Sammelwässer einen einfachen Durchlaß beließ. So nutzte man die bei den Durchstichen entstandenen großen Mengen Material. Jene waren erforderlich, um die Anzahl und Schärfe der Kurven längs der Flußkrümmungen zu verringern«.

Als gute Technik erwies es sich, in den großen Aufschüttungen »den Unterbau auf der erhöhten Seite zu verbreitern«. Dazu verwendete man riesige Gesteinsblöcke, die man in den Steinbrüchen gewann. Um das Gleisbett noch mehr zu festigen, entschied man, es auf der Bergseite in Einschnitte, auf der Talseite hingegen auf kleine Dämme zu legen. Alles wurde derart geplant, daß sich spätere Instandhaltungsarbeiten auf ein Minimum begrenzten. Auf der Grundlage seiner Berechnungen entwickelte Ingenieur Pressel eine Methode, die »die Neigungen an den Punkten, an denen sich der Neigungswinkel änderte, einander anglich« und die Entgleisungsgefahr vor allem auf Gefällstrecken mit hoher Geschwindigkeit vermeiden half. Pressel berechnete ebenfalls auf den Millimeter genau die Anschlußpunkte zweier entgegengesetzt gekrümmter Kurven.

Von Innsbruck bis nach Mauls im Eisacktal verlief der Schienenweg auf einer Unterlage aus kristallinem Schiefer, während von Mauls bis Franzensfeste Granit vorherrscht. Erneut Schiefer tritt auf der Strecke bis Waidbruck auf, dann beginnt der Prophyr, der sich bis Bozen fortsetzt.

Es wurden gewaltige Massen an Erde ausgehoben und aufgeschüttet. Insgesamt schaffte man achteinhalb Millionen Kubikmeter Fels und Erde weg; man verarbeitete 375.000 Kubikmeter Schotter und 520.000 Kubikmeter Zement. Für den Transport des abgebauten Materials und die Beförderung von Holz, Eisen und Gestein verwendete man eigens gebaute Wagen, die über provisorisch am Randstreifen

Oben: Die Dampflokomotive, die als erste über den Brenner fuhr. Die Probefahrt fand am 25. Juli 1867 statt; die Linie Bozen–Innsbruck wurde am darauffolgenden 24. August für den Reiseverkehr freigegeben.

Unten: Eine Lokomotive der Baureihe 29. Mit dem Bau dieser Maschinen begann man Ende der fünfziger Jahre; nach 1867 wurden einige Dutzend Exemplare gebaut. Sie waren fast alle für den Einsatz auf der Brennerlinie bestimmt.

der Bahnstrecke errichtete Gleise von etwa zweieinhalb Fuß Breite glitten.

Aufgrund der Felsstruktur ereignete es sich manchmal, daß große Blöcke unerwartet herabstürzten, obwohl man keinerlei Anzeichen ihres Nachgebens bemerkt hatte. Diese Unfälle konnte man trotz aller Vorsicht nicht vermeiden. Wir wissen nicht, wie viele Arbeiter ihr Leben beim Bau der Brennerbahn verloren haben; wahrscheinlich kaum weniger als hundert. Todesursachen waren die Unfälle, eine andere die Krankheiten, die aufgrund der Arbeitsbedingungen entstanden.

Die Gesteinsstruktur gestaltete auch die Durchbohrung für die Tunnels denkbar schwierig. Der Fels war nicht nur undurchdringlich, er wies obendrein übermäßige Wasserinfiltrationen auf, was Befestigungsbauten, manchmal Ableitungen des Wassers und nicht zuletzt spezielle Maschinen zur Trockenlegung erforderte.

Man mußte einige Wasserläufe regulieren und baute Tunnels (es sei an jenen bei Gossensaß erinnert), Brücken und Kanäle, in denen das Wasser unterirdisch oder parallel zur Eisenbahnstrecke floß.

Die Beschaffung des Baumaterials war kein Problem, vor allem südlich des Brenners nicht. Für den Bau der Bahnhöfe verwendete man Granit und Porphyr sowie Schiefergestein für die weniger wichtigen Bauten.

Am 13. November 1864 erlitt Karl von Etzel während eines Aufenthaltes in Wien einen Schlaganfall und mußte sich von allen seinen Ämtern zurückziehen. Trotz der Krankheit wollte er im folgenden April nach Hause fahren, bekam aber während der Reise im Bahnhof von Ybbs-Kemmelbach einen zweiten Anfall und starb noch im abgestellten Eisenbahnwagen nur wenige Tage später am 2. Mai 1865.

Der Bau der Brennerbahn wurde von seinen Mitarbeitern zu Ende geführt – von Achilles Thommen, Wilhelm Pressel, Julius Lott und Wilhelm Hellwag. Thommen sollte später Generalinspektor für den Bau der ungarischen Eisenbahn werden, Pressel ging zu den türkischen Eisenbahnen, Lott sollte die Bauleitung der Arlbergbahn übernehmen, Hellwag, der

Stellvertreter Thommens, arbeitete später für die Gotthard-Eisenbahn.

Die Höchstzahl der Arbeiter – vorwiegend Trentiner, aber auch Böhmen – betrug 1865 20.600 Personen mit einem Durchschnitt von 4100. 1866 mußten gut 14.000 Arbeiter die Baustelle in der günstigen Saison verlassen, um im Krieg an der Südfront zu kämpfen. Ein leichtes wäre es für den österreichischen Staat gewesen, von der Konzessionärsgesellschaft die rechtzeitige Fertigstellung des Baues für den Krieg von 1866 zu verlangen (und sicherlich hätte eine funktionierende Eisenbahn militärischen Zwecken außerordentlich gedient). Aber in diesem Falle hätte der Staat Geldmittel zuschießen müssen, was er lieber vermied.

Die Öffnung an den neuen Grenzen

1866 fielen mit der Eroberung der venezianischen Gebiete folgende Bahnlinien an den italienischen Staat: die Linie Cormons–Mestre–Padua–Verona–Peschiera bis zur lombardischen Grenze, die Linien Venedig–Mestre, Padua–Rovigo, Verona–Mantua und – auf der Brennerstrecke – der Abschnitt von Verona bis Peri. Der von Italien und Österreich im Jahre 1867 unterschriebene Friedensvertrag verpflichtete jeden Vertragspartner dazu, auf seinem Gebiet eine Konzession für eine Bahnverbindung zwischen den beiden Ländern zu vergeben, sollte die andere Nation eine Linie bis an die Grenze von Primolano bzw. jene von Pontebba errichten.

Die Bauarbeiten an der Tiroler Eisenbahn wurden im Frühjahr desselben Jahres 1867 abgeschlossen. Ihre Beendigung schien auch angebracht, da die gezahlten Zinsen bereits 16 Prozent der reinen Baukosten überstiegen.

Die erste Probefahrt auf der Strecke Brenner–Innsbruck machte eine Lokomotive am 18. Mai 1867. Eine zweite Fahrt unternahm man am 25. Juli. Ein Eisenbahnzug fuhr in

Der auf der Tiroler Linie vom 24. August 1867 an gültige Fahrplan für Personenzüge

K. k. pr. Südbahn-Gesellschaft.
Fahrplan für die Personenzüge auf der Tiroler Linie.
Vom 24. August 1867 bis auf Weiteres.

Kufstein-Peri-Verona

Stationen		Zug Nr. 2*** Uhr	Min.	Zug Nr. 4 Uhr	Min.	Zug Nr. 6 Uhr	Min.
Wien	Abf.	—	—	9	30 Ab.	4*)	30 Nm.
Linz	"	—	—	4	45 Fr.	9	20 Ab.
Salzburg	"	—	—	9	30 "	1	— Ncht.
München	"	†8	30 Nm.	10	10 "	—	—
Rosenheim	"	10	35 Ab.	1	25 Nm.	3	40 Fr.
Kufstein	Ank.	11	35 Ncht.	2	45 "	5	— "
Kufstein	Abf.	1	40 "	3	10 "	5	30 "
Kirchbichl	"	—	—	3	28	5	48
Wörgl	"	2	6	3	37	5	58
Kundl	"	—	—	3	48	6	9
Brixlegg	"	—	—	4	5	6	26
Jenbach	"	2	54	4	24	6	48
Schwaz	"	—	—	4	38	7	2
Fritzens	"	—	—	4	58	7	22
Hall	"	3	40	5	12	7	37
Innsbruck	Ank.	3	55	5	27	7	52
Innsbruck	Abf.	4	16	5	38	8	10
Patsch	"	4	43	6	5	8	38
Matrei	"	5	11	6	33	9	10
Steinach	"	5	27	6	48	9	28
Gries	"	5	55	7	15	9	59
Brenner	"	6	14	7	32	10	16
Schelleberg	"	—	—	7	53	10	40
Gossensass	"	—	—	8	17	11	6
Sterzing	"	7	14	8	34	11	25
Freienfeld	"	—	—	8	48	11	40
Grasstein	"	—	—	9	7	12	1
Franzensfeste	Ank.	8	5	9	27	12	22
Brixen	Ank.	8	32	9	54	12	51
Brixen	Abf.	8	40	10	—	12	59
Klausen	"	—	—	10	24	1	25
Waidbruck	"	—	—	10	38	1	44
Atzwang	"	—	—	10	57	2	5
Blumau	"	—	—	11	13	2	22
Botzen	Ank.	10	6	11	30	2	42
Botzen	Abf.	10	16	11	34	2	46
Branzoll	"	10	36	11	54	3	6
Auer	"	—	—	12	4	3	16
Neumarkt	"	—	—	12	15	3	28
Salurn	"	—	—	12	33	3	46
S. Michele	"	11	27	12	49	4	3
Lavis	"	—	—	1	3	4	17
Trient	"	12	30	1	24	5	15
Mattarello	"	—	—	1	38	5	29
Calliano	"	—	—	1	53	5	44
Roveredo	"	1	13	2	9	6	—
Mori	"	—	—	2	20	6	12
Ala	Ank.	1	42	2	41	6	33
Ala	Abf.	1	52	2	46	6	43
Avio	"	2	1	2	55	6	52
Peri	Ank	2	18	3	12 Fr.	7	9 Ab.
Peri	Abf.	2	46	3	42 "	7	50 "
Verona	Ank.	4	— Nm.	5	— "	9	7 "

Verona-Peri-Kufstein

Stationen		Zug Nr. 1*** Uhr	Min.	Zug Nr. 3 Uhr	Min.	Zug Nr. 5 Uhr	Min.
Verona	Abf.	12	20 Nm.	8	22 Ab.	5	7 Fr.
Peri	Ank.	1	33 "	9	40 "	6	25 "
Peri	Abf.	1	43 "	9	52 "	6	37 "
Avio	"	2	1	10	10	6	55
Ala	Ank.	2	9	10	18	7	3
Ala	Abf	2	34	10	50	7	33
Mori	"	—	—	11	15	7	58
Roveredo	"	3	6	11	26	8	10
Calliano	"	—	—	11	40	8	24
Mattarello	"	—	—	11	55	8	39
Trient	"	3	58	12	12	9	7
Lavis	"	4	16	12	30	9	25
S. Michele	"	4	31	12	47	9	42
Salurn	"	—	—	1	1	9	56
Neumarkt	"	—	—	1	20	10	16
Auer	"	—	—	1	31	10	27
Branzoll	"	—	—	1	41	10	37
Botzen	Ank.	5	38	2	—	10	56
Botzen	Abf.	5	41	2	5	11	—
Blumau	"	—	—	2	23	11	24
Atzwang	"	—	—	2	39	11	41
Waidbruck	"	6	33	3	—	12	5
Klausen	"	—	—	3	14	12	21
Brixen	Ank.	7	9	3	37	12	46
Brixen	Abf.	7	12	3	45	12	52
Franzensfeste	"	7	40	4	15	1	25
Grasstein	"	8	1	4	37	1	49
Freienfeld	"	—	—	4	56	2	10
Sterzing	"	8	33	5	11	2	29
Gossensass	"	8	50	5	29	2	50
Schelleberg	"	—	—	5	54	3	20
Brenner	"	9	35	6	17	3	46
Gries	"	—	—	6	32	4	1
Steinach	"	10	14	6	57	4	29
Matrei	"	—	—	7	10	4	43
Patsch	"	—	—	7	35	5	11
Innsbruck	Ank.	11	13	7	58	5	34
Innsbruck	Abf.	11	25	8	22	5	59
Hall	"	11	41	8	39	6	15
Fritzens	"	—	—	8	53	6	29
Schwaz	"	—	—	9	13	6	49
Jenbach	"	12	31	9	28	7	7
Brixlegg	"	—	—	9	46	7	25
Kundl	"	—	—	10	3	7	42
Wörgl	"	1	16	10	15	7	55
Kirchbichl	"	—	—	10	23	8	3
Kufstein	Ank.	1	10	10	40 Fr.	8	20 Ab.
Kufstein	Abf.	††2	—	11	30 "	8	45 "
Rosenheim	"	3	—	12	50 Nm.	**10	5 "
München	"	5	15	4	5 "	—	—
Salzburg	"	—	—	4	15 "	12	45 Ncht.
Linz	"	—	—	10	30 Ab.	4	45 Fr.
Wien	"	—	—	5	35 Fr.	9	30 "

*) Von Wien bis Rosenheim mit dem Courierzuge.
**) Von Rosenheim bis Wien mit dem Courierzuge.
†)Von München bis Kufstein mit dem Courierzuge.
††) Von Kufstein bis München mit dem Courierzuge.
***) Die Züge Nr. 1 und 2 werden bis auf Weiteres nicht in Verkehr gesetzt.

43

Innsbruck um 8.05 ab, erreichte den Brenner um 11 Uhr und kam um 17.05 Uhr in Bozen an.

Mit einer der Presse übergebenen Verlautbarung vom 10. August 1867 gab die Südbahn die Eröffnung der Tiroler Eisenbahn Innsbruck–Bozen für den Güterverkehr zum 17. August bekannt; für den Personenverkehr hatte man den 24. August festgelegt. Das »Buch der Fahrpreise« und die Fahrpläne standen bei der Direktion der Gesellschaft in Wien, im Geschäftsbüro in Kufstein und in allen Bahnhöfen der Linie zum Verkauf. Für den Güterverkehr nach Italien sollten spezielle Sammeltarife festgelegt werden. Nur kurz vorher hatten im April 1867 Österreich und Italien einen Handels- und Schiffahrtsvertrag abgeschlossen, der unter anderem die Zollabfertigung vereinfachte. Zudem nannte der Vertrag Regeln für die Führung der Grenzbahnhöfe, damals Ala und Cormons.

Die für die Einweihungsfeier zur Eröffnung der Brennerbahn von der Südbahn zur Verfügung gestellten 6000 Gulden wurden wegen der Absetzung des Festes aufgrund der Erschießung Maximilians, des Bruders von Franz Joseph, in Mexiko anderweitig vergeben. Die Summe sollte den Armen in den von der neuen Bahnlinie durchquerten Gebieten zukommen. Man übergab den Betrag dem Statthalter und dem Fürstbischof von Brixen, die dessen Verteilung übernehmen sollten.

»Der Brenner ist bezwungen«, schrieb mit großer Genugtuung die Trienter Zeitung »Gazzetta di Trento« am 21. August 1867 anläßlich der Inbetriebnahme des Güterverkehrs. »Eine weitere dieser gewaltigen Hürden, die die Natur hier und da mutwillig hingeworfen zu haben scheint, um die Nationen zu trennen und nahezu den Fluß der Kulturen und des weltweiten Fortschritts in seinen prächtigen Windungen

Nahe Gossensaß wurde, um der Eisenbahnstrecke Platz zu machen, der Eisack über diesen in den Raspenbühel gegrabenen Tunnel umgeleitet. Ähnliche Maßnahmen traf man jenseits des Brenners für die Sill.

Wassertunnel bei Gossensass, (Brennerbahn)

aufzuhalten, hat der Kraft der heilbringenden Strömung, der nichts standzuhalten vermag, weichen müssen ... Auch des Brenners Zeiten sind zu Ende, und der Schienenstrang, der sich bereits in einem dichten Maschennetz und in jede Richtung um die ganze Erde wickelt, umgürtet die Felsflanken unserer Gebirgskette, die sich von der schnellen Lokomotive sanft streicheln läßt, welche ohne Mühe und sicher, Tag und Nacht, ohne Unterlaß mit langen, wohlgereihten Zügen, hin und her, die Bevölkerung ... und ebenso die Ladungen verschiedenster Produkte aus Industrie und Landwirtschaft befördert.«

In einem damaligen Essay in »Annali Universali di Statistica« sprach man von einem »grandiosen Werk ... mitten in die Schrecknisse der fast wilden Natur gebaut«. Der Bau rief Begeisterung hervor. »Wir müssen diesem Wunder unsere Herzen öffnen«, fuhr der Kommentator der angesehenen Mailänder Zeitschrift fort, »und unsere höchste Befriedigung darüber ausdrücken, in welche Höhen die moderne Baukunst aufgestiegen ist, so hoch hinauf, daß sie die gebirgigsten Gegenden beherrscht und jene Hindernisse sicher überwindet, die eigentlich der Wissenschaft hätten Einhalt gebieten müssen«.

Die Brennerbahn war zur Zeit ihres Baus die höchste Gebirgsbahn, und auch heute noch ist sie die höchstgelegene von allen europäischen Normalspurbahnen. Zunächst als nationale Reichslinie entworfen, wurde die Linie Innsbruck–Bozen bereits bei der Eröffnung durch den Anschluß an den südlichen Streckenabschnitt von Bozen nach Verona zu einem Bindeglied zwischen zwei Staaten.

Die ersten Monate der neuen Eisenbahnlinie

Als man die Personenbeförderung aufgenommen hatte, waren die Bahnhöfe zwischen »Botzen« (so der erste Name des Bahnhofs Bozen) und Innsbruck folgende: Blumau, Atzwang, Waidbruck, Klausen, Brixen, Franzensfeste, Grasstein, Freienfeld, Sterzing, Gossensaß, Schelleberg, Brenner, Gries, Steinach, Matrei, Patsch. Zwischen Italien und Deutschland verkehrten zwei Züge. Von Peri aus fuhr ein Zug um 21.52 Uhr ab mit Weiterfahrt in Trient um 24.12 Uhr und in Bozen um 2.05 Uhr, um in Kufstein am folgenden Morgen um 10.40 Uhr anzukommen (mit einer insgesamten Fahrzeit von 13 Stunden). Der zweite Zug fuhr in Peri um 6.37 Uhr morgens ab und erreichte die bayerische Grenze am Abend um 20.20 Uhr. Dies waren die in der »Gazzetta di Trento« veröffentlichten Fahrpläne für das österreichische Hoheitsgebiet, aber die beiden Züge kamen aus Verona mit den jeweiligen Abfahrtszeiten 20.15 Uhr und 5.03 Uhr.

Ähnlich war es auf der entgegengesetzten Strecke, wo die Züge um 15.10 Uhr nachmittags beziehungsweise um 5.30 Uhr morgens in Kufstein abfuhren und bis Verona gingen. In Kufstein waren die Hauptanschlüsse nach und von Rosenheim, München, Salzburg und Wien.

In den Monaten nach der Eröffnung bot die Südbahn einige Sonderdienste an, die ein beachtliches wirtschaftliches Einfühlungsvermögen bewiesen. Vom 5. September an setzte man einen täglichen Lokalzug zwischen Trient und Peri ein – mit einer Fahrzeit von ungefähr vier Stunden –, der die bereits bestehende Verbindung zwischen Peri (das – daran sei erinnert – seit kurzem der letzte Bahnhof auf italienischer Seite war) und Verona ergänzte. Dies waren die ersten Schritte in Richtung Nahverkehrszug.

Zehn Tage später stellte man die Verbindung zwischen Zug und Pferdekutsche her und richtete zwei Linien von Neumarkt nach Cavalese und umgekehrt ein. Die Fahrt dauerte fünf Stunden bergaufwärts und drei bis vier Stunden bergab. In Neumarkt war nicht nur der Anschlußbahnhof zu den Eisenbahnzügen eingerichtet, sondern man hatte auch an die Verkehrsverbindungen mit Predazzo, Moena und Fassa gedacht. Kurz darauf bot man anläßlich der traditionellen Messe in Bozen den Reisenden einen Sondertarif für die Hin- und Rückfahrt in der zweiten und dritten Klasse an. Vom 1. November an wurde die Linie eines Lokalzugpaares, das bereits zwischen Verona und Trient verkehrte, bis Bozen verlängert.

Am Anfang fuhren die Güterzüge nur einige Male pro Woche; im ersten Jahr beförderte man vorwiegend Getreide. Bei der Auffahrt auf den Paß mußte man eine zusätzliche Lokomotive zum Schub einsetzen.

Die für das Kaiserreich bestimmten Waren kamen zunächst über den Seeweg in Marseille an und wurden dann von dort mit der Bahn nach Österreich befördert.

Die neue Hauptstrecke Verona–München, die das italienische mit dem bayerischen Bahnnetz verband, weckte große Erwartungen. Der doppelte Vorteil für die Tiroler Zukunft lag – wie die »Gazzetta« unterstrich – »im Verkehr, der sich in gewaltigen Ausmaßen über den Tiroler Streckenabschnitt des europäischen Eisenbahnhauptnetzes abwälzen wird, und im Impuls, den unsere Handelstätigkeit und Industrie durch die Leichtigkeit und Vielzahl der Anschlußverbindungen bestimmt empfangen wird«. Es wurden der erleichterte Absatz landwirtschaftlicher Produkte und der begünstigte und wirtschaftliche Import von Rohstoffen und Nahrungsmitteln genannt.

Die Eröffnung der Eisenbahn brachte einen gewaltigen Verkehrszuwachs für den Brenner, vor allem nach dem Bau der Pustertallinie (1871) und der Arlbergbahn (1884). Zusätzlich plante man mit immer größerem Eifer eine Eisenbahnlinie durch die Valsugana von Mestre nach Trient, die eine schnelle Verbindung der Adria mit dem Bodensee und folglich mit der Schweiz und Süddeutschland herstellen sollte. Auf italienischem Gebiet war Verona der Knotenpunkt für die Tiroler Eisenbahn mit den Verbindungen nach Venedig und Triest in Richtung Osten, in die Lombardei und nach Frankreich in Richtung Westen und zur ganzen italienischen Halbinsel.

Abbildung auf Seite 46:
Dieses Foto aus den Jahren um 1870 zeigt die Stadt Brixen. Im Vordergrund das Gebäude der Bahnstation. In der Mitte erkennt man die weiten Felder mit der Reichsstraße.

Die Entwicklung des Bahnnetzes zwischen Österreich und Italien im 19. Jahrhundert

Bei der Eröffnung der Bahnlinie von Verona bis Bozen lagen wie erwähnt zwischen den beiden am weitesten voneinander entfernten Orten 18 Bahnhöfe. Weitere Stationen, welche die nahe der Eisenbahnlinie gelegenen Orte versorgten, entstanden in den folgenden Jahrzehnten. In der Zeit der größten Ausdehnung des Bahnnetzes – die in die ersten Jahre des 20. Jahrhunderts fiel – kamen zwischen Ceraino und Peri der Bahnhof von Dolcé und etwas weiter nördlich jener von Borghetto hinzu. Auf Ala folgten die Stationen Serravalle an der Etsch und Marco, auf Rovereto Villa Lagarina und Volano. Hinter Trient kamen Gardolo und Nave San Felice dazu, hinter Salurn wurde die Station Margreid eingerichtet und vor Bozen-Gries jene von Leifers.

Ähnlich war die Entwicklung nördlich von Bozen, wo der Bahnhof von Kardaun und die Haltestellen Steg, Kastelruth, Villnöß und Albeins eröffnet wurden; nördlich von Brixen kamen Vahrn und die Militärstraße Franzensfeste. Nach Franzensfeste hielt der Zug in Mittewald und Mauls; nach Gossensaß kam die Haltestelle von Pflersch, jenseits von Schelleberg die wichtige Station Brennerbad; als nach dem Ersten Weltkrieg die Gebiete zwischen Borghetto und dem Brenner an Italien gingen, wurden alle Südtiroler Namen italianisiert.

Diese Zunahme von Bahnhöfen und Haltestellen stellte eine natürliche Entwicklung dar. In der damaligen Zeit bildete die Bahn das einzige Verkehrsmittel, das allen uneingeschränkt zur Verfügung stand, und dem sowohl für die Beweglichkeit der Personen als auch für die wirtschaftliche Entwicklung eine entsprechend große Bedeutung zugemessen wurde.

Die Zunahme der Bahnhöfe ging mit dem gleichzeitigen Bau neuer Linien einher. In der zweiten Hälfte des 19. Jahrhunderts entwickelte sich ein immer dichter werdendes Netz von internationalen Linien und Nebenverbindungen, das seine größte Ausdehnung in den ersten Jahrzehnten des 20. Jahrhunderts fand. Zu den normalen Eisenbahnlinien kamen Schmalspurbahnen und Stadtbahnen, die sich über das Land und auch in die abgelegenen Berggebiete zogen. Viele Ortschaften, die seit Jahrhunderten als Verkehrsmittel nur den Wagen mit Zugtieren gekannt hatten, konnten jetzt aus ihrer Abgeschiedenheit erlöst werden.

Die Umstellung vom Gespann auf den Zug erregte allerdings die Gemüter. Als jedoch die erste Verwirrung vorüber war, erkannte man bald die Nützlichkeit dieses neuen leistungsfähigen Transportmittels. Nur wenige Monate nach der Eröffnung der neuen Linie rief – wie bereits gesagt – eine zeitweilige Einstellung des Betriebs Unruhe und Proteste hervor.

Von zu Hause aus ging man zu Fuß zum Bahnhof. Die den gemächlichen Lebensrhythmus auf dem Lande gewöhnten ersten Zugreisenden kamen schon reichlich frühzeitig an und warteten dann geduldig auf die Ankunft des Zuges. Die Reise war ein echtes Ereignis, auf das man sich in aller Ruhe vorbereiten wollte, um nichts zu versäumen. Außerdem gab es in den Bahnhofsstationen bequeme Warteräume, manchmal auch eine Gaststätte. Mit der Zeit jedoch wurde das Bahnfahren zur Gewohnheit, und man begab sich nur noch kurz vor der Ankunft des Zuges zum Bahnhof.

Die »Reichsstraße« und genauso die Etsch mit der Schiffahrt dienten noch einige Zeit als Verkehrswege, aber die Anzeichen zu ihrem Verschwinden häuften sich zusehends; sie waren gegenüber dem Schienenweg entschieden ins Hintertreffen geraten. Die Eisenbahn wies anderseits jedoch einen nicht unerheblichen Nachteil auf – sie war »verwundbar«. In einem schon seit jeher von Überschwemmungen bedrohten Gebiet waren die Reisenden daran gewöhnt, Hindernisse zu umfahren; die Bahn hingegen war ohne irgendeine Möglichkeit der Richtungsänderung schienengebunden. Deswegen war es in erster Linie die Eisenbahn, die von Anfang an und auch später ständige Regulierungen und Eindämmungen des großen, bedrohlichen Flusses forderte.

Mit der Eisenbahn kam auch der Wohlstand, und man spürte allerorten das Bedürfnis nach Neuerungen. Die alten Häuser wurden nach und nach immer mehr zu unbequemen Zeugen vergangener Zeiten. So wurde der Umbau der Gebäude, die über Jahrhunderte hinweg unverändert geblieben waren und nur mit langwierigen Baugenehmigungen umgestaltet werden konnten, ab der zweiten Hälfte des 19. Jahrhunderts erheblich vereinfacht. Ein Historiker nennt als Beispiel ein Haus auf dem Hauptplatz von Salurn, für das ein Anbau genehmigt wurde, der das Gebäude sogar verdoppelte.

Zweifelsohne hatte die Eisenbahn einen beachtlichen Einfluß auf die Wirtschaft und die Lebensbedingungen der Einwohner im Einzugsgebiet. Wir werden dies in den folgenden Kapiteln auf unserem Weg längs der Bahnlinie und in die verschiedenen Bahnstationen mitsamt den dazugehörigen Orten und Städten genauer sehen.

Der Einfluß auf die Städte war entschieden ein anderer als jener auf die kleineren Ortschaften. So hatte der Bahnhof in Verona, Rovereto und Bozen von Anfang an eine regelrechte Magnetwirkung auf die industrielle Entwicklung und die Erweiterung des Stadtgebietes in diese Richtung. Die kleineren Städte und Orte hatten dank der Eisenbahn und der schnellen Transportmöglichkeit von Personen und Gütern natürlich auch einen Vorteil, waren jedoch nicht in diesem Ausmaß auf den Bahnhof »fixiert«. Salurn und die anderen Orte im Unterland – um ein Beispiel zu nennen – entwickelten sich unabhängig von der Eisenbahn. Unvermeidbar war dann auch, daß sie wegen ihrer räumlichen Entfernung zur Schiene den direkten Kontakt zu ihr verloren und die Beförderung über die Straße vorzogen.

Die Lokomotiven zur Zeit des Kaiserreiches

Als die Eisenbahnlinie von Verona nach Bozen eröffnet wurde, verwendete man auf der neuen Linie offenbar dieselben Lokomotiven, die bereits zwischen Venedig, Verona und Mailand fuhren. Zu Beginn verkehrten auf der Ferdinand-Linie Maschinen englischer Produktion, aber bereits um das Jahr 1850 war die Werkstätte in Verona/Porta Vescovo in Betrieb; seit 1844 hatte das Werk in Neapel-Pietrarsa gearbeitet; zehn Jahre später begann man auch in der Fabrik Ansaldo in Genua Lokomotiven zu bauen.

Bei der Inbetriebnahme der Alpenlinie setzte die Südbahn zunächst Maschinen aus anderen Teilen des Reiches ein. Die ersten Lokomotiven zwischen Bozen und Innsbruck (in diesen beiden Städten waren die Depots) gehörten zur Baureihe 29 mit drei gekoppelten Antriebsachsen und gesondertem Tender, mit deren Bau man im 19. Jahrhundert Ende der fünfziger Jahre begonnen hatte. Nach 1867 wurden Dutzende Lokomotiven dieses Typs gebaut, die großteils für die Brennerlinie bestimmt waren. Hatten die ersten noch einen offenen Führerstand, was besonders im Winter die Arbeitsbedingungen erschwerte, so wurde die neue Serie mit einer geschlossenen Kabine produziert; die Höchstgeschwindigkeit lag bei zirka 45 Kilometern in der Stunde.

Der im Jahre 1891 geschlossene Kaufvertrag über ein Gebiet, das zur Erweiterung der Bahnstation von Trient benötigt wurde.

Erinnern wir uns, daß im Jahre 1866 die Region Venetien dem Königreich Italien angeschlossen wurde. Infolgedessen gingen die österreichischen Lokomotiven, die in diesem Gebiet verkehrten, in den Besitz der oberitalienischen Eisenbahngesellschaft »Società delle Strade Ferrate dell'Alta Italia« über.

Im Zeitraum von 1871 bis zum Ende des Jahrhunderts wurden im Kaiserreich Österreich etwa einhundert Lokomotiven der Baureihe 35 nach den Entwürfen von Luis Adolf Gölsdorf, Direktor des Bahnbetriebswerkes der Südbahn, gebaut. Diese Lokomotiven mit vier gekoppelten Antriebsachsen und gesondertem Tender und einer Höchstgeschwindigkeit von 36 Stundenkilometern wurden in großer Anzahl auch von der »Norditalienischen Eisenbahn« gekauft; weitere Exemplare wurden nach diesem Modell in den italienischen Werken gebaut.

Der Sohn Gölsdorfs entwarf gegen Ende des Jahrhunderts die Serie 170, die mit ihren vier gekoppelten Triebachsen und einer Laufachse eine maximale Geschwindigkeit von 60 Kilometern erreichte; von diesem leistungsstarken Maschinentyp wurden 850 Exemplare gebaut. Die Lokomotiven setzte man auf der Brennerstrecke im Personen- und Güterverkehr ein; allerdings brauchte man bei den schweren Güterzügen einen doppelten Antrieb. Ebenfalls nach einem Entwurf Karl Gölsdorfs wurden ab 1906 die Lokomotiven der Baureihe 280 gebaut, die dann ab 1912 auf den Gebirgslinien von den leistungsstarken und schnellen Maschinen der Baureihe 560 (fünf Triebachsen und eine Laufachse) abgelöst wurden; diese fuhren bis zu 70 Stundenkilometer.

Der letzte Lokomotiventyp war die von den österreichischen Eisenbahnen ab 1920 produzierte Baureihe 81. Diese Dampflokomotive wurde auch noch nach dem Aufkommen der Elektrolokomotive von 1928 bis 1934 auf der

kurzen Verbindung zwischen Brenner und Brennersee eingesetzt.

Ein Abschnitt der Brennerbahn gehörte bereits zu Italien (von 1866 bis zum Ende des Ersten Weltkriegs verlief die Staatsgrenze bei Borghetto mit dem Grenzbahnhof in Ala).

Im Jahre 1872 wurde in Turin ein Konstruktionsbüro der Eisenbahnen, das »Ufficio d'Arte delle Strade Ferrate«, eingerichtet, das die Lokomotiven für die oberitalienische Eisenbahngesellschaft SFAI entwerfen sollte. Viele Lokomotiven schafften den Übergang in das neue Jahrhundert und gingen in den Besitz der italienischen Staatsbahn FS über. Es sei an die Baureihen 661 bis 700 erinnert (von der FS mit der Nummer 170 versehen), deren Maschinen eine Höchstgeschwindigkeit von bis zu 80 Stundenkilometern erreichten. Noch einmal änderte der italienische Staat seine Eisenbahnpolitik und versuchte im Zeitraum 1876 bis 1878 die privatisierten Linien zurückzugewinnen. Im Jahre 1885 jedoch gab er alles wieder in priva-

te Hand und schloß mit drei Gesellschaften Konzessionsverträge über zwanzig Jahre ab. Die Eisenbahnlinien der nordöstlichen Lombardei, Venetiens und anderer Regionen gingen an die »Società per le strade ferrate meridionali«, die den Namen »Esercizio Rete Adriatica« (Adriatisches Betriebsnetz) annahm.

Im Jahre 1905 liefen die ersten Verträge aus und wurden nicht erneuert. Statt dessen gründete man die »Amministrazione per l'esercizio delle ferrovie non concesse ad imprese private«, die Betriebsverwaltung für nicht private Eisenbahnen. Die Betriebsführung fast aller italienischen Eisenbahnlinien ging an den Staat und in die Verantwortung des Ministeriums für Öffentliche Arbeiten über. Mit der Übernahme der direkten Betriebsführung erbte der italienische Staat von den vorigen Verwaltungen einen recht bunten Maschinenpark, in dem auch einige Lokomotiven aus den Anfangsjahren standen. Das unabhängige Staatsbahnunternehmen »Azienda Autonoma delle Ferrovie del-

Eine Dampflokomotive der Baureihe 625 und eine Drehstrom-Lokomotive der Reihe 432 im Bahnhof von Trient. Das Foto wurde Ende der dreißiger Jahre gemacht.

lo Stato« setzte sich für eine durchgreifende Erneuerung und Neuordnung ein und begann neue Lokomotiven zu bauen.

In Richtung Triest und Pontebba

Vervollständigen wir nun die Übersicht über die Bahnlinien derjenigen Gebiete, die ehemals den südlichen Teil des Kaiserreiches Österreich bildeten und später dann den Nordosten Italiens formen sollten. Im folgenden beschäftigen wir uns vor allem mit den internationalen Verbindungen, den Nebenstrecken und ganz besonders mit den Linien, die damals – und heute noch – in die Hauptlinie Verona–Brenner einmündeten und in manchen Fällen an ihrer Seite verliefen.

Endziel der österreichischen Regierung war die Verbindung Wiens mit Lombardo-Venetien

und den Häfen von Venedig und Triest. Während auf der einen Seite der Bau an der »Ferdinand-Linie« von Mailand bis Venedig weiterging, und man auf der anderen Seite an der »Meridionale«, der südlichen Linie, die Triest und Wien verbinden sollte, weiterarbeitete, begannen auch die Arbeiten von Mestre in Richtung Udine und von Nabresina (heute Aurisina) über Görz nach Udine.

Der erste Streckenabschnitt von Mestre bis Treviso wurde am 15. August 1851 eröffnet. Sehr langsam kamen die Bauarbeiten in Richtung Pordenone, Casarsa und Udine voran. Im Jahre 1860 hatte man die lange Strecke Udine–Görz–Monfalcone–Nabresina fertiggestellt.

Nabresina war mit Triest bereits seit 1857 verbunden, und seit dem gleichen Jahr war sowohl die »Ferdinand-Linie« als auch die »Meridionale« in Betrieb. So konnte man im Jahre 1860 die ganze Strecke Wien–Triest–Venedig–Mailand mit dem Zug fahren.

Auf der Grundlage des 1866 nach dem Krieg zwischen Italien und Österreich geschlossenen Friedensvertrags durfte der Zug in einer Entfernung von 50 Kilometern bis zur Grenze in Cormons nur eingleisig fahren. Wenn auch das Gleisbett von Anfang an für ein Doppelgleis angelegt worden war, sollte dieses jedoch aus genanntem Grunde bis in die Jahre 1890–1910 nicht aktiviert werden, und dann auch nur im unteren Teil bis Casarsa. Die Anlage des folgenden Streckenabschnitts bis zur Grenze wurde erst im Jahre 1915 im Zuge des Ersten Weltkriegs in Auftrag gegeben.

Von Udine sollte die im Jahre 1860 fertiggestellte Linie auch in nördlicher Richtung weiterführen. 1873 begannen die Arbeiten am neuen Projekt (mit den Entwürfen hatte man bereits 1857 begonnen), mit dem die als »Pontebbana« bezeichnete Linie realisiert wurde. Man kam nicht ohne Probleme vorwärts, da sich die Trasse durch eine sehr gebirgige Gegend mit starken Neigungen zog, und zudem 28 Tunnel gebaut werden mußten. Die Eröffnung fand vom Jahre 1875 an abschnittsweise statt. Der erste und längste Abschnitt war die Strecke Udine–Gemona; dann entstanden nacheinander die Stationen Krain, Resiutta, Chiusaforte

und Pontebba (neben der österreichischen Grenzstation Pontafel). Zuletzt berührte man im Jahre 1879 Tarvis (heute Tarvisio, damals auf österreichischer Seite).

Die eingleisige »Pontebbana« blieb über Jahrzehnte hinweg im Schatten der stark frequentierten Hauptverkehrslinie Wien–Triest. Von Italien gebaut, hatte sie in Villach Anschluß an die fünfundzwanzig Jahre vorher angelegte Linie Klagenfurt–Wien und an die seit 1871 in Betrieb befindliche Hauptstrecke Lienz–Franzensfeste.

Nur ein einziger Seitenausgang für die Tiroler Eisenbahn

Bereits 1845 hatten die Vertreter Tirols Kaiser Ferdinand I. den Entwurf zu einer Pferdebahn vorgelegt, die Marburg mit Klagenfurt und Lienz verbinden und durch das Pustertal bis Brixen führen sollte. Als der Entwurf schließlich

genehmigt wurde, waren dreizehn Jahre vergangen (in der Zwischenzeit hatte man auch die überholte Idee zum Einsatz von Zugtieren fallengelassen). Während man bereits am Bau der Abschnitte von Marburg nach Klagenfurt und Villach arbeitete – die zwischen 1863 und 1864 dem Verkehr übergeben werden sollten –, wurde auch die Strecke von Villach bis Brixen ausgeschrieben, dann allerdings erst im Jahre 1869 vergeben. Dieses Projekt, das man jahrelang vernachlässigt hatte, wurde für die zukünftige Verbindung zwischen Wien und Tirol grundlegend, nachdem – nach Kriegsende

Das Foto wurde am Bahnhof von Bozen am Anfang des Jahrhunderts aufgenommen.

BOZEN, Südtirol. — Bahnhof.

1866 – Österreich die Ferdinand-Linie verloren hatte (es sei daran erinnert, daß zum damaligen Zeitpunkt die Anschlußverbindung Wien–Innsbruck über Salzburg noch nicht fertig war). Die Bauarbeiten schritten so schnell voran, daß die Bahnlinie innerhalb von zwei Jahren fertiggestellt werden konnte; die Eröffnung war am 20. November 1871.

Der ursprüngliche Entwurf war geändert, und der Anschluß an die Brennerlinie von Brixen nach Franzensfeste verlegt worden. So vermied man einerseits den jähen Höhenunterschied zwischen den beiden Orten, andererseits rechnete man in Richtung Norden mit einem stärkeren Verkehrsaufkommen. In Franzensfeste wurde die Gabelung genau neben die militärische Festungsanlage gelegt.

Diese Bahnlinie, die die Untersteiermark, Kärnten und Tirol durchmaß, hatte von Anfang an einen regen Personen- und Güterverkehr; dennoch blieb die Strecke Bozen–Innsbruck die Hauptverbindungslinie Tirols.

Auch für die Strecke Bozen–Reschen gab es ständig Bauvorschläge. Der erste Entwurf zu einer Gebirgsbahn über die Alpen von Bozen nach Landeck (die einen Teilabschnitt der wesentlich größeren Verbindung zwischen der Adria und Mitteleuropa darstellte) stammt aus dem Jahre 1845 und war noch vor dem ersten Plan der Brennerbahn (1847 von Qualizza ausgearbeitet) entstanden; doch wurde die Brennerbahn bald vorgezogen. Dies einmal deswegen, weil sie eine unter politischen Aspekten wichtige Direktverbindung zwischen Tirol und dem Lombardisch-venezianischen Königreich darstellte, zum anderen, weil man sich in wirtschaftlicher Hinsicht sehr viel davon versprach. Der Anstoß zum Bau einer Eisenbahn durch den Vinschgau wurde kurz nachdem das grandiose Werk Etzels beendet worden war gegeben. In den frühen siebziger Jahren des 19. Jahrhunderts hatte man in Bozen eine Aktiengesellschaft gegründet, welche die Lasten des ersten Streckenabschnittes von Bozen bis Meran übernehmen wollte und – nach der Konzessionsübernahme – die Geldmittel aufbrachte, um mit den Arbeiten zu beginnen. Die Linie wurde im Jahre 1881 eröffnet.

In den folgenden Jahren focht man einen entscheidenden Kampf, um die ursprüngliche Idee einer Anschlußlinie bis Landeck zu verwirklichen – eine Lösung, die auch die Verwaltungen der östlichen Kantone der Schweiz unterstützten. Danach sollte die Strecke über den Reschen nach Landeck hinunterführen und so den Vinschgau mit dem oberen Inntal verbinden. Aber die politischen Umwandlungen und die innere Krise des Kaiserreiches schmälerten das Interesse Wiens an dieser mittlerweile auch als unwichtig beurteilten Bahnlinie.

Die 1903 vergebene Konzession sah dann eine drastische Verkleinerung des Bauvorhabens vor. Man genehmigte den Abschnitt von Meran bis Mals; Bedingung war jedoch, daß er den Maßstäben einer Nahverkehrslinie genügen müsse. Während der Bauarbeiten, die 1904 begannen und 1906 abgeschlossen wurden, entschied man sich für die wirtschaftlichsten Lösungen, was die Leistungsfähigkeit dieser Linie natürlich stark beeinträchtigen sollte. Trotz eines späten Versuchs, die Linie während des Ersten Weltkriegs zu verlängern (in den Jahren 1915–1917 baute man eine provisorische Zweiglinie bis zum Reschen), wurde dieser zweite Seitenausgang des Tiroler Eisenbahnnetzes niemals verwirklicht.

Ein Blick nach Osten

Wenige Jahre nach der Fertigstellung der »Pontebbana« plante man längs der Adriaküste eine Verbindung von Mestre nach Triest. Die Idee war 1865 entstanden. Die neue Strecke hätte die Entfernung zwischen Venedig und Triest im Vergleich zur Bahnlinie nach Treviso–Udine–Görz um 30 Prozent verkürzt. Aber das Vorhaben gestaltete sich wegen der Rivalität zwischen Venedig und Triest und aus wirtschaftlichen Gründen äußerst schwierig. Erinnern wir uns: Der italienische Staat hatte aufgrund enormer finanzieller Schwierigkeiten den Bau und den Betrieb der Eisenbahn über Konzessionsverträge an private Gesellschaften abgegeben. In der Zwischenzeit schlossen Italien und Österreich nach Kriegsende 1866 ein Abkommen, das für den Bau und Ausbau des

Eisenbahnnetzes eine Zusammenarbeit vorsah, wobei man sich sogleich auf die großen Hauptstrecken konzentrierte. In dieser Situation wurde der Plan zur Linie Mestre–Cervignano verworfen.

Der Abschnitt Mestre–San Donà–Portogruaro wurde 1879 zum ersten Mal offiziell genehmigt, in das Bauprogramm des zukünftigen Eisenbahnnetzes aufgenommen und dann auch bald verlegt.

Die Fertigstellung der ganzen Strecke Mestre–Triest ließ jedoch noch lange Zeit auf sich warten. Der letzte Abschnitt von San Giorgio di Nogaro bis Cervignano wurde im Jahre 1897 fertiggestellt. Die Strecke galt als Nahverkehrslinie und wurde lange Zeit als solche betrieben. In der Zwischenzeit hatten 1896 mit dem Luxuszug Wien–Nizza–Wien, der bei Pontebba über die Grenze fuhr, die internationalen Verbindungen begonnen.

Auf venezianischem Gebiet war Belluno die letzte Provinz, die mit einer Bahnlinie bedacht wurde. Bereits vor dem Anschluß Venetiens an Italien hatten die Einwohner von Belluno zwei Entwürfe ausgearbeitet. Einer schlug eine Trasse durch das Piavetal über Postioma–Cornuda vor, der andere die Strecke Serravalle–Fadalto. In beiden Fällen sollte die Eisenbahn hinter Belluno durch das Piavetal fahren, Toblach erreichen und dann weiter nach Österreich und Deutschland gehen. Die Pläne der Eisenbahnstrecke von Treviso bis Belluno wurden offiziell im Jahre 1866 vorgelegt. Nach zahlreichen Veränderungen begann man 1871 mit den Arbeiten. In den Jahren vor dem Ersten Weltkrieg sollte diese Linie dann bis Calalzo verlängert werden, und später wurde der Anschluß an die Pustertallinie mittels einer heute eingestellten Schmalspurbahn hergestellt.

Die Ausmaße des italienischen Eisenbahnnetzes hatten sich rasch vergrößert: von 20 Kilometern Länge im Jahre 1840 und 620 Kilometer nur zehn Jahre später war es 1860 auf 2.400 Kilometer Länge angewachsen. 1870 war es auf 7.000, 1880 auf 9.140 und 1890 auf 12.150 Kilometer angestiegen. Im Jahre 1900 verfügte man über ein Schienennetz von 14.340 Kilometern Länge.

Entwürfe für eine Direktverbindung Venedig–München

Seit 1846 wußte man, daß die Leitlinie Venedig–Bassano–Trient–Brenner die beste Verbindung zwischen Venedig und dem mittleren und nördlichen Europa bildete; zu ihrer Verwirklichung war eine Gesellschaft gegründet worden. Allerdings baute Österreich zunächst die Strecke Verona–Bozen–Brenner.

Die Errichtung einer Bahnlinie durch die Valsugana sollte in Anbetracht der Eröffnung des seit 1858 nach den Plänen Negrellis im Bau befindlichen Suezkanals dem venezianischen Handel zum Aufschwung verhelfen. Mit diesem Schritt wollte man auch die Konkurrenz Triests ausschalten, das gute Verbindungen ins Kai-

Fahrgäste am Bahnhof von Gossensaß. Das Foto stammt aus den ersten Jahren des 20. Jahrhunderts.

serreich Österreich hatte und mit Sicherheit versucht hätte, den zu erwartenden Verkehr in seinen Hafen zu leiten.

1864 beauftragte Venedig im Einverständnis mit Trient und den Gemeinden der Valsugana den Ingenieur Luigi Tatti mit der Ausarbeitung eines Planes für eine Verbindung zwischen den beiden Hauptstädten längs der Strecke Mestre–Bassano. Der im folgenden Jahr vorgelegte Endentwurf sah den Bau einer wichtigen, für ein großes Verkehrsaufkommen angelegten Linie vor; aber das ehrgeizige Projekt wurde von der Wiener Regierung abgelehnt.

Unterdessen suchte man andere mögliche Lösungen für eine Verbindung Venedig–Trient: zum Beispiel die Trasse über Padua–Vicenza–Thiene, die das Valdastico über einen Tunnel unter der »Contrada Carbonare« durchlaufen und dann Caldonazzo, Pergine und zuletzt Trient erreichen sollte. Diese Lösung wurde aber bald verworfen. Gleichzeitig spielte man mit dem Gedanken, der Strecke nach Treviso und Belluno zu folgen, die neue Linie der Brenner-Hauptstrecke in Mittewald zuzuleiten, um von dort zum Brenner und nach München zu kommen.

Dies wäre die kürzere Linie gewesen, die zudem Venedig Vorteile gebracht hätte. Ein anderer Plan war die Verbindung Triest–Udine–Gemona–Tolmezzo–Pieve di Cadore–Toblach–Mittewald–München, die Triest Vorteile verschafft hätte.

Außergewöhnlich war der Vorschlag eines gewissen Ingenieurs Bianco, der den Verkehr vom Triester Hafen in Richtung Westen über die Valsugana-Linie leiten wollte; dazu wollte er die Verbindung Triest–Monfalcone–Portogruaro–Bassano herstellen.

Das Jahr 1868 brachte einen anderen Entwurf zugunsten Venedigs: Es handelte sich um die Strecke Treviso–Bassano–Valsugana–Trient–Bozen–Meran–Vinschgau–Chur, ein Vorschlag, der die Unterstützung der Handelskammer in Bozen fand.

Nach dem Anschluß Venetiens an das Königreich Italien verlief die Grenze zu Österreich beim Ort Tezze in der Valsugana. Sicherlich trug diese Wandlung nicht gerade zur Verwirk-

lichung genannter Projekte bei, doch das Kaiserreich hatte nun mehr Interesse an einer Lösung, die Triest bevorzugte. Die Verbindungen Venedig–Brenner wurden vor allem von Trient unterstützt, das konkrete Schritte zur Verwirklichung der Linie durch die Valsugana unternahm. Man befürchtete, daß wegen des Fehlens einer Eisenbahnlinie zwischen der Adria und dem Festland der Güterverkehr über Genua laufen würde.

Die 1873 auf Betreiben der Provinz Venedig veröffentlichte »Karte der internationalen Eisenbahnlinien« nennt neben der Strecke durch die Valsugana die Linie Conegliano–Ceneda–Serravalle–Belluno–Longarone–Perarolo–Valle-Borca–San Vito–Zuel–Cortina–Valle del Boite-Toblach. Conegliano hatte bereits eine Verbindung mit Venedig, und Toblach lag auf der Linie Villach–Lienz–Franzensfeste mit Anschluß zum Brenner und nach Deutschland.

Wir haben das Interesse Trients an einer Eisenbahnverbindung mit der Adria betont. Tatsächlich stand sich diese Region nach der Angliederung Venetiens an Italien ohne Anschluß da, und die Südbahn mußte einen Bedeutungsverlust ihrer Tiroler Linie im Handelsverkehr hinnehmen. »Wer auch nur einen oberflächlichen Blick auf die Landkarte wirft, den wird es nicht erstaunen, in welcher Isolation von der zivilisierten Welt sich Trient aufgrund seiner schlechten Verbindungswege befindet«, hieß es in einem Kommentar der Zeitung »Alto Adige« vom 22. Januar 1890. »Großteils wegen der geographischen Lage dieser Alpenregion mit einer Reihe von Tälern längs der Etsch, die fast als Sackgassen in den Bergen enden«, – fuhr der Autor des Artikels fort – »teils aus anderen Gründen sind wir nun einmal das an Eisenbahnlinien ärmste europäische Land ...«.

Eine derart dicht besiedelte und an landwirtschaftlichen und handwerklichen Produkten reiche Region wie das Gebiet um Trient bedurfte unbedingt und schnellstmöglich einer Eisenbahnlinie, um ihre Industrie, den Weinhandel, den Holz- und Rindfleischexport und nicht zuletzt den Tourismus zu entwickeln. »Und wie soll denn ein Land im Welthandel konkurrenzfähig bleiben, wenn es für unzureichende

Transporte mehr ausgeben muß als die anderen Hersteller? Und wie wird man die Fremden zum Besuch unserer schönen Alpen anregen können, wenn sie in anderen, ebenfalls schönen Gegenden mit der Zahnradbahn zum Berggipfel hinauffahren können?«.

Diese gewissenhafte Analyse der wirtschaftlichen Lage Trients – die natürlich mit der Forderung nach leistungsfähigeren Verbindungswegen schloß – betonte unter anderem eine Ungleichheit innerhalb Tirols, und zwar zwischen der deutschen Mehrheit in der Provinz Bozen, deren Bedürfnisse bereits erfüllt worden waren, und der italienischen Minderheit im Trentino, die seit jeher vernachlässigt wurde. Um das Gleichgewicht wiederherzustellen, schlug man eine Trennung der Verwaltung für Deutsche und Italiener vor.

Im Jahre 1891 genehmigte die Regierung in Wien endlich die Entwürfe, und drei Jahre später dann den Bau einer »Nahverkehrslinie von Trient nach Borgo bis an die Reichsgrenze in Tezze«. Die Aufgabe der Linie beschränkte sich somit auf die Verteidigung der Grenzen zu Venetien. Die staatliche Konzession wurde dem Ingenieur Stummer von Staunfels zugesprochen mit der Verpflichtung, die Arbeiten innerhalb von zwei Jahren zu beenden. Man gründete die »Impresa Generale della Ferrovia della Valsugana«, das Generalunternehmen der Eisenbahnen in der Valsugana, das unter Aufsicht der Venezianischen Gesellschaft »Società Veneta« stand. Im Mai 1894 begannen die Bauarbeiten, die über verschiedene Ausschreibungen lokalen Unternehmen zugeteilt worden waren. Der schwierigste Abschnitt war der erste von Trient bis Calceranica. Der große Höhenunterschied machte den Bau des 1.260 Meter langen Viaduktes Gocciadoro nötig. Im Jahre 1895 begannen auch die Arbeiten an den restlichen Streckenabschnitten. Man kam schnell voran, und am 26. April 1896 wurde die Linie eröffnet. Der Betrieb wurde der »K. K. Staatseisenbahn« anvertraut.

Die Linie endete in Tezze auf offenem Felde. Von dort fuhren Kutschen zur Station von Bassano, das bereits mit Padua eine Schienenverbindung hatte. Im renovierten Bahnhof von

Trient hatten die Züge Anschluß an die Brennerlinie. Auch der Güterverkehr wurde sofort in Betrieb genommen.

Unterdessen beriet man in Italien über die beste Strecke für eine Bahnlinie nach Primolano. Die wirtschaftlichste Lösung war die Verlängerung der Linie von Padua. Venedig hingegen setzte sich für eine neue und kürzere Linie von Mestre nach Castelfranco–Bassano–Pri-

molano ein. Diese zweite Lösung wurde 1905 angenommen. Im darauffolgenden Jahr begannen unter Leitung der »Società Veneta« die Arbeiten am ersten Streckenabschnitt, der dann im Oktober 1908 eröffnet wurde. Im gleichen Jahr fing man mit den Arbeiten in Richtung Primolano an. Diese besonders schwierige Strecke erforderte den Bau mehrerer Brücken und von 17 Tunnels.

Eine schöne Aufnahme des alten Bahnhofsgebäudes in Trient

Am 21. Juli 1910 wurde die gesamte Strecke Venedig–Trient dem Verkehr übergeben. Während der italienische Abschnitt den Anforderungen einer Bahnlinie mit großem Verkehrsaufkommen genügte, mußte man auf der österreichischen Seite die Geschwindigkeiten drosseln; so geschah es, daß die Linie in den Nahverkehr verwiesen wurde.

Andere Zweiglinien an Etsch und Eisack

Wir haben bereits drei Linien erwähnt, die zur Brennerbahn Anschluß hatten: jene des Pustertales, die auch heute noch in Franzensfeste einmündet, jene die zunächst von Mals – heute nur noch von Meran aus dem Lauf der Etsch bis nach Bozen folgt und zuletzt die Linie der Valsugana.

Vervollständigen wir nun diese Übersicht mit den anderen Linien, die vor dem Ersten Weltkrieg in die Hauptstrecke mündeten. Einige davon fielen wenige Jahzehnte später der stürmischen Entwicklung des Straßenverkehrs zum Opfer. Im folgenden Kapitel hingegen werden wir die für militärische Zwecke während des Krieges angelegten (und dann gestrichenen) Linien näher betrachten.

1890 wurde die Gesellschaft der »Eisenbahn Mori–Arco–Riva del Garda« mit Sitz in Bozen gegründet. Im selben Jahr begannen die Bauarbeiten an dieser Linie mit einer Spurweite von 760 mm, die den Bahnhof von Mori auf der Brennerlinie mit den Orten im nördlichen Gardaseeraum verbinden sollte. Die Arbeiten kamen so schnell voran, daß man am 18. Januar 1891 die Eröffnung feiern konnte. Wir werden auf diese Linie noch ausführlicher im Kapitel über die Bahnhöfe von Mori und Rovereto zurückkommen, um deren Verbindung mit dem nahen Gardasee besser verstehen zu können.

1898 wurde eine von den Überetscher Gemeinden seit langem befürwortete Linie dem Verkehr übergeben. Es war eine Zweigbahn mit Normalspurweite, die zunächst ab dem Bozner Bahnhof über das Gleis der privaten Eisenbahnlinie nach Meran fuhr, diese in der Flur Kaiserau verließ und über eine Strecke von 19 Kilometern Länge St. Michael-Eppan und Kaltern erreichte. Als im Jahre 1903 die Standseilbahn von Sankt Anton in Kaltern bis zur Mendel in Betrieb genommen wurde, legte man eine kleine Zweigverbindung; 1911 wurde die Linie Bozen–Kaltern auf elektrischen Betrieb umgestellt.

1909 war die Trient–Malé fertig. Diese Linie zum Nonsberg ist nach wie vor in Betrieb; sie zieht sich über eine lange Strecke parallel zur Brennerbahn hin und versorgt dasselbe Gebiet. In Anbetracht dieser engen Beziehung werden wir die Trient–Malé auf unserem Weg längs der Hauptachse nördlich der Station Trient näher betrachten.

Gleichzeitig wurde der Entwurf (der bereits zwanzig Jahre vorher entstanden war) zu einer Verlängerung der Belluneser Eisenbahn bis Calalzo genehmigt. Die Arbeiten begannen im März 1911 (während man über eine Verlängerung bis Lozzo di Cadore sprach) in drei Abschnitten – einer von Belluno bis Longarone, ein zweiter bis Perarolo und ein dritter bis Calalzo. Die ersten beiden Teilstrecken wurden schnell fertiggestellt und dem Verkehr im August 1912 beziehungsweise Juni 1913 übergeben. Im letzten Stück jedoch traf man auf Schwierigkeiten, die den Fortgang des Baues erheblich verlangsamten. Vor allem das Bergsturzgebiet in der Umgebung der »Busa del Cristo« stellte große Probleme dar, die gründliche Erhebungen für die Sicherheit der zukünftigen Verkehrslinie notwendig machten. Der erste Zug fuhr am 18. Mai 1914 in Calalzo ein.

Zwei weitere Südtiroler Eisenbahnen waren die Linie von Bruneck nach Sand in Taufers und die Strecke Dermulo–Fondo–Mendel.

Ebenfalls im ersten Jahrzehnt des 20. Jahrhunderts entstand die Linie Bozen–Klobenstein (Rittner Bahn), die heute noch im Schlußteil als Touristenbahn voll funktionsfähig ist. Darüber dann mehr im Kapitel über die Station Bozen, da sich diese Linie ursprünglich als Stadtbahn durch die Stadt zog und eine enge Verbindung zum Bahnhof der Südbahn hatte.

Auf der entgegengesetzten Seite der Brennerlinie wurde 1904 ab Verona die Eisenbahn nach Domegliara, Affi und Caprino Veronese eröffnet. Der Entwurf einer Verbindung Veronas mit den Hängen des Monte Baldo hatte bereits 1883 zur Gründung eines Interessenausschusses geführt. Der Plan wurde bald genehmigt. 1887 begannen die Arbeiten und wurden zwei Jahre später mit der Eröffnung des ersten Streckenabschnittes von Verona bis Caprino abgeschlossen. In Verona wurde der Bahnhof nahe der Porta San Giorgio, in einer vorher öffentlichen Grünanlage, gebaut. Die Verlängerung bis Garda kam mit Verspätung. Man konnte mit den Arbeiten erst 1902 beginnen und beendete sie zwei Jahre später.

Anfang des 20. Jahrhunderts also war auch der Gardasee mit Verbindungen versorgt; und zwar auf seiner Südseite von der Linie Mailand–Venedig mit den Stationen Desenzano und Peschiera (in Peschiera hatte man Anschluß an eine Linie nach Mantua), am Ostufer von der Linie Verona–Affi–Garda und auf der Nordseite von der Linie Mori–Riva.

Zur Jahrhundertwende schlug man eine neue Anschlußverbindung zur Brennerlinie vor. Es handelte sich um die Verlängerung der Linie Vicenza–Thiene–Schio (in den siebziger Jahren des 19. Jahrhunderts gebaut), die durch einen langen Tunnel unter dem Pian delle Fugazze hindurch bis Rovereto führen sollte. Dieser Plan wurde jedoch bald verworfen, und man zog die Verlängerung von Thiene bis Rocchette und später dann bis Asiago vor.

Unter den Bahnlinien, die auch heute noch von der Brennerlinie jenseits des Passes abzweigen, dürfen wir jene zwei nicht vergessen, die von der Bahnstation Jenbach abgehen: Eine ist die im Jahre 1889 eröffnete Achensee-Bahn mit einem Meter Spurweite, die andere ist die 1902 fertiggestellte Zillertaler Bahn mit 760 mm Spurweite; beide sind noch in Betrieb.

Nebenstehende Seite: Der im Jahre 1898 gültige Fahrplan der Linie Kufstein–Ala

Fahrplan der k. k. priv. Südbahn-Gesellschaft.

(Beilage zur „Brixener Chronik" Nr. 85, 1898.)

Die Züge verkehren nach mitteleuropäischer Zeit.

Die Nachtzeit ist durch fette Seitenstriche gekennzeichnet.

Kufstein-Ala.

Km	Stationen	P.-Z. 20 I. II. III. Classe	Post.-Z. 10	Grv.-Z. 8 I. Cl.	P.-Z. 18 I. II. III	S.-Z. 2	P.-Z. 12 W I. II.	P.-Z. 14	S.-Z. 6 I. II. III. Classe
—	Kufstein . . . ab	4.45	7.45	11.28	12.35	1.37	4.53	6.57	11.15
—	Salzburg . . . ab	10.00	3.15	.	6.15	6.15	9.50	.	3.11
14	Wörgl . . . . ab	5.09	8.34		1.10	1.52	5.47	7.25	11.35
20	Kundl	5.19	8.45		1.21	.	5.57	7.36	11.43
28	Rattenberg (Hltst.)	5.29	8.55		1.32	.	6.08	7.48	.
29	Brixlegg	5.33	8.59		1.37	.	6.12	7.52	11.56
35	Zillerthal (Hltst.)	5.42	9.08		1.46	.	6.21	8.01	.
39	Jenbach . . . an	5.48	9.14		1.52	2.21	6.26	8.07	12.08
	Jenbach . . . ab	5.52	9.18		1.56	2.24	6.27	8.11	12.09
47	Schwaz	6.03	9.29		2.06	.	6.37	8.22	12.19
53	Terfens-Weer	6.13	9.39		2.16	.	6.47	8.32	.
57	Fritzens-Wattens	6.20	9.46		2.23	.	6.54	8.40	.
60	Volders-Baumkirch.(Hltst.)	6.26	9.52		2.28	.	7.00	8.45	.
65	Hall	6.34	10.01		2.36	2.51	7.08	8.54	12.44
68	Rum (Hltst.)	6.41	.		.	.	.	9.00	.
73	Innsbruck . . an	6.49	10.15	12.41	2.48	3.01	7.20	9.10	12.55
	Innsbruck . . ab	7.03	10.40	12.46	5.29	5.05	.	10.40	1.09
80	Unterb., Stefansbr. (Hltst.)	7.19	.	.	5.46	.	.	.	.
83	Patsch	7.27	11.10	.	5.55	.	.	11.15	.
93	Matrei	7.51	11.44	.	6.26	3.49	.	11.56	1.57
98	Steinach	8.01	11.56	.	6.38	3.58	.	12.09	2.08
103	St. Jodok (Hltst.)	8.13	.	.	6.53	.	.	.	.
108	Gries	8.25	12.26	.	7.08	.	.	12.44	.
113	Brenner	8.42	12.50	2.01	7.36	4.28	.	1.15	2.47
117	Brennerbad (Hltst.)	8.51	.	.	7.41	.	.	.	.
122	Schelleberg	9.01	1.11	.	7.54	.	.	1.41	.
127	Pflersch (Hltst.)	9.11	.	.	8.03	.	.	.	.
131	Gossensaß	9.19	1.30	.	8.12	4.58	.	2.07	3.16
137	Sterzing	9.30	1.43	.	8.24	5.09	.	2.28	3.27
142	Freienfeld	9.40	1.55	.	8.34	.	.	2.43	.
145	Mauls (Hltst.)	9.46	.	.	8.40	.	.	.	.
149	Graßstein	9.54	2.08	.	8.50	.	.	3.04	3.48
153	Mittewald a. E. (Hltst.)	10.02	.	.	8.57	.	.	.	.
	Mittewald a. E. . . an	10.09	2.22	3.02	9.05	5.38	.	3.25	4.02
157	Franzensfeste . . ab	10.14	2.44	3.04	9.27	5.53	12.37	5.30	4.14
159	Mil.-Hltst. Franzensfeste	10.19	2.50	.	9.32	.	.	5.37	.
164	Vahrn (Hltst.)	10.29	3.00	.	9.40	.	.	5.51	.
168	Brixen	10.38	3.27	.	9.49	6.12	12.54	6.07	4.36
171	Albeins (Hltst.)	10.47	3.34	.	9.56	.	.	6.18	.
176	Villnöß (Hltst.)	10.56	3.42	.	10.04	.	.	6.29	.
178	Klausen	11.03	3.49	.	10.11	.	.	6.37	4.58
184	Waidbruck	11.15	4.02	.	10.24	6.38	1.13	6.55	5.10
188	Kastelruth (Hltst.)	11.24	.	.	10.32	.	.	7.08	.
193	Atzwang	11.33	4.18	.	10.40	.	.	7.19	.
196	Steg (Hltst.)	11.40	.	.	10.46	.	.	7.30	.
199	Blumau	11.47	4.34	.	10.53	.	.	7.40	.
204	Kardaun (Hltst.)	11.57	4.42	.	11.02	.	.	7.55	.
207	Bozen-Gries . . an	12.03	4.48	4.13	11.08	7.14	1.42	8.03	5.53
—	Meran . . . an	1.48	7.04	7.04	.	8.43	2.59	9.59	8.00
262	Trient . . . ab	1.36	6.46	5.17	9.55	8.42	3.19	10.12	7.44
286	Roveredo . . ab	2.10	7.30	.	10.48	9.12	3.53	10.59	8.20
290	Mori	2.16	7.37	.	10.55	9.17	3.59	11.05	8.26

Ala-Kufstein.

Km	Stationen	P.-Z. 17 I. II. III	S.-Z. 1 I. II	P.-Z. 13 I. II. III	Grv.-Z. 7 I. Cl.	P.-Z. 19	S.-Z. 3	P.-Z. 15 W	S.-Z. 5 I. II. III. Classe	Post.-Z. 9
13	Mori . . . . ab	.	6.40	8.11	.	12.50	2.47	.	7.11	9.57
17	Roveredo . . ab	.	6.49	8.24	.	12.59	2.54	.	7.25	10.10
41	Trient . . . ab	.	7.17	9.11	12.35	1.55	3.19	.	7.58	10.58
—	Meran . . . ab	.	6.48	8.45	10.40	.	3.00	.	8.07	.
96	Bozen-Gries . . ab	6.00	8.38	11.00	1.43	3.45	4.21	.	9.38	12.45
99	Kardaun (Hltst.)	6.07	.	11.06	.	3.50	.	.	.	.
104	Blumau	6.18	.	11.17	.	4.04	.	.	9.54	1.04
107	Steg (Hltst.)	6.26	.	.	.	4.10	.	.	.	.
110	Atzwang	6.35	.	11.32	.	4.18	.	.	10.08	1.20
114	Kastelruth (Hltst.)	6.45	.	.	.	4.25	.	.	.	.
119	Waidbruck	6.58	9.16	11.54	.	4.35	4.56	.	10.25	1.45
125	Klausen	7.11	.	12.08	.	4.46	.	.	10.38	2.01
127	Villnöß (Hltst.)	7.18	.	.	.	4.51	.	.	.	.
131	Albeins (Hltst.)	7.27	.	.	.	4.59	.	.	.	.
135	Brixen	7.38	9.44	12.31	.	5.05	5.22	.	11.01	2.28
139	Vahrn (Hltst.)	7.51	.	.	.	5.15	.	.	.	.
144	Mil.-Hltst. Franzensfeste an	8.05	.	12.56	.	5.26	.	.	11.26	3.00
146	Franzensfeste . . an	8.10	10.05	1.01	3.03	5.31	5.43	.	11.31	3.05
	Franzensfeste . . ab	8.34	10.10	1.23	3.08	5.48	.	.	11.41	3.28
150	Mittewald a. E. (Hltst.)	8.45	.	.	.	5.56	.	.	.	.
153	Graßstein	8.54	.	1.39	.	6.05	.	.	.	3.48
157	Mauls (Hltst.)	9.05	.	.	.	6.14	.	.	.	.
160	Freienfeld	9.14	.	1.55	.	6.22	.	.	.	4.05
165	Sterzing	9.30	10.47	2.09	.	6.35	.	.	12.28	4.20
171	Gossensaß	9.49	11.00	2.25	.	6.48	.	.	12.42	4.39
176	Pflersch (Hltst.)	10.02	.	.	.	6.57	.	.	.	.
181	Schelleberg	10.16	.	2.44	.	7.08	.	.	.	5.06
185	Brennerbad (Hltst.)	10.27	.	.	.	7.17	.	.	.	.
189	Brenner	10.45	11.36	3.05	4.29	7.29	.	.	1.18	5.35
195	Gries	10.58	.	3.16	.	7.40	.	.	.	5.49
200	St. Jodok (Hltst.)	11.10	.	.	.	7.48	.	.	.	5.59
205	Steinach	11.25	12.01	3.32	.	7.58	.	.	1.47	6.11
210	Matrei	11.36	12.10	3.41	.	8.08	.	.	1.57	6.22
219	Patsch	11.55	.	3.58	.	8.25	.	.	.	6.46
223	Unterb., Stefansbr.(Hltst.)	12.04	.	4.04	.	8.31	.	.	.	.
	Innsbruck . . an	12.18	12.40	4.15	5.30	8.43	.	.	2.33	7.09
229	Innsbruck . . ab	1.20	1.07	4.32	5.35	9.00	5.40	10.03	2.41	7.37
234	Rum (Hltst.)	.	.	.	.	9.09	5.52	.	.	.
238	Hall	1.33	1.18	4.45	.	9.16	6.00	10.15	2.53	7.51
242	Volders-Baumk. (Hltst.)	1.39	.	4.52	.	9.23	.	.	.	8.59
245	Fritzens-Wattens	1.46	.	4.58	.	9.29	.	.	10.26	8.06
249	Terfens-Weer	1.53	.	5.05	.	9.36	.	.	10.33	8.13
256	Schwaz	2.03	.	5.15	.	9.46	.	.	10.43	3.19	8.24
	Jenbach . . . an	2.12	1.49	5.24	.	9.56	.	.	10.53	3.28	8.35
264	Jenbach . . . ab	2.16	1.51	5.28	.	10.00	.	.	10.54	3.32	8.39
267	Zillerthal (Hltst.)	2.21	.	5.34	.	10.06	.	.	.	8.46
273	Brixlegg	2.31	.	5.43	.	10.16	.	.	11.08	8.56
274	Rattenberg (Hltst.)	2.34	.	5.47	.	10.20	.	.	.	9.01
282	Kundl	2.46	.	5.59	.	.	.	.	11.21	9.14
289	Wörgl . . . an	2.55	2.25	6.07	.	10.40	.	.	11.30	4.07	9.24
—	Salzburg . . an	9.32	9.32	12.32	.	6.13	.	.	6.13	—	6.17
302	Kufstein . . an	3.25	2.44	6.36	6.56	11.05	.	.	4.30	9.53

Der Erste Weltkrieg und die Angliederung an Italien

Im Ersten Weltkrieg wurde die Brennerlinie zum ersten Mal in einen Konflikt größeren Ausmaßes verwickelt. Mit dem Friedensabkommen hatte sich das Schicksal der Eisenbahn zusammen mit dem weiten Gebiet, das von Österreich an Italien abgetreten werden mußte, entschieden.

In den Tagen unmittelbar vor und nach dem 24. Mai 1915 – an dem Italien Österreich den Krieg erklärte – ließ Österreich entlang der Militärgrenze, die das Etschtal bei Mori querte und vom Leno nach Nago und Torbole führte, auf der südlichen Seite einen zehn Kilometer breiten Streifen aussiedeln. Die evakuierte Bevölkerung wurde zum großen Teil mit der Eisenbahn ins Landesinnere des Kaiserreiches gebracht; auf der Gegenlinie fuhren in Richtung Grenze die mit den Soldaten besetzten Züge.

In den letzten Tagen dieses Monats marschierten die italienischen Truppen vom Süden her zur Grenze vor und besetzten ein bereits von den Österreichern preisgegebenes und in seinen Infrastrukturen zerstörtes Gebiet, wozu natürlich auch die Eisenbahn zählte. Zuerst besetzten man Ala, dann Serravalle, wo man Schützengräben baute und bis zum Oktober lag; dann rückten sie bis San Marco bei Rovereto vor.

Angesichts des Krieges und der vorsehbaren Erfordernisse bemühten sich sowohl die italienische als auch die österreichische Militärführung um eine strukturelle und technische Modernisierung der jeweiligen Eisenbahnlinien. Auf der italienischen Seite baute man die Stationen Peri und Borghetto aus. In Borghetto wurde der neue Bahnhof im Mai 1917 eröffnet. In Venetien wurden nicht nur einige Stationen erweitert, sondern man baute auch neue Linien: die Ostiglia–Treviso (mit der Verbindung zur Linie Treviso–Portogruaro), die Montebelluna-Conegliano (um den Knotenpunkt Treviso zu entlasten), die Conegliano–Vittorio–Ponte nelle Alpi (Verbindungslinie zwischen Piave und Tagliamento), die Sacile–Pinzano (für die Verbindungen mit Krain). Man legte Doppelgleise an, um die Leistungsfähigkeit der Linien zu erhöhen und die Sicherheit des Verkehrs zu gewährleisten. Es wurden neue Anschlüsse gelegt und neue, zugkräftige Lokomotiven angeschafft.

Im Frühling 1916 veranlaßte Österreich den Ausbau der Brennerachse und der Linie durch die Valsugana. Die Station Branzoll bekam einen neuen Abstell- und Verschiebebahnhof; in der südlichen Randzone wurden in Calliano und Mattarello wichtige Militärlager angelegt. Ebenfalls in den Jahren 1915/16 errichtete Österreich drei neue Linien auf Südtiroler Gebiet: von Toblach ins Höhlensteintal, von Klausen durch Gröden und von Auer ins Fleimstal.

Den ersten Abschnitt von Toblach aus bauten die Österreicher im Sommer 1915; es handelte sich um eine militärische Versorgungslinie, die bis ins Höhlensteintal führte, sich für den Nachschub allerdings bald als unzureichend erwies. Ab dem Jahre 1916 errichtete das italienische Pionierkorps auf der Strecke von Peaio bis Zuel eine ähnliche Linie, die über eine Schwebebahn Anschluß mit der Bahn Belluno–Calalzo hatte; daraufhin begannen die Italiener mit der Verlegung eines neuen Schienenstrangs, waren aber durch den Durchbruch der österreichisch-deutschen Truppen in Caporetto zum Abbau der Gleisanlagen gezwungen. Zu jener Zeit erwarben die Österreicher vom Ingenieurbüro Riehl in Innsbruck einen schon lange ausgearbeiteten Entwurf und bauten eine Linie von Toblach bis Calalzo. Ziel war das Piavetal, um dadurch die Brennerhauptlinie zu entlasten; aber das Bauprogramm konnte wegen des Endes des Krieges nicht vollständig ausgeführt werden. Es wurde später von Italien fertiggestellt und am 21. Juni 1921 in Betrieb genommen.

Die in Gröden gebaute Eisenbahnlinie beendete einen umstrittenen Entwurf, wobei sich mehrere von der Hauptlinie berührte Orte (dazu werden wir in den folgenden Kapiteln noch kommen) um den Anschluß an das so wichtige Tal bemühten.

Die zunächst aus finanziellen Gründen zurückgestellte Linie wurde dann ab 1915 in großer Eile verlegt. Man wollte schnellstmöglich Plan erreichen, wo die Talstationen einiger Schwebebahnen für die Kriegsstellungen auf dem Grödner Joch und dem Sellajoch lagen. Die Arbeiten wurden dank dem Einsatz von zehntausend Arbeitern, großteils russischen und serbischen Gefangenen, innerhalb von nur fünf Monaten beendet, und der erste Abschnitt im Februar 1916 eröffnet. Die Spurweite lag bei 760 mm, aber die Tunnels wurden für eine Spurweite von einem Meter berechnet (geplant, aber nie verwirklicht).

Die Eisenbahnlinie des Fleimstales wurde nach mehreren Entwürfen, die jedoch in Lavis, Neumarkt und Auer drei verschiedene Abzweigungen von der Brennerlinie vorsahen, schließlich unter dem Druck der militärischen Erfordernisse ab Auer gebaut. Der Abschnitt bis Castello di Fiemme wurde im November 1917 eröffnet; im darauffolgenden Jahr hatte man Predazzo erreicht.

Die Bauarbeiten an den drei neuen Linien führte das Ingenieurbüro Riehl aus Innsbruck mit dem Einsatz von durch das Militär verpflichteten Arbeitern und Kriegsgefangenen aus. Zu Beginn des Krieges begann man auch mit den Arbeiten am Verlängerungsstück von Mals in

Richtung Reschen und Landeck, aber dieses Vorhaben wurde bald aufgegeben.

Unterdessen trug die Hauptlinie an Eisack und Etsch die ganze Last des großen Verkehrs zur Vorbereitung der Offensive. In kurzer Zeit wurden 250.000 Mann einschließlich Verpflegung und 2500 bis 3000 Geschütze mit Munition und Material (die Kanonen wurden auf eigens dafür gebauten Eisenbahnwagen transportiert) bei einem Gewicht von mehreren hunderttausend Tonnen in Richtung Süden verschoben.

Natürlich richtete sich der Fahrplan der Eisenbahn nach den militärischen Erfordernissen. Theoretisch konnte man bis Rovereto fahren; da aber diese Station unter dem Beschuß der italienischen Artillerie stand, hielten die Züge in Calliano. Die zivile Personenbeförderung wurde im großen und ganzen gewährleistet, während der Offensiven von 1917 allerdings eingestellt. Jenseits der Grenze auf italienischem Gebiet stand der Betrieb unter Leitung des Pionierkorps. Zwischen den zwei gegnerischen Stellungen lag im Tal eine Entfernung von etwa zwei Kilometern; in diesem Abschnitt war die Linie unbefahrbar.

Die Kampfhandlungen – und besonders die Fliegerangriffe – des Ersten Weltkrieges sind mit jenen jüngeren Datums nicht vergleichbar. Zu verschieden war der Stand der Rüstung im Ersten und im Zweiten Weltkrieg. In den letzten Februartagen des Jahres 1918 erlebte Bozen drei oder vier Fliegerangriffe, bei denen fünfzehn Bomben abgeworfen wurden; acht Menschen kamen ums Leben. Am 1. September kam Franzensfeste unter Beschuß. Das Bombardement erfolgte sowohl von der Luft aus als auch mit der Artillerie. Die wichtigsten Angriffe auf die Eisenbahn galten den Depots und den bereits beladenen Waggons. In der Zwischenzeit konnte der Bahnverkehr weitergehen, da sich die Schäden in Grenzen hielten, und die Linie schnell repariert werden konnte.

In der Endphase des Krieges im Oktober 1918 brachen die Italiener in die österreichische Front ein. Am 2. November griffen italienische Truppen die österreichischen Stellungen in Marco und Rovereto an, tags darauf erreichten sie Trient. Als am 4. November der Waffenstillstand erklärt wurde, standen sie zwischen Mezzocorona (Kronmetz) und Salurn. Das militärische Ziel, Trient einzunehmen, war erreicht worden. Hier liefen alle Täler zusammen, und Trient war ein wichtiger Verkehrsknotenpunkt. Nun gerieten die Österreicher in Schwierigkeiten; der Angriff war längs der Eisenbahnlinie geführt worden, der Rückzug ging ungeordnet und verworren vor sich. Mehr als 600.000 Mann zogen aus dem Trentino über die Brennerstrecke oder durch die Seitentäler in Richtung Reschen und längs des Pustertales zurück. Um schnellstmöglich wegzukommen, setzten sich die Soldaten unter anderem auch auf die Dächer der Waggons; einige wurden dabei während der Durchfahrt durch die Tunnels verletzt.

Am Ende des Krieges war die Brennerlinie zwischen Ala und Rovereto unbefahrbar (dies war der Abschnitt, der dem Streifen zwischen den beiden Fronten entsprochen hatte). Die Strecken nördlich von Calliano und südlich von Ala hingegen befanden sich in einem einigermaßen guten Zustand. Italien führte die Reparaturarbeiten an den wenigen zerstörten Kilometern in Eile aus; die Arbeiten liefen unter Leitung des Pionierkorps, das auch Gefangene als Arbeiter einsetzte.

Der Friedensvertrag, der am 10. September 1919 in Saint-Germain unterzeichnet wurde, erklärte das Trentino, Südtirol und das Ampezzano zu italienischem Gebiet; diese Regionen wurden gegen den Willen der Bevölkerung dem Königreich Italien angeschlossen.

Ein entgleister Zug in »El Moraron« nahe Ceraino. Das Foto stammt aus dem Jahre 1912.

Von Österreich an Italien

Sofort nach dem Waffenstillstandsabkommen vom 4. November 1918, das den Krieg beendete, bekam die italienische Staatsbahn »Ferrovie dello Stato«, abgekürzt FS, den Auftrag, sich unverzüglich für eine Inbetriebnahme der Eisenbahnstrecke zwischen der alten Grenze und der Waffenstillstandslinie zu bemühen. In den ersten Wochen übernahm man die von den ehemaligen österreichischen Verwaltungen eingeführten Tarife und Fahrpreisordnungen, aber mit der Betriebsordnung Nummer 1 vom 16. Januar 1919 erließ die FS bereits provisorische Vorschriften für die Personen- und Gepäckbeförderung und den Gütertransport.

Es wurden die Handbücher der Entfernungen der ehemals österreichischen Bahnstationen ausgegeben. Auf der Hauptlinie Verona–Brenner begannen die Stationen mit »Peri- Transito«. Auf Südtiroler Gebiet waren die Namen der Bahnhöfe großteils schon in Italienisch ausgedruckt; zwischen Peri und Bozen lagen die folgenden Stationen und Haltestellen (Bahnwärterhäuser): Borghetto (Bahnwärterhaus), Avio, Ala, Serravalle (Bahnwärterhaus); Marco (Bahnwärterhaus), Mori, Rovereto, Villa Lagarina, Volano (Bahnwärterhaus), Calliano, Mattarello, Trento, Gardolo (Bahnwärterhaus), Lavis, Nave San Felice (Bahnwärterhaus), San Michele, (Salurn), Magré-Cortaccia (Margreid-Kurtatsch), Egna-Termeno (Neumarkt-Tramin), Ora (Auer), Bronzolo (Branzoll) und Làives (Leifers).

Zwischen dem Bahnhof Bozen und der Station an der neuen Grenze am Brenner nannte das Handbuch folgende Bahnstationen (wir übernehmen hier den originalen Eintrag, in dem die einfachen Haltestellen kursiv gedruckt sind): *Cardano (Kardaun)* – Blumau – *Fié (Völs)* – Campodazzo (Atzwang) – *Sant'Osvaldo Castelrotto (Kastelruth)* – Val Gardena (Gröden) – Chiusa di Bressanone (Klausen) – *Gufidaun (Gudon)* – *Albés (Albeins)* – Bressanone (Brixen) – *Varna (Vahrn)* – *Fortezza (militärische Haltestelle)* – Fortezza (Franzensfeste) – *Mezzaselva (Mittewald)* – Graßstein – *Mules*

(Mauls) – Freienfeld – Vipiteno (Sterzing) – Gossensaß – *Fleres (Pflerschtal)* – Giggelberg – *Terme del Brennero (Brennerbad)* – Brennero (Brenner).

Die Bestimmungen für den Transportverkehr wurden in Italien stufenweise erlassen.

Die Eisenbahnlinien zwischen der Waffenstillstandslinie ab Ala (einschließlich Ala-Bahnhof) und längs der Valsugana ab Bassano (ausschließlich Bassano-Bahnhof) wurden einer Delegation mit Sitz in Trient zugeteilt; einige technische Zuständigkeiten wurden der Abteilung Venedig übertragen.

Mit dem Anschluß an Italien unterstanden die im Dienste der ehemals österreichischen Stationen stehenden Bahnarbeiter mit einem Male dem italienischen Staatsbahnunternehmen. Eine offizielle Veröffentlichung aus dem Jahre 1955 zur 50jährigen Jubiläumsfeier der italienischen Staatsbahn FS hat »die Leistungsfähigkeit der Bahnanlagen und die Fähigkeit, Disziplin und Würde des österreichischen Be-

triebspersonals, das seine neuen Aufgaben ohne Unterwürfigkeit der neuen Betriebsleitung gegenüber, aber im vollen Pflichtbewußtsein übernommen hat«, anerkannt.

Erinnern wir uns: Die von Italien erst vor kurzem übernommenen österreichischen Linien waren von zwei verschiedenen Verwaltungen geführt worden: von der Südbahn und der Staatsbahn. Die Südbahn hatte, außer über die Linie von Ala zur neuen Grenze am Brenner, die Aufsicht über die Franzensfeste–Innichen gehabt. Aus staatlicher Führung hingegen kamen die Linien Auer–Predazzo und Klausen–Plan in Gröden, zudem die Strecken Bozen–Meran–Mals, Trient–Malé, Trient–Tezze und Mori–Arco–Riva.

Die erwähnte Veröffentlichung der FS gibt einen Bericht über den Zustand der ehemals österreichischen Eisenbahnlinien bei der Übergabe an Italien: »Die festen Anlagen waren von 1918 an in gutem Zustand« – lesen wir – »und wenn man einmal von dem auf ein Mindestmaß geschrumpften rollenden Material, von der Unterbrechung vieler Telegrafenverbindungen und von einigen zerstörten Brücken absieht – alles offensichtliche Folgen des langen Krieges – bestand die Möglichkeit, mit einigen Notmaßnahmen einen leistungsfähigen Eisenbahnbetrieb aufzunehmen ... die Linie Trient–Brenner war vor allem für diese Zeit unter allen Aspekten und ohne dabei die Stellwerke und die Streckensignale auszunehmen gut ausgestattet und ... auch die weniger wichtigen Linien waren mit den jeweiligen Ansprüchen genügenden Anlagen verhältnismäßig gut versehen.«

In der Nachkriegszeit zog sich über die Region, die heute Südtirol heißt und damals in sechs Bezirke aufgeteilt war (Bozen, Brixen, Bruneck, Meran, Schlanders und Ampezzo),

Die »Batteria Battisti« am 3. November 1919 mit dem Bahnhof von Trient im Hintergrund

ein dichtes Güterverkehrsnetz. Eine Veröffentlichung des Geographischen Institutes De Agostini aus dem Jahre 1919 listete vierzehn Linien auf, die wir hier in der damaligen Ordnung und mit den originalen Hinweisen versehen nennen möchten:

Bolzano-Collalbo (Rittner Bahn, Länge 11,8 km; 4100 Meter Standseilbahn), Bolzano–Virgolo (0,3 km, Standseilbahn), Gries–Guncina (1,3 km, Standseilbahn), Bolzano–Caldaro (19 km, Normalspurbahn), Caldaro–Mendola (4,5 km, 2250 Meter Standseilbahn), Straßenbahn Postal–Lana di Sopra und Merano–Lana di Sopra (4,3 km bzw. 7,5 km, Normalspurbahnen), Lana–San Vigilio (Schwebebahn). Nach einer Verbindung, die es in Wirklichkeit nie gab (es wurde eine Stadtbahn Brixen–Vahrn mit einer Länge von 4 km erwähnt, von der aber nicht einmal ein Entwurf vorliegt), fuhr die Aufzählung fort mit einer privaten Linie von Mareit zu den Bergwerken am Schneeberg, der Linie Brunico–Sand (17 km, privat, elektrischer Betrieb),

TRENTO-3 Nov. 19 – LA Batteria Battisti in piazza Dante

der Dobbiaco–Cortina d'Ampezzo (die 1919 noch auf ihre allgemeine Inbetriebnahme wartete), die Ora–San Lugano (Fleimstaler Eisenbahn, Dampflok) und die Chiusa–Piano (so hieß in der Nachkriegszeit die Grödner Eisenbahn, auch sie mit Dampflok).

»Wenn das Netz der Haupteisenbahnlinien aufgrund der Gebirgigkeit der Region auch recht dünn ist« – fuhr der Autor des De Agostini-Buches, Antonio Renato Toniolo, fort – »so ist es doch sehr umfassend und zieht sich durch die wichtigsten Täler ... so daß sich diese Region wesentlich besser mit Eisenbahnlinien bestückt darbietet als das Trentino, das außer der Brennerlinie nur noch die Linie durch die Valsugana (Trient–Bassano–Venedig) aufweisen kann.« Die Nebenlinien Südtirols, die wesentlich zahlreicher waren als jene des Trentino, hätten jedoch – so der Autor – eine geringere wirtschaftliche Bedeutung, wo es sich doch um Eisenbahnen und Stadtbahnen handle, die vorwiegend dem Tourismus dienten. Gute wirtschaftliche Aussichten bestünden jedoch für die Eisenbahnen des Fleimstales und Grödens.

In den ersten Nachkriegsjahren wurden einige Entwürfe zu neuen Eisenbahnlinien angefertigt, die jedoch alle in der Schublade blieben. Man dachte (fuhr Toniolo fort) an eine Verbindung zwischen Meran und der Brennerhauptlinie, die durch das Passeiertal verlaufen und mit einem Tunnel den Jaufenpaß unterqueren sollte. Das Meraner Gebiet sollte auch über den Gampenpaß mit dem Nonstal Anschluß bekommen, während die Vinschgauer Linie über Mals und jenseits davon ins Münstertal führen und den Ofenpaß mit Hilfe eines Tunnels überwinden sollte, um sich dann mit dem Schweizer Schienennetz zu verbinden. In östlicher Richtung gab es den Vorschlag für ein Schmalspurnetz, das Gröden über Livinallongo (Buchenstein) mit den Gebieten von Agordo verknüpft hätte.

Die einzige Linie, die tatsächlich in Betrieb genommen wurde, war die Toblach–Cortina–Cadore, die, wie erwähnt, jene für Kriegszwecke gebaute Bahnstrecke ergänzte.

Nach dem Krieg hatte man einen starken Rückgang im Reiseverkehr zu verzeichnen, und die wirtschaftlichen Beziehungen zwischen Nordosteuropa und Italien waren zum Stillstand gekommen. Die Grenze am Brenner stellte für den flüssigen Ablauf des Verkehrs ein schweres Hindernis dar. Besonders negativ aber wirkte sich die neue politische Ordnung mit der Aufgliederung des österreichisch-ungarischen Reiches in einzelne Staaten aus; vor allem die Pustertallinie verlor an Bedeutung. Im Reiseverkehr hatte man bald wieder aufgeholt; die Normalisierung im Handelsverkehr auf der Brennerlinie ließ hingegen sechs oder sieben Jahre auf sich warten.

Die politischen Umwälzungen hatten auch auf die Südbahn starke Auswirkungen. Ihrem Eisenbahnnetz war unversehens ein großes Gebiet entzogen worden, in dem überdies wichtige Knotenpunkte lagen. Tatsächlich waren die drei Hauptstrecken Wien–Triest, Marburg–Franzensfeste und Kufstein–Ala unterbrochen; der Abschnitt Kufstein–Brenner war vom übrigen Netz der Südbahn gänzlich abgeschnitten.

Auf der Grundlage des Vertrages von Saint Germain übernahm Italien alle Rechte des österreichischen Staates über die Brennereisenbahn; der Wert wurde als Wiedergutmachungszahlung verbucht.

Bei der Übernahme durch Italien war die Hauptlinie zweigleisig angelegt, mit Ausnahme des kurzen Abschnittes von Ala bis Calliano und der beiden Etschbrücken bei Mezzocorona und Auer. Diese waren mit nur einem Eisentragwerk gebaut, dessen Breite gerade für ein Gleis genügte. Südlich der alten Grenze veranlaßte die italienische Staatsbahn den Bau des zweiten Gleises von Verona bis Ala; die Arbeiten wurden 1923 beendet. Im Jahre 1929 begann man, die beiden erwähnten Brücken mit einem Doppelgleis neu zu errichten; außerdem wurden 15 Brücken und 34 kleinere Überführungen aus- oder neu gebaut. Zwischen Blumau und Atzwang wurde eine Reihe von Galerien angelegt, welche die Bahnlinie vor Steinschlag schützen sollten. Zudem ließ die FS in den Hauptbahnhöfen die Gebäude erweitern und neue Gleise verlegen (darauf werden wir in den entsprechenden Kapiteln zu sprechen kommen), während die Sicherheitssysteme vollkommen erneuert wurden. Als besonders dringlich aber stand in den zwanziger Jahren der Ausbau der bescheidenen Bahnstation am Brenner an, die plötzlich zu einem internationalen Güterbahnhof geworden war.

Bald wurden die Linien Mori–Arco–Riva und Trient–Malé (die auf diese Weise an ihre ursprünglichen Betreiber zurückgingen) und die Linie Auer–Predazzo an private Konzessionäre vergeben. Die Grödner Linie wurde ausgebessert, die Holzbrücken durch Steinbrücken ersetzt.

Bei der Übernahme der Südtiroler Bahnlinien hatte die FS zunächst an die Möglichkeit gedacht, die Strecke Bozen–Meran–Mals zu einer internationalen Linie auszubauen. Sie sollte gemäß Originalentwurf aus dem 19. Jahrhundert über Landeck mit dem österreichischen Eisenbahnnetz verknüpft werden; diese Lösung wurde jedoch bald verworfen. Statt dessen machte man den Vorschlag, ebenfalls über Landeck eine Verbindungslinie zwischen Mailand und München einzurichten. Über diese Pläne, die einen kostenaufwendigen Tunnel am Reschen beinhalteten, wurde in den folgenden Jahrzehnten noch viel diskutiert. In den fünfziger Jahren wurde dieses ehrgeizige Vorhaben wieder aktuell, aber nicht ausgeführt, als ein Entwurf den Reschen zu einem regelrechten Verkehrsknotenpunkt für die Eisenbahn machen wollte und auf der einen Seite Genua und Mailand über München mit Deutschland verbinden wollte, auf der anderen Venedig und Triest mit dem Rheinland.

Am Ende des Ersten Weltkrieges mußte die italienische Staatsbahn in ihrem Bestand an rollendem Material einen hohen Prozentsatz an Waggons und Güterwagen verzeichnen, die nicht betriebsfähig waren. Schwere Auswirkungen hatte auch die große Anzahl nicht einsatzfähiger Lokomotiven. Aus diesem Grunde bestellte die FS in aller Eile an die tausend neue Lokomotiven; sogar in Amerika fragte man an. Zahlreiche Maschinen mietete man bei den österreichisch-deutschen und tschechoslowakischen Eisenbahnen an. Eine beachtliche Anzahl österreichisch-ungarischer Lokomotiven fiel den FS auch als Kriegsbeute in die Hände. Ebenso zahlreich waren die deutschen Maschinen, die Italien im Rahmen der Wiedergutmachung übergeben wurden. Von den Lokomotiven der Südbahn seien jene der Serie 580 erwähnt, die als Baureihe 482 neu eingeordnet wurden, und jene der Serie 170, die in die Reihe der FS 729 eingingen.

Wenn auch dieser bunte Fuhrpark nicht wenige organisatorische Probleme aufwarf, so machte die FS im Umgang mit den verschieden konstruierten Maschinen sehr wertvolle Erfahrungen, und dies auch für die Entwicklung neuer Lokomotiven (seit kurzem befand sich das zentrale Konstruktionsbüro in Florenz). Es war die auf der Brennerlinie eingesetzte österreichische Serie 580, die der FS als Modell für ihre Baureihe 482 diente. Diese Reihe stellte die leistungsstärksten Dampflokomotiven dar, die je für den Einsatz am Brenner gebaut wurden; die Tenderlokomotiven aus der Serie 895 wurden noch bis in die sechziger Jahre hinein als Rangierloks eingesetzt.

Zwanzig Jahre Faschismus

Als kurz nach der faschistischen Machtübernahme das neue Verkehrsministerium eingerichtet wurde, begann für die Eisenbahn eine Zeit direkter politischer Einmischung. Man drängte besonders auf eine schnelle Beendigung bereits begonnener Bauarbeiten. Die Verlängerung der Hauptlinie Verona–Brenner in südlicher Richtung bis Bologna wurde fertiggestellt. Die Arbeiten hatten in der emilianischen Hauptstadt begonnen, und 1887 konnte ein erster Streckenabschnitt eröffnet werden. Alle weiteren wurden mit recht langen zeitlichen Zwischenräumen dem Verkehr übergeben. Die letzte Teilstrecke von der Isola della Scala bis Verona wurde am 1. Februar 1924 freigegeben.

Ebenfalls 1924 wurde ein Zugpaar in den Fahrplan aufgenommen, das mit dem Namen »Brennereilzug« die internationale Hauptstrecke über Verona–Suzzara–Parma–La Spezia mit dem Tyrrhenischen Meer verband; diese Verbindung hatte sich während des Krieges

als äußerst wichtig erwiesen. Sie hatte eine bedeutende Linie für den Nachschub dargestellt, der über die tyrrhenische Küste und die Häfen Genua, La Spezia und Livorno eingeführt und an die Nordostfront transportiert wurde. In den zwanziger Jahren beriet man lange über die Wiederaufnahme dieser Linie, die einerseits durch ihre Kürze dem Personen- und Güterverkehr sicherlich zum Aufschwung verholfen hätte; andererseits stellte sie aber ein finanziell sehr aufwendiges Vorhaben dar, hätte man doch die Linie Parma–Suzzara (die unter Leitung der »Società Veneta« stand) ablösen und sie zudem kostenaufwendig ausbauen müssen.

In diese Zeit fällt auch die Einführung neuer und wirkungsvoller Systeme der Betriebsführung, wie jene des »Zentralbetriebsleiters« und des »Betriebsleiters« (für die Linien mit jeweils starkem oder schwachem Verkehrsaufkommen). Die Anlagen und das rollende Material wurden erneuert, wie es zum Beispiel mit dem Einsatz der sogenannten »Leichtzüge«

Nebenstehende Seite: Ein Blick auf den im Bau befindlichen Tunnel des Monte Pastello nahe Ceraino. Der Tunnel wurde im Jahr 1923 für den Verkehr freigegeben. Das Foto wurde in der Zeitschrift »L'Illustration italiana« veröffentlicht.

Erinnerungsfoto mit dem im Bau befindlichen Tunnel in Ceraino. Die Aufnahme wurde Anfang der zwanziger Jahre gemacht.

geschah. Um der Konkurrenz des Autos standhalten zu können, erfand man die »Volkszüge«, die am Sonntag und an den Feiertagen die wichtigsten Fremdenverkehrszentren in ganz Italien zu niedrigen Preisen verbanden. In der Region Trentino-Südtirol war der an den Wintersport gekoppelte Fremdenverkehr stark im Zunehmen. Während die Zahl der Fahrgäste aus den gehobenen Schichten, die vormals im Frühling und Herbst besonders im Meraner Gebiet die Hauptkunden dargestellt hatten, eher rückgängig war, entwickelte sich ein Massentourismus, der sich auf die traditionelle Ferienzeit konzentrierte; die FS konnte diese neue Entwicklung nicht außer acht lassen.

Es wurden neue Linien verlegt und neue Bahnstationen gebaut.

In den dreißiger Jahren hatte das italienische Eisenbahnnetz bereits seinen heutigen Umfang. Waren es 1900 noch 14.340 Kilometer gewesen, so waren es nun über 16.000 Kilometer. Bereits 1910 maß es 15.000 Kilometer, 1920 wurden 15.600 Kilometer erreicht, und weitere 500 Kilometer Schiene waren im letzten Jahrzehnt verlegt worden.

In der Nachkriegszeit wurde der wunderschöne Bahnhof Verona Porta Nuova fertiggestellt, dessen Bau durch den Krieg unterbrochen worden war. Von da ab wurde diese Station und nicht mehr Porta Vescovo zum Hauptbahnhof der Stadt.

In den zwanziger Jahren kam mit dem Faschismus die Zeit der monumentalen Bauwerke, eigens als Beweis für die Kraft und Allmacht des Regimes geschaffen. In den neu erworbenen Gebieten geriet die Planung zu einer offensichtlichen Demonstration italienischer Präsenz, ausgedrückt mit dem Begriff »Italianità«. Die wichtigsten Bahnstationen wurden gemäß der neuen, vom Büro V der FS Bauabteilung ausgearbeiteten Vorlagen neu gebaut oder erweitert. Einflußreichster Vertreter dieser Baubehörde war der Architekt Angiolo Mazzoni.

Es war kein Zufall, daß die ersten Umbauten in der wichtigsten Stadt, nämlich Bozen, durchgeführt wurden. Man beließ die gediegene österreichische Baustruktur und überarbeitete sie nach modernen und italienischen Vorstellungen. Gleichzeitig waren die Renovierungsarbeiten an der Bahnstation am Brenner im Gange. Auf der Basis eines einzigen großen Bauentwurfs, der von Grund auf geplant war und auch die umliegende Landschaft miteinbezog, sollte der Bahnhof vollständig erneuert werden. Während Mazzoni die Arbeiten am neuen Grenzbahnhof beendete, entwarf er das Bahnhofsgebäude von Trient – der einzige Bau, der ohne jegliche Vorgabe bereits bestehender Strukturen geplant und mit einer auffallend freien Formgestaltung und einer Vielfalt an Gesteinsarten ausgeführt wurde. Auf die drei Bauwerke Mazzonis werden wir in den jeweiligen Kapiteln über die Bahnhöfe zurückkommen. Dabei werden wir auch große Bauten wie etwa das Elektrizitätswerk von Brixen, das den Strom für die elektrische Eisenbahn liefern sollte, genauer betrachten.

Während des Faschismus betrafen die wichtigsten baulichen Eingriffe an Bahnhofsgebäuden auf der Brennerlinie lediglich die großen Stationen; die Zwischenstationen beließ man im großen und ganzen in ihrer ursprünglichen Form. In den großen Bahnhöfen Trient und Bozen, aber auch am Brenner und in Franzensfeste baute man zudem die gesamten, für den Zugverkehr nötigen Anlagen aus. Man erweiterte die Gleisanlagen, baute neue Depots für Lokomotiven und so weiter.

Kleinere Maßnahmen, wie etwa der Bau von Wohnungen für das Bahnpersonal, sollten dazu dienen, die italienischen Arbeiter in Südtirol zu verwurzeln. Einige Orte wurden durch die Eisenbahn regelrecht geprägt; man denke an Franzensfeste, das durch die Eisenbahn und mit ihr gewachsen ist.

Dann kam das Zeitalter des Elektroantriebs. Als erste wurde die Teilstrecke Bozen–Brenner auf elektrischen Betrieb umgestellt. Im Jahre 1928 waren die Arbeiten beendet, mit denen ein Drehstromnetz eingerichtet wurde (gleichzeitig stellte man auf der österreichischen Seite auf Einphasenstrom um). Die Umspannwerke kamen nach Bozen, Atzwang, Klausen, Vahrn, Graßtein, Sterzing und Brennerbad. Diese Bauten sind heute interessante Zeugen des Industriebaus zur Zeit des Faschismus. In den

Jahren 1927 bis 1929 wurde auch die Linie Auer–Predazzo auf elektrischen Betrieb umgestellt, 1929 die Linie Calalzo–Toblach. Einige Jahre später war die Linie Bozen–Kaltern an der Reihe, wo man eine Stromschiene legte.

Die Elektrifizierung der Linie Trient–Bozen wurde 1933 über eine Ausschreibung für den Betrag von elf Millionen Lire an die Savigliano-Werke in Turin vergeben. Die gesamte Anlage – einschließlich der Hauptleitungen, Oberleitungen, Telegrafen- und Telefonleitungen, Gebäude, elektrischen Anlagen, Umspannwerke – wurde 1935 ebenfalls mit einem Drehstromnetz und Umspannwerken in Trient und Salurn fertiggestellt. In den Jahren 1940/41 wurde auch die Linie Verona–Trient mit Gleichstrom von 3000 Volt Spannung elektrifiziert. So konnte man auf der ganzen Strecke die Fahrgeschwindigkeit erhöhen und die Fahrzeiten entsprechend verkürzen.

Unterdessen waren mehrere Straßen erneuert worden, wie zum Beispiel die Strecke von Brixen ins Pustertal im Jahre 1935 und die fünf Jahre später für den Verkehr freigegebene durch den Virgltunnel in der Nähe Bozens. Insgesamt verfügte man Ende der dreißiger Jahre über ein gutes Verkehrsnetz. Allerdings hatte man sich bei den Arbeiten auf die Hauptstrecken konzentriert, während die Verbindungen mit den kleineren Zentren vernachlässigt worden waren. Die Auto- und Postlinien sowie die touristischen Verkehrsbetriebe begannen sich erst zu entwickeln.

Lokomotiven und Fahrpläne

Die ersten Elektroloks auf der Brennerlinie wurden auf den an den Paß angrenzenden Teilstrecken eingesetzt, die als erste auf elektrischen Betrieb eingestellt worden waren. Auf

österreichischer Seite sei an die Lokomotiven der Baureihe 1080 erinnert, die ab 1923 gebaut wurden und die Fernschnellzüge mit einer Geschwindigkeit von 50 Stundenkilometern und Güterzüge mit 35 Stundenkilometern zogen. Auf der Teilstrecke südlich des Brenners, die erst kürzlich an Italien angeschlossen worden war, setzte man anfangs die Baureihen 432 und 554 ein, die eine Höchstgeschwindigkeit von 100 bzw. 50 Stundenkilometern erreichten. Mit der Umstellung auf Gleichstrom wurde die 626 gebaut, mit sechs Triebachsen und einer Höchstgeschwindigkeit von 95 Stundenkilometern. In den vierziger Jahren gab es die Lokomotiven der Baureihe 636, die mit 120 Stundenkilometern fuhren – also mit einer nie zuvor erreichten Geschwindigkeit.

In den fünfziger Jahren wurden auf der Linie die ersten elektrischen Triebwagen der Baureihe E 424 eingeführt. Auch die Elektromaschi-

nen entwickelten sich nun, wie es zuvor bei den Dampflokomotiven gewesen war, mit großer Schnelligkeit.

Die Verbesserung der Zugmaschinen und die erhöhten Geschwindigkeiten brachten natürlich eine Verringerung der Fahrzeiten mit sich. In der Zwischenzeit setzte sich eine bereits in den letzten Jahrzehnten des 19. Jahrhunderts begonnene Zunahme der Bahnhöfe und Haltestellen fort. Die Bahn war ein unersetzbares Fortbewegungsmittel, auf das kein einziger Ort – und wenn er auch noch so klein war – verzichten wollte. Es wurde auch die Anzahl der Fahrten erhöht und die ersten Fernschnellzüge eingeführt, die nur an den wichtigen Bahnstationen hielten.

Wenn wir einmal die verschiedenen Fahrzeiten in den verschiedenen Zeiträumen seit dem Entstehen der Eisenbahn vergleichen, sehen wir, daß der Fahrplan der K. K. Privilegierten

Südbahn vom 24. August 1867 auf der Verbindung Verona–Kufstein drei Zugpaare vorsah. Auf der Teilstrecke von Bozen bis Kufstein lag laut Plan die Fahrzeit zwischen acht Stunden und vierzig Minuten für die normalen Züge und sieben Stunden und dreißig Minuten für die Schnellzüge. In diesem Streckenabschnitt gab es damals fünfundzwanzig Zwischensta-

tionen. Die Schnellzüge fuhren in dreizehn Bahnhöfen durch und hielten nur in Waidbruck, Brixen, Franzensfeste, Graßstein, Sterzing, Gossensaß, Brenner, Steinach, Innsbruck, Hall, Jenbach und Wörgl.

Im ab 1. Oktober 1898 gültigen Fahrplan ist festzustellen, daß die Fahrten auf der Strecke Bozen–Kufstein von drei auf acht in je-

de Richtung angestiegen waren. Die Fahrzeiten hatten sich verringert und lagen nun zwischen sieben Stunden und dreißig Minuten für jene Züge, die in allen Bahnhöfen hielten und etwa sechs Stunden für die Schnellzüge. Dies war bereits eine erhebliche Verkürzung der Fahrzeit, wenn man bedenkt, daß in den drei Jahrzehnten, die zwischen den beiden Fahr-

plänen lagen, die Bahnhöfe und Haltestellen zwischen Bozen und Kufstein auf zweiundvierzig angewachsen waren (wenn auch die Schnellzüge weiterhin nur in den zwölf Stationen hielten). Auf der Teilstrecke südlich des Brenners waren die Stationen Kardaun, Steg, Kastelruth, Villnöß, Albeins, Vahrn, Milland (Militärhaltestelle), Franzensfeste, Mittewald,

Mauls, Pflersch, und Brennerbad dazugekommen.

Weiters sehen wir, daß die 84 km lange Strecke von der Bahnstation Bozen bis zum Brenner, der zwanzig Jahre später zur Staatsgrenze werden sollte, von den normalen Zügen (mit 22 Zwischenbahnhöfen) in dreieinhalb Stunden gefahren wurde, und von den Schnellzügen (fünf Haltestellen) in drei Stunden. 1867 hatte man dazu noch etwa vier Stunden benötigt.

Was für die Strecke von Bozen zum Brenner gilt, trifft ebenso für die südliche Teilstrecke von Verona bis Bozen zu. Auch hier wurden einerseits durch die größeren Geschwindigkeiten Fahrzeiten eingespart, andererseits jedoch durch die Zunahme von Bahnhöfen und Haltestellen Zeit verloren. Tatsächlich waren für den Reiseverkehr folgende Stationen dazugekommen: Dolcé, Borghetto, Serravalle, Marco, Villa Lagarina, Volano, Gardolo, Nave San Felice, Margreid, Leifers. Trotz allem konnte die Fahrzeit von anfangs sechs Stunden für normale Züge auf der Strecke von Verona nach Bozen am Ende des Jahrhunderts auf viereinhalb Stunden herabgesetzt werden.

Betrachten wir nun die Fahrpläne der Nachkriegszeit. Im offiziellen Kursbuch aus dem Jahre 1923, dem »Orario Generale di Servizio«, erkennt man die großen Veränderungen, die in der Zwischenzeit stattgefunden hatten. Der Verlegung der Staatsgrenze von Ala an den Brenner war die Übergabe der Südbahn an die italienische Staatsbahn FS gefolgt. Zudem wurden nun die Bahnhöfe im ehemalig österreichischen Gebiet mit italienischen Namen angeführt. Nehmen wir wieder die Strecke Bozen–Brenner. In jede Richtung fuhren sieben Züge (einer nur auf der Teilstrecke von Bozen bis Franzensfeste mit Anschluß ans Pustertal). Die Fahrzeit betrug für die Personenzüge, wie sie nun genannt wurden, 3 Stunden; wenig mehr als 2 Stunden benötigten die Schnellzüge. Es gab einen Zug, der die internationale Verbindung von und nach Meran zu bestimmten Zeiten einhielt und nur im Sommer und in den zwei Monaten der Wintersaison zur Bewältigung des touristischen Reiseverkehrs eingesetzt wurde. Einige Haltestellen wurden nur in den klassischen Urlaubszeiten angefahren. Es gab zum Beispiel ein Zugpaar, das am Bahnhof Waidbruck nur in den Sommermonaten hielt – eine Annehmlichkeit für alle, die nach Gröden wollten.

Ansichtskarte des Fernschnellzuges Berlin–Verona vom Ende des 19. Jahrhunderts

Der Zweite Weltkrieg, die Autobahn und die neue Rolle der Eisenbahn

Es näherte sich ein neuer, schwerer Krieg. Zwischen 1939 und 1940, von der Unterzeichnung des Stahlpaktes zwischen Mussolini und Hitler (22. Mai 1939) bis zum Kriegseintritt Italiens an der Seite des Deutschen Reiches (11. Juni 1940) schuf man eine enge Verbindung, die geradezu dramatische Folgen haben sollte. Von Anfang an war klar, daß die Linie von Verona zum Brenner, welche die Hauptstrecke für Eisenbahn und Auto darstellte und die beiden Nationen verband, für die Achse Italien-Deutschland entscheidend werden würde.

Die Verkehrsverbindungen und besonders die Eisenbahn spielten in den Ereignissen dieser Jahre eine große Rolle. 1939 war für die Einwohner Südtirols das Jahr der Option, das heißt der freien, aber unwiderruflichen Wahl, die italienische Staatsbürgerschaft zu behalten oder die deutsche anzunehmen. Wer sich für letztere entschied, mußte mit seiner Familie Grund und Boden verlassen und innerhalb von drei Jahren ins Reich umsiedeln. Im Jahre 1940 fand die erste Abwanderung statt, und die Bahnhöfe wurden zu Schaubühnen dieser Augenblicke voller Schmerz und Unsicherheit.

Von diesem Zeitpunkt an und während des ganzen Krieges spielte die Eisenbahn eine wichtige, eng mit den politisch-militärischen Vorgängen verknüpfte Hauptrolle, eine Rolle, die von den Historikern meist nur mit einem kleinen Hinweis behandelt wird, die aber durch persönliche Aussagen und Fotografien aus dieser Zeit gut in Erinnerung geblieben ist.

Die dramatische Wende im Verlauf des Zweiten Weltkrieges kam im Sommer 1943 mit dem Niedergang des Faschismus (25. Juli) und dem Waffenstillstandsabkommen zwischen Italien und den Alliierten (8. September); es sind die zwei Ereignisse, die zum allseits bekannten Einmarsch der deutschen Truppen in Italien führten. Wenn wir weiterhin die Eisenbahn- und Straßenverbindungen betrachten, so sehen wir, daß bereits nach dem 25. Juli angesichts des zu erwartenden Kriegsaustritts Italiens die deutsche Besetzung der Halbinsel begann, und daß der Brennerlinie dabei eine entscheidende Aufgabe zukam.

Die Bedeutung der Hauptstrecke Innsbruck–Verona wuchs noch nach dem Waffenstillstand, als immer mehr Deutsche in das Land einmarschierten; über diese Verbindungslinie zwischem dem Reich und Italien wurden ja die deutschen Truppen auf der Halbinsel mit Nachschub versorgt.

Eine Verordnung vom 10. September 1943 erklärte das »Alpenvorland« zur Besatzungszone, die Südtirol, das Trentino und die Provinz Belluno umfaßte, vom Innsbrucker Gauleiter verwaltet wurde und damit dem Reich direkt unterstellt war. Alle Schlüsselstellungen in der Organisation einschließlich der nichtmilitärischen Bereiche waren einer strikten Kontrolle unterworfen. Dies galt natürlich besonders für den so wichtigen Eisenbahnbetrieb.

In der letzten Kriegsphase war das gesamte italienische Eisenbahnnetz unter deutscher Kontrolle, die im Alpenvorland natürlich am strengsten war und sich vor allem auf die strategisch wichtige Brennerlinie konzentrierte. Das Operationskommando von Verona erhielt seine Befehle vom Wehrmachtkommando Süd. Der Personenverkehr mußte eingeschränkt werden, um den reibungslosen Ablauf des starken Verkehrs für militärische Zwecke zu gewährleisten. Die Militärzüge hatten in jedem Falle den Vorrang, und weil man die jeweiligen Fahrpläne nur kurz vorher kannte, ergaben sich für den normalen Zugverkehr erhebliche Behinderungen.

Mit der Eisenbahn wurden die Gefangenen in die Konzentrationslager in Deutschland transportiert, was für sie vielfach den Tod bedeutete. Aber zur Vertiefung dieses und aller weiterer Aspekte des Zweiten Weltkrieges – wozu auch die Gründung der »Repubblica Sociale Italiana«, der Republik von Salò als Verbündete des Reiches im September 1943 gehört – können wir nur auf die zahlreichen Geschichtsbücher verweisen. Den Lokalhistorikern überlassen wir die Analyse der Auswirkungen, welche die politisch-militärischen Vorgänge jener Jahre auf die Südtiroler Bevölkerung hinsichtlich der Bestrebungen zur Neubestimmung der Grenzen zwischen Italien und Österreich hatten. Unser Interesse soll allein der dramatischen Verwicklung der Brennerbahn in das Kriegsgeschehen gelten.

Vom 8. September bis zum Kriegsende

Nach dem Waffenstillstand wurden die alliierten Angriffe zunehmend gezielter, beharrlicher und vernichtender. In dieser letzten, langen Kriegsphase wurden die nordöstlichen Gebiete, die weiter unter deutscher Belagerung standen, zur strategisch wichtigsten Zone erklärt. Die industrielle Infrastruktur und die großen Verkehrsverbindungen, vor allem die Eisenbahnen, waren für die Kriegswirtschaft und die Kriegsführung von grundlegender Bedeutung; und zudem waren die Straßen und Bahnstrecken im Nordosten die einzigen Wege für die Rückkehr nach Deutschland.

Aufgrund dieser Tatsachen waren die Bahnlinien und ihre Knotenpunkte und besonders die Brücken, aber auch die Materiallager, Werkstätten usw. für die Alliierten die wichtigsten Ziele bei den Fliegerangriffen. Das waren

Diese Seite:
Am 28. Januar 1944 erfolgte der erste Bombenangriff auf Verona Porta Nuova.

Nebenstehende Seite:
Luftaufnahme des Gebietes von Auer mit der
bombardierten Eisenbahnbrücke

keine nächtlichen und weitläufigen Luftangriffe mehr – wie sie das britische Bomberkommando bis zum August 1943 flog –, sondern Fliegereinsätze nach der Strategie des amerikanischen Stabes, der zeitlich und räumlich konzentrierte Bombardements in »Präzisionsarbeit« am hellichten Tage durchführte. Die Bombenangriffe erfolgten zumeist gleichzeitig mit Maschinengewehrbeschuß. Das Ergebnis war die fast völlige Lahmlegung unseres Eisenbahnbetriebes.

Innerhalb der deutschen Wehrmacht operierte die »Organisation Todt«, eine Technikereinheit, welche die Aufgabe hatte, alle zur Verfügung stehenden Zivilisten für Reparaturarbeiten an Straßen und Eisenbahnen einzusetzen. Wer nicht an der Front war, mußte für die »Todt« arbeiten, die sich vor allem um den provisorischen Wiederaufbau der zerstörten Brücken bemühte, aber auch neue Straßen- und Schienenwege anlegte, indem sie gegebenenfalls auch bereits bestehende Linien verlängerte oder miteinander verband.

Die alliierte Luftwaffe hatte am stärksten die Brennerlinie unter Beschuß genommen – zwischen Juli 1943 und April 1945 gingen 282 Fliegerangriffe auf sie nieder. Im März 1944 lief die Operation »Strangle« an, mit der das amerikanische Kommando sämtliche Transportwege der Wehrmacht zu zerstören versuchte. Von da an wurden auch die Zweigbahnhöfe angegriffen, angefangen in Parona, das neben der Etschbrücke ein strategisches Angriffsziel war.

Die Regierungen der Vereinigten Staaten und Englands unterstützten den italienischen Widerstand und die Partisanenbewegung durch sogenannte »Missionen«, die über Luftabwürfe die Versorgung mit Waffen und anderem Gerät übernahmen; eine ihrer wichtigsten Aufgaben war das Sammeln und Vermitteln von regelmäßigen Informationen.

Diese Verbindungen waren für die Wahl der Angriffsziele der Alliierten entscheidend. Die »Missionen« in Südtirol und im Trentino, die aufgrund der scharfen Kontrollen der Deutschen in diesem Gebiet ihre Tätigkeit nur begrenzt ausführen konnten, wollen wir hier einmal beiseite lassen und uns auf die als »Margot« bezeichnete Organisation, die in Venetien operierte, konzentrieren. Die Dokumente dieser »Mission«, die in den achtziger Jahren vom Venezianischen Institut der Geschichte der Widerstandsbewegung in Padua veröffentlicht wurden, ermöglichen anhand der Funksprüche die Rekonstruktion der wichtigen Momente im letzten Kriegsjahr für die Achse Verona–Brenner.

Die Organisation »Margot«, die im Juli 1944 als erste nach Venetien kam, hatte wie die anderen »Missionen« die Aufgabe, über Funk verschlüsselte Informationen über Bewegungen, Truppenstärke und Strategie des Feindes zu empfangen und zu senden; sie mußte die Zonen für gezielte Bombenangriffe ausmachen, in denen man den Deutschen größtmöglichen Schaden zufügen, die Zivilbevölkerung aber so weit wie möglich schützen konnte. »Margot«, die zudem auf die Zusammenarbeit mit der venezianischen »Eisenbahnbrigade Matteotti« zählen konnte, lieferte an das Kommando der Alliierten regelmäßige Nachrichten über die Eisenbahnanlagen – darunter die ganze Brennerachse –, nannte Angriffsziele und übermittelte genaue Berichte über die Bombenschäden.

Nachfolgend einige Auszüge aus den Nachrichten, die in der Zeit von August 1944 bis April 1945 gesendet wurden; diese Dokumente sind von besonderem geschichtlichem Interesse und aussagekräftiger als jeder nachträglich erstellte Bericht.

(Gesendet am 4. August 1944) »Wirksame Bombardierung der Eisenbahnanschlüsse Verona Porta Nuova über zwei km Linie Mailand und Brücke Parona sechs km nordwestlich Verona und vier Brücken über die Brenta · müssen am gleichen Tag angegriffen werden da der Militärverkehr sonst auf die unbeschädigten Brücken umgeleitet wird · bei Unterbrechung dieser Brücken ist auch Verkehr nach Westen in Venetien unterbrochen ·

Die Eisenbahnbrücke von Parona nach einem der zahlreichen Bombenangriffe. Man erkennt den Behelfsaufbau, der errichtet wurde, um die Züge passieren zu lassen. In versteckt liegenden Werkstätten baute das deutsche Pionierkorps mobile Brückenteile, die leicht montiert werden konnten.

Eisenbahnerversammlung abgehalten, Vereinbarungen getroffen, genaue Informationen Sabotage Materialtransporte«

(...) »Sozialistische Vereinigung Venetien nennt Problem zunehmender Deportation von Maschinisten von Italien nach Deutschland · Unterbrechung des Nachschubs aus Deutschland unbedingt notwendig · Bitte an Nationalregierung, sich für wirksame Dauerbombenangriffe der Linie Brenner–Tarvis einzusetzen, die nach wie vor in Betrieb ist · «

(gesendet am 21. August) »... starker Verkehr von und nach Deutschland über Brenner–Tarvisio–Adelsberg einschließlich seiner Auswirkungen · venezianische Eisenbahner haben Zugverkehr sabotiert, wann immer es möglich war, verlangen größere regelmäßige Zusammenarbeit mit alliierter Luftwaffe · Bombenangriffe müssen präziser sein und anhaltender · unnötig ist es, Bahnstationen zu bombardieren und Anschlußgleise zu von Militärzügen benützten, äußere Stationen unbeschädigt zu lassen · Brücken und Anschlüsse bombardieren und überwachen für weitere Bombenangriffe.«

(gesendet 7. September) »Fünftausend Materialwaggons, von Italien gestohlen, warten zwischen Vicenza und Treviso in Richtung Brenner und Tarvisio · ausgezeichnete Ergebnisse in der Beschießung der Linien · weiter täglich darin beharren um immer noch starken Verkehr zu unterbrechen.«

(gesendet 14. September) »Dringend Bombardierung gefordert · Linie Verona–Bozen versperrt · Güterzüge warten auf Weiterfahrt Brenner ...

Gleise beschädigt bei Etschbrücke zwischen Auer und Neumarkt · vier Tage Unterbrechung zwischen Trient und Lavis voraussehbar · zwei Tage zwischen Trient und Branzoll · 500 Waggons nach Deutschland gefahren · 4500 warten vollgeladen vor Brenner · Eisenbahner verlangen verstärkte Bombenangriffe Brenner und Tarvis ...«

(gesendet 8. November) »Am dritten November völlig wiederhergestellt die Linie Brenner–Bassano–Trient–Verona–Triest · Lokomotiven größte Schwierigkeiten · großer Versand von Lebensmitteln, Kleidung und Maschinen nach Deutschland ...«

(gesendet 26. November) »Linie Trient–Brixen: wichtige Eisenbahnparks Branzoll und Freienfeld getroffen · Umspannwerke Waidbruck und Albeins getroffen.«

(gesendet Dezember) »Linie Verona Bozen: getroffene Umspannwerke werden mit mobilen Unterwerken auf Schiene ersetzt, ein solches auch in Höhle bei Ceraino.«

(empfangen 15. Dezember) »... Luftwaffe will für Bombardierung genaue Angriffsziele wissen, um Straßen- und Eisenbahnwege durch Erdstürze an den steilen Stellen besonders auf Brennerlinie zu blockieren ...«

(gesendet 18. Dezember) » ... Linie Verona–Brenner am 8. Dezember auf Dampfbetrieb von Verona bis Branzoll; die Deutschen überlegen, auf Elektrizität zu verzichten, haben Lokomotivwerkstatt und Depots in Branzoll gebaut, erwarten Lokomotiven aus Deutschland, völlig neue Organisation Dampfantrieb mit Sitz in Branzoll.«

(ebenso) »Sehr wichtige neue Verkehrslinie ab Station Auer führt hinunter bis Gardolo nördlich Trient, vermeidet Brücken über Etsch, bleibt links der Etsch; wichtige Etschbrücke Parona bei Verona.«

(empfangen 21. Dezember) » ... eure Meldungen zum Eisenbahnverkehr sind hervorragend, und wir hätten gerne gleiche Berichte über alle Linien besonders Brenner; Luftwaffe verlangt erneut genaue Koordinaten der Punkte, wo Bombardierungen das Abrutschen ganzer Bergrippen verursachen können und wo Eisenbahn entlangfährt um so den Verkehr endgültig lahmzulegen ...«

(gesendet 22. Dezember) » ... die Eisenbahnbrücke von Albeins vor Brixen wird angegeben.«

(gesendet 23. Dezember) » ... für die Deutschen ist die Eisenbahn lebensnotwendig, alle wichtige Verproviantierung ihrer Truppen und Kohle passieren unsere Zone. Alternative Schiffsverkehr auf Fluß sehr wichtig · die Deutschen bereiten bei wichtigen Brücken Holzteile vor · viele Werkstattszüge für schnelle Reparaturarbeiten · arbeiten neue Linien aus · wir bitten um Fliegerangriffe mit wenigen lebenswichtigen Zielen; bei Nichterfolg bitte Weiterführung · nur von uns genannte lebenswichtige Punkte, keine anderen!«

(gesendet 30. Dezember) »Züge stehen am 23. · die Deutschen außer sich · ihr müßt diese Züge bombardieren · Instandsetzung der Linien wird unmöglich sein · Bombenabwürfe längs des Schienenstranges und nicht diagonal fliegen, so fallen viele Bombe rechts oder links der Gleise ... bereits Unterbrechung auf allen Linien durch Jagdbombereinsätze ...«

(gesendet 23. Januar 1945) »Laut eurer Anforderungen Eisenbahner von mir zur Linie Verona–Trient geschickt · drei km von Station Domegliara über einen km Länge bis Tunnel in Richtung Ceraino · Eisenbahnlinie ist zehn Meter breit am Berg entlang auf künstlich aufgeschüttetem Erddamm, den große 7 Meter hohe Mauer stützt · nach Fliegerangriff und leichten Schäden von den Deutschen nun mit wenigen Eisenbalken verstärkt · unterhalb der Mauer ist Brennerstaatsstraße und gleich die Etsch · Zerstörung Eisenbahnlinie am genannten km wird achtzigtausend Kubikmeter Erde abrutschen lassen, die jetzt die Schienen oberhalb der Brennerstraße halten · Instandsetzung schwierig · Eisenbahnbrücke über Etsch Parona acht km nordwestlich Verona hat Länge 96 Meter auf vier Pfeilern · 320 Meter von Brücke Richtung Trient ist Station Parona auf künstlichem Erdwall sechs Meter über Ackerland · Gebiet von 25 Kanonen verteidigt · mit Elektrizitätswerk in Schußweite · bei Alarm Vernebelung · Bevölkerung im Raum von 400 Metern von der Brücke evakuiert ...«

(gesendet Ende Januar) » ... Brücken Mezzocorona und Auer schwere Beschädigungen, Instandsetzungsdatum unsicher · Gleis von Auer bis Trient linke Seite Etsch zweimal getroffen, instandgesetzt 20. Jänner Station Trient 20. Schäden an Gleisanlagen, und Güterwagen instandgesetzt 22. Jagdbombereinsätze gegen Abend wirkungsvoller als morgens, weil die Deutschen weniger Zeit haben, die Linien zu reparieren, über die nachts der Verkehr läuft ...«

(empfangen 30. Januar) »Fliegerkorps dankt euch und Mitarbeitern für hohe Aufmerksamkeit und scharfsichtige Informationen als Antwort auf seine Anfragen besonders Informationen Brenner, die für erwägte Bombenangriffe nützlich sein werden ...«

(gesendet 1. Februar) »Telegramme Eisenbahnen Flugzeuge Brenner · 18. Jänner bei Ceraino Erdrutsch durch Bomben, Instandsetzung 30 Stunden · 27. beschädigt Brückenpfeiler Fluß Leno Rovereto, Instandsetzung ein Gleis 30 Stunden · zwischen Moncucco (Schelleberg) und Pflersch Erdrutsch durch Bomben 50 Stunden · verschiedene Unterbrechungen nahe Brücke Albeins, Brücke nicht getroffen · 28. mehrere Unterbrechungen zwischen Sterzing und Moncucco, Instandsetzungsdatum noch ungewiß · 26. und 28. von Auer nach Trient · zerstört vier Bogen Brücke, Vodi nicht getroffen, Etschbrücken zwischen Lavis und Mezzocorona nur Gleisschäden · wichtig auf diesem Streckenabschnitt scheint Betrieb des Gleises links der Etsch.«

(gesendet 1. Februar) »Trient-Bozen-Eisenbahnpark ist in Branzoll, Werkstattzug für Lokomotiven ...«

(gesendet 17. Februar) »Brennerlinie 11. Februar in Betrieb; Linie Bozen–Franzensfeste-Instandsetzung Gleis links der Etsch Auer Trient am 13. ...«

(gesendet 19. Februar) » ... Etsch-Parona-Eisenbahn am 13. in Betrieb ...«

(ebenso) »Mein Beauftragter aus Bozen Richtung Brenner einen Kilometer nördlich Blumau-Tiers Straßenbrücke, Länge 60 Meter, Höhe 30 über Eisack · einziger Übergang · Eisenbahn fährt nahe daran vorbei · zwei km hinter Kastelruth Eisenbahnbrücke aus Holz über Eisack, einen km hinter Klausen Mauerbrücke, unterhalb verläuft Brennerstraße · zwei km hinter Villnöß Eisenbrücke über Villnösser Bach von Brixen bis Franzensfeste auf beiden Seiten Erdrutschgelände · besonders zwei km nach Bahnhofsgebäude Brixen Bahnböschung von 500 m Länge gestützt von Mauer eineinhalb Meter breit · zwei km hinter Station Vahrn Bahnböschung wie vorige.«

(empfangen 22. Februar) »Luftwaffenkommando fragt, ob Anzeichen vorhanden, daß Feind alte Stadtbahnlinien gemeinsam mit Eisenbahnhauptlinie benutzt hat, um die Überquerung der großen Brücke nordwestlich Verona zu vermeiden.«

(gesendet Ende Februar) » ... ganzer deutscher Verkehr geht über große Brücke nordwestlich Verona · benutzt wenige wichtige Nebenlinien werden alle äußeren Anschlüsse Station Verona benutzt und Stationen vermieden, die Gegenstand eurer großen Lufteinsätze sein könnten, die folglich wenig Sinn haben · Züge halten in Nebenbahnhöfen ...«

(gesendet 4. März) » ... unnütz, Bomben zu vergeuden bei Angriffen auf uninteressante Ziele, während alle militärisch interessanten Eisenbahnlinien regulär arbeiten ...«

(gesendet 8. März) »Etschbrücke nordwestlich Verona instandgesetzt mit dreitausend Arbeitern · die letzten Fliegerangriffe auf äußere Eisenbahnanschlüsse um Verona haben ganzen Verkehr unterbrochen · Wiederholung ... «

(gesendet 16. März) » ... Angriffsziele für 7. Eisenbrücke Sterzing zwanzig Meter ist hundert Meter südlich Sterzings · getroffen am 28. Februar, wieder in Betrieb am 3. März · Brücke 400 Meter südlich Station Freienfeld am 28. Februar, wieder in Betrieb am 3. März · Brücke Albeins über Eisack getroffen am 28. von vier Bomben getroffen, wieder in Betrieb ein Gleis am 7. März zweites Gleis geplant für 15. März · getarnt, um auf Flugzeuge unterbrochen zu wirken ...«

(gesendet 25. März) »Etschbrücke Parona 13. März drei mittlere Bögen zerstört zwei seitliche in gutem Zustand · zwei große mobile Eisenstrukturen werden auf Unterbau von drei zentralen Pfeilern aufgelegt mit Hilfe zweier großer Eisenbahnkrane, und die zwei übriggebliebenen Seitenbögen verbunden · Kran und Eisenstrukturen werden bei Bedarf über Schiene herantransportiert, am Tage weit weg versteckt · Arbeiten begonnen zur Verstärkung Linie Verona Caprino mit Anschluß Brennerbahn Domegliara · Domegliara und Parona Arbeiten zur Instandsetzung Bahnhofsplatz ...«

(gesendet April) » ... über Schienenstraße fehlen Nachrichten; mein Beauftragter angeschossen im Krankenhaus · anderer springt ein · alles bereit in Bozen, und bereit Delegation für Bozen ...«

Wiederaufbau und Veränderung

Während längs der Linie von Verona zum Brenner und jenseits davon die Fliegerangriffe tobten und Sabotageakte andere Schäden anrichteten, wurden die militärisch interessanten Verbindungen aufrechterhalten. Wie erwähnt hatten die Deutschen eine Spezialeinheit von Technikern eingesetzt, welche die Instandsetzung der beschädigten Brücken und die Einrichtung provisorischer Brücken gewährleistete, die vorwiegend in der Nacht benutzt wurden. Wann immer es möglich war, versuchte man Umwege zu finden, um die kritischen Punkte der Brennerlinie auszusparen, die immer häufigeren Bombenangriffen ausgesetzt waren.

Der zivile Eisenbahnverkehr lief, sowohl für den Gütertransport als auch für die Personenbeförderung, unregelmäßig ab. Das Reisen in jenen Zeiten war nicht gerade einfach. Man fuhr nur, wenn es die Arbeit erforderte oder es sich sonst nicht vermeiden ließ. Die ganze Fahrt über bangte man vor Bombenangriffen. Eine Unterbrechung der Bahnlinie aus sonstigen Gründen war natürlich keine Seltenheit, und der Reisende mußte dann schnell aus dem Zug springen, übers Land fliehen und den nächsten bewohnten Ort anpeilen; von dort fuhr man dann per Anhalter nach Hause; es war ja schon viel, das Leben gerettet zu haben.

Im letzten Kriegsjahr war auf die Eisenbahn kein Verlaß mehr, aber Ausweichmöglichkeiten gab es auch nicht viele. Die sonstigen öffentlichen Transportmittel und die Oberleitungsbusse in den Städten leisteten ihren Dienst nur ungenügend – das einzige private Fortbewegungsmittel war das Fahrrad mit seinen begrenzten Möglichkeiten.

Die Zahl der Luftangriffe auf die ganze Brennerlinie nahm besonders ab Februar 1945 schnell zu; im April war der Krieg zu Ende.

Die Eisenbahn wurde trotz ihrer langen beschädigten Streckenabschnitte für den Rückzug der deutschen Truppen verwendet. In umgekehrter Richtung kehrten, unmittelbar nach Einstellung der Kampfhandlungen die Gefangenen und italienischen Ex-Häftlinge aus den Konzentrationslagern in die Heimat zurück. Für sie wurden unverzüglich Auffanglager errichtet, die Erste Hilfe leisteten und die Weiterreise organisierten.

Nach dem Ende des Krieges kam der Verkehr erst nach und nach wieder in Gang; man mußte zunächst an den Wiederaufbau denken. Die durch die politischen und wirtschaftlichen

Ein von der Drehstrom-Lokomotive E 333 gezogener Zug fährt über die nach den Bombenangriffen des Zweiten Weltkrieges noch beschädigte Vodi-Brücke.

Umstände beeinträchtigte Wiederaufnahme von Handelsbeziehungen schritt nur sehr langsam vor sich.

Verona war bereits seit 1944 der vorläufige Sitz der Generaldirektion der italienischen Staatsbahn FS gewesen. Nach der Befreiung im Mai 1945 hielten die Amerikaner die Einrichtung einer neuen Bezirksdirektion für notwendig; sie sollte ihren Sitz ebenfalls in der Skaligerstadt haben. Verona war ein wichtiger Knotenpunkt für den internationalen Zugverkehr. Die neue Bezirksbehörde übernahm Bahnlinien, die bereits den Bezirksdirektionen von Venedig, Mailand und Bologna unterstanden. Un-

ter den Linien, die der venezianischen Direktion entzogen wurden, waren auch die 237 Kilometer der Strecke Verona–Brenner.

Nach Kriegsende machte man eine Bestandsaufnahme im Staatsgebiet. 25 Prozent der gesamten Gleislänge waren zerstört, dazu 28 Prozent der Steinbrücken, 44 Prozent der Eisenbrücken, 90 Prozent der Freileitungen, 47 Prozent der Dienstgebäude, 60 bis 70 Prozent der Zugmaschinen, Waggons und Güterwagen.

Die Friedensverhandlungen nach dem Kriege bestätigten die am Ende des Ersten Weltkrieges errichteten Grenzen zwischen Italien und Österreich. Es begannen die bilateralen Verhandlungen um eine rechtliche Definition der Südtiroler Minderheit. Die Vereinbarung, die am 5. September 1946 von Alcide De Gasperi und Karl Gruber unterzeichnet wurde, verpflichtete Italien dazu, den freien Durchgang für Fahrgäste und Güter zwischen Nord- und Osttirol sowohl über den Schienenweg als auch – weitestmöglich – über die Straße zu garantieren. Besondere Abkommen sollten dann eine weitere Ausdehnung des Grenzverkehrs zwischen den beiden Ländern begünstigen, der über den lokalen Handelsaustausch mit bestimmten Produkten und typischen Waren noch hinausreichte. Das Abkommen, das 1948 geschlossen und kraft Gesetz vom Dezember 1950 wirksam wurde, führte »Erleichterungen im Durchgangsverkehr« auf italienischem Boden zwischen der Grenze am Brenner und jener in Innichen über Franzensfeste ein. Die Bestimmungen betrafen die Zollfreiheit und Befreiung von allen anderen Steuern für Reisende, Handgepäck und Fracht, die zwischen den österreichischen Stationen jenseits der beiden Grenzen verkehrten; diese Regelung galt nicht bei Ein- oder Ausstiegen auf italienischem Gebiet.

Die Instandsetzung der Bahnlinien lief Hand in Hand mit der fortschreitenden friedlichen Entwicklung des Landes. Zunächst waren es nur kurze Abschnitte, dann längere Strecken, die wieder befahrbar wurden. In der Nachkriegszeit arbeitete man unter dem Einsatz aller Kräfte und mit der finanziellen Unterstützung der Vereinigten Staaten am Wiederaufbau. AUSA-Fonds wurden für die neue Errichtung der fünf Brücken der Brennerlinie zugewiesen: die Brücke über den Eisack bei Bozen, die beiden Brücken über die Etsch bei Auer und Mezzocorona und für die Brücken über den Avisio und Leno bei Trient und Rovereto. Die amerikanischen Fonds AUSA und ERP wurden auch für den Neubau der Bahnhofsgebäude von Verona Porta Nuova und Rovereto verwendet. Die amerikanischen Gelder, die Ende Juni 1949 einundvierzig Prozent der gesamten Ausgaben auf gesamtstaatlicher Ebene ausmachten, gab man vor allem für den Kauf von neuem rollenden Material aus, das das im Krieg zerstörte ersetzte.

Außer den Bahnhofsgebäuden von Verona und Rovereto mußten auf der Strecke zwischen diesen beiden Stationen ebenfalls neue Gebäude für die Bahnhöfe Parona, Domegliara, Peri, Borghetto und Ala errichtet werden; bei anderen waren umfassende Ausbesserungsarbeiten notwendig. Die großen Bahnstationen in Trient, Bozen und am Brenner waren zwar schwer beschädigt worden, die von Angiolo Mazzoni geprägte Baustruktur jedoch war erhalten geblieben, so daß die Gebäude in ihrer ursprünglichen Form wiederaufgebaut werden konnten, in der sie dann bis in unsere Tage überdauerten. Ebenso konnten die beschädigten Gebäude im Abschnitt zwischen Trient und Bozen erhalten werden; fast völlig unbeschädigt hingegen überstanden die aus dem 19. Jahrhundert stammenden Bahnhofsgebäude nördlich von Bozen den Krieg.

Als man in den fünfziger Jahren die durch die Bombenangriffe zerstörten Gebäude wieder aufbaute, wurden auch die Anlagen und Schienenwege ausgebaut und mit der Elektrifizierung und den damit verbundenen Änderungen auf den neuesten Stand gebracht.

Vergleicht man den im Jahre 1950 gültigen Fahrplan mit jenem aus dem 19. Jahrhundert, so sieht man, daß sich die Fahrten mehr als verdoppelt hatten; das Angebot hatte sich erweitert. Es gab die Elektrolokomotiven, die im Schnellverkehr auf langen Strecken eingesetzt wurden. Diese Schnellzüge setzten sich aus Waggons mit verschiedenen Bestimmungen zusammen, die dann jeweils in den Bahnhöfen rangiert wurden (ein Zug etwa setzte sich aus den Kurswagen Rom–Innsbruck, Rom–Prag, Bari–Brenner, Bologna–Innsbruck oder Mailand–Brenner zusammen). Ferner gab es die Schnellzüge, die im Direktverkehr ab Genua, Ancona, Venedig und Turin mit internationalen Zielen verkehrten, zu denen auch München und Brüssel gehörten.

Weiters gab es die von Elektrolokomotiven gezogenen Züge, die unverändert blieben und die Städte auf der Achse Bologna–Verona–Brenner verbanden. Schließlich verkehrten auf den Kurzstrecken (zum Beispiel von Verona nach Trient) und auf noch kürzeren Abschnitten (von Brixen nach Franzensfeste mit Anschluß ins Pustertal) die Personenzüge. Die Strecke Bozen–Brenner fuhren die Personenzüge in drei Stunden und die Schnellzüge in zwei. Zwischen Bozen und dem Brenner lagen 21 Zwischenbahnhöfe; an der dem Militär vorbehaltenen Haltestelle in Franzensfeste wurde nicht mehr gehalten. Die gesamte Strecke von Verona bis zum Brenner legte ein Personenzug in sechseinhalb Stunden zurück, ein Schnellzug in viereinhalb. Dies bedeutet, daß sich innerhalb von fünfzig Jahren – dank des technischen Fortschritts vor allem im Lokomotivenbau – die Fahrzeiten halbiert hatten.

Der Fahrplan aus dem Jahre 1950 spiegelt die größte Ausdehnung des Eisenbahnnetzes wider. Außer den Linien Franzensfeste–Innichen und Bozen–Meran–Mals gab es von Klausen aus die Linie durch Gröden nach Plan (es verkehrten drei Zugpaare mit einer Fahrzeit von zweieinhalb Stunden für 44 Kilometer). Von Bozen aus erreichte man Kaltern–Mendel (etwa zehn Zugpaare, eine Stunde und zehn Minuten Fahrzeit für 20 Kilometer) oder Klobenstein mit Abfahrt Waltherplatz (zwölf Kilometer, sechs Zugpaare täglich und zwei nur zu bestimmten Zeiten, eineinhalb Stunden Fahrzeit). In Auer fuhr der Zug nach Cavalese–Predazzo ab (51 Kilometer, insgesamt sieben Zugpaare täglich und zu bestimmten Zeiten, gute zwei Stunden Fahrzeit). In Richtung Süden gab es die Linie Trient–Malé, die noch heute voll in

Betrieb ist. Der Zug, der von Verona Porta San Giorgio bis zum Gardasee und nach Affi fuhr, hatte eine Fahrzeit von knapp einer Stunde für 39 Kilometer.

Ende der fünfziger Jahre bahnte sich ein deutlicher Wandel im Eisenbahnverkehr an. Die veränderten Verhältnisse im Land und vor allem die starke Zunahme des Autoverkehrs bewirkten, daß die Eisenbahn und die Stadtbahnen nach und nach ins Abseits gedrängt und demnach die Bahnhöfe und Haltestellen reduziert wurden. Dies war die gegensätzliche Entwicklung zu jener, die die ersten fünfzig Jahre der Eisenbahn bestimmt hatte.

Unter den zahlreichen Bahnstrecken, die in dieser Zeit gestrichen wurden, waren die Linien von Verona nach Caprino und zum Gardasee (1956), die Bruneck–Sand in Taufers (1957), die Grödner Schmalspurbahn (1960), die Linie Bozen–Kaltern–Sankt Anton, die Kleinbahn des Fleimstales von Auer nach Predazzo (1963) und die Dolomiteneisenbahn (1964).

Ein neues Kapitel – die Autobahn

Die sechziger Jahre waren für die moderne Entwicklung der Verkehrsverbindungen auf der Achse Etsch–Eisack einschneidend. Zu den drei traditionellen Verkehrsadern Fluß, Straße und Eisenbahn kam – hundert Jahre nach der Eisenbahn – die Autobahn hinzu.

Der Gedanke, eine Autobahn über den Brenner zu bauen, war das erste Mal bereits in den dreißiger Jahren aufgekommen. In Deutschland, das schon damals diese neuen Schnellverkehrsstraßen anlegte, wurde der Vorschlag zu einer Autobahn gemacht, die von München über Innsbruck und über den Brenner ins nördliche Italien führen sollte. Ein erster Entwurf, der mitten im Krieg ausgearbeitet worden war, betraf jedoch nur den österreichischen Abschnitt von Kufstein bis Matrei.

Einen neuen Impuls in diese Richtung gab ein in Genf im September 1950 unterzeichnetes Abkommen. Der Entwurf für das europäische Verkehrsnetz sah eine Trasse vor, die sich von Skandinavien bis nach Rom ziehen

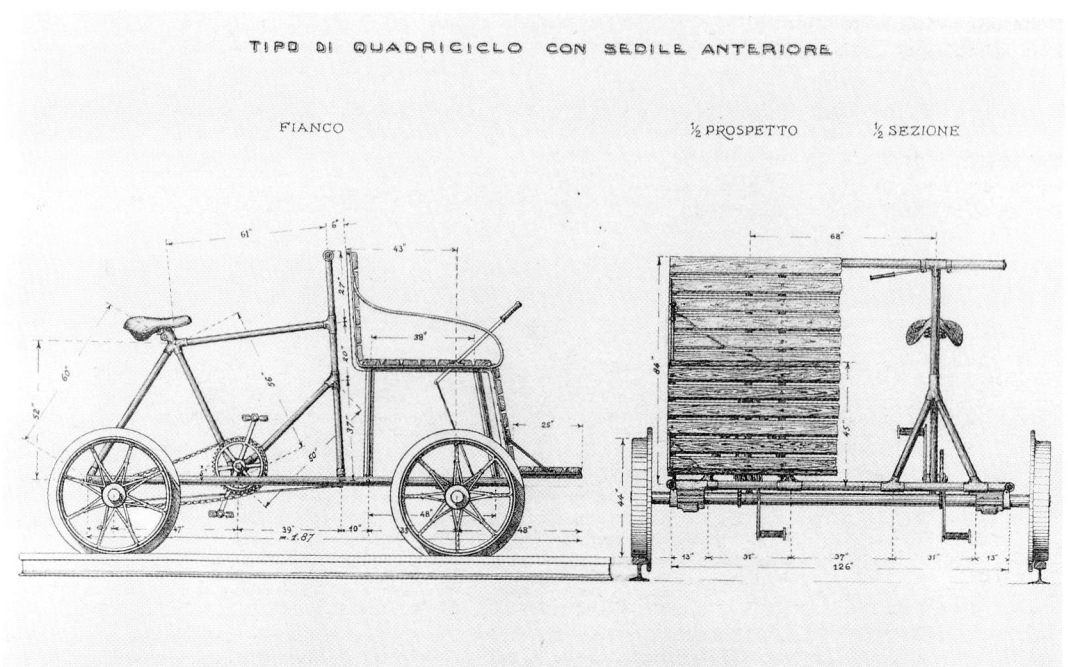

TIPO DI QUADRICICLO CON SEDILE ANTERIORE

FIANCO   ½ PROSPETTO   ½ SEZIONE

Nebenstehende Seite oben:
Zeichnung einer Draisine

Nebenstehende Seite unten:
Güterverladung am Bahnhof in Waidbruck.
Das Foto stammt aus dem Jahr 1940.

Eine Gruppe von Leuten betrachtet die
unterhöhlten Eisenbahngleise nach dem
Hochwasser des Eisacks. Das Foto wurde am
3. September 1965 nahe Atzwang aufgenommen;
aber derartige Ereignisse wiederholten sich oft.

sollte; dies war die »E 6«, die den Brenner überqueren mußte.

In den Jahren der Nachkriegszeit war die Region Trentino-Südtirol mit dem Wiederaufbau ihrer Wirtschaft beschäftigt. Man versuchte vor allem den Fremdenverkehr nach der einschneidenden Unterbrechung durch den Krieg wieder in Schwung zu bringen; um aber den Tourismus wirklich anzukurbeln, bedurfte es eines verbesserten Straßennetzes. Auch für andere grundlegend wichtige Verkehrsverbindungen hatte man den Bau von Autobahnen in Betracht gezogen. In Anbetracht des Genfer Abkommens entschied sich die Regionalregierung schließlich eindeutig für diese moderne Lösung. Eine wichtige Rolle spielte der Trienter Experte Guido de Unterrichter, der im Jahre 1957 mit dem Entwurf der neuen Verkehrsader beauftragt wurde. Zwei Jahre später wurde die Gesellschaft der Brennerautobahn, »Società per l'autostrada del Brennero«, bestehend aus Region, Provinzen, Gemeinden und den zuständigen Handelskammern nebst mehreren Bankinstituten gegründet.

Vom Rohentwurf – von den Ingenieuren de Unterrichter und Bruno Gentilini aus Trient ausgearbeitet – ging man schnell zum allgemeinen Ausführungsplan über; dieser wurde von den Ingenieuren Lino und Bruno Gentilini erstellt, die auch die schwierigen Einzelentwürfe für die Brücken und Viadukte übernahmen. Die Gesellschaft, die 1961 vom Staat die offizielle Genehmigung für den Bau und Betrieb der Autobahn erhalten hatte, tat den ersten Spatenstich im Jahre 1964 in Vodi nahe Trient; aber Genehmigung Baubeginn sollte erst zwei Jahre später erfolgen. Die Arbeiten verzögerten sich – unabhängig von den anderen, üblichen Problemen – wegen eines Entwurfes, der eine andere Trassierung vorschlug – nicht längs des Eisacktales, sondern über Bozen, Meran, das Passeiertal, den Jaufen (Tunnel) und Sterzing. Vor allem Meran machte sich für diesen Vorschlag stark, der aber nach langen Diskussionen und Auseinandersetzungen abgelehnt wurde.

Endlich konnten die in mehrere Abschnitte aufgeteilten Arbeiten an der Autobahn – deren Länge vom Brenner bis zum Anschluß an die »Autostrada del Sole« in Modena 313 Kilometer betragen sollte – zügig voranschreiten. Der Abschnitt von Trient bis Bozen, der als erster ausgeschrieben und an die Baufirmen vergeben wurde, war auch der erste, der am 21. Dezember 1968 dem Verkehr übergeben wurde. Andere Teilstrecken wurden in den darauffolgenden Jahren nach und nach eröffnet. 1972 war die Autobahn vom Brenner bis Klausen befahrbar, und zudem die gesamte Strecke von Bozen bis Modena. Im selben Jahr wurde der Abschnitt auf österreichischem Gebiet (zu dem die großartige Europabrücke gehört) fertig, der wiederum Anschluß an die Autobahn in Deutschland hat.

Die letzte Teilstrecke, die fertiggestellt wurde, war das Stück von Klausen bis Bozen. Am 11. April 1974 war die Autobahn schließlich in ihrer ganzen Länge befahrbar.

In den Kapiteln über die verschiedenen Orte werden wir auch die wichtigsten Entscheidungen näher betrachten, die während der Bauarbeiten getroffen wurden, vor allem an jenen Punkten, wo man mit der Schienenstrecke in Berührung kam. Vorerst sei nur erwähnt, daß das schwierigste Gebiet beim Bau der Autobahn – aus orographischen, hydrographischen und klimatischen Gründen – das Eisacktal darstellte. In diesem insgesamt 85 Kilometer langen Abschnitt verlaufen 30 Kilometer Straße über Viadukte und sechs durch Tunnels. Die Neigung konnte im Durchschnitt bei 1.4 Prozent gehalten werden, den oberen Abschnitt von Sterzing bis zum Brenner ausgenommen, wo 3.8 Prozent erreicht werden. Die Fahrbahnbreite wurde auf der ganzen Strecke nördlich von Verona auf 24 Meter angelegt.

Obwohl ihre ersten Entwürfe schon in den sechziger Jahren erstellt wurden, ist die Brennerautobahn ein modernes Werk. Das beweist – abgesehen von den gut durchdachten Lösungen nicht nur in technischer, sondern auch in landschaftlicher und ästhetischer Hinsicht, das grundsätzliche Bemühen um ihre harmonische Einfügung in die Natur. In Bozen beispielsweise folgt der Viadukt, über den der Autobahnverkehr »flüssig« die Stadt passiert, in sanften Kurven dem gekrümmten Verlauf der Etsch. Und im gebirgigen Eisacktal – lesen wir in einer historischen Monographie über den Bau – »versuchte man ... die Autobahn mit der Umwelt zu verschmelzen und legte ihren Verlauf geschmeidig über Berg und Tal, was das Blickfeld des Fahrers mit immer neuen Landschaftsbildern anreichert«.

Im Rahmen der Modernisierung entwickelten sich mit dem Entwurf zur Autobahn auch die ersten Vorschläge für eine neue Eisenbahnlinie – man wollte eine große internationale Verbindung Verona–München schaffen, die am Brenner durch einen Tunnel führen sollte, und von der Leistungsfähigkeit und der Fahrgeschwindigkeit her den Anforderungen der Zukunft genügen sollte. Im letzten Kapitel dieses Buches werden wir sehen, welche Entwicklungsphasen dieses Projekt, für das eine Lösung noch immer aussteht, in den letzten Jahrzehnten durchlaufen hat.

In den Kapiteln über die Bahnhöfe hingegen werden wir die Städte und Orte längs der Linie samt ihrer Geschichte näher kennenlernen, in der gerade die Eisenbahn eine prägende Rolle übernommen hat. Hinweise dazu findet man in öffentlichen und privaten Archiven, in Sammlungen und in persönlichen Erinnerungen – über jene Ereignisse, die zum Teil unbekannt, vielleicht wenig aufsehenerregend, aber doch bedeutsam sind.

Denn die Brennerbahn hat, außer daß sie die Teilstrecke einer großen internationalen Verbindungslinie ist, einen ganz wesentlichen Anteil an der Geschichte dieses Landes und am Leben seiner Bevölkerung.

Die Eisenbahnstationen

Erinnerungsfoto vor dem Bahnhof in Klausen, der man seit kurzem den Namen »Chiusa di Bressanone« gegeben hatte.
Wir befinden uns in der Zeit nach dem Ersten Weltkrieg.

Die drei Stationen an der Porta Nuova in Verona

Die strategische und wirtschaftliche Bedeutung Veronas rührt vor allem von seiner verkehrstechnisch günstigen Lage her. Als zur Zeit der Römer die großen Hauptstraßen angelegt wurden, befand sich Verona im Einzugsbereich der Via Postumia, die quer über die Poebene hinweg Genua mit Aquileja verband und die wichtigste Verkehrsader in Norditalien darstellte. Die Postumia erreichte Verona von Südwesten her, trat durch die Porta dei Borsari in die Stadt und durchquerte sie, wobei sie beim Ponte Pietra über die Etsch führte.

Vom Süden her kam über Isola della Scala und Ca' David die Straße aus Hostilia (ein Ort am linken Po-Ufer, der über den Flußweg mit Ravenna und den Landweg mit Bologna verbunden war). In Verona passierte sie das Stadtviertel Tomba und den Basso Acquar und folgte höchstwahrscheinlich dem heutigen Verlauf der Straßen Via del Fante und Via Pontiere. An der Via degli Alpini bog sie offenbar nach Norden ab, um sich mit der Postumia zu verbinden und führte so aus der Stadt hinaus; die aus Hostilia kommende Straße zog dann in nördlicher Richtung durch das Etschtal weiter.

Als Verona zu Lombardo-Venetien und damit zum großen Österreichischen Kaiserreich gehörte, stellte die Stadt wegen ihrer geographischen Lage im Habsburger Herrschaftsgebiet ein wichtiges Verteidigungsbollwerk jenseits der Alpen dar. Im Jahre 1825 wurde Verona Sitz des militärischen Generalkommandos. Die Verteidigungsrolle der Stadt wurde umso bedeutender, als im Jahre 1848 eine politische Krise hereinbrach, und sich die Wiener Regierung gezwungen sah, die Autonomie Mailands und Venedigs einzuschränken. Verona wurde Sitz der Generalstatthalterschaft Lombardo-Venetiens, deren Führung Feldmarschall Radetzky übernahm. Das Schicksal der Stadt, die wie das nahe Mantua weiter fest in österreichischer Hand war, schien damit vorbestimmt. Sie sollte zur stärksten Festung im strategischen Viereck werden, dessen Eckpunkte Peschiera, Mantua, Legnago und eben Verona waren. Verona sollte auch zu einer der stärksten europäischen Hochburgen heranwachsen, in der 120.000 Mann Platz fanden.

Die Eisenbahn in der befestigten Stadt

Die Befestigungsbauten waren von General Franz von Scholl entworfen worden, der nach Feldmarschall Radetzky in die Stadt kam. Am ersten Abschnitt wurde von 1833 an gebaut. Die Befestigungsmauern der Stadt wurden verstärkt, an einigen Stellen neu errichtet, und vor allem ersann man ein neues Verteidigungssystem vor den Mauern. Man begann mit den Bauarbeiten auf den Hügeln links der Etsch und errichtete zuletzt das Fort Scholl. Wenige Jahre später sollte genau durch dieses Gebiet die Eisenbahn fahren. Am rechten Flußufer wollte man die Festung San Procolo bauen, ein Vorhaben, das jedoch mangels Dringlichkeit aufgeschoben wurde.

Im Jahre 1848 standen die Piemonteser wenige hundert Meter vor der Stadt. Im Etschtal drangen sie bis zur Klause vor. Dieses Ereignis führte zu einer sofortigen Wiederaufnahme der österreichischen Befestigungsarbeiten in Verona, und man begann die Verteidigung der Veroneser Klause im Etschtal zu planen.

Die neuen Verteidigungsanlagen wurden in den zehn Jahren zwischen 1848 und 1859 nach den Entwürfen von Scholl (der in der Zwischenzeit verstorben war) und unter der Aufsicht seines Schülers Oberst Andreas Turkler von Treuimfeld errichtet. Es handelte sich um zwölf neue Forts, die jeweils etwa einen Kilometer voneinander entfernt waren; elf wurden rechts der Etsch erbaut, nur eines am linken Flußufer. Die Entfernungen zu den Stadtmauern lagen zwischen einem und zweieinhalb Kilometern. Diese Strecken sollten sich schon wenige Jahre später als ungenügend erweisen, als man Waffen mit größeren Schußweiten zur Verfügung hatte. Etwa vier Kilometer von der Mauer entfernt entwarf man einen neuen Festungsring. Diese Befestigungswerke wurden dann in den Jahren zwischen 1860 und 1866 errichtet.

Die Befestigungsbauten rund um die Stadt Verona und der Verlauf der Eisenbahntrasse und ganz besonders die Brennerlinie beeinflußten sich gegenseitig.

Die erste Bahnstrecke durch das Veroneser Gebiet war die von Mailand nach Venedig. Im Entwurf Milani (1840) sollte die aus Mailand kommende Linie Verona in Tombetta passieren und die Etsch überqueren »beim Haus Buri, genannt Ca' di Mazzé ... die der Stadt nächstgelegene Möglichkeit, wenn man den Fluß nicht unbedacht oder drei Mal überqueren möchte, oder gar in die hehre Gegend von San Michele und die Untiefen von San Pancrazio geraten möchte«. Interessant ist, daß schon damals die Bahnstation von Verona am rechten Etschufer in Tombetta vorgesehen war, »um leicht aufzunehmen, was über die Etsch von Tirol herunterkommt«. Der Bahnhof von Verona sollte eine Station »für Ankunft und Abfahrt und für den Wechsel der Lokomotiven sein«.

Der erste Zug kam am 2. Juli 1849 aus Venedig am Ostufer der Etsch in Verona an. Da es die Brücke über den Fluß noch nicht gab, hielt er in Porta Vescovo. An dieser Stelle errichtete man in den darauffolgenden Jahren ein

stattliches Gebäude mit drei Stockwerken. Um die Fahrgäste vor dem Regen zu schützen, wurde über den durchgehenden Gleisen an das Bahnhofsgebäude ein Bahnsteigdach »in Form eines Baldachins, mit Stahlblechen bedeckt und von vier gußeisernen Säulen getragen« angebaut.

Auf der Westseite lag ein Depot für Waggons und Güterwagen, auf der östlichen Seite ein Güterschuppen mit Laderampe und ein »Heizraum für Lokomotiven«. Von Anfang an hatte man in Verona den Bau einer großen Reparaturwerkstatt für die Bahnfahrzeuge geplant. Die Arbeiten an der sogenannten »Hauptwerkstätte Verona« begannen im Jahre 1847 und konnten vier Jahre später abgeschlossen werden. Der Komplex lag direkt neben den Maddalene-Bastionen, eingekeilt zwischen der Straße nach Vicenza, der Linie Venedig–Mailand und der Bahnhofsstraße; bislang waren alle Arbeiten in der Werkstatt von Mestre ausgeführt worden. Kurz nach 1850 lief der Betrieb in der Veroneser Werkstatt an, wo nicht nur Güterwagen und Waggons repariert, sondern auch Dampfkessel gebaut wurden. Bereits in den ersten Jahren baute man unter der Leitung Negrellis zwei Lokomotiven; diese gehörten zu den ersten aus italienischer Produktion, da am Anfang die Zugmaschinen im Ausland gekauft wurden.

Außerhalb des Bahnhofes (der damals als »sbarcatoio«, also »Landungsplatz«, bezeichnet wurde) kaufte die Eisenbahngesellschaft mit Militärgeldern ein Grundstück und baute »eine sehr zweckmäßige Schwimm- und Badeanstalt«, die durch ein Bewässerungssystem mit Wasser versorgt wurde, das man über einen unterirdischen Kanal vom Bahnhofsgebiet abzweigte.

Als 1849 die Eisenbahn in Betrieb genommen wurde, richtete man eine Verbindung zwischen Mailand und Venedig ein. Die Eilkutschen wurden in Mailand auf den Güterzug verladen und fuhren bis Treviglio, wo man sie ablud und sie ihre Reise dann von Pferden gezogen auf der Straße fortsetzten. So erreichten sie Verona, wo sie erneut auf den Zug verladen wurden. In dieser Zeit gab es von Verona nach Mestre drei fahrplanmäßige Verbindungen in jede Richtung und spezielle Tarife für das Verladen der Kutschen auf entsprechende Eisenbahnwaggons.

Im Jahre 1852 wurde im Beisein von Feldmarschall Radetzky die Etschbrücke eingeweiht. Langsam zog die Lokomotive »Verona« den Zug über die neue Eisenbahnbrücke, die Kaiser Franz Joseph gewidmet war; jetzt konnten die Züge bis Porta Nuova fahren.

Dort zweigte schon seit dem vergangenen Jahr die Linie nach Sant'Antonio Mantovano ab, die in wenigen Monaten gebaut worden war. Zunächst nur mit einem Gleis versehen, war die Strecke jedoch bereits für ein zukünftiges Doppelgleis angelegt (das allerdings nie verlegt werden sollte). Diese Bahnlinie gehörte zur militärischen Strategie Österreichs, innerhalb derer sie das Festungsviereck stützen sollte. Bereits im Jahre 1851 hatte man an der Porta Nuova ein provisorisches Holzgebäude errichtet, das bald von einem größeren Mauerbau ersetzt wurde.

Die venezianisch-tirolische Eisenbahn, mit deren Bau man 1853 begann, fuhr an der Porta Nuova ab. Die Trasse wurde entlang des damals äußeren Befestigungsringes gezogen.

Im Jahre 1859 wurde zur Eröffnung der Eisenbahnlinie Verona–Bozen eine historisch-technische Beschreibung in zwei Sprachen über das soeben beendete Werk veröffentlicht. Die Darstellung ist mit zahlreichen Lithographien des Künstlers Seelos illustriert. »Zur Erinnerung an die Eröffnung der Eisenbahnstrecke von Verona nach Botzen im Jahre 1859« ist ein hervorragender Führer (den wir von nun an zitieren werden), um die Entstehungsgeschichte unserer Eisenbahnlinie kennenzulernen.

»Der neu erbaute Schienenweg von Verona nach Bozen« – lesen wir – »hat mit der nach Brescia führenden Linie bis zu dem nahe gelegenen Dorfe Santa Lucia die Strecke gemeinschaftlich. Hier trennt sich die Bahn und läuft auf dem höherliegenden Terrain rings um die Stadt, und verbindet sieben fortifizierte Schanzenwerke«.

»Wenn man am Bahnhof Porta Nuova abfährt«, führt Ottone Brentari in seinem Führer über das Trentino am Ende des 19. Jahrhunderts näher aus – »geht es an der Piazza d'Armi entlang, die südlich liegt. Wo links eine Zweiglinie nach Mantua wegführt, ist ein Fort.« Es handelt sich hierbei um das Fort Bratislawa-Preßburg (Fort Palio, das im Jahre 1912 abgerissen wurde, um dem neuen, großen Güterbahnhof zu weichen). »Und dann« – fährt Brentari fort – »ein zweites und ein drittes ... jenseits liegt der Ort Santa Lucia ...«. Die hier erwähnten Festungswerke sind das Fort Schwarzenberg (Santa Lucia gibt es heute nicht mehr) und das Fort d'Aspre (Fenilone, von dem noch Überreste vorhanden sind). An dieser Stelle wurde ein sozusagen doppeltes Bahnwärterhäuschen errichtet, mit der Nummer 138 für die Bahnlinie nach Brescia und der Nummer 1 für die »Venezianisch-tirolische Straße«.

Wir sind nahe bei der Gabelung der beiden Linien nach Mailand und Trient. Und hier »zieht die Eisenbahn immer deutlicher in Richtung Norden; und dort, wo sie beim Ort San Massimo an der Etsch die Poststraße Verona–Peschiera schneidet, liegt ein Fort«. Dies ist das Fort Liechtenstein (San Massimo gibt es seit langem nicht mehr). »In Richtung Chievo folgen ein Fort auf der linken und ein anderes auf der rechten Seite ... es folgt ein anderes, mit einer Feldschanze befestigtes Fort, das jenes mit Namen Radetzky mit dem Franz-Josef-Fort verbinden sollte, einem ansehnlichen Werke, vor dem Ort Chievo erbaut, um über Eisenbahn und Etsch zu herrschen«. Die letzten drei Forts, an denen die Eisenbahn vorüberzieht, sind nacheinander das bereits erwähnte Fort Radetzky (später San Zeno), das Fort Strassoldo (»Croce Bianca«, heute verschwunden) und zuletzt das Fort Kaiser Franz Joseph (Fort Chievo, von Ausmaß und Stärke her eines der größten). Die Verteidigungsanlagen in Richtung Veroneser Klause werden wir später kennenlernen.

Nebenstehende Seite: Lageplan des ersten Veroneser Bahnhofs am rechten Etschufer. Das Gebäude hatte einen ungewöhnlichen Grundriß.

Die erste Bahnstation an der Porta Nuova

Rechts der Etsch, nahe der »Porta Nuova« des Veroneser Baumeisters Sanmicheli, wurde nach 1852 auf dem Gebiet der Gemeinde Censuario di Tomba (im Westen fast an der Grenze zur Gemeinde Santa Lucia; im Osten hingegen bildete der Fluß die Grenze mit der Gemeinde Campo Marzo Extra, wo die Station Porta Vescovo lag) ein kleiner Bahnhof gebaut. Dieses erste Bahnhofsgebäude an der Porta Nuova hatte eine wahrlich einzigartige Form. »Es hat eine winkelige Fassade« – schrieb Brentari am Ende des Jahrhunderts – »und ungleiche Seiten, mit drei bogenförmigen Öffnungen auf der einen Seite und acht auf der anderen, und es besteht nur aus dem Erdgeschoß«. Damals, gegen Ende des Jahrhunderts, gab es schon ein Bahnsteigdach und eine Wirtschaft. Dieser Bahnhof, dem eine recht bescheidene

Rolle zugedacht war, diente zunächst nur dem Reiseverkehr der Lokalzüge und der gemischten Personen- und Güterzüge. In der Folgezeit sollten sich die Aufgaben der Station auf den Gepäckdienst dieser Züge und dann auch auf den Verkehr der Schnellzüge ausweiten.

Auch nach dem Bau der Etschbrücke blieb der Hauptbahnhof Veronas weiterhin – und für mehr als ein halbes Jahrhundert – auf der linken Flußseite, wo er draußen vor der Porta del Vescovo lag, deren Namen er übernahm. Die Gründe für die Wahl dieser Station waren politischer und, in Bezug auf die Befestigungsanlagen, militärischer Natur, entsprachen aber keineswegs den Anforderungen des Handelsverkehrs. Tatsächlich war dies eine recht schwach entwickelte Gegend und zudem weit vom Herzen Veronas entfernt.

Dennoch sollte Porta Nuova in der Folgezeit zum Hauptbahnhof Veronas werden. Hier trafen sich alle Bahnlinien, die nach und nach verlegt wurden – die Linie nach Brescia im Jahre

1854, nach Trient und Bozen 1859, nach Rovigo 1877 und einige Jahrzehnte später (1924) die Direktverbindung nach Bologna.

In der Mitte des 19. Jahrhunderts, als der Bahnhof am rechten Flußufer gebaut wurde, bestand bereits über die breite Straße des Corso Porta Nuova eine Verbindung mit der Piazza Bra in der Stadtmitte (nach 1866 wurden Straße und Piazza dem König Viktor Emanuel gewidmet).

An der Porta Nuova rief der Bau der Schienenstrecke im Gebiet der Festungsanlagen und vor allem in der südlichen Ebene große Veränderungen hervor.

Bereits zu Zeiten der Republik Venedig überwachte das Militär strengstens das Gebiet außerhalb der Mauern im Bereich der Stadtto-

Blick auf das erste Gebäude der Station in Verona Porta Vescovo, die siebzig Jahre lang der Hauptbahnhof der Stadt war.

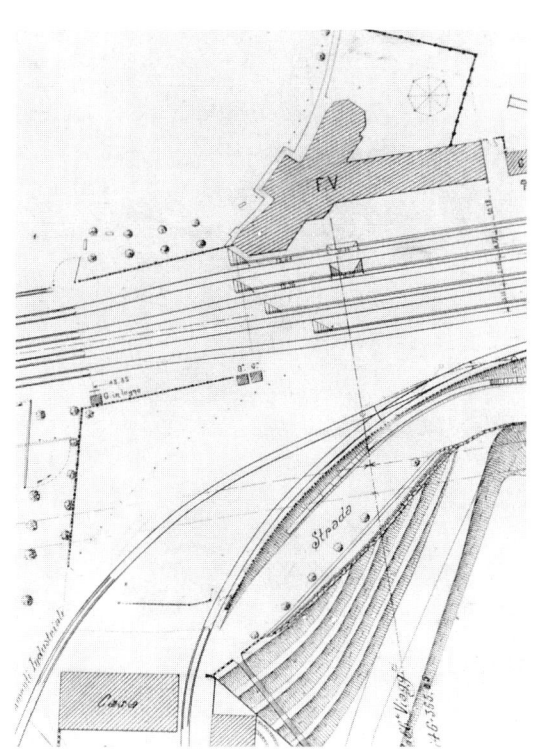

re. Das Gelände konnte nicht bebaut werden, ja, man durfte nicht einmal Bäume anpflanzen, da für eventuelle Angreifer keine Deckungsmöglichkeit vor dem Geschützfeuer der Verteidiger geschaffen werden sollte; diese Regel galt auch während der österreichischen Herrschaft. Die von der Eisenbahn herbeigeführten Veränderungen verlangten ein Umdenken und neue Verteidigungsanlagen.

Zu denen um das Jahr 1850 erbauten Festungen gehörte das bereits erwähnte Fort Bratislawa (Forte Palio), das sich unmittelbar östlich der Gabelung der Bahnlinien nach Mantua und Mailand erhob. Wenn man in östlicher Richtung weiterging, stieß man auf das Fort Clam (oder Forte di Porta Nuova) und das Fort Culoz (Tombetta). Das erste hatte aufgrund seiner Lage eine derart große Bedeutung, daß es im Jahre 1859 ausgebaut wurde, das zweite lag südlich der tiefen Etschschleife (beide Forts sollten dem zukünftigen Verkehrsnetz zum Opfer fallen). Das nächste war das Fort Hess (oder Forte Santa Caterina, von dem noch die Grundmauern stehen). Der Bau dieser Festung, der in den Zeitraum 1850–1852 fiel, war durch die neue Eisenbahnstrecke nötig geworden. Der Bahndamm hatte nämlich das Geländeprofil vor dem Fort Scholl verändert, was die Zielgenauigkeit der Geschütze beeinträchtigte. Innerhalb des zweiten, in den Jahren 1859 bis 1866 entstandenen Festungsringes seien das Fort Azzano und das Fort Tomba erwähnt, die unmittelbar südlich der Station Porta Nuova emporragten (und später abgerissen wurden).

Einen beachtlichen Auftrieb erhielt die Eisenbahn vor allem nach 1849 aus strategischen Gründen, da sich die Bahn hervorragend für den schnellen Transport großer Truppenverbände und für den Nachschub eignete. 1859 hatte das Schienennetz Lombardo-Venetiens eine Länge von 500 Kilometern. Verona war seit jeher und schon zu Zeiten, als man die Ferdinand-Eisenbahn baute, ein wichtiger Stützpunkt für Leitung und Ausbau des Schienennetzes. Später wählte Luigi Negrelli die Skaligerstadt als Sitz und arbeitete dort von 1849 bis 1855 in den Büroräumen der Villa Giusti. Im Jahre 1849 hatte man eine Abteilung der »Generaldirektion öffentlicher Bauarbeiten« (deren Leitung, wie erwähnt, dem Trienter Ingenieur anvertraut worden war) gegründet, die für Eisenbahn, Straße, Wasser und öffentliche Bauwerke im allgemeinen in Lombardo-Venetien zuständig war.

Erinnern wir uns: Ebenfalls in Verona wurde im Jahre 1853 die »K. K. Direktion für den Eisenbahnbau« eingerichtet, die für das Schienennetz in ganz Lombardo-Venetien zuständig war. Die Direktion unterteilte sich in zwei Bezirke: Bauaufsicht und Betrieb. Der Abteilung Betrieb unterstanden die verschiedenen technischen Büros und die sogenannten »Versandbüros und Kassen«, womit die Bahnstationen gemeint waren.

Verona wurde vor allem wegen seiner geographischen Lage, die es zu einem wichtigen Verkehrsknotenpunkt machte, als Sitz der Bahn auserkoren. Hingegen war die wirtschaftliche Bedeutung der Stadt eher gering. In der Mitte des 19. Jahrhunderts war die Landwirtschaft die wichtigste Erwerbsquelle der Bevölkerung im Gebiet um Verona. In der Stadt selbst gab es um die vierzig Betriebe, von denen die meisten Kalk und Baumaterialien herstellten und in der Holz- und Lederverarbeitung tätig waren.

1866 war ein entscheidendes Jahr für die Stadt Verona. Mit Kriegsende verließen die Österreicher die Stadt, und in der Volksbefragung vom 21. und 22. Oktober sprachen sich die Bürger für eine Angliederung an das Königreich Italien aus. Die Bahnlinie Mailand–Venedig wurde von der oberitalienischen Eisenbahngesellschaft »Strade Ferrate dell'Alta Italia« übernommen.

Im Süden der Stadt schritt die Entwicklung nur langsam voran. Die zahlreichen ausgedehnten militärischen Niederlassungen mit den jeweiligen Nutzungsrechten und die gleichzeitige wirtschaftliche Depression als Folge des Anschlusses an das Königreich Italien verhinderten die Entwicklung der Gebiete an der Eisenbahnstrecke. Eine durchgreifende Änderung sollte sich erst in den letzten zwanzig Jahren des 19. Jahrhunderts ergeben.

Schon seit langer Zeit sah man im Aufbau einer Industrie die einzige Möglichkeit zur Behebung der Arbeitslosigkeit und Armut, die breite Bevölkerungsschichten erfaßten. 1882 leitete eine Überschwemmung katastrophalen Ausmaßes, die auch in Verona schwere Schäden hervorrief, die Wandlung ein. Der Fluß hatte sogar seinen Lauf geändert. Die Flußwindung, die Tombetta berührte, gab es nicht mehr.

Die Gemeinde veranlaßte umfassende Maßnahmen, die einmal helfen sollten, die Stadt vor Hochwasser zu schützen, zum anderen ging es darum, genügend Energie für die zukünftige Industrie zu produzieren. In den Jahren 1883 bis 1885 baute man den Camuzzoni-Kanal. Von der Sammelstelle in Chievo wurde das Wasser über eine Hauptleitung bis zur Eisenbahnunterführung an der Porta Nuova geführt und von dort nach Osten weitergeleitet. Auf der linken Seite der Verteilerleitung wurden die Ausgänge für die Versorgung der Motoren der Fabriken in Basso Acquar angelegt, auf der rechten Seite hingegen zweigte der Giuliari-Kanal ab, der das Land südlich der Stadt urbar machte und der Landwirtschaft zum Aufschwung verhalf.

Werfen wir noch einen kurzen Blick auf den örtlichen Schienenverkehr im ausgehenden Jahrhundert: 1884 wurde die erste von Pferden gezogene Stadtbahn eingerichtet. Fünf Jahre später wurde die Linie nach Caprino-Veronese eröffnet, die vom kleinen Bahnhof Porta San Giorgio in nördlicher Richtung parallel zur Brennereisenbahn durch die Valpolicella bis nach Sant'Ambrogio fuhr; hier zweigte sie von der Hauptstrecke ab und setzte sich nach Westen fort. 1898 wurde die Stadtbahn, die in südlicher Richtung bis Albaredo fuhr, eröffnet. An der Porta Vescovo fuhren die Stadtbahnen nach Vicenza und Cologna Veneta ab. 1908 wurde der erste Abschnitt der elektrischen Stadtbahn von Porta Nuova zur Porta Vescovo eröffnet.

Ende des 19. und Anfang des 20. Jahrhunderts begann sich in Verona der Fremdenverkehr mitsamt seiner touristischen Infrastruktur zu entwickeln.

Neue Ansprüche

Porta Nuova war für den Eisenbahnverkehr nicht mehr ausreichend. Obwohl die Station einen bedeutenden Eisenbahnknotenpunkt in die verschiedensten Richtungen darstellte, hielten hier weder die Schnellzüge noch gab es eine Güterabfertigung. Deswegen mußten die Fahrgäste und das Frachtgut über den Fluß zur Bahnstation Porta Vescovo gebracht werden; zudem befand sich der Bahnhof Porta Nuova in einem sehr schlechten Zustand. »Was die Reinigung anbetrifft, befinden sich die Räume in einem wahrlich erbärmlichen Zustand … « schrieb im Oktober 1878 der Präfekt an den Verkehrsdirektor der oberitalienischen Eisenbahnen. »Es scheint fast, als ob man sich um ihre Pflege rein gar nicht gekümmert hätte.« In

Zeichnung der Anfang des 20. Jahrhunderts entworfenen Bahnhofsanlagen von Verona Porta Nuova. Ganz links liegt das Bahnhofsgebäude, das 1922 eröffnet wurde.

der Vergangenheit hatte man sogar darüber nachgedacht, die Station aufzulösen und den ganzen Verkehr über die Porta Vescovo zu leiten. »Jetzt jedoch, wo ein derartiger Gedanke als völlig abwegig erscheint, nachdem immer mehr Reisende den Bahnhof Porta Nuova benutzen, weil er vom wichtigen Teil der Stadt aus besser zugänglich ist und zentraler liegt, … scheint es mir, daß man mit den Renovierungsarbeiten, welche die Sicherheit und der Anstand verlangen, nicht länger warten kann …«.

Aus strategischen Gründen war auch das Kommando des Armeekorps mit der Lösung einverstanden, den Hauptbahnhof Veronas endgültig an die Porta Nuova zu legen. Tatsächlich (wie es in einem Brief aus dem Jahre 1876 lautete) mußte man sich bei der damaligen politisch-militärischen Lage aus taktischen Gründen auf die Front am linken Etschufer, die in Richtung Osten blickte, konzentrieren. Die Station Porta Nuova auf der rechten Flußseite »ist diejenige, die mehr dem Verteidigungszwecke dient, noch dazu wo alle Linien,

die Verona mit dem restlichen Italien verbinden, dort zusammenlaufen, ausgenommen nur die Linie Verona–Vicenza–Padua mitsamt Zweigstrecken«. Doch eine große Station hätte die Verteidigungslage der befestigten Stadt gestört. Deswegen sollte die Eisenbahndirektion auch »eine echte Militärstation bauen, mit allem ausgerüstet, was man für die großen Transporte von Truppen und Kriegsmaterial braucht«.

Im Jahre 1900 kam anläßlich der feierlichen Eröffnung der großen Messe in der Nähe der Porta Nuova der Herzog von Aosta in illustrer Begleitung nach Verona. Zu dieser Gelegenheit wurde das Bahnhofsgebäude vergrößert, »indem man an das Mittelgebäude Holzbauten ansetzte, die von gewandten Tapezierern dann mit Vorhängen in behagliche Aufenthaltsräume verwandelt wurden«.

Die Bevölkerung wuchs rasch, etwa um tausend Einwohner pro Jahr: 1900 waren es mehr als 73.000, und die Stadt begann sich auszudehnen, und dies ganz besonders draußen vor der Porta Nuova, wo sich das Gelände gut zum Bauen eignete.

Indessen hatte auch der Verkehr zugenommen. 1899 waren am Bahnhof Porta Nuova 282.000 Reisende abgefahren, an der Porta Vescovo zählte man nur 165.000.

In den ersten Jahren des neuen Jahrhunderts wurde ein unabhängiges Gleis für die Linie nach Ala verlegt.

Seit langer Zeit dachte man – wie in einem Bericht der Südbahn »Ferrovie Meridionali« zu lesen ist – an »eine völlig neue Station an der Porta Nuova, wobei über den Bahnhof Porta Vescovo nur noch der Personenverkehr nach Venedig geleitet und die bestehenden Anlagen für die Erweiterung der Depots und der Werkstätten des rollenden Materials genutzt würden«. Nachdem allerdings die Kosten sehr hoch waren, einigte man sich auf eine Kompromißlösung: Man wollte sowohl den Bahnhof Porta Vescovo für den Lokal- und Durchgangsverkehr ausbauen, wie auch jenen an der Porta Nuova, der zum Knotenpunkt für die Züge der verschiedenen Linien und den Güterverkehr in und aus der Stadt werden sollte.

Aber die Station Porta Nuova ließ sich nicht genügend erweitern, lag sie doch eingezwängt »zwischen dem wichtigen Bahnübergang an der Viale Porta Nuova« und der großen Etschbrücke »mit den Festungswällen der Stadt oberhalb und der tiefliegenden Ebene von Basso Acquar unterhalb«. Im Jahre 1900 arbeitete dann die Gesellschaft der »Rete Adriatica«, des Adriatischen Bahnnetzes, den Entwurf zu einer neuen Bahnstation aus, die »westlich der Viale di Porta Nuova teilweise auf der Piazza d'Armi« liegen sollte. Anfangs waren sechs Gleise mit Bahnsteigen geplant, zusätzliche Gleise für das Verschieben der Waggons und die Zusammenstellung der Güterzüge für die Linie nach Ala, und weitere für das Abstellen von Waggons. Die Piazza d'Armi war groß genug für zukünftige Erweiterungen. Der gefährliche Bahnübergang mußte unverzüglich mit dem Bau einer Bahnüberführung entschärft werden.

Das Bahnhofsgebäude selbst sollte »ein Gebäude mit nur einem Stockwerk und einem erhöhten Mittelbau« sein, an das ein Bahnsteigdach für die sechs Hauptgleise angebaut werden sollte. Dieser Entwurf nannte zum er-

sten Mal das Gebiet, in dem tatsächlich dann der neue Bahnhof gebaut werden sollte, war aber, was seine Ausmaße anbelangt, schon bald überholt.

Die neue Bahnstation an der Piazza d'Armi

Im Jahre 1905 nahm die »Azienda Autonoma delle Ferrovie dello Stato«, das unabhängige Unternehmen der italienischen Staatsbahnen, das erst kurz vorher die Verwaltung aller Bahnlinien übernommen hatte, die an den Staat gegangen waren, den Rohentwurf für den Bahnhof von Verona der »Rete Adriatica« wieder auf. Die Arbeiten sollten im Zeitraum von 1906 bis 1916 bei einem Kostenvoranschlag von acht Millionen Lire ausgeführt werden. Die Gemeinde und die Provinz drängten auf eine frühere Eröffnung bereits im Jahre 1911, für das die Inbetriebnahme der neuen Linie Verona–Bologna vorgesehen war. In dem Abkommen verpflichteten sich die italienischen Staatsbahnen FS, die Station zum 31. Dezember 1915 für den Reise-, Gepäck- und Eilgutverkehr freizugeben. Der Beitrag der Gemeindeverbände wurde auf 700.000 Lire festgesetzt. An der Viale di Porta Nuova sollte eine Unterführung mit fünf Ausgängen gebaut werden. Die FS stellte eine provisorische Baracke zur Verfügung, die für die Dauer der Bauarbeiten den reibungslosen Ablauf des Reiseverkehrs garantieren sollte. Die Gemeinde hingegen war zuständig für die Anlagen am neuen

VERONA - Esterno della Stazione Porta Nuova

Nebenstehende Seite: Detail der Bauzeichnung der neuen Station Verona Porta Nuova, die auf der Piazza d'Armi errichtet werden sollte.

Diese Seite oben: Ein anderer Ausschnitt aus der Zeichnung des Gebäudes

Diese Seite unten: Das neue Bahnhofsgebäude auf einer Ansichtskarte aus den zwanziger Jahren

Bahnhofsplatz – der im Vergleich zu den Gleisen viereinhalb Meter tiefer gelegt wurde – und die Verbindungsstraße mit der Piazzale di Porta Nuova.

Das für den Bau der Bahnstation nötige Gelände setzte sich aus dem Gebiet der ehemaligen Forts Palio und Santa Lucia einschließlich der jeweiligen Festungswälle und vor allem der Piazza d'Armi zusammen, von der zunächst zwei Drittel beansprucht werden sollten; zuletzt aber wurde im Mai 1907 der gesamte Platz abgetreten.

Im gleichen Jahr 1907 genehmigte man den vom Architekten Dini verfaßten Entwurf für den neuen Bahnhof einschließlich der ersten Finanzierungen. Aber die Arbeiten verzögerten sich. Man entwarf verschiedene Pläne, die neue Enteignungen mit sich brachten.

Endlich konnten im Jahre 1910 die Bauarbeiten unter der Leitung der Firma Macchello aus Bologna beginnen. Der provisorische Bahnhof, der zwischen dem alten und dem zukünftigen Gebäude lag, wurde Ende November 1913 eröffnet. Da es sich um eine einfache Baracke handelte, gab es einige Proteste, denn das Provisorium mußte immerhin für drei Jahre reichen, die dann durch den Krieg zu neun anwuchsen.

Am 15./16. Dezember veröffentlichte »L'Arena«, die Veroneser Lokalzeitung, eine Zeichnung des Bahnhofsgebäudes, das sich im Bau befand. Es war 114 Meter lang, 20 Meter hoch und hatte eine große Kuppel in der Mitte und zwei kleinere auf den Seiten und zudem ein Vordach entlang der Fassade, das die Reisenden vor dem Regen schützte. Im Mittelteil war die Bahnhofshalle mit dem Fahrkartenschalter und der Gepäckaufnahme geplant, auf der rechten Seite die Gaststätte, auf der linken der Ausgang für die Reisenden. Die Räume des oberen Stockwerks waren für die Büros des Bahnhofspersonals bestimmt. An die Stelle des Schutzdaches sollten moderne Bahnsteigdächer treten.

Der Entwurf war vielversprechend, hatte aber nicht den Geschmack der Veroneser getroffen. »Das scheint eher ein Entwurf für die Fassade einer bescheidenen Ausstellungshalle zu sein«, urteilte der Zeitungsreporter. Ein ähnlich vernichtendes Urteil über das Bauwerk gab auch der bekannte Architekt Angelo Dall'Oca Bianca, der in der Zeitung »L'Arena« schrieb: »... es reicht, zwei gesunde Augen im Kopf zu haben, um es zu beurteilen und im selben Augenblick zu verurteilen ... will man denn gar nichts machen, um unserer Stadt, nein,

Die Bahnsteigdächer von Porta Nuova. Zusammen mit der großen Station zu Beginn des Jahrhunderts errichtet, haben die Metallstrukturen die Bombenangriffe überlebt und bis in unsere heutigen Tage hinein überdauert.

dem Herzen des zukünftigen Verona, diese Rangminderung und Erniedrigung in Form dieses dummen Kastens zu ersparen, den uns die Eisenbahndirektion zum Geschenk machen möchte?«

Man unterstrich die Notwendigkeit einer architektonischen Einheit von Form und Zweckbestimmung. Gefallen fand der erhöhte Mittelteil, der »auch von außen die große Halle erkennen läßt, in der sich das typische Bahnhofsleben abspielt, der ganze Betrieb abläuft«, aber wozu die Kuppeln an den Seiten? Und wozu dieses Beiwerk des außen »angeklebten« Schutzdaches? Besser wäre es gewesen, es in das Bahnhofsgebäude zu integrieren; damit hätte es den seiner Bedeutung entsprechenden Platz bekommen.

In den ersten Januartagen 1915 waren die Bauarbeiten schon ziemlich weit. »Jede Tür und jedes Fenster, das eingesetzt wird« – berichtete der Reporter wohlwollend – »unterstreicht mit den jeweiligen Sockeln, Pfosten, Gesimsen und Kapitellen in Stahlbeton den modernen Stil von Form und Ornament«. Auf der rechten Seite stand mit Hunderten von Zimmern und Kellerräumen das große Gebäude, in dem die zugehörigen Dienstbereiche untergebracht werden sollten. Dahinter erhob sich ein offener Schutzbau, der als Eilgutlager dienen sollte und »hervorragend gemäß der von der Eisenbahn angenommenen modernen Form gestaltet ist und Sägezahn genannt wird«. Auf der gegenüberliegenden Seite war unter dem Dach eines ähnlichen Baus von 240 Meter Länge bereits der Abfertigungsdienst voll in Betrieb. Die Leitung der Bauarbeiten war den Ingenieuren Roux und Beccherle übergeben worden.

Diese Seite: Das große Bahnhofsgebäude in Verona Porta Nuova ist von den Bomben beschädigt und zum Abriß verurteilt.
In den zwei Einzelaufnahmen erkennt man den abgedeckten Mittelbau; die Verzierungen der Innenhalle sind sichtbar.

Nebenstehende Seite:
Detail einer leichter beschädigten Seitenkuppel

Der Bauplan aus dem Jahre 1909, der in den darauffolgenden Jahren verwirklicht wurde, sah südlich der Bahnhofsgleise einen großen Güterbahnhof vor, der auf der Ostseite an die Viale di Porta Nuova grenzen sollte. Auf der Westseite hingegen war das Lokomotivdepot mit strahlenförmig angeordneten Gleisen geplant, zudem eine Werkstatt, ein Bahnbetriebswerk und Vorrichtungen für die automatische Reinigung der Waggons.

Aber es drohte Krieg. Wenige Tage vor Beginn der Kampfhandlungen erhielten die Veroneser Eisenbahner von General Cadorna höchstes Lob für ihren in der Vorkriegszeit bewiesenen Opfergeist, Eifer und ihre Vaterlandsliebe. Im November fielen die ersten österreichischen Bomben auf die Stadt. Die Piazza delle Erbe wurde getroffen.

Die Kampfhandlungen führten zu einer Unterbrechung im Eisenbahnbau. Die neue Station Porta Nuova sollte erst 1922 fertiggestellt und im März desselben Jahres eröffnet werden. Im Innern war sie mit reichen Verzierungen ausgestattet, den Wartesaal schmückten Mosaikarbeiten.

Um für den neuen Bahnhof Platz zu gewinnen, hatte man die durchgehenden Gleise in den Abschnitt zwischen dem Bahnhof aus dem 19. Jahrhundert und der ehemaligen Abzweigung nach Tirol umverlegt. Ursprünglich führten die Durchgangsgleise in einer weiten Kurve über das Gebiet, auf dem heute der Bahnhofsplatz liegt; nun waren sie durch die Umleitung begradigt und etwa zehn Meter weiter südlich gelegt worden. Zwischen den alten und den neuen Gleisanlagen entstand das Bahnhofsgebäude.

Ende der zwanziger Jahre wurde der Güterzuganschluß an die Brennerlinie gebaut und der neue Bauplan für den Bahnhof verwirklicht. Mitte der dreißiger Jahre baute man das neue Lokomotivdepot. Am Ende des Jahrzehnts wurden die für die Umstellung der Linie auf Elektrobetrieb nötigen Änderungen ausgeführt.

In der Zeit zwischen den beiden Weltkriegen wuchs das Industriegebiet Basso Acquar schnell an. Die Industrialisierung und der neue Bahnhof blieben nicht ohne Einfluß auf das Wohngebiet, das sich außerhalb der Stadtmauer in südlicher Richtung auf das Viertel Tombetta auszudehnen begann. Ebenfalls südlich der Bahnlinie (heute Borgo Roma) wurden im Jahre 1930 die Lagerhäuser errichtet, die über ein Gleis Anschluß an die Eisenbahn hatten. Zu jener Zeit wurde die Hälfte des staatlichen Frucht- und Gemüsehandels über Verona abgewickelt. Um der Abfertigung gerecht zu werden, errichtete man große Kühl- und Lagerhallen. Die verschiedensten Regionen Italiens sandten ihre Produkte nach Verona, von wo sie in Kühlwagen mit der Eisenbahn

verschickt wurden. Der Betrieb ging auch während des Zweiten Weltkriegs weiter.

Am 3. Mai 1938 fuhr der von einer großen Menge erwartete »Führer« durch die Station Porta Nuova; der Zweite Weltkrieg stand vor der Tür.

Die Bombenangriffe und die Station von Narducci

Die Stadt Verona war das Ziel eines ersten, vereinzelten Fliegerangriffes am 21. Oktober 1940.

Die Zerstörungen begannen dann am 28. Januar 1944, als von einem Bombergeschwader Hunderte von Spreng- und Brandbomben abgeworfen wurden, die auch den Bahnhof Porta Nuova trafen.

Insgesamt wurden auf die Stadt einundzwanzig Angriffe geflogen, gewöhnlich verbunden mit Bordwaffenbeschuß, die sich vor allem auf die Eisenbahnlinie konzentrierten. Nach den Berichten der Aufklärungseinsätze der US-Luftwaffe waren bereits Ende Oktober 1944 in der Station Porta Nuova das Lokomotivdepot, das Lagerhaus, die Hebebühne und einige Hallen beschädigt. Am Bahnhofsgebäude war besonders der Ostflügel in Mitleidenschaft gezogen worden. Schwer zerstört waren das Bahnhofsgebäude Porta Vescovo und die umliegenden Eisenbahnwerkstätten. Die Industrieanlagen, die im Gebiet dazwischen angesiedelt waren, sparte man nicht aus. In dem großen Angriff vom 4. Januar 1945 wurden ganze 290 Tonnen Bomben über dem Gebiet von Porta Nuova abgeworfen. Im Februar waren fünfhundert Waggons zerstört oder durch unzählige

Das neue Bahnhofsgebäude von Porta Nuova ist fast fertig.

Krater blockiert. Das Bahnhofsgebäude Porta Nuova wies weitere Schäden auf.

Nach den Bombenangriffen auf Porta Nuova versuchte man, die Züge (insoweit sie noch einsatzfähig waren) auf die umliegenden Stationen umzuleiten; die Züge in Richtung Norden fuhren in Parona oder Domegliara ab.

Die Generaldirektion der FS war nach Verona umgezogen; die Eisenbahnbehörde wurde von den Deutschen kontrolliert.

Am Ende des Krieges waren die Bahnhofsgebäude von Porta Nuova und Porta Vescovo nebst der Werkstätte fast völlig zerstört.

Das neue Gebäude von Porta Nuova wurde nach den Plänen des Architekten Roberto Narducci errichtet. Er arbeitete im »Ufficio V del Servizio Lavori e Costruzioni FS«, dem Büro V der Dienststelle Arbeiten und Bauwesen der italienischen Staatsbahn in Rom.

Narducci war von der FS als Zeichner angestellt worden und promovierte während der Arbeit. Als im Jahre 1924 der jüngere Angiolo Mazzoni (ein weiterer Name, der, wie wir sehen werden, eng mit unserer Brennerlinie in Zusammenhang steht) als Inspektor in das Büro V kam, hatte Narducci eine niedrigere Stellung inne. Mit Mazzoni arbeitete er ständig in engem Kontakt.

Eines der wichtigsten Bauwerke Narduccis ist das große Gebäude an der Via Marsala in Rom neben dem Bahnhof Termini, das für den Postdienst und das Militär bestimmt war. Aus jenen Jahren stammt auch ein Entwurf für die Station in Rom selbst. Einen anderen Entwurf legte Narducci anläßlich eines öffentlichen Wettbewerbs im Jahre 1934 für den Bau des Bahnhofs von Venedig vor. Wichtige Bauwerke, die der Architekt in den Jahren zwischen den beiden Weltkriegen errichtete, waren unter anderem die Bahnhöfe von Belluno, Viareggio, Taormina und Villa San Giovanni sowie die Postgebäude von Bari, Benevento, Salerno, Novara und Savona. – 1938 entwarf Narducci die Pläne für den provisorischen Pavillon, der in der Station Roma Ostiense anläßlich der Ankunft Hitlers errichtet werden sollte. Dieser Bau hatte großen Erfolg und wurde in italienischen und ausländischen Veröffentlichungen erwähnt.

Als in der Nachkriegszeit Mazzoni infolge der Säuberungsaktionen Italien verlassen mußte, wurde Narducci zu vielen Entwürfen für den Wiederaufbau der Bahnhöfe herangezogen. Außer dem Bahnhofsgebäude von Verona und jenen von Domegliara und Ala auf unserer Brennerlinie verdanken wir Narducci unter anderem die neuen Bahnhöfe von Monselice, Levanto und Formia. Das waren sicherlich nicht die einzigen, doch ist es oftmals unmöglich, im nachhinein den Erbauer eines öffentlichen Bauwerkes, wie es eine Eisenbahnstation ist, auszumachen.

Das heutige Bahnhofsgebäude von Verona Porta Nuova ist wie sein Vorgänger wegen des Höhenunterschiedes zwischen Straße und Gleisanlagen zweistöckig.

Die Bauarbeiten, mit denen die Firma Recchia aus Verona beauftragt wurde, begannen im September 1946. Der Teil des Gebäudes, der den Krieg überdauert hatte, wurde abgerissen, das angebaute Eisenvordach abmontiert, und man errichtete ein neues Gebäude mit Bahnsteigdächern in Stahlbeton, lieferte und verlegte die Quadern für Pfeiler und führte verschiedene Ausstattungsarbeiten aus.

Die Verkleidungen wählte man mit großer Sorgfalt aus. In der Halle zum Beispiel wollte Narducci die mit gelbem Mori-Marmor verkleideten Wände mit einem feuerroten Sockel versehen, und mit rotem Marmor wurden auch die Pfeiler am Eingangsportal verziert. Der Kontrast von gelb und rot wiederholte sich an verschiedenen Stellen des Gebäudes. Zur inneren und äußeren Gestaltung des Gebäudes wurden viele Marmorarten verwendet: Bronzetto, Avana Pastello, Rosso Broccato, Rosso Corallo, rosafarbener Chiampo, mandel-, perl- und strohgelbfarbener Chiampo, gelber Sant'Ambrogio, Roano, Lesa Venato, Storione, roter Impero, braune Breccie, Occhialino und so weiter. Sie bedeckten eine Gesamtfläche von mehr als viertausend Quadratmetern.

Für die Innenausstattung wählte man eine Einrichtung (wie zum Beispiel im Wartesaal und in den Restaurants) und Gegenstände (etwa die Briefkästen), die in Einklang mit der Architektur standen.

Die Bauarbeiten schritten nur langsam voran, da man die Reste des alten Gebäudes nach und nach abreißen mußte. Man muß auch bedenken, daß mit den damals zur Verfügung stehenden Mitteln ein heute unvorstellbar großer Aufwand an Energie vonnöten war. Die Trümmer des abgerissenen Gebäudes zum Beispiel wurden mit Ochsenkarren weggefahren. Trotzdem konnte man bereits 1948 den ganzen Gebäudeteil auf der Seite Richtung Venedig vorläufig mit Büros, Fahrkartenschalter, Café, Gaststätte usw. einrichten. Dies war der Abschnitt, der laut Bauplan als erster fertiggestellt werden sollte.

Die Gesamtkosten des neuen Bahnhofes – die Bauarbeiten wurden in mehreren Ausschreibungen vergeben – überstiegen 500 Millionen Lire. Man benötigte 100.000 Arbeitstage.

In der Nachkriegszeit wurde Verona wie erwähnt Sitz einer neuen Eisenbahnbezirksbehörde.

Das Stadtviertel im Süden der Station änderte sich rasch mit der Ansiedlung der Lagerhäuser, des Obst- und Gemüsemarktes, des Messegeländes und anderer landwirtschaftlich-industrieller und wirtschaftlicher Betriebe. Südlich von Borgo Roma bildete die Autobahn Mailand–Venedig die Grenze. Die Autobahn Modena–Brenner hingegen berührte Verona an der Westseite. Wo sich die beiden Autobahnen und zudem die großen Eisenbahnlinien Venedig–Mailand und Modena–Brenner kreuzen, hatte man bereits Ende der siebziger Jahre den idealen Standpunkt für den geplanten Güterverkehrsknotenpunkt »Quadrante Europa« ausgemacht.

99

Von Parona zur alten Tiroler Grenze

Wir lassen Verona hinter uns. Unser Zug durchfährt die weite Kurve, die in vergangenen Zeiten die sieben erwähnten Festungen säumte, und hält dann auf Parona zu. Kurz vor der Ankunft in diesem Bahnhof überquert er die Etsch auf einer Brücke. Von dort bis zur nächsten Brücke in Mezzocorona verläuft die Eisenbahnlinie am Ostufer des Flusses.

Die Etschbrücke in Parona wird auch in der genannten offiziellen Beschreibung aus dem Jahre 1859 erwähnt, wo die Rede ist von »einer grossartigen Brücke von fünf Öffnungen, jede von einer Spannweite von 16 Metern. Die Land- und Mittelpfeiler derselben sind aus Quadern mit starker Holzconstruction belegt, wie es strategische Rücksichten erheischen«. Die Pfeiler, die fünfzehneinhalb Meter hoch über dem Fundament, das an der Basis eine Stärke von drei Metern aufwies, aufragten, endeten mit halbkreisförmigen Kämpfern. Das Tragwerk maß acht Meter in der Breite, was die Anlage eines Doppelgleises ermöglichte. Obwohl man zunächst nur ein Gleis legte, konnte im Bedarfsfall jederzeit ein zweites hinzugefügt werden.

Der Bau der Brücke hatte nicht wenige Schwierigkeiten bereitet. Um das Fundament der Pfeiler und Lager auf dem beweglichen Schotter des Flußbettes zu legen, ging man »der Reihe nach vor, indem man den für das Mauerwerk bestimmten Raum mit Fangdämmen umgab und mit einer doppelten Pfahlwand versicherte, innerhalb welcher das Geschiebe mit der Schaufel ausgehoben werden mußte, bis man endlich zu einer festen Felslage gelangte, die glücklicherweise das ganze Flussbett durchzieht; der Raum zwischen den Pfahlwänden wurde sodann mit hydraulischem Cementkalk und Puzzolanerde ausgefüllt«. Erst dann gelang es, mit Hilfe einer leistungsstarken

Dampfpumpe das Wasser abzusaugen. Im Trockenen konnte man nun weiterbaggern und dann die Fundamente in einer Tiefe von dreieinhalb Metern unter der tiefsten Stelle des Flußbettes legen. Die Schotterschicht war so fest, daß man vergebens versuchte, Pfahlversicherungen einzutreiben.

Wenig oberhalb der Eisenbahnbrücke wurde 1861 das Fort Erzherzog Albrecht (Fort Parona) gebaut. Von der Kommandantur des befestigten Verona hingen neben allen Festungsanlagen rund um die Stadt auch die auf den Hügeln von Pastrengo errichteten Anlagen (zur Verteidigung bei eventuellen Angriffen vom Westen her) ab, ferner jene in der Venezianischen (Berner) Klause (zum Schutze bei einem eventuellen Rückzug der Österreicher nach Norden).

Die Linie wurde Ende der zwanziger Jahre doppelgleisig angelegt.

Im Sommer 1944 begannen die heftigen Bombenangriffe der amerikanisch-britischen Luftwaffe auf das Gebiet um Parona. Ihr Ziel war natürlich die Eisenbahnbrücke; sie war ein neuralgischer Punkt für den Eisenbahnverkehr. Von seiten Italiens wurde sie (wie erwähnt) wiederholt als Angriffsziel für die alliierten Fliegereinsätze genannt, während sie die Deutschen mit Hilfe künstlich erzeugten Nebels zu schützen versuchten. Schwere Folgen zog der Angriff vom 28. Februar 1945 nach sich; die Brücke wurde teilweise zerstört. Dank dem sofortigen Einsatz von Arbeitern und der Zuhilfenahme eines großen Krans konnte der Verkehr innerhalb weniger Tage wiederaufgenommen werden.

In den letzten Kriegsmonaten wurde die Brücke von den Deutschen, so gut es ging, unter Verwendung von Doppel-T-Stahl nachts instand gesetzt. Dann arbeiteten die Deut-

schen eine Ausweichstrecke aus, auf der diese so schwierige Stelle vermieden werden konnte. Ein im März 1945 von der amerikanischen Luftwaffe abgefaßter Bericht nebst Luftaufnahmen informierte, daß man versuchte, die Hauptlinie mit der Teilstecke von Verona bis San Pietro in Cariano auf der Linie Affi–Caprino an einem Punkt acht Meilen nordwestlich der Hauptstadt zu verbinden.

Weitere Bombenangriffe folgten am 9. und 10. März 1945, als 114 Bomber, darunter 77 »Liberators«, 533 Tonnen Sprengstoff abwarfen. Die Nordseite der Brücke ging zerstört, der Rest beschädigt aus dem Angriff hervor. Die Strecke blieb über einen Monat lang unterbrochen, während die Brücke das Ziel immer häufigerer Fliegerangriffe war.

Bei Beendigung der Einsätze waren die Brücke und ebenso der Bahnhof fast völlig zerstört.

Vom Januar 1946 bis August 1947 wurde die neue, heute noch bestehende Brücke mit einem Tragwerk aus Stahlbeton gebaut.

Zurück zum Bau der Eisenbahnlinie und zur offiziellen Beschreibung aus dem Jahre 1859, in der es heißt, daß man vor der Ankunft im Bahnhof Parona auch die Tiroler Poststraße »an einer schiefen Kreuzung« überquere. »Ein drei Stock hohes, äußerst geschmackvoll errichtetes Aufnahmegebäude ziert den Stationsplatz, der von hohen, Ringmauern umschlossen ist und zugleich die Überbrückung der darunter angelegten Reichsstrasse bildet.«

Am Bahnhof Parona – er ist acht Kilometer von Verona entfernt und der erste an der Brennerlinie – hielt ab 1889 die erwähnte Eisenbahn Verona–Caprino–Garda. Von der Porta San Giorgio in Verona aus verlief die Linie neben der Tiroler Eisenbahn bis Domegliara. In diesem Streckenabschnitt waren die wichtigsten

Oben: Das alte Bahnhofsgebäude von Parona
vor dem Zweiten Weltkrieg

Unten links: Die Ausmaße der Bombenangriffe
auf die Station von Parona. Das Bahnhofsgebäude wurde nach dem Krieg wieder aufgebaut.

Unten rechts: Die Bahnstation von Peri in den
zwanziger Jahren

Haltestellen Parona, Negrar, Pedemonte, San Floriano, San Pietro in Caraino, Sant'Ambrogio Valpolicella und Domegliara. Parona und Domegliara waren die einzigen Kreuzungspunkte der beiden Linien. In Domegliara überquerte die Nebenlinie die Hauptader und fuhr dann in Richtung Affi und Caprino Veronese weiter. In Affi ging die Zweiglinie nach Garda ab.

Die Linie Verona–Affi–Caprino mit der Zweigstrecke nach Garda blieb bis 1959 in Betrieb.

Zurück zur Brennerbahn. Es sei daran erinnert, daß auch der Bahnhof von Parona genauso wie die Brücke nach dem Krieg völlig neu errichtet wurde.

Zeugen der Tragödie in der Valpolicella

In Parona beginnt die Valpolicella, durch deren ebenen Teil sich die Eisenbahnlinie und die Staatsstraße entlang der Etsch zur berühmten Klause ziehen. Die Besiedlungsgeschichte des Tales reicht bis in prähistorische Zeit zurück. Bereits in Römischer Zeit nahm es eine strategisch wichtige Stellung ein, zum einen wegen seiner Lage in der großen Ebene, die Italien mit Deutschland verband, zum anderen wegen der Klause, deren Enge sich gut für die Errichtung von Verteidigungsanlagen eignete. Die Römer waren die ersten, die wie erwähnt eine Verkehrsader in Richtung Norden zogen.

Seit der Antike bildete die Etsch den natürlichen Weg für den Handelsverkehr. Über den Flußweg wurden Holz, aber auch Marmor und andere Baustoffe aus den reichen und berühmten Steinbrüchen im Gebiet von Domegliara und Sant'Ambrogio in die Poebene transportiert.

Die Hauptstraße, die »Via Regia« nach Trient und Bozen, wurde kurz vor dem Ende der venezianischen Herrschaft erneuert. Zwischen Parona und der Veroneser Klause wurde die Straße abschnittsweise neu angelegt. Allerdings gab es wenige Nebenstraßen, und die wenigen waren in schlechtem Zustand, was sich auf die landwirtschaftliche und industrielle Produktion denkbar nachteilig auswirkte. Erst Anfang des 19. Jahrhunderts begann man das

Straßennetz zu erweitern und zahlreiche befahrbare Nebenstrecken anzulegen. Die Straßen bewirkten eine Zunahme des Reise- und Handelsverkehrs; es häuften sich Geschäfte, Gasthäuser und Werkstätten, derer es nun für den reibungslosen Ablauf des Verkehrs bedurfte.

Mit der österreichischen Herrschaft begann das Zeitalter der Eisenbahn, und durch die Valpolicella sollte eine internationale Bahnverbindung führen.

Um die Bedeutung der Verkehrsverbindungen in der Valpolicella besser verstehen zu können, reicht es, einen Blick auf die traditionellen Erzeugnisse des Gebietes zu werfen. Da muß man vor allem an die kostbaren Weine denken, die in dieser Gegend angebaut werden und weit über ihre Grenzen hinaus berühmt sind. Auch Kirschen und Pfirsiche gedeihen seit alters sehr gut. Pescantina wurde für seine Pfirsiche von der Mitte des 19. Jahrhunderts an berühmt. Die »erstaunlich großen und hervorragend schmeckenden« Pfirsiche

gaben dem Ort seinen Namen. Aber bereits in den ersten Jahrzehnten des 20. Jahrhunderts dehnten sich die Anpflanzungen dank der Bewässerungsanlagen von der Klause bis Parona in der ganzen Ebene aus. Auch heute noch liegen die meisten Obstverarbeitungsbetriebe in Pescantina im Ortsteil Balconi nahe der Eisenbahnstation. Seit jeher verlief der Versand der Anbauerträge entweder über die Eisenbahn oder die Straße.

Wirtschaftlich bedeutend für das Gebiet sind zudem die Steinbrüche und die Steinverarbeitung – von den zahlreichen und kostbaren Marmorgesteinen bis zu den Steinen und dem Kies für Bauzwecke. Die Betriebe liegen vorwiegend in der Gegend von Sant'Ambrogio und Domegliara, und noch heute wird – wie wir

Das heutige Bahnhofsgebäude von Pescantina

nachfolgend sehen werden – das abgebaute Material im örtlichen Bahnhof verladen.

Von der Station Parona bis zum Bahnhof Pescantina »zieht sich die Bahn mit einer Steigung von 5.54 Promille im langen Damme fort« – schrieb man 1859 – »und übersetzt mit fünf zierlichen Überfahrten ... als auch mit zwei großen schiefen Brücken ... die brausenden Wildbäche von Nassar und Negarine«. Wir sind an der Station Pescantina, die von Anfang an über einen Güterschuppen verfügte und in »Tanti Balconi« (heute Balconi, bereits erwähnt) nahe der Poststraße lag, »welche die größeren dies- und jenseits der Etsch liegenden Ort-

Wiederaufbau des Gebäudes von Domegliara. Blick auf die Baustelle von Norden.

103

schaften San Pietro, Pescantina und Bussolengo verbindet«.

Zuvor wurde erwähnt, daß man die Pfirsiche mit der Eisenbahn transportierte. Aber schon lange Zeit vor dem Aufkommen der Eisenbahn hatte Pescantina als Flußhafen für die Schiffahrt auf der Etsch eine große Bedeutung. Zudem lagen dort die Werften, die Schiffe und Lastkähne bauten (die Werften arbeiteten bis in die ersten Jahrzehnte des 19. Jahrhunderts). Die Umgebung von Pescantina war aufgrund ihres gesunden Klimas auch eine beliebte Urlaubsgegend, und mit Sicherheit hat die Eisenbahn entscheidend zum Aufschwung des Fremdenverkehrs beigetragen.

Im Jahre 1945 wurde sofort nach Kriegsende am 25. April neben der Station Pescantina ein Auffanglager für Zivil- und Militärgefangene und für die Ex-Häftlinge der Konzentrationslager eingerichtet, die in die Heimat zurückkehrten.

Die »Pontifica Commissione di Assistenza«, die Päpstliche Fürsorge, leistete diesen schwer vom Leid gezeichneten Menschen am Brenner und im nahen Bozen erste Hilfe. Die größten Schwierigkeiten jedoch stellte der Transport der Kranken durch das Etschtal dar; nachdem die Eisenbahnlinie unterbrochen war, setzte man alle möglichen Fahrzeuge dazu ein.

Ende Juni konnte der Eisenbahnverkehr – wenn auch nur eingleisig – wiederaufgenommen werden, und die Militärzüge konnten in Richtung Süden durchfahren. In dieser Zeit wurde direkt neben der Bahnstation Pescantina, die mit geringen Bombenschäden davongekommen war, in Balconi das Auffanglager errichtet. In Zusammenarbeit mit dem Roten Kreuz wurden Zelte und Baracken aufgebaut und Verpflegungsstationen eingerichtet. Die unzähligen Militärzüge liefen den ganzen Sommer über ein und brachten etwa 700.000 Heimkehrer. Diese Menschen befanden sich in einer sehr schlechten Verfassung. »Die Militärzüge aus der UDSSR« – schrieb eine Rotkreuzschwester in ihr Tagebuch – »kommen vollbeladen mit Gefangenen an. Ihre Füße sind mit Heu statt mit Schuhen bedeckt, und um die Hüfte tragen sie sackartige Lumpen, um

sich zu bedecken. Ihre Freude kennt keinen Ausdruck. Kaum angekommen, steigen sie aus dem Zug und knien nieder, um die regennasse Erde zu küssen, sie weinen, lachen, umarmen sich.«

Das im Krieg beschädigte Bahnhofsgebäude setzte man in der Zeit von September 1946 bis Ende Mai 1948 wieder instand.

Das Stationsgebäude Narduccis in Domegliara

Nun sind wir an der Station von Domegliara Sant'Ambrogio, die in der Bauurkunde mit dem Namen »Domegiara« (später Domegliara) eingetragen ist. Die Station besaß ein »kleines Gebäude für die Reisenden«. Bei ihrer Eröffnung gab es bereits die Verbindung mit dem Ort Sant'Ambrogio, der für seinen Weinbau, seine Marmorbrüche und seine Marmorverarbeitung, in der regelrechte Künstler am Werk waren, berühmt war.

Gerade wegen der Bedeutung seiner Industrie- und Handelsbetriebe wurde Sant'Ambrogio im Stationsnamen erwähnt. Bereits früh spricht man von der Verbindung der Station mit »Pontone an der Etsch ..., wo die deutsche Heerstrasse beginnt und an die Grenze des Mantuaner Gebietes führt.« Interessant ist der Hinweis, daß sich die Breite des Bahndammes ab Domegliara von acht auf fünf Meter verengte. In Richtung Trient war also der Betrieb nur eingleisig vorgesehen.

Als auf elektrischen Betrieb umgestellt wurde, wurde auch das Gleisbündel erweitert. Dementsprechend mußte die Unterführung der Linie Verona–Caprino verlängert werden. Die Station dieser von der »Società Veneta« betriebenen Eisenbahnlinie lag südöstlich der Hauptstation auf der Bergseite.

Im Zweiten Weltkrieg hatte das Gebiet um Domegliara unter schweren Bombenangriffen zu leiden. Im Mittelteil zwischen der Station der italienischen Staatsbahn FS und jener der Linie Verona–Caprino hatten die Deutschen ein Waffendepot mit Werkstatt eingerichtet.

Ein wahrlich schwarzer Monat war der November 1944, als über einhundert Bombenan-

griffe auf den Ort geflogen wurden und die Station völlig zerstört wurde. Auch der Ort Sant'Ambrogio erlitt schwere Schäden. Am schlimmsten allerdings erging es Volargne, einem Ortsteil Domegliaras in Richtung Klause, das durch die Explosion eines mit Tritol beladenen Güterzuges fast dem Erdboden gleichgemacht wurde.

Die Explosion in Volargne ereignete sich am 21. November. Ein Zug mit etwa fünfzehn Waggons, von denen einige mit dem Sprengstoff beladen waren, war wegen der Unterbrechung der Linie von den Deutschen zunächst in einem Tunnel, dann auf einem Nebengleis im Ort abgestellt worden. Bei einem alliierten Bombenangriff wurde der Zug voll getroffen. Waggontrümmer und Schienenteile flogen Hunderte von Metern weit. In einem einzigen Augenblick hatten 60 Menschen den Tod gefunden, um die hundert waren verletzt. Der Ort Volargne war so gut wie verschwunden.

Zwischen Dezember 1946 und August 1949 wurde das neue große Bahnhofsgebäude der Station Domegliara erbaut, das sowohl auf der Bahnsteigseite als auch zum Bahnhofsplatz hin einen Bogengang besitzt.

Genauso wie der Bahnhof von Verona Porta Nuova war auch dieser eine Arbeit des Architekten Roberto Narducci. Das Gebäude von Domegliara wurde mit ganz besonders bearbeiteten Quadersteinen verkleidet. Die hohen Kosten bescherten der örtlichen Baudirektion einen Verweis der Zentralverwaltung der FS. Domegliara – schrieb die Bauverwaltung der FS in Rom – sei keine Station »von erstrangiger Bedeutung«, es sei aber »bei einem unrechtmäßigen, hohen Kostenaufwand eine höchsten Ansprüchen genügende Steinverkleidung in völlig ungerechtfertigter Fülle verschwendet worden, wobei man über das bauliche Ergebnis geteilter Meinung sein könnte«.

Die örtliche Baudirektion erklärte, sich an den verabschiedeten Bauplan gehalten zu haben, der »eine Wand aus lokalen Quadersteinen« vorsah – eine bauliche Lösung, die sich als völlig naheliegend erwies, wenn man bedenkt, daß die Station in dem für die Gewinnung und Verarbeitung von Stein und Marmor wichtigsten Gebiet der Provinz Verona entstand.

Als im Sommer 1947 die Frage auf den Tisch kam, war der Bau des Gebäudes bereits so weit fortgeschritten, daß keine Änderungen – so hieß es – mehr möglich waren. So wurde für die gesamte Fassaden- und Seitenfläche des Gebäudes Quaderstein verwendet und nicht nur für das Stück bis zu den Fensterbrü-

stungen des oberen Stockwerks, wie Rom es verlangt hatte.

Ein anderer Kritikpunkt am Entwurf betraf den Grundriß des Gebäudes, nach dem der Bau anders als gewöhnlich nicht geradlinig parallel zu den Gleisen errichtet wurde, sondern eine L-Form zeigte. Zusätzlich würde ein Bogengang den Räumen im Erdgeschoß das Licht rauben.

Schöner Blick auf die Klause von Ceraino.
Das von Lotze aufgenommene Foto stammt
aus den Jahren des Eisenbahnbaus;
links im Bild erkennt man die eingleisige
Bahnstrecke.

Eine so umfassende und schwierige Arbeit brachte unvermeidliche Unterbrechungen mit sich. Im Sommer 1948 lief der Bahnbetrieb immer noch unter provisorischen Bedingungen, das Personal war in einer Holzbaracke untergebracht, und die Reisenden waren ohne Warteraum. Die Verzögerung rief zahlreiche Klagen hervor, auch weil an der Station tagtäglich Hunderte von Arbeitern, Angestellten und Studenten abfuhren. Im Sommer 1949 waren die Arbeiten endlich beendet. Heute hat der Bahnhof einen regen Güterverkehr zu verzeichnen. Seit einigen Jahren setzt man vorwiegend auf den Transport von Gestein. Zur Unterstützung dieser Entwicklung entstand auf eine Privatinitiative hin der Spezialbahnhof für Gütertransporte »Terminale Ferroviario Valpolicella«.

Die Veroneser Klause

Wir sind an der »Klause«, einer Landschaft von einzigartigem Reiz. »Wer auch immer an diesen Ort kommen möge, dessen Herz werde stark ergriffen« – bemerkte Cesare Cantù kurz vor dem Bau der Eisenbahn – »beim Anblick dieser sanften Hügel und Ebenen auf der einen Seite, die bereits Italien spüren lassen, und der furchterregenden und kalten Felsen auf der anderen, die einen Durchgang für unmöglich erscheinen lassen«.

Die Hauptstraße verlief über Jahrhunderte hinweg dermaßen steil, daß man Ochsen einsetzen mußte, um die Wagen hochzuziehen, während man bei der Abfahrt über das starke Gefälle die Wagen festhalten mußte. Die Reisenden waren zum Absteigen gezwungen und mußten so manches Mal auch schieben helfen.

Dies blieb so bis in die ersten Jahre des 19. Jahrhunderts, als man mit Sprengstoff und Pickel den Fels abtrug und die Straße schließlich etwa 18 Meter tiefer legte. Die Arbeiten wurden im Jahre 1811 beendet und die Kosten mit 60.000 Lire beziffert. Die Durchfahrt inmitten der Felsen blieb aber wegen der zahlreichen Raubüberfälle nach wie vor gefährlich.

Im Tal war die Verbindung zwischen den beiden Etschufern auf nur eine Brücke beschränkt. Allerdings hatte jeder Ort seine eigene Fähre, von denen jene zwischen Perarola und Dolcé am meisten beansprucht wurde.

Die natürliche Enge der Klause wurde von den Österreichern zum Bau wichtiger Festungsanlagen genutzt. Allein um das Jahr 1850 wurden vier Forts gebaut: das Fort Mollinary (dann Fort Monte) und das Fort Hlawaty (später Ceraino) auf der linken Etschseite und zudem das Fort Venezianer Klause, das an der engsten Stelle der Klause zwischen Poststraße und Eisenbahn aufragte; zum Schluß baute man das Fort Wohlgemuth (später Fort Rivoli), das heute noch auf einem Hügel rechts der Etsch Wache hält, während von den anderen erwähnten nur noch das Fort Ceraino steht.

Die offizielle Beschreibung aus dem Jahre 1859 vermittelt interessante Hinweise. »Von den Oefen zu Volargne bis Ceraino« – lesen wir – »windet sich die Etsch, in ein schmales Bett zusammengedrängt, durch eine tiefe enge Bergschlucht, und gewährt kaum genügend Raum für die Poststrasse ...«. Hier verläuft die Eisenbahn über zwei lange Streckenabschnitte entlang hoher und starker Mauern, die man eng am Felsen hochzog.

Ein Stück weiter durchquert die Bahn das Fort, »übersetzt dessen innern Hof mit einer steinernen Brücke von drei Bögen, die äusseren Wallgräben aber mit zwei Zugbrücken ...«. Einige Jahrzehnte später wurde in den Jahren zwischen 1920 und 1923 am Monte Pastello ein Tunnel gebaut und die Line verlegt. Der Tunnel erlaubte höhere Geschwindigkeiten und bot mehr Sicherheit.

Doch zurück zum Bau: Nach dem Fort war die Schlucht so eng, daß der Durchgang gerade noch für den Fluß reichte, und die Poststraße wie erwähnt in den Felsen gehauen worden war. Nachdem der Platz für die Eisenbahn fehlte, blieb nichts anderes übrig, als tiefer in die Felswände einzudringen. So geschah es dann auch, und der Felsen mußte »mühsam durch Pulver und den Meissel in einer Länge von 220 Meter ... und auf eine Breite von vier bis fünf Metern Stück für Stück abgesprengt werden«. Die Eisenbahn fuhr noch ein Stück weiter, verlief dann »in einem Bergabschnitte« und erreichte endlich den Stationsort Ceraino, dessen Bahnhofsplatz »sich bis neun Meter der Art über das Terrain erhebt, dass das Thal von Rivoli beherrscht wird«.

Sowohl das Bahnhofsgebäude als auch der Wasserturm sind in ihrer ursprünglichen Form erhalten. Die Station Ceraino, die auch heute noch einen Kilometer vom Ort entfernt liegt, erfüllte eine strategische Aufgabe für die umliegenden Festungsanlagen, brachte aber auch – soweit es die Straßen erlaubten – Vorteile für die Talebene Caprinos.

Im letzten Krieg wurde der Ort Ceraino genauso wie das ganze unterhalb liegende Tal bombardiert, aber die Station blieb dank ihrer Lage inmitten der Berge unbeschädigt; lediglich das Ende der Ausweichstraße im Norden wurde getroffen; anscheinend füllte man den Krater mit einer beschädigten Lokomotive aus.

Ceraino und Peri gehören heute zur Gemeinde Dolcé (deswegen lagen auf dem 23 Kilometer langen früheren Gebiet von drei Gemeinden drei Bahnstationen). Ursprünglich gab es die Station Dolcé nicht. Sie entstand erst Anfang des 20. Jahrhunderts. Heute ist das Bahnhofsgebäude geschlossen. Um an die unbesetzte Haltestelle zu kommen, muß man durch die neugebaute Unterführung nahe der Pfarrkirche unter den Gleisen hindurchgehen.

Die Tiroler Grenze

Nach der Veroneser Klause öffnet sich die Vallagarina und zieht sich die Etsch entlang bis Calliano. Bis 1918 war Peri die letzte Station im Königreich Italien. Es war eine unwichtige Station, die lediglich über ein Gebäude für die Reisenden verfügte und nur den wenigen umliegenden Orten als Bahnhof diente: Ossenigo, Brentino, Rivolta und Belluno.

Seit dem Jahre 1516, als die Republik Venedig dem Kaiser die Gebiete Ala, Avio, Mori und Brentonico abgetreten hatte, verlief die Grenze in Ossenigo. Die Grenze, die nur wenige Minuten von der Station Peri entfernt lag, erkannte man – bemerkte Brentari am Ende des 19. Jahrhunderts – an »dem Holzhäuschen der italienischen Zöllner; und von dort zieht sich ein dicker Eisendraht über die Etsch. Etwas weiter nördlich ist das Häuschen der österreichischen Wachen. Ein Abschnitt der Poststraße links der Etsch ist von beiden Staaten als neutraler Boden anerkannt, und dasselbe gilt für den Hafen, der an der Etsch zwischen Borghetto und Mama liegt«. Diese Grenze wurde nach dem Ersten Weltkrieg aufgelöst und an den Brenner gelegt.

Die Station Peri wurde kurz vor dem Ersten Weltkrieg auf Betreiben der FS erweitert, um die italienische Zollstation unterzubringen. Man plante auch den Bau eines neuen Bahnhofsgebäudes, um mit einer neuen, längeren Zufahrtsstrecke die bestehende Neigung von zehn Promille zu verringern.

Am 15. Oktober 1944 fiel eine Bombe auf die Weichen im Norden der Station und traf einen Personenzug mit 26 Waggons und Güterwagen. Die genaue Zahl der Toten blieb unbekannt. Einige Gefangene, die in Viehwagen untergebracht waren, konnten aus dem beschädigten Zug entkommen.

Die Station, die ebenfalls beschädigt worden war, wurde ab Oktober 1947 wieder aufgebaut; die Arbeiten dauerten ein Jahr. Heute erinnert nur noch der Wasserturm an sie.

Auch die Station in Borghetto, das heute zur Gemeinde Avio gehört, gab es noch nicht, als die Eisenbahn gebaut wurde. Sie wurde Anfang des 20. Jahrhunderts errichtet und lag einen Kilometer nördlich der Staatsgrenze. Es war die erste Station auf österreichischem Gebiet, aber sie war viel zu klein, um den Anforderungen eines internationalen Eisenbahnverkehrs genügen zu können. Auch Avio als nächste Station reichte nicht aus; deswegen legte man die Bahn- und Zollgrenze an den

Bahnhof von Ala. Die Züge aus dem Süden fuhren bis Ala mit italienischen Lokomotiven und italienischem Bahnpersonal.

Die Grenze zwischen Italien und Österreich verlief genau durch den Ort Borghetto. »Die Häuser ganz im Süden« – schrieb Brentari – »gehören zum Königreich, der Rest zu Österreich; ein Haus liegt sogar zur Hälfte diesseits, zur Hälfte jenseits der Grenze«. Im Ersten Weltkrieg wurden die Bahnanlagen für militärische Zwecke ausgebaut.

Das Bahnhofsgebäude wurde im November 1944 bei einem Fliegerangriff zerstört. Zwischen April 1946 und Dezember 1950 wurde es zusammen mit dem Güterschuppen wieder

aufgebaut. Der Bauplan beinhaltete auch Instandsetzungsarbeiten in Avio und Ala.

Im Jahre 1959 entgleiste ein Schnellzug wegen eines großen Steins, der von der nahen Staatsstraße auf das Gleis gefallen war; seit den siebziger Jahren ist die Station von Borghetto außer Betrieb.

Die nächste Station Avio liegt in der gleichnamigen Gemeinde und gehört zu Vo' Sinistro. Eine nahe Brücke führt über den Fluß nach Vo' Destro, dessen Altstadt aus der römischen Zeit stammt. Eine wunderschöne Burg ziert den Ort. Diese Station wurde wie allen anderen im Ersten Weltkrieg erweitert, hatte aber bereits von Anfang an ein Warenlager, das im Zweiten Weltkrieg zerstört und später wieder aufgebaut wurde.

Die ausgedehnten Gleisanlagen – von denen aus man ein weites Panorama genießt – wurden teils in einer Senke und teils im Flußbett errichtet, die beide mit der aus dem vorhergehenden Einschnitt ausgehobenen Erde aufgefüllt wurden.

Um Raum für die weitere Strecke in Richtung Ala zu gewinnen, »musste ausserhalb des Stationsplatzes die Bahn in's Flussbett verlegt und ihr Fusspunkt mit einem massenhaften Steinwurfe versichert werden, ... dennoch war man gezwungen, einige am Ufer gelegenen Häuser niederzureissen ...«.

Die Bahnhöfe auf der Strecke zwischen Verona und der alten Tiroler Grenze sind in unserem Jahrhundert im wesentlichen die gleichen geblieben. Die Schnell- und Fernzüge fahren von Verona bis Rovereto durch, die Lokalzüge hingegen halten in Parona, Pescantina, Domegliara, Ceraino, Dolcé, Peri, Borghetto, Ala. Im weiteren werden wir sehen, daß auf der Strecke von Ala bis Trient Anfang des 19. Jahrhunderts sechs Bahnhöfe und Haltestellen dazukamen, die in den letzten Jahrzehnten aber wieder aufgelöst wurden.

Unten: Das heutige Bahnhofsgebäude von Avio

Rechts unten: Die Station von Peri nach dem Zweiten Weltkrieg

Die alte Grenze am rechten Etschufer. Sie lag in Ossenigo zwischen den Bahnstationen von Peri und Borghetto und trennte – zur Zeit des Baus der Eisenbahnlinie – Tirol vom Königreich Lombardo-Venetien. Nach dem Krieg von 1866 war sie die Trennungslinie zwischen dem Kaiserreich Österreich und dem Königreich Italien. Diese Staatsgrenze wurde nach dem Ersten Weltkrieg aufgelöst und an den Brenner verlegt.

Von Ala durch die Vallagarina – Der Bahnhof von Rovereto

Als die Eisenbahn gebaut wurde, trennte die Grenzlinie zwischen den Stationen Peri und Avio in Ossenigo die Region Welschtirol vom Königreich Lombardo-Venetien. Beide Gebiete wurden zwar von Österreich verwaltet, ihre Zugehörigkeit allerdings war institutionell verschieden geregelt. Die Station Ala – in einer Stadt römischen Ursprungs gelegen, die nach dem Jahr 1000 zusammen mit Avio, Mori und Brentonico die »Vier Vikariate« bildete – hatte von Anfang an eine gewisse Bedeutung. So verfügte sie schon damals über ein ziemlich großes Warenlager und einen Wasserturm.

Aber 1866, nur wenige Jahre nach der Eröffnung, war durch den Anschluß Venetiens an Italien die alte Grenze in Ossenigo plötzlich zur Trennungslinie zwischen Österreich und Italien geworden. Die Zollgrenze wurde an die Station Ala gelegt. Diese war wie erwähnt die erste Station auf österreichischem Gebiet, die von ihrer Größe her dieser Aufgabe gewachsen war. Die Zollstation Ala begann, den internationalen Bahnverkehr abzufertigen. Hier hielten die Züge zur Gepäckkontrolle. Das sollte über ein halbes Jahrhundert so bleiben. Danach legte man die italienische Zollstation zunächst nach Peri (1912) und später mit der Grenzverschiebung an den Brenner.

Um den Ansprüchen eines internationalen Reiseverkehrs zu genügen, wurde die Station Ala stark erweitert. In einem Lageplan aus den letzten Jahren des 19. Jahrhunderts sieht man nördlich des Bahnhofsgebäudes ein Lokomotivdepot, ein Kohlenlager und eine Drehscheibe mit Reparaturgrube für Lokomotiven. Im Süden des Gebäudes lagen zwei große Lagerhäuser mit Laderampe – eines war für die österreichischen Güter bestimmt, das andere wurde als Zollager von Österreich und Italien gemeinsam benützt. Gegenüber den

Gleisen befanden sich die Anlagen des Bahnbetriebswerkes mit Werkstatt und Wasserturm. Das Gleisbündel war so großzügig angelegt, daß auch zum Rangieren der Waggons genügend Platz vorhanden war.

Das Archiv der FS in Verona verfügt über eine Reihe von Originalzeichnungen der Südbahn, welche die Station Ala zeigen. Diese Arbeiten beschreiben einen Großteil des Bahnhofes bis ins Detail und vermitteln ein historisch bedeutendes Wissen sowohl über die Bahnanlagen als auch über die Technik und die Gestaltung der Zeichnungen selbst, die aus der Zeit zwischen 1890 und 1910 stammen. Außer dem Lageplan der Station seien der Grundriß, der Aufriß, verschiedene Teile und strukturelle Einzelheiten des Bahnhofsgebäudes erwähnt und ebenso das Warenlager und das italienische und österreichische Zollager. Darüber hinaus findet man Pläne von anderen Gebäuden (wie des Schlaf- und Eßraums des Zugpersonals), kleinerer Gestaltungselemente (zum Beispiel die Schutzdächer), Nebenräume (Lampenlager, Eiskeller für die Gaststätte, einen Kiosk zum Geldwechsel, ein Ambulatorium für den Tierarzt usw.).

Auch vom alten Bahnhof Rovereto und anderen Bahnhöfen liegen noch die österreichischen Originaldokumente vor. Diese Unterlagen – die verschiedene Verwaltungen, Kriege, Umzüge, strukturelle Veränderungen, entsprechende Amtshandlungen und auch allgemeine Vernachlässigung überdauert haben – bilden heute ein zwar lückenhaftes, aber immer noch an Überraschungen reiches Forschungsmaterial.

Zurück zu Ala: Der große internationale Bahnhof und sein Handelsverkehr wirkten sich auf das Städtchen positiv aus. Seit jeher war Ala für seine Lederwerkstätten und seine Sei-

denverarbeitung bekannt. Die Eisenbahn trug zum Entstehen der ersten Industriebetriebe bei und schuf einen mäßigen Wohlstand. Der Reiseverkehr nahm so stark zu, daß man sich im Jahre 1895 zum Bau einer Bahnunterführung entschloß. Es war die erste in dem Gebiet, das der heutigen Region Trentino-Südtirol entspricht. Seit langer Zeit gab es bereits ein Café und eine Gaststätte.

Anfang des 19. Jahrhunderts arbeiteten in der Station etwa tausend Personen: Bahnbeamte, Polizisten, Arbeiter, Lokomotivführer, Angestellte der verschiedenen Dienstleistungsbetriebe und zudem die Beschäftigten der Nebenbetriebe. Zu jener Zeit lag das Reiseverkehrsaufkommen von Ala nur wenig unter dem von Trient. In der Stadt entstanden Hotels und Gasthäuser. Die Straße von der Stadtmitte zum Bahnhof erhielt eine Beleuchtung. Damals verlief sie eingezwängt zwischen hohen Mauern, welche die anliegenden landwirtschaftlichen Grundbesitze abgrenzten. Kurz nach dem Ausbruch des Krieges besetzten die italienischen Truppen am 27. Mai 1915 Ala, das von den Österreichern aufgegeben wurde; die Front verschob sich gegen Norden nach Serravalle.

Als nach dem Krieg die Staatsgrenze an den Brenner verlegt wurde, begann für Ala eine Zeit wirtschaftlicher Depression. Der Bahnhof verlor seine Aufgaben als Grenzbahnhof und wurde nach und nach abgebaut. Viele Bahnarbeiter mußten in die erst kürzlich von Italien erworbenen Bahnbetriebe in Südtirol überwechseln. Im Jahre 1929 wurde auch das Bahnbetriebswerk, das allein hundert Arbeiter beschäftigte, verlegt. Ende der dreißiger Jahre wurde auf elektrischen Betrieb umgestellt, und einen Kilometer von Ala in Richtung Trient baute man ein Umspannwerk.

Diese Seite oben:
Das alte Stationsgebäude von Ala

Diese Seite unten:
Die Station von Ala nach ihrem Wiederaufbau.
Das Foto von Unterveger wurde um 1950
aufgenommen.

Nebenstehende Seite:
SCAC-Pfähle auf Güterwaggons
in der Station von Mori

Waren es im Ersten Weltkrieg die Geschütz-feuer, die die Station bedrohten, so wurde Ala im Zweiten Weltkrieg zum Angriffsziel unzähli-ger Fliegerangriffe. Der erste Angriff erfolgte am 4. November 1944. Das Bahnhofsgebäude, das Freizeitgebäude und das Schienenlager wurden sofort getroffen. Bis zum 25. April 1945 gingen 170 Bombenangriffe nieder, wel-che die Station verwüsteten; der Bahnhofsbe-trieb war schon seit langem eingestellt worden. Zum Schluß war das Bahnhofsgebäude zer-stört, ebenso das Lager und das Umspann-werk. Das neue, große Gebäude – mit einem Fundament aus gekörntem rosafarbenem Stein – wurde nach den Plänen Roberto Nar-duccis zwischen 1946 und 1950 erbaut.

Nach der Station Ala überquerte man den gleichnamigen Bach auf einer Brücke. Die ur-sprünglich gemauerte Brücke mit drei Bögen von jeweils neun Metern Spannweite wurde bei den Bombenangriffen völlig zerstört und dann in Stahlbeton mit drei Bögen wieder aufgebaut.

Serravalle und Marco

Wie erwähnt berührte die alte römische Straße, die am linken Flußufer entlangführte, die beiden Orte Ad Palatium und Mansio Sarnis, heute Ala und Serravalle. In dieser Gegend stieß man während der Arbeiten zum Bau der Eisenbahn auf zahlreiche Gräber aus der Zeit der Römer.

Am linken Flußufer verlief vor dem Bau der Eisenbahn die Poststraße, und dort verlaufen auch heute die Straße und die Eisenbahn. Eine handgemalte Landkarte, die in der Staatsbibliothek Marciana in Venedig aufbewahrt wird, beweist das tatsächliche Bestehen dieser Straße und gibt Auskunft über ihren genauen Verlauf. Danach durchzog die Poststraße von der Grenze Lombardo-Venetiens das Etschtal in nördlicher Richtung.

Die Poststraße berührte die Orte Borghetto, San Leonardo, Vo', Ala, Merani di sotto, Santa Margarita, Serravalle, Marco, Piove, Lizzana, Rovereto (wo sie sich mit der Straße von Riva vereinigte), Volano, Castelpietra, Calliano, Aquaviva, Matarello, Trient, Lavis, Nave San Felice, St. Michael an der Etsch und Cadino. Cadino war der Grenzort zwischen Welschtirol und Südtirol, und von dort setzte sich die Straße fort über Salurn, Laag, St. Florian, Neumarkt, Vill, Auer und Branzoll. Die ganze Strecke über verlief sie am linken Flußufer.

Als man die Eisenbahn baute, war Mori die erste Haltestelle nach Ala. Aber im Zwischenstück lag bereits ab Ende des 19. Jahrhunderts die Station Serravalle, gefolgt von der Haltestelle Marco.

Die Station Serravalle gehörte zu dem gleichnamigen Ort, der eng zwischen dem Fluß und den Hängen des Monte Zugna eingezwängt lag. Um 1920 wurde der Entwurf eines neuen Bahnhofsgebäudes für Serravalle genehmigt. Die Absicht der italienischen Regierung war eindeutig. Die Station, die eine der ersten im erst kürzlich an Italien angeschlossenen Gebiet darstellte, sollte dadurch an Bedeutung gewinnen. Man hatte sogar einen neuen Namen gefunden, »Serravalle Tridentina«, der die Zugehörigkeit zu Italien unterstreichen sollte. Auch andere Pläne wurden entworfen, davon einer wirklich ungewöhnlich: Das Gebäude besaß einen kleinen Säulengang und eine Zugangstreppe mit Eisengeländer; der Plan dazu war vom Baumeister E. Miorando angefertigt

worden. Aber weder diese Pläne, die im Archiv der FS in Verona aufbewahrt werden, wurden verwirklicht, noch die Entwürfe, die man Ende der dreißiger Jahre für die anstehende Umstellung auf elektrischen Betrieb gezeichnet hatte. Das Bahnhofsgebäude besteht nach wie vor in seiner ursprünglichen, bescheidenen Größe und ist für den heutigen Bahnverkehr Serravalles völlig ausreichend.

Nach der Talenge Serravalle-Chizzola weitet sich das Tal. Ende des 19. Jahrhunderts schrieb Ottone Brentari, daß entlang der Bahnlinie nach den Häusern von Santa Cecilia »man mit einem Male nach rechts schaut und das fruchtbare Tal wie durch einen Zauber sich in eine schauderhafte und steinige Wüste verwandelt zu haben scheint. Das sind die berühmten Felsstürze von Marco, inmitten derer hin und wieder gleich Oasen in der Wüste nur handgroße Weingärten eingebettet sind. Je weiter der Zug vordringt, desto mehr zeigen sich die Bergstürze in ihrer ganzen wilden Erhabenheit ...«.

Doch zurück zum Bau der Eisenbahn: Von Serravalle verläuft die Linie auf dem Damm bis zur Etschkrümmung von Tierno (dies ist die Stelle, wo später die Haltestelle Marco eingerichtet wurde). Um hier – lesen wir in der Veröffentlichung aus dem Jahre 1859 – »die doppelte Flussübersetzung mit zwei sehr kostspieligen Brücken zu vermeiden, wurde die Anlage eines Durchstiches und die damit verbundene Regulierung der Serpentine als nöthig erachtet ... und die Bahn über die zwei Abschnitte des verlassenen Flussbettes im Damme fortgeführt«. Doch mußte man »zwei schiefe Brücken mit acht Metern Spannweite« bauen, damit das Schlammwasser ablaufen konnte. Dies verursachte große Schwierigkeiten. Die Stelle, an der die Widerlager errichtet werden sollten, wurde mit sehr eng stehenden Pfählen abgesichert. Dann wurde mit Schaufeln der Schotter und der Sand ausgehoben und schließlich das Fundament gelegt. Das häufige Hochwasser des Flusses gestaltete die Bauarbeiten zusätzlich schwierig.

Im Gebiet der »Bergstürze von Marco« (die schon Dante erwähnte) verlaufen die Schienen

Blick auf Ala mit der Bahnstation und dem
großen Warenlager. Das Foto entstand
um das Jahr 1950.

über eine Länge von etwa einem Kilometer bis zu 17 Meter tief in einem Einschnitt, dessen Seiten »mit massiven Wandmauern« befestigt sind. Dies war eine recht mühsame Arbeit gewesen, »da man die ungeheuren Felsmassen und Steintrümmer grösstentheils nur mit Pulver zu sprengen im Stande war«.

Seinen Namen hat der Ort Marco von der aus dem 15. Jahrhundert stammenden Kirche San Marco übernommen, die nach ihrem Wiederaufbau im Jahre 1868 geweiht wurde. »In Marco hält der Zug« – bemerkt Brentari – »am Bahnwärterhäuschen Nr. 259. Auch hier ist das Tal ziemlich eng, und eine Holzbrücke führt über die Etsch.« Die Haltestelle wurde um das Jahr 1960 aufgelöst.

Mori und die Verbindung mit dem Gardasee

Die Bahn fährt in einem tiefen Einschnitt durch die Bergstürze (»slavini«) und erreicht die Stati-

on Mori. Diese Station wurde beim Bau der Eisenbahn sofort aus militärischen Gründen eingerichtet. Einerseits diente sie dem Ort Mori als Bahnhof, andererseits jedoch ahnte man bereits, daß sie durch ihre Lage an der Handelsstraße von Rovereto nach Riva eine große Rolle für die Verbindung mit dem Gardasee spielen würde.

Für diese Strecke vom Etschtal über das Sarcatal zum Gardasee wurde im Jahre 1891 die Schmalspurbahn Mori–Arco–Riva eröffnet.

In früheren Zeiten verlief auf diesem Abschnitt ein Maultierweg, der dann im Jahre 1820 zu einem Karrenweg verbreitert wurde. Es war ein wichtiger Verkehrsweg, insofern er das Etschtal mit dem Gardasee verband. Arco und Riva zogen viele Feriengäste an und waren auch in Habsburger Adelskreisen als Urlaubsorte sehr beliebt. Ab 1867 konnten die Reisenden aus dem Norden bis Rovereto mit dem Zug fahren und von dort mit der Pferdekutsche weiter. Von Rovereto aus gab es ein gut funktionierendes Netz öffentlicher Verkehrsmittel, mit dem die Gemeindeverwaltung der Anziehungskraft Trients auf die westlichen Täler entgegenwirken wollte. Auch in der Station Mori herrschte ein reger Reiseverkehr. Der See zog immer mehr Menschen an. Deshalb dachte man bald daran, eine Zweiglinie der Bahnstrecke Bozen–Verona zu bauen, die dem Verlauf der Straße folgen sollte.

Gute Aussichten bestanden auch für den Güterverkehr. Vor allem aus dem Sarcatal und den umliegenden Gebieten wurden viele lokale Produkte wie Trauben, Wein, Fisch und zahlreiche andere Erzeugnisse zum Weitertransport mit der Eisenbahn an die Station Mori gebracht.

Die Bauarbeiten unter der Leitung der »Eisenbahngesellschaft Mori-Arco-Riva« begannen im Jahre 1890 und kamen rasch vorwärts. Bereits im Januar 1891 konnte die neue Linie in Betrieb genommen werden. Nach der Abfahrt am Bahnhof Mori fuhr der Zug nach Mori Borgata (dazu überquerte er die Etsch und passierte den Ort), kam dann nach Loppio (am gleichnamigen, heute ausgetrockneten See gelegen), Nago-Torbole, Oltresarca, Arco, San Tomaso und erreichte schließlich nach eineinhalb Stunden Fahrzeit durch weite Weingärten und Tabakanpflanzungen Riva. Jetzt konnten die Feriengäste, die aus den verschiedensten Regionen des Kaiserreichs kamen, mit dem Zug direkt an ihren Urlaubs- und Kurort fahren.

Auch Mori wurde wie alle anderen Orte im Grenzbereich bis Rovereto während des Ersten Weltkrieges evakuiert und erlitt in den Kampfhandlungen schwere Schäden. Nach dem Krieg übernahm das Pionierkorps den Wiederaufbau und brachte vor allem den Eisenbahnverkehr wieder in Gang. Im Jahre 1921 wurde das SCAC-Werk für Bauten in Spannbeton eröffnet. Bis dahin war nur die Tabakverarbeitung auf eine industrielle Produktion eingestellt gewesen; der Weinbau entwickelte sich erst später.

In den Genehmigungsunterlagen der Schmalspurbahn war auch von einer Verlängerung von Mori bis Rovereto die Rede gewesen, doch wurde die Linie im Ersten Weltkrieg vom Militär beschlagnahmt und ging dann an die italienische Staatsbahn FS über; die Schäden besserte man schnellstens aus. Seinerzeit kaufte die Gemeinde Rovereto die Aktienmehrheit und konnte endlich ihren Traum verwirklichen, Endbahnhof zu werden. Zwischen der FS und der neuen Gesellschaft wurde ein Abkommen geschlossen, nach dem ein Teil des Bahndamms der Brennerlinie für den Bau der Eisenbahn von Mori bis Rovereto zur Verfügung gestellt werden sollte. Dieser Abschnitt wurde im Jahre 1925 fertiggestellt.

Dies bedeutete schwere Einbußen für den Ort Mori, der seine Rolle als internationaler Bahnhof schwinden sah, nachdem der Personen- und Güterverkehr immer mehr über die nahe Station Rovereto abgewickelt wurde.

Aber auch die weitere Zukunft dieser »Touristenlinie« war nicht glänzend. Nicht nur, daß der Plan zur Umstellung auf elektrischen Betrieb nicht verwirklicht wurde; man schloß diese malerische Eisenbahnlinie, die immer mehr herunterkam und vernachlässigt wurde, im Jahre 1936.

Kehren wir zur Südbahn zurück. Auch die Station Mori trug durch die Bombenangriffe im Zweiten Weltkrieg erhebliche Schäden davon.

Das Bahnhofsgebäude von Rovereto auf einem Foto, das in der Zeit zwischen den beiden Kriegen aufgenommen wurde.

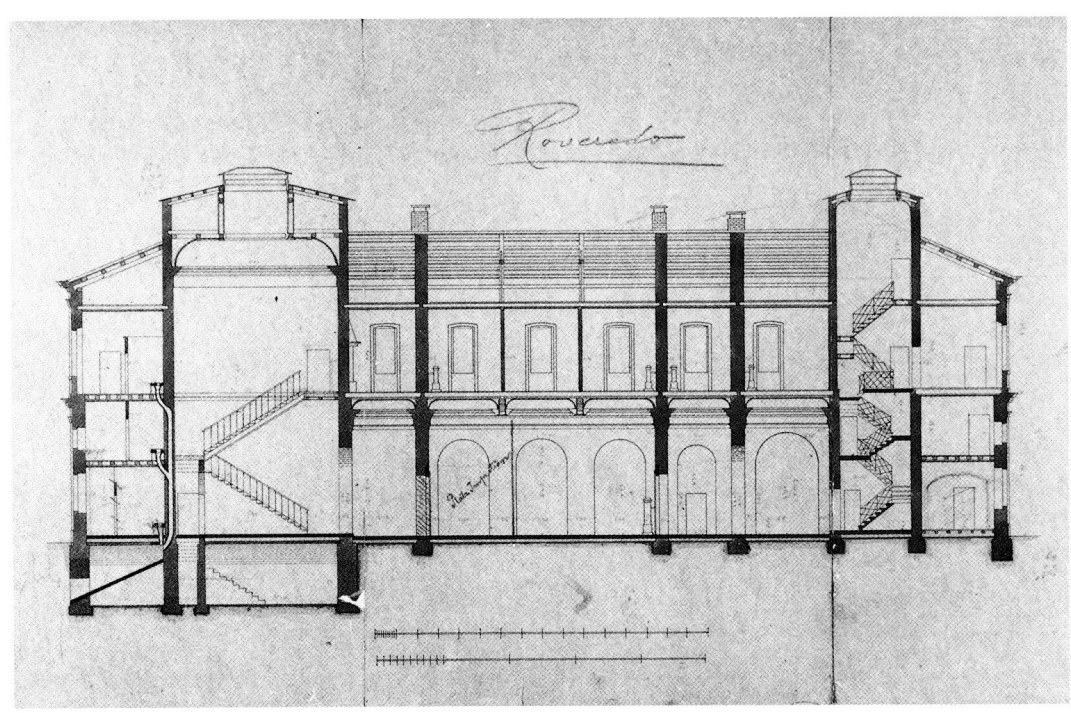

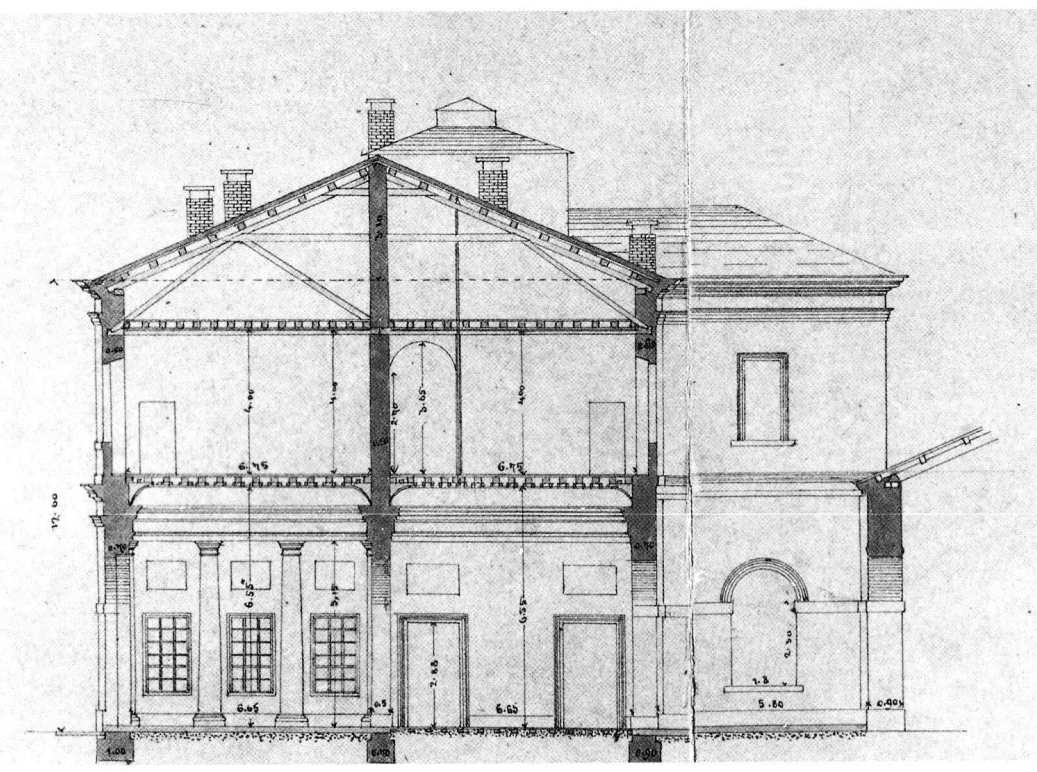

In der ersten Nachkriegszeit wurde das teilweise zerstörte Bahnhofsgebäude schnell instand gesetzt, eine umfassendere Renovierung ließ jedoch lange auf sich warten. Im Jahre 1954 verzeichnete man eine starke Verschlechterung der Dienstleistungen im Reiseverkehr. Dies rief vor allem bei den zahlreichen Kurgästen, die unter den ansteckenden Lungenkrankheiten litten, Unbehagen hervor. Diese Reisenden hätten eine gewisse Bequemlichkeit und vielleicht auch einen für sie bestimmten Warteraum benötigt.

Da es an Geldmitteln fehlte, wurde der Wiederaufbau des Gebäudes über Jahre hinweg immer wieder verschoben. Wiederholt griff die Presse ein und unterstrich das beachtliche Verkehrsaufkommen der Station Mori, das in der Güterabfertigung sogar den Bahnhof von Rovereto übertraf. »... pro Jahr werden zweitausend Güterwagen auf fünf Anschlußgleisen verschoben, die wiederum von ebenso vielen Fabriken herkommen« – erinnerte die Tages-

zeitung »Alto Adige« –, »darunter vom großen Montecatini-Werk, ohne all die anderen Waggons mit Stückgut, allen möglichen Waren und landwirtschaftlichen Produkten dazuzurechnen, die aus den umliegenden Tälern ... und dem Hinterland des Gardasees kommen und genauso dorthin transportiert werden ...«. Einige Jahre später jedoch (diese Nachricht stammt direkt von der Eisenbahn) war der Reiseverkehr erheblich zurückgegangen. Obwohl in der Station Mori immerhin sechzehn Personenzüge hielten, fuhren doch nicht mehr als vierzig Reisende am Tag dort ab. Die Hotelbesitzer von Mori verlangten die Wiedereröffnung der Haltestelle für Schnellzüge und Fernzüge. Ihre (von der Zeit längst überholte) Hoffnung war, die zahlreichen vor allem aus dem Ausland kommenden Urlauber zurückzugewinnen.

Erst Anfang der sechziger Jahre wurde eine richtige Renovierung in Angriff genommen. Allerdings schritt sie nur sehr langsam voran. Bei dieser Gelegenheit wurde an das Bahnhofs-

gebäude ein Eisenschutzdach angebaut. Während der Arbeiten machte man einen ungewöhnlichen Fund, über den die Lokalzeitung berichtete: Als man eine Decke abriß, kam die Rechnung für einen Gütertransport zum Vorschein, die am 4. November 1863 von der Südbahn ausgestellt worden war – genau vor einhundert Jahren!

Der Bahnhof in Rovereto

Kehren wir zu unserer Eisenbahnlinie zurück, die vor Rovereto den Leno überquert, der aus der Vallarsa kommt. Die ursprüngliche Steinbrücke hatte drei Bögen von je zwölf Metern Spannweite und war mit Quadersteinen verkleidet. Beim Bau der Station – außerhalb der Stadt, die leicht erhöht am Fuße des Berges liegt – wurden die Bahnanlagen fast ganz in der Talsohle angelegt. Damit verfolgte man eine doppelte Absicht: Einmal konnte man die Steigung und das darauffolgende Gefälle der Eisen-

bahn bei der Ein- und Ausfahrt aus der Station verringern, zum anderen konnte man »mit dem daraus gewonnenen Material den nächstfolgenden Damm« aufschütten, der sich gleich nach der Station durch das Valdiriva ziehen sollte.

In Rovereto endete der auf fünf Meter Breite begrenzte Streckenabschnitt (ausreichend für ein Gleis); der Bahnkörper hatte nun bis Bozen eine Breite von acht Metern (für ein Doppelgleis berechnet).

Rovereto (vormals »Roveredo« genannt) war von Anfang an ein wichtiger Bahnhof. Man maß ihm so viel Bedeutung bei, daß er mit einem Bahnhofsgebäude nebst Bahnsteigdach, einem Wasserturm, einem Lokomotivdepot mit einer kleinen Werkstatt, einem Wagenschuppen und einem Warenlager ausgestattet wurde.

Rovereto hat dank seiner geographischen Lage eine große Bedeutung. An dieser Stelle münden einige Seitentäler in die Nord-Süd-Hauptachse – die bereits erwähnte Vallarsa, die über den Paß Pian delle Fugazze Rovereto mit Schio und Vicenza verbindet (der Bau der Straße reicht bis in die Jahre 1817–1824 zurück); das Terragnolo-Tal, das ebenso die Vallagarina mit Venetien verknüpft; nach Westen hin erstreckt sich das Loppio-Tal, das Rovereto mit dem Gardasee verbindet; weiter nördlich öffnet sich das kleine Cei-Tal. Rovereto ist somit Durchgangsstation zum See und zu den Bergorten auf den Hochplateaus von Folgaria und Brentonico.

In den vergangenen Jahrhunderten jedoch war die Wirtschaft dieser Gegend vorwiegend an die Schiffahrt auf dem Fluß gebunden. Das westlich von Rovereto gelegene Sacco war bereits im hohen Mittelalter ein wichtiger Umschlagplatz für den Flußhandel. Die Forderungen Saccos, das seinerzeit einen autonomen Gemeindestatus hatte, spielten auch bei der Entscheidung über die Lage der Bahnstation eine wichtige Rolle.

Im 15. Jahrhundert begann man in der Vallagarina mit der Anpflanzung von Maulbeerbäumen und der Seidenraupenzucht. Rovereto spezialisierte sich auf die Produktion und den Handel mit Seide. Der Leno lieferte die Antriebskraft, und die guten Verkehrsverbindungen, die es einfach machten, in Italien Rohseide zu besorgen und sie dann verarbeitet nach Deutschland zu schicken, stellten einen großen Vorteil dar. Sicher ist, daß Rovereto in der Mitte des 18. Jahrhunderts einer der wichtigsten Orte für die Seidenverarbeitung war.

Bereits in den ersten Jahrzehnten des 19. Jahrhunderts entstand in Rovereto ein erstes Industriegebiet am Eingang der Vallarsa. Der Bau der Eisenbahn, die Begradigung der Etsch und die Errichtung von Brücken zwischen den beiden Flußufern führten zum Aus-

sterben des jahrhundertealten Floßverkehrs, der seit alters eine der wichtigsten Einnahmequellen der Stadt gewesen war.

Einen noch schwereren wirtschaftlichen Tiefschlag versetzten der Krieg von 1866 und die folgende Verlegung der Grenze zwischen Österreich und Italien nach Borghetto. Diese Wandlung brachte für Rovereto im Handel mit Venetien große Schwierigkeiten und war der Beginn des Verfalls traditioneller Gewerbe wie der Seidenindustrie, aber auch der Papierfabriken und der Lederverarbeitung. Der großen

wirtschaftlichen Krise begegnete man in den letzten Jahrzehnten des 19. Jahrhunderts mit einer Ankurbelung der Industrie.

Auch in Rovereto hatte die Eisenbahn Einfluß auf die Entwicklung des Stadtgebietes. Der alte Stadtkern – der sich mit der Burg im Schutze des Felssporns nahe des Lenos erhob – hatte sich bereits gleichzeitig mit den Handwerksbetrieben entwickelt. Die Lage des Bahnhofs im Westen, etwa einen Kilometer von der Stadt entfernt, machte eine Verbindung zwischen der Stadt und dem neuen, zukunftsträchtigen Verkehrsmittel nötig. Bereits im Jahre 1873 legte man quer über die Felder die »Bahnhofsstraße«, die im oberen Teil zum Besitz der Familie Rosmini gehörte und später ihren heutigen Namen im Angedenken an den Philosophen Antonio Rosmini aus Rovereto bekommen sollte. Es sei auch erwähnt, daß sich diese Stadt seit jeher durch ihr blühendes kulturelles Leben und den Sitz zahlreicher wissenschaftlicher Institute besonders auszeichnete. Längs der Hauptverkehrsachse – die den neuen Schwerpunkt der städtebaulichen Entwicklung bildete – entstanden wichtige öffentliche und private Gebäude, und rundherum wurden neue Straßen angelegt.

1899 wurde ein Entwurf für eine neue Eisenbahnlinie vorgelegt, die Vicenza mit Rovereto verbinden sollte. Dazu wollte man die bereits bestehende Zweiglinie nach Schio verlängern. Die Strecke durfte eine maximale Neigung von 20 Promille aufweisen. Um dem steilen Paß am Pian delle Fugazze auszuweichen, sollte ein 8 Kilometer langer Tunnel gebaut werden. Die Länge der Gesamtstrecke betrug 42 Kilometer. Seinerzeit verlief die Grenze zwischen Italien und Österreich genau über den Pian delle Fugazze. Nachdem die Verbindung über die Valsugana nur von der Trentiner Hauptstadt bis Tezze reichte, konnte die neu entworfene Linie Vicenza–Rovereto auf ein hohes Verkehrsaufkommen hoffen. Ein guter Teil des Reiseverkehrs über Verona wäre auf diese Linie entfallen. Aber der Plan wurde verworfen.

Die dramatischsten Zeitspannen in der Geschichte Roveretos im 20. Jahrhundert waren die beiden Weltkriege.

Im Ersten Weltkrieg stand Rovereto bereits vor Beginn der Kampfhandlungen im Mittelpunkt. Da sich die Stadt genau in der Kampfzone befand, wurde sie evakuiert. Die Bewohner brachte man mit der Eisenbahn ins Innere des Österreichischen Kaiserreiches. Sie konnten erst Ende 1918 zurückkehren und fanden ihre Stadt zum großen Teil zerstört oder beschädigt vor. Doch es ging schnell wieder aufwärts. Die Häuser wurden wieder aufgebaut, und ein zweites Industriegebiet entstand im Stadtteil San Giorgio jenseits der Eisenbahn. Auf Betreiben der FS wurde die Brücke über den Leno mit einem neuen Tragwerk für ein zweites Gleis erweitert und das bestehende Tragwerk verstärkt.

Im Jahre 1920 wurde der Ort Sacco von Rovereto eingemeindet; sieben Jahre später gliederte man – neben anderen kleinen Ortschaften – auch Marco ein; Marco war eine Haltestelle auf der Brennerlinie. 1924 verlängerte man wie erwähnt die Linie Mori–Arco–Riva bis nach Rovereto.

Bereits um das Jahr 1910 hatte man eine Bahnunterführung angelegt, um die Stadt mit dem Vorort San Giorgio zu verbinden. In den zwanziger Jahren ließ die FS mit einem Gemeindezuschuß eine Bahnüberführung südlich des Bahnhofs bauen. 1930 war die Überführung fertig und ersetzte einen Bahnübergang. Jetzt gab es eine direkte Verbindungsstraße zwischen der Stadtmitte und Borgo Sacco und den anderen Ortschaften am rechten Etschufer.

In den zwanzig Jahren faschistischer Regierung dehnte sich die Stadt schnell aus. Aber ihre Entwicklung wurde durch den Zweiten Weltkrieg gebremst. Die Auswirkungen waren noch tragischer als im ersten. Da Rovereto – wie das ganze Trentino und die Provinzen Bozen und Belluno – zur »Operationszone Alpenvorland« gehörte, die bis zur alten Grenze in Borghetto reichte, befand es sich in den entscheidenden letzten eineinhalb Kriegsjahren im Mittelpunkt der alliierten Bombenangriffe auf die Brennerlinie und die Eisenbahnbrücken. Eine wichtige Brücke lag ganz nahe bei Rovereto, und zwar die Brücke über den Leno, die

in den letzten Kriegsmonaten täglich bombardiert wurde.

Bei Kriegsende war die Brücke unbenutzbar (sie wurde mit Betonlagern und einem Eisentragwerk wieder aufgebaut), das Bahnhofsgebäude und zwei Bürogebäude waren zerstört und die Lagerräume beschädigt. In der Stadt gab es zahlreiche zerstörte Privathäuser und Industriebetriebe.

Das neue Bahnhofsgebäude wurde vermutlich nach einem Entwurf Roberto Narduccis gebaut. Auf der Seite des äußeren Bahnhofsplatzes war zunächst eine schlichte Fassade geplant. Während der Bauarbeiten entschied die örtliche Verwaltung der FS jedoch, an der Außenseite einen Bogengang anzusetzen.

Dieses Tonnengewölbe war so breit angelegt, daß es als Auffahrt für Fahrzeuge ausreichte; an der Stirnseite sind die Pfeiler mit Bogen überspannt. Der nicht genehmigte Anbau – für den man eine beachtliche Menge an Marmor benutzt hatte – rief im Sommer 1948 den Tadel und die Kritik der Bauleitung in Rom hervor.

Es war nicht das erste Mal, daß Vorschriften aus Rom recht frei interpretiert worden waren. Einen ähnlichen Fall hatte man wie erwähnt kurze Zeit vorher in der Station Domegliara gehabt. Auch in Rovereto erlaubte die wirtschaftlich angespannte Lage keine Änderungen. »In besseren Zeiten jedoch« – so das Zentralbüro der FS – »kann man darüber nachdenken, ob nicht vielleicht ein Paneel an der oberen Stirnseite des Bogengangs die Ästhetik des Bauwerks verbessern könnte«.

In der Stadt versuchte man, beim Wiederaufbau breitere, dem modernen Verkehr angemessene Straßen anzulegen. Vor dem Bahnhof schuf man eine Grünanlage. In den fünfziger Jahren erlebte die Industrie einen bedeutenden Aufschwung. Die Industriebetriebe siedelten sich außerhalb der Stadt links und rechts der Eisenbahnlinie an. Da die Betriebe immer mehr Arbeitskräfte anzogen, vergrößerte sich das Stadtgebiet. Bereits Anfang der sechziger Jahre bedurfte die Station Rovereto vor allem wegen der Zunahme des touristischen Reiseverkehrs einer allgemeinen Neu-

Das soeben fertiggestellte Bahnhofsgebäude von Rovereto. Das Foto entstand um 1950.

Detail des Bogengangs in der heutigen Station

ordnung, die in verschiedenen Phasen ausgeführt wurde.

Vier kleine Bahnhöfe

Zu Beginn lagen zwischen Rovereto und Trient zwei Stationen: Calliano und Mattarello. Ende des 19. Jahrhunderts hielt der Zug bereits in zwei anderen, kleinen Ortschaften: Villa Lagarina und Volano.

In Villa Lagarina steht heute noch das Gebäude des kleinen Bahnhofes. An dieser Stelle verläuft die Schienenstrecke nahe der Etschbrücke in einem tiefen Einschnitt.

Auch in Volano steht noch das Gebäude der ehemaligen Haltestelle. Es ist klein, hat aber einen ungewöhnlichen Baustil; im oberen Teil unter dem weiten Dach kann man Reste einer Wandmalerei erkennen.

Nach Castel Pietra überquert die Eisenbahn auf einer Brücke mit drei Bogen den Roßbach und erreicht die Station von Calliano, das unter dem Namen Villa Galliana bereits zur Zeit der Römer bestand. 1857 endeckte man während der Erdarbeiten zum Bau der Eisenbahn ein römisches Kästchen, in dem man neben vielen anderen Dingen auch eine Präzisionswaage fand. Auch kurz vor Calliano legte man einen Durchstich an, um eine zweifache Überquerung des Flusses zu vermeiden. So konnte man mit der ausgehobenen Erde die beiden Bahndämme zur Überwindung des alten Flußbetts aufschütten, wo man zudem zwei Durchlässe für den Ablauf der Abwässer anlegte.

Anfangs gab es in der Station Calliano nur ein Bahnhofsgebäude, da die Station die nicht besonders wichtigen Ortschaften aus der Umgebung und aus dem Gebiet von Folgaria versorgte. Im Ersten Weltkrieg wurde sie dann von den Österreichern ausgebaut. Nahe der Station errichteten diese Materiallager und eine Seilbahn.

Bei Calliano endet die Vallagarina, und es beginnt das trentinische Etschtal, das bis zur Salurner Klause reicht. Die Wirtschaft in diesem Gebiet war über Jahrhunderte hinweg vom Bergbau bestimmt. Vor allem die Steinbrüche, in denen Kalk- und Sandstein (später Porphyr)

für Bau- und Verzierungszwecke abgebaut wurde, führten zu einem Aufschwung der zugehörigen Handwerkszweige. Darüber hinaus gab es Mühlen, Sägewerke und Gerbereien.

Das 19. Jahrhundert war das Jahrhundert des Wasserbaus, der Modernisierung der Straßen und des Baus der Eisenbahnlinie längs der Etsch. Diese Arbeiten brachten eine vorübergehende Zuwanderung aus allen umliegenden Tälern mit sich. Die »aisemponeri« (wie die Bahnarbeiter in der Umgangssprache genannt wurden) kamen sogar aus Venetien, angezogen von der zwar schweren, aber verläßlich bezahlten Arbeit.

Wir haben gesehen, wie auch im Trentino von der Grenze in Ala bis Trient die Eisenbahn in den ersten Jahrzehnten schnell in das Alltagsleben Eingang gefunden hat, vor allem durch die Eröffnung neuer Bahnhöfe auch in kleineren Ortschaften. Ottone Brentari erwähnte, daß das Trentino – politisch mit der österreichischen Provinz Tirol verbunden, unterstand es der Statthalterschaft von Trient – nur über die Brennereisenbahn verfügte. Der größte Personen- und Güterverkehr fiel auf die Stationen Ala, Mori, Rovereto, Trient und St. Michael an der Etsch. Der Verkehr nahm in den Jahren 1880 bis 1890 ständig zu. Ungeduldig wartete man auf den Bau der geplanten Linie durch die Valsugana, die weitere Reiseerleichterungen für die Bevölkerung und eine sichere Zunahme des Fremdenverkehrs bewirken würde. Die Eisenbahn bot große Vorteile. Die Straßen, die die in Genossenschaften vereinigten Gemeinden anlegten, verlangten umfassende Instandsetzungsarbeiten, zu deren Ausführung es der finanziellen Unterstützung von Staat und Provinz bedurfte.

In jener zweiten Hälfte des 19. Jahrhunderts befand sich das Trentino in einer schwierigen wirtschaftlichen Lage. Die Wirtschaftskrise, die Überschwemmungen, die Krankheiten von Weinrebe und Maulbeerbaum bedrohten die wichtigsten Einkommensquellen der Region. Zahlreiche Einwohner wanderten vor allem nach Südamerika aus.

Doch zurück zu unserer Eisenbahnlinie! Nach Calliano gab es im Abschnitt zwischen

Rovereto und Trient mit Mattarello eine vierte Station, die zunächst keine große Bedeutung hatte, da sie nur den einzelnen Urlaubsorten zwischen Vigolo und Valsorda als Bahnhof diente. Auch die Station Mattarello wurde im Ersten Weltkrieg ausgebaut. Sie lag in militärischem Grenzgebiet.

Die Eisenbahnbrücke, die nach dem Bahnhof über die Fersina (Fersentaler Bach) ging, wurde in der Zeit zwischen den beiden Weltkriegen mit dem Bau eines neuen Tragwerks doppelgleisig.

Diese Seite:
Die Station von Villa Lagarina auf einem Foto
aus den dreißiger Jahren. Das Bahnhofsgebäude
hat bis heute überdauert.

Der Bahnhof von Trient in der Zeit vom 19. Jahrhundert bis Angiolo Mazzoni

Trient liegt in der Mitte des Etschtales, wo die Valsugana und jene Trasse aufeinandertreffen, welche die Sarca entlang und durch Judikarien in die lombardische Ebene führt. Als die Römer die erste städtische Siedlung bauten, lagen rundum auf den Anhöhen und Hügeln viele kleine Orte.

Erinnern wir uns: Die Römer legten zwei Zweige zur Via Claudia Augusta an. Die eine Straße kam von Hostilia her (durch das Etschtal führte sie weiter bis Bozen), die andere von Altinum (durch das Brentatal), und in der Talebene, wo dann Tridentum entstand, liefen sie zusammen. Aus der spätrömischen Epoche stammt nach Meinung der Historiker eine Militärstraße, die von Brescia durch Judikarien ebenfalls nach Tridentum führte. Damit waren bereits die wichtigsten, nach wie vor benutzten Straßenverbindungen angelegt. In nördlicher Richtung kommen die Straßen durch das Nonstal und das Cembratal hinzu.

Der ursprüngliche Stadtkern Trients zog sich um den Dom herum und wurde im Norden von der großen Etschschleife begrenzt. Entlang der Flußkrümmung verlief die Stadtmauer mit den Türmen Torre Verde und Torre Vanga.

Das Gebiet, auf dem im 19. Jahrhundert die Bahnstation von Trient erbaut wurde, lag an der erwähnten engen Etschbiegung. Innerhalb der Biegung wurde im Jahre 1146 in einem von häufigen Hochwassern bedrohten Gebiet das Benediktinerkloster San Lorenzo errichtet. Die Mönche machten den Boden urbar und kümmerten sich um die Ansiedlung in den zum Kloster gehörigen Ländereien. Die Benediktiner wirkten auch am Bau des Dorfes San Martino nördlich der Stadtmauer mit. 1191 wurde der Kirche von San Martino ein Hospiz angeschlossen. Reisende, die sich in Richtung Norden auf der Durchreise nach Bozen und Deutschland befanden, wurden hier über Jahrhunderte hinweg aufgenommen. Ein anderes Hospiz – jenes der Kreuzritter – gab es seit dem Jahre 1183 südlich der Stadt. Beide waren von Mönchen geführt und gehörten zu einer Reihe von Herbergen, die in einem Abstand von 20 oder 30 Kilometern voneinander entfernt lagen. Das entsprach genau der Entfernung, die ein Wanderer oder ein Händler mit seinem Gespann oder Lasttier pro Tag zurücklegen konnte. Die Hospize gewährten den Reisenden, die von den Anstrengungen der langen Fahrt voller Gefahren ermüdet waren, Unterkunft und Beistand.

Auf die Benediktiner folgten in San Lorenzo die Dominikaner, die über fünf Jahrhunderte im Kloster weilten. Im 18. Jahrhundert wurde das Kloster in eine Besserungsanstalt umgewandelt, dann wurde es Armenhaus, noch später ein Lazarett, sodann eine Kaserne, und im 20. Jahrhundert wurde es schließlich abgerissen. Heute liegt auf dem Grund des alten Klosters der Busbahnhof. Die Kirche hingegen hat sich bis in unsere Tage hinein erhalten, und neben ihr befindet sich nun der Bahnhof.

Der von Ingenieur Carlo Caminata im Jahre 1851 gezeichnete »Stadtplan« empfahl in Anbetracht der zukünftigen Eisenbahnlinie, die Stadt nach Westen hin auszudehnen. Die Bahnlinie, an deren Entwurf Negrelli seinerzeit noch gearbeitet hatte, wurde bereits als neue Stadtgrenze und als wegweisend für die zukunftsorientierte Stadtplanung anerkannt.

Die Station im Gebiet »Centa«

Als man die Eisenbahn baute, war Trient noch von seiner Stadtmauer umgeben. Rundherum lagen innerhalb und außerhalb der Mauer die Kasernen der österreichischen Kavallerie. Bei der Suche nach einem Standort für die Station fiel die Wahl auf das Gebiet neben der Kirche San Lorenzo, das früher »Ischia San Lorenzo« geheißen hatte und dann den Namen »Centa« bekam.

Voraussetzung für den Bau der Eisenbahn war die Umleitung der Etsch. Bis in die Mitte des 18. Jahrhunderts hinein war der Fluß die Hauptverkehrsader zwischen Nordeuropa, der Poebene und der Adria gewesen. Im darauffolgenden Jahrhundert, als diese Handelsstrecke bereits an Bedeutung verloren hatte, versuchte man vor allem in der Provinz Trient durch mehrere Flußbegradigungen das Problem der häufigen Überschwemmungen, die schwere Schäden hervorriefen, zu lösen. Aber die Gefahr von Überflutungen blieb. Für den Bau der Eisenbahn genehmigte, nach wiederholten Anfragen der Trienter Stadtverwaltung, im Jahre 1853 die Wiener Regierung die Flußregulierung im Gebiet Centa, wo der große Bahnhof entstehen sollte. An den Ausgaben sollte sich auch die Gemeinde beteiligen, auf deren Betreiben die Regelung ja vorgenommen worden war. Die Unkosten – so die Regierung in Wien – würden durch die Eisenbahn wieder hereingebracht werden.

Die Flußregulierung wurde gleichzeitig mit den Bauarbeiten an der Eisenbahnlinie zwischen 1854 und 1858 durchgeführt. Das Flußbett wurde begradigt und weiter von der Stadt entfernt angelegt. Nun war auch die Gefahr der Überschwemmungen, die jedes Mal große Schäden angerichtet hatten, gebannt.

Die Flußregulierung war einerseits durch den Bau der Eisenbahn nötig geworden, hatte aber andererseits auch einen großen Einfluß auf die zukünftige städtebauliche Entwicklung. In der Tat dehnte sich die Stadt auf der Ostseite der großen Schleife aus, also nach Westen, aller-

Die Piazza Dante in Trient auf einer
Ansichtskarte vom Anfang des 20. Jahrhunderts.
Links im Hintergrund der Bahnhof.

Trento

Piazza Dante

B. Unterveger, Trento.   È proibita la riproduzione.

dings ohne den Fluß zu überqueren. Die Bahnstation hingegen sollte jenseits des Flusses liegen. Auf diese Weise hätte der Fluß die Stadt vom Bahnhof getrennt. Auch aus diesem Grunde mußten der Eisenbahnbau und die Flußbegradigung gleichzeitig vor sich gehen; dank der Eingliederung Centas in das Stadtgebiet freundete sich Trient schnell mit dem neuen Verkehrsmittel an. Schließlich hatte es noch einen anderen Grund (der bestimmt nicht an letzter Stelle stand) für den Durchstich gegeben – der Bau zweier kostspieliger Brücken konnte vermieden werden.

»Somit durchschneidet jetzt die Bahn das verlassene Flussbett mit zwei Dämmen, in welchem eben so viele Objekte die Ableitung der Abwässer besorgen. ... Die Station liegt jetzt mitten auf einer Insel, die vom alten, verlassenen Flussbette und dem neuen Durchstiche der Serpentine von Centa geschaffen wurde ...«, hieß es in der Veröffentlichung aus dem Jahre 1859.

1855 begann man mit dem Bau des Bahnhofes. Nur wenig davon entfernt lag außer dem heruntergekommenen Gebäude des ehemaligen Klosters San Lorenzo die gleichnamige Brücke, die im Jahre 1835 nach verschiedenen Zerstörungen zum vierten Male aufgebaut worden war. Diese Brücke bildete über viele Kilometer hinweg die einzige Möglichkeit zur Überquerung der Etsch. Der Ausblick auf den Fluß, die Brücke und das Kloster war seit jeher ein beliebtes Motiv für Maler und Fotografen.

1858 wurde eine neue Steinbrücke über den neuen Etschlauf gebaut, die wiederum dreißig Jahre später durch eine Eisenbrücke ersetzt werden sollte. Jenseits der Eisenbahnlinie in San Lorenzo entstanden das Gaswerk, ein Lazarett und – wie es scheint – ein Freudenhaus mit dem Namen »Ongaria« nach der Nationalität der Mehrheit seiner Besucher.

Zurück zu unserer Eisenbahn. Der erste Zug lief am 20. September 1858 im Bahnhof von Trient ein. Der Zug mit der Lokomotive »Galileo« war am Morgen um acht Uhr in Verona abgefahren und hatte die Strecke bis Trient in dreieinhalb Stunden zurückgelegt. Sechs Monate später wurden am 23. März 1859 auf dem Abschnitt von Verona bis Trient zwei tägliche Verbindungen in beide Richtungen in Betrieb genommen. Am 16. Mai folgte die Eröffnung der Teilstrecke nach Bozen.

Das Bahnhofsgebäude, das auf die Piazza Dante blickte, war ein massives Bauwerk, mit Erdgeschoß und erstem Stockwerk, einem kleinen Schutzdach an der Nordseite und einem niedrigen Bau auf der Südseite. Zum Platz hin öffneten sich sieben Rundbogenportale; ganz oben in der Mitte der Fassade war eine Uhr angebracht.

Aufgrund ihrer großen Bedeutung wurde die Station von Anfang an mit einem Bahnsteigdach ausgestattet; zudem gab es einen Wasserturm und ein großes Warenlager.

Mit dem Verlust der Lombardei im gleichen Jahr 1859 und jenem späteren Venetiens befand sich Trient – seit jeher Durchgangsort zwischen Nord und Süd und gleichsam das »Tor« zu Italien – in einer strategisch wichtigen Lage. 40 Kilometer von der neuen Grenze in Ala entfernt und 76 von jener in Tezze Valsugana war Trient, dessen Gebiet vom neuen italienischen Reich umgeben war, die südlichste Stadt des österreichischen Kaiserreiches. Ihre strategische Bedeutung nahm weiter zu mit der Eröffnung der Eisenbahnlinie in Richtung Bozen–Brenner, welche die Verbindung mit Österreich herstellte; somit eignete sich Trient hervorragend für die Konzentration von Truppen.

Aus diesem Grund veranlaßte das österreichische Pionierkorps die Errichtung umfassender Festungsanlagen. In den Jahren 1860 bis 1864, also gleich nach der Abspaltung der Lombardei, wurden die Zugänge auf der Westseite befestigt; es entstand die Verteidigungslinie in Molveno und im Nonstal.

Während des Krieges von 1866 wurde die Stadt für zwei Tage evakuiert.

Nach der Angliederung Venetiens an Italien errichtete man die Verteidigungsanlagen nicht sofort. Erst 1876 begann man mit den Bauarbeiten; über dem Etschtal baute man nahe der Eisenbahn einige Kasematten, eine davon in Mattarello. Nach Osten konzentrierte sich die Verteidigung auf die Zugänge zur Valsugana und Valsorda. Die Verteidigung der Stadt übernahmen das Fort von Martignano und jenes auf dem Doss Trento. Noch Anfang des 20. Jahrhunderts baute man die Befestigungsanlagen, so daß das Gebiet am Vorabend des Ersten Weltkrieges einem Schanzwerk glich.

Bei der Eröffnung der Eisenbahn wurde auf Gemeindekosten eine Verbindungsstraße zur Stadtmitte gebaut, die das verlassene Flußbett auf einer Brücke überquerte. Im Jahre 1869 legte man, nachdem das alte Flußbett zugeschüttet worden war, die Straße zum Bahnhof an. In den sechziger Jahren kaufte die Gemeinde die Grundstücke zwischen der Eisenbahnlinie und dem Etscharm und erstellte einen Plan für die Verbauung des Gebiets.

In Trient jedoch wirkte sich der Bahnhof zunächst nicht wie üblich als Magnet für neue Wohnsiedlungen aus. Infolge des Durchstiches der Etsch hatte man im Stadtteil Centa ein weites Gebiet gewonnen, das die Gemeinde teils als Grünanlage, teils als Baugelände verwenden wollte; aber die Gegend war noch von Überschwemmungen gefährdet und wirkte alles andere als verlockend. So legte die Gemeinde den Garten an, in dem im Jahre 1896 das Dante-Denkmal als Symbol des Begriffes »Italianità« errichtet wurde. Von den Gebäuden entstanden vorerst nur das Hotel »Trient« und das Hotel »De la Ville« (1874 beziehungsweise 1880). Unterdessen wurde die Stadtmauer niedriger gemacht, teilweise in die Bauten eingegliedert, teilweise abgerissen. An dieser Entwicklung hatte zweifelsohne der »Durchbruch« der Stadtgrenzen für den Bau der Schienenstrecke einen großen Anteil.

In der zweiten Hälfte des 19. Jahrhunderts nahm die Einwohnerzahl Trients langsam zu: waren es 1857 noch 14.300 Einwohner, stieg die Zahl im Jahre 1859 auf 17.000 an und 1880 auf 19.600. Zur Jahrhundertwende zählte Trient 21.500 Einwohner.

Im Zeitraum zwischen dem Bau der Eisenbahn und der Jahrhundertwende vergrößerte sich die Stadt auch in Richtung Eisenbahnlinie und Etsch. Besonders in den letzten zwanzig Jahren des 19. Jahrhunderts gab die Gemeindeverwaltung die beiden Bezirke Centa und

Briamasco (letzterer lag zwischen Eisenbahn und Fluß) als Baugelände frei und versuchte, die Gebiete zu besiedeln. Als Anreiz förderte die Stadt die Ansiedlung von öffentlichen Bauten und Verwaltungsbetrieben. Im Rahmen des sozialen Wohnungsbaus wurden die ersten Arbeiterhäuser im Stadtteil Piedicastello errichtet. Jetzt überschritt das Stadtgebiet nicht nur die Eisenbahnlinie, sondern auch die Etsch.

Was die Wirtschaft anbelangte, setzte Trient auf seine Entwicklung als Handelszentrum und auf das Dienstleistungsgewerbe. Zur Gewin-

nung der notwendigen Energie baute die Gemeinde im Jahre 1889 ein Wasserkraftwerk, das das Wasser des Fersinabaches nutzte.

Wenige Jahre nach der Eröffnung der Eisenbahn dachte man bereits an neue Verbindungslinien, von denen man sich einen kräftigen Impuls für die wirtschaftliche Entwicklung versprach. 1864 genehmigte die Gemeindeverwaltung einen ersten Zuschuß zugunsten einer Eisenbahnverbindung zwischen Venedig und Deutschland über die Valsugana. Man entwarf auch ein Stadtbahnnetz. Dabei dachte

Piazza Dante 1921. Hauptmann Gabrielli feuert die Brigade Acqui zum Kampfe an.

man an eine Nahverkehrslinie Lavis–Cembratal–Fleimstal mit der Absicht, die Bozner Konkurrenz zu schlagen (allerdings wurde diese Linie erst fünfzig Jahre später ab Auer geschaffen).

Man plante Stadtbahnen für das Nonstal und das Val di Sole, für Tione und Judikarien. Von diesen Plänen verwirklichte man aber nur die Linie Trient–Malé (allerdings erst 1907).

Indessen hatte man im Jahre 1896 den Streckenabschnitt Trient–Tezze gebaut. Dies war keine internationale Linie, sondern eine bescheidene Nahverkehrsbahn, die erst 1910 über Bassano und Castelfranco mit Venedig verknüpft wurde.

Im Ersten Weltkrieg wurde fast ganz Trient evakuiert. Am 3. November marschierten die italienischen Truppen ein; der Krieg neigte sich

Nebenstehende Seite:
Abriß der alten Station von Trient. Das Foto stammt aus dem Jahre 1934.

Diese Seite:
Soldaten am Bahnhof von Trient im Jahre 1925

seinem Ende zu. In der Nachkriegszeit hatte die Stadt eine starke Zuwanderung zu verzeichnen, unter anderem durch die Ankunft von Beamten und Militärangehörigen aus dem Königreich Italien.

Mazzoni und der neue Bahnhof

Einen ersten Schritt zur Erweiterung und Regelung der Bahnhofsanlagen machte man zu Beginn der zwanziger Jahre. Einige Jahre später, als man bereits am Bau des Bahnhofsgebäudes in Bozen arbeitete, plante man eine neue Station in Trient, die den gegenwärtigen und zukünftigen Anforderungen gewachsen sein sollte.

1932 begann man auf elektrischen Betrieb umzustellen. Seit langem hatte man es vorhergesehen, aber nun war eine umfassende Renovierung der Bahnanlagen unumgänglich geworden. Anfang der dreißiger Jahre hatte nur das erste Gleis, das neben dem Bahnhofsgebäude

lag, ein Bahnsteigdach. Zudem mußten die Fahrgäste die Gleise überqueren. Man mußte also einen Bahnsteig zwischen dem ersten und dem zweiten Gleis errichten und eine Unterführung bauen; ferner brauchte man einen vierten Gleisabschnitt für die Valsugana-Linie.

Das aus dem 19. Jahrhundert stammende Bahnhofsgebäude war, was die Räumlichkeiten betraf, für einen modernen Betrieb nicht geeignet. Offensichtlich war der Bau in einem schlechten Zustand, und die Sauberkeit ließ sehr zu wünschen übrig. Schon dachte man daran, die Station ganz neu zu bauen, als ein politischer Beweggrund gleichfalls auf diese Entscheidung drängte: Die Stadt Trento, die erst seit wenigen Jahren zu Italien gehörte, sollte eine bedeutende, moderne, »italienische« Station bekommen.

Der neue Bahnhof wurde vom Architekten Angiolo Mazzoni entworfen, der ebenfalls im Auftrag des Verkehrsministeriums in Trient bereits das Postgebäude gebaut hatte.

Bleiben wir ein wenig bei diesem Architekten, der eine bedeutende Rolle in der Geschichte unserer Brennerlinie spielte. Mazzoni verdanken wir die Bahnhöfe in Trient und am Brenner und zudem die Umgestaltung des Bahnhofsgebäudes in Bozen. Alle drei Bauten stehen heute noch.

Angiolo Mazzoni wurde 1894 in Bologna geboren. In jungen Jahren ging er nach Rom, wo er die Heeresfachschule für Ingenieure unter der Leitung von Gustavo Giovannoni besuchte, die er 1919 mit der Promotion abschloß. Bald begann er zu entwerfen und wurde 1921 von der FS in Mailand eingestellt; drei Jahre später wurde er nach Rom in die Bauverwaltung »Servizio Lavori e Costruzioni« versetzt, wo er das Büro V bezog, dem der Ingenieur Ferruccio Businari vorstand. In dieser Stellung begann er seine Karriere als Architekt für das eben erst gegründete Verkehrsministerium, zu dem sowohl die Staatsbahn als auch der Post- und Telegrafendienst gehörten. Mazzoni und sein bereits erwähnter Kollege Roberto Narducci entwarfen sowohl Bahnhofs- als auch Postgebäude.

Bereits 1924/25 gestaltete Mazzoni die ersten Pläne für die Bahnstation Santa Lucia in Venedig. Diese Aufgabe sollte ihn fast dreißig Jahre lang beschäftigen: Nach zahlreichen Entwürfen aus seinem Büro nahm er an dem öffentlichen Landeswettbewerb im Jahre 1934 teil und erstellte zusammen mit dem Verfasser Virgilio Vallot den Siegerentwurf. Schließlich hatte man einen Entwurf für die Lagunenstadt erstellt, der offiziell genehmigt wurde, und im Jahre 1940 begannen die Bauarbeiten. Aber der Krieg unterbrach alles und machte die getane Arbeit zunichte.

Ebenfalls 1924 begann Mazzoni auch an Rom Termini zu arbeiten. Dieses Projekt sollte sich über neunzehn Jahre hinziehen, in denen zahlreiche Veränderungen vorgenommen wurden, die man zuletzt aber alle verwarf. In jenen Jahren entwarf der junge Architekt auch die Pläne für die ersten Umbauten des Bahnhofes am Brenner, die in den Jahren bis 1930 ausgeführt wurden. Gleichzeitig begann er den Entwurf für die Ferienkolonie am Meer in Calambrone (Tirrenia) anzufertigen, die für die Kinder der Beamten von Bahn, Post- und Telegrafenamt errichtet werden sollte. Es entstand eine vom Baustil her recht außergewöhnliche Anlage, die im Jahre 1933 eröffnet wurde.

1928 waren die Renovierungs- und Umbauarbeiten an der Station von Bozen beendet. Unterdessen baute Mazzoni längs der Südtiroler Schienenstrecken eine Reihe von Häusern für die Angestellten der Eisenbahn. Er begann auch einen Entwurf für die Station von Florenz, mit dem er an dem Wettbewerb von 1932/33 teilnahm; er änderte ihn mehrfach um. Das reichhaltige Material an Entwürfen und Unterlagen der Bahnhöfe von Venedig, Rom und Florenz und anderer nicht verwirklichter Bauprojekte stellt heute für Historiker, die sich mit Mazzoni oder überhaupt mit der Architektur öffentlicher Gebäude jener Jahre beschäftigen, eine wahre Fundgrube dar.

In den Jahren 1930–1934 entstand das bereits erwähnte Direktionsgebäude des Post- und Telegrafenamtes in Trient, das nach den Plänen Mazzonis gebaut und mit Glasmalereien von Tato (Guglielmo Sansoni) und Depero verziert wurde. Der Bau war auf das Betreiben Mussolinis errichtet worden, der damit der Arbeitslosigkeit entgegenwirken wollte. In der Zwischenzeit baute unser Architekt – der sich immer mit mehreren Projekten gleichzeitig befaßte – die Station von Littoria (heute Latina).

1931 bekannte sich Mazzoni offiziell zum Futurismus. Kurz darauf begann er die Pläne für den Bahnhof von Trient zu entwerfen, dessen Bau sich – wie wir sehen werden – bis ins Jahr 1936 hinziehen sollte. Indessen beendete man den zweiten Abschnitt der Bauarbeiten an der Brennerstation. 1937 wurde der Bahnhof von Montecatini eröffnet, und im darauffolgenden Jahr bekam Mazzoni die Leitung einer eigens für ihn eingerichteten Zweigstelle des Büros V, die für die Planung spezieller Bauarbeiten zuständig war.

1944 verlegte man wie erwähnt die Generaldirektion der FS nach Verona. Da befohlen wurde, alle Unterlagen, die man nicht mitnehmen konnte, zu vernichten, brachte Mazzoni die Entwürfe, die er in zwanzig Jahren Arbeit erstellt hatte, in Sicherheit. Später überließ er sie dem Museum von Rovereto, wo sie bis heute aufbewahrt werden. 1945 wurde die Zweigstelle des Büros V abgeschafft, und Mazzoni wegen seiner beruflichen Vergangenheit im Dienste der faschistischen Verwaltung seiner Ämter enthoben. Drei Jahre später zog er auf Einladung der kolumbianischen Regierung als Dozent für Architekturgeschichte und Urbanistik nach Bogotà. Auch in Kolumbien war er eifrigst mit Planungen beschäftigt, bis er schließlich 1963 nach Italien zurückkehrte; Mazzoni starb im Jahre 1979.

Zurück zur Station in Trient: Um das neue, große Bauvorhaben zu verwirklichen, wurden zwischen der FS, der Gemeinde und der Provinz die wirtschaftlichen und organisatorischen Aufgaben abgegrenzt. Nach einem ersten Entwurf, der bald verworfen wurde, arbeitete Mazzoni einen Plan aus, der das Gebäude mit einem waagrechten Schnitt auf einen einheitlichen Horizont brachte.

Im August 1933 wurde dieser Entwurf angenommen. Im darauffolgenden März wurde das Modell des neuen Gebäudes im Versammlungssaal des Gemeinderates im Beisein von Regierungsangehörigen und Journalisten vorgestellt. Mazzoni erläuterte persönlich den Entwurf, der – bei einem Kostenaufwand von sechs Millionen Lire – der Stadt ein zweckmäßiges Gebäude geben sollte, das den modernen Anforderungen des Eisenbahnverkehrs und des Tourismus gewachsen sein würde. Die Zustimmung war einhellig.

Am 20. August des gleichen Jahres begann man mit dem Abriß des alten Gebäudes aus der Habsburgerzeit.

Um den Bahnhofsbetrieb so wenig wie möglich zu behindern, geschah dies in zwei Abschnitten. Diesem Ereignis – wenn man den Berichten in der damaligen Presse Glauben schenkt – sah man voller Zustimmung entgegen, hatte man doch das Gefühl, damit eine vergangene Zeit auszulöschen.

Um das neue Bahnhofsgebäude harmonisch in die Landschaft einzufügen, sollte der Bau flach gehalten werden und nur an den zwei Seiten nach San Lorenzo und zum Zoll hin höher sein. Auf diese Weise blieb der Blick auf die Schönheit der Gebirgslandschaft erhalten; frei war der Ausblick auf den Doss Trento und zu Bondone und Paganella.

Zur Piazza Dante hin hat die 150 Meter lange Stirnseite des Gebäudes – das auch heute noch in der ursprünglichen Form erhalten ist – einen Bogengang mit Pfeilern, die unter dem vorstehenden Schutzdach im Schatten liegen. Die Pfeiler sind aus geschliffenem, violettfarbenem Predazzo-Porphyr, der sich vom Weiß der restlichen Fassade deutlich abhebt; auch der weiße, gekörnte Pila-Marmor kommt aus dieser Gegend, nämlich aus den Steinbrüchen in Villa Montagna. Er wurde zur Verkleidung der Außenwände, für die Mäuerchen und die Einrahmung der Gärten verwendet. Die mit Glasmosaiken verzierte Decke des Bogenganges zieht sich unter dem Vordach weiter bis auf den Platz hinaus.

Das Innere des Gebäudes wurde in drei Bereiche unterteilt. Der Bereich auf der Seite Richtung Verona war dem Bahnhofspersonal und dem Eisenbahnbetrieb vorbehalten; an der Spitze dieses Südflügels war der Bau zweistöckig angelegt, so daß hier Wohnungen eingerichtet werden konnten. Auf die entgegengesetzte Nordseite legte Mazzoni das Postamt.

Im mittleren Teil des Gebäudes liegt die große Bahnhofshalle (580 Quadratmeter) für Ankunft und Abfahrt. Um die Halle reihten sich damals der Fahrkartenschalter, das Auskunftsbüro, die Gepäckaufbewahrung, das Telegrafenamt, die zwei Wartesäle (einer für die erste und zweite Klasse, ein anderer für die dritte Klasse), zwei Gaststätten (ebenfalls für die jeweiligen Klassen), der Zeitungs- und Zigarettenladen und so weiter. Im großen und ganzen ist die Bahnhofshalle bis heute gleichgeblieben, ebenso das ganze Bahnhofsgebäude.

Die Halle, in der sich das ganze Bahnhofsleben abspielte, hatte Mazzoni so entworfen, daß man direkt zum ersten Gleis gelangte und durch eine Unterführung zum zweiten und dritten ging. Architektonisch besonders bemerkenswert ist die Passage zum Gleis eins, die zwischen den Zügen und Wartesälen wie eine Ruheinsel liegt.

Die Wände in der Bahnhofshalle – in die das Licht durch die großen Fenster in Deckenhöhe einfiel – waren mit rosafarbenen Verdello-Steinplatten aus Solteri verkleidet. Die ursprünglich blaßgraue Keramikdecke, die im Zweiten Weltkrieg bei einem Bombenangriff zerstört wurde, hatte man beim Wiederaufbau einfach weggelassen. Den Fußboden ließ Mazzoni aus ungeschliffenen Porphyrwürfeln legen. Dadurch sollte vermieden werden, daß die Reisenden im Winter bei Schnee und Eis ausrutschten.

Heute noch sieht man die Türen und Fenster aus Eichenholz, die Handläufe und Verzierungen aus Messing. Die Innenausstattung hingegen, die Mazzoni besonders in den Wartesälen und den Gaststätten dem äußeren Baustil angepaßt hatte, ist ganz verlorengegangen.

Ein »vollständiger« Entwurf

Ein besonders interessanter Aspekt in der Planung Mazzonis ist die globale Gestaltung. Mazzoni beachtete in seinen Entwürfen nicht nur die Beziehung von Architektur und Landschaftsraum, sondern ebenso die Innenausstattung und -dekoration seiner Bauprojekte. In einem Artikel, der 1927 in der Zeitschrift »Architektur und künstlerische Dekoration« erschien, schrieb Mazzoni, daß jedes Bahnhofsgebäude » im Innern – vor allem in den Teilen, die der Öffentlichkeit zugänglich sind – nicht nur dekorativ, sondern in Harmonie mit der äußeren Baustruktur eingerichtet sein muß, wobei die technischen Erfordernisse der verschiedenen Bereiche mit dem Gesetz der Ästhetik in Einklang gebracht werden müssen.« Die gebogenen Bahnsteigdächer, die Sitzbänke, die Kioske, die Möblierung, die Briefkästen, die Fahrplanaushänge, alle tragen sie die Merkmale einer übergeordneten Formgestaltung – auch für das Schriftbild galt: »Alles muß dem einzigen Gesetz der Harmonie und Eleganz gehorchen, alles muß dem gleichen architektonischen Gesetz unterliegen«.

An der Fassade zu den Gleisen hin hat das Gebäude ein Vordach aus Stahlbeton, das mit dem anderen Bahnsteigdach ein Paar bildet. Im Gebäudeteil zwischen dem zweiten und dritten Gleis lag ursprünglich nicht nur ein für Reisende reservierter Raum, sondern auch eine elegante »Schenke«.

Der Marmor, der für die Innengestaltung verwendet wurde, kommt ebenfalls aus dem Trentino. Der gelbfarbene Marmor aus dem Gresta-Tal schmückt die Wände in der Unterführung unter dem Bahnsteigdach und die

Das neue, soeben fertiggestellte Bahnhofsgebäude, das von Mazzoni entworfen wurde.

Sitzbänke und Blumenkästen neben den Wartesälen. Von dem gelben Gold hebt sich der violettfarbene Porphyr ab, der die Zugangstüren zu den Räumen auf dem ersten Bahnsteig umrahmt. Porphyr aus Branzoll hatte man für die Abgrenzung entlang der Gleise gewählt, geschliffenen oder natürlich belassenen Schiefer aus San Mauro für verschiedene Verkleidungen der Innenräume, ferner Ziresol aus Trient, rotbraunen Solteri, Monzoni-Marmor und viele andere. Die auffällige Verwendung verschiedener Marmorarten aus den örtlichen Steinbrüchen, welche die gesamte tragende Struktur aus Stahlbeton verzierten, wurde dem Architekten mit der Absicht auferlegt, die Industrie im Trentino anzukurbeln. Doch Mazzoni gelang es dank seiner Erfindungsgabe, diese Mannigfaltigkeit dennoch als Ausdruck von Schlichtheit und Ästhetik einzusetzen.

»Der äußere Aspekt ist frei von dekorativen Zugeständnissen, so frei, freier geht es nicht« – lesen wir in der Tageszeitung »Il Brennero« vom 6. März 1934 – »kein vorgefaßtes Schema und keine Forderung nach unangebrachtem Gepränge haben diesmal Mazzonis Arbeit bestimmt, sondern ein lebendiger und sicherer Geschmack, der unter Verwendung moderner Materialien neue architektonische Elemente geschaffen hat.«

In einem Brief vom darauffolgenden 4. April drückt Depero seine Zustimmung und sein Lob über den Bahnhofsentwurf aus, den er »seines schlichten Stils und organischen Gleichgewichts wegen als sehr schön« beurteilt.

Was den Betrieb anbelangte, sollte das ehemalige Postamt in Wohnungen für das Bahnpersonal umgebaut werden und – um den Reiseverkehr besser koordinieren zu können – die Station der Linie Trient–Malé in jene Räume verlegt werden, die vorher für die Schnellzugverbindungen verwendet worden waren.

Mazzoni führte die künstlerische Leitung der Bauarbeiten zum neuen Bahnhof. Unterstützung bekam er von Cav. Remo Chellini. Die technische Verantwortung war den Beamten der FS in der Bauverwaltung Rom und der kommunalen Bauabteilung Bozen übertragen worden.

Das Bauwerk, das über fünf Millionen Lire und 26 Monate und fast 100.000 Arbeitstage gekostet hatte, wurde am 28. Oktober 1936 feierlich in Anwesenheit des Verkehrsministers Benni eröffnet.

Die Errichtung des Mauerwerks und der Ausbau des Bahnhofsgebäudes mit Bahnsteigdächern, Bahnsteigen, Unterführungen und verschiedenen Detailarbeiten waren von der Firma Decio Costanzo aus Rom ausgeführt worden. Von den anderen beteiligten Unternehmen seien hier erwähnt die Firma Giuseppe Zanetti aus Bozen, die ebenfalls für den Bau zuständig war, und die Firma der Gebrüder Redi aus Trient, die die Quadersteine lieferte und verlegte.

Am Tage des Eröffnungsfestes wurde ein großer Gedenkstein – den es heute noch gibt – zu Ehren Luigi Negrellis enthüllt, des Erbauers der Eisenbahn und Initiators des Kanals von Suez nach Port Said. In seinen Notizen erwähnt Mazzoni, die von ihm selbst verfaßte Inschrift an Ugo Ojetti gesandt zu haben, damit dieser den »äthiopischen« Teil hinzufüge, was sich natürlich auf den Suez-Kanal bezog. Diese Tafel war ursprünglich an der südlichen Wand im Zugang zur Unterführung angebracht gewesen. Heute befindet sie sich im Freien unter dem Bahnsteigdach.

Die Innenausstattung des Bahnhofs erfolgte in den Jahren bis 1939/40. Gleichzeitig baute man ein neues Warenlager.

»In Trient ist Mazzoni ganz auf seine Art und Weise verfahren«, hieß es in der Tageszeitung »Il Popolo di Roma« vom 2. Dezember 1936. »Immer ist in ihm eine Neigung vorhanden, sich gänzlich der Rationalität hinzugeben, aber immer ist da etwas, das ihn zurückhält. Vielleicht hat Mazzoni zu sehr die Funktionalität und die Dauerhaftigkeit der Materie im Auge ... Die Fassade am Dante-Denkmal mit der Reihe der

schwarzen Pfeiler ist hinreißend schön; die folgende Galerie ... wunderschön ... Übertrieben hat man vielleicht mit den Einzelheiten für die Reisenden, die zu sehr von der Fürsorge des Architekten verwöhnt werden. Er hat sogar an die Abstellmöglichkeit für den Koffer gedacht, wenn sie ihre Fahrkarte lösen. Aber besser zuviel als ...«

Auch der Artikel im »Trentino« vom April 1937 drückte Zustimmung aus: »Der letzte Überrest jenes erhaben-provinziellen Stiles, dessen dekadente Anmaßung sich in Trient nach wie vor in Gestalt des Bahnhofsgebäudes darbot, ist endlich aus dem Stadtbild verschwunden und ersetzt worden durch einen eindeutigen und klaren Ausdruck neuen architektonischen Empfindens ... « Und weiter: » ... Das größte Verdienst des Werkes Mazzonis liegt in der originellen ästhetisch-strukturellen Auslegung, in einer Auslegung also, die – obwohl sie sich in der Formgestaltung vom Klassizismus ableitet und in der Farbe auf die byzantinische Tradition zurückgreift – sich doch in vernunftgemäßer Verbindung mit einer aufrichtigen, baulichen Zweckmäßigkeit offenbart und eine Lösung findet, die Form und Zweckbestimmung, Ingenieurtechnik und Architektur vereint.«

Beim Neubau des Bahnhofsgebäudes bedachte man auch die Verkehrsverbindungen in der Umgebung. Bevor der Bau Mazzonis errichtet wurde, gab es, um die Schienen zu überqueren, einen Bahnübergang (Richtung Verona) und eine alte Fußgängerüberführung (Richtung Brenner). Bei dem neuen Entwurf wurde die ebenerdige Überquerung durch eine Überführung ersetzt. An die Stelle der alten Überführung kam hingegen eine Fußgängerunterführung.

In jenen Jahren wurde auch der Güterbahnhof, benannt nach dem Freiheitskämpfer Filzi, errichtet. Man baute den Lokomotivschuppen, das Triebwagendepot und den Wasserturm.

1941 wurde die Linie Trient–Verona auf elektrischen Betrieb umgestellt.

1910 hatte Trient über 30.000 Einwohner, zehn Jahre später waren es 35.000. In den Jahren 1928/29 wurden in die Gemeinde Tri-

ent elf Ortschaften eingegliedert, zu denen Mattarello und Gardolo an der Brennerlinie gehörten, und Povo und Villazzano an der Valsugana-Linie. Während zuvor die einzigen Industriebetriebe der Region im Stadtgebiet von Trient angesiedelt waren, entstanden in den dreißiger Jahren die wichtigsten Bauten im neuen Industriegebiet von Bozen; das einzige bedeutendere Unternehmen in Trient war die Fabrik Caproni.

Kurz vor der Station war 1933 die vom Architekten Segalla auf dem Grund des ehemaligen Klosters San Lorenzo erbaute »Casa Balilla« eröffnet worden.

Der Krieg und die Zeit danach

Im Krieg wurde der Bahnhof von Trient bei Bombenangriffen stark beschädigt. Vor allem der Fliegerangriff vom 6. November 1944 richtete schweren Schaden an. In einem Brief an Mazzoni schrieb Paolo Redi nach Kriegsende: »Die wunderschöne Station von Trient mit dem Denkmal Dantes und die alte Basilika San Lorenzo ... sind schwer beschädigt, und es wird lange Zeit dauern, bis sie wieder so wie vorher aufgebaut sein werden.« Vom Bahnhofsgebäude waren die Mauern am Restaurant beschädigt, an einigen Stellen waren die Bahnsteigdächer eingestürzt; teilweise zerstört waren die Quadersteinverkleidungen und die Fenster und Türen. Einige Teile des Güterbahnhofs Filzi waren getroffen worden, ebenso die Lokomotivdepots und das Gebäude, in dem das Umspannwerk lag. Zunächst wurde notdürftig instandgesetzt, dann begann der eigentliche Wiederaufbau.

Als im November 1946 die Renovierungsarbeiten einsetzten, verzichtete die FS darauf, die Wände in der Halle erneut mit Marmor zu verkleiden, wobei man einer Forderung des Fremdenverkehrsamtes nachkam. Statt dessen wurde die Sorge um ihre Dekoration den Gemeindeverbänden übertragen, die im Sinne der Zweckbestimmung des Gebäudes und im Interesse der Region verfahren sollten. Im Jahre 1948 schrieb der Fremdenverkehrsverein der Provinz einen öffentlichen Wettbewerb aus, der sich an die Trienter Künstler richtete. Aufgabe war es, die Fläche von 66 Metern Länge und vier Metern Höhe der vorderen Wand über dem Zugang zu den Zügen zu schmücken (zudem die beiden Seitenwände, was man dann jedoch fallen ließ).

Nach einem zweifachen ersten Preis und der Vorstellung neuer Entwürfe erhielt die Malerin Cesarina Seppi den Auftrag. Die Künstlerin sollte eine Reihe einfarbiger Darstellungen mit Mosaiksteinen aus Marmor in warmem Hellgrau für den Untergrund und in lebendigem Rotbraun und dunklem Rotbraun für die Zeichnung gestalten. Um die Kosten zu verringern, sollte das Mosaik nicht die ganze Wand bedecken, sondern nur wie eine Reihe von »Inseln« auf den Verputz gesetzt werden. Cesarina Seppi verwirklichte ihr Bildwerk im Sommer 1950 unter der Mitarbeit des venezianischen Mosaikkünstlers Romualdo Scarpa. Das Kunstwerk bot noch lange Zeit Gesprächsstoff in Trient, schon allein der Neuheit in Stil und Ausdruck wegen.

In der Nachkriegszeit begann Trient erneut zu wachsen. Die Stadt dehnte sich immer deutlicher nach Westen jenseits der Eisenbahn und in südlicher Richtung entlang des Fersinabaches aus.

Oben: Das Gebäude auf dem Bahnsteig zwischen den beiden Durchgangsgleisen.

Unten: Die gebogene Linie ist ein Leitmotiv der Ästhetik Mazzonis. Auf den Fotos erkennen wir den Endbogen des Bahnsteigdaches zwischen dem zweiten und dritten Gleis (links) und jenen des Schutzdaches, das auf den Außenplatz geht (rechts).

In den folgenden Kapiteln werden wir einige Entwicklungen, welche den Bahnhof oder überhaupt das Verkehrsnetz von Trient betreffen, näher kennenlernen – so etwa die vorgesehene Verlegung des Güterbahnhofs Filzi von Trient nach Gardolo und die Pläne zur Modernisierung der Betriebsanlagen und des Wiederaufbaus des Gebäudes Mazzonis. Ferner sei der Bau des neuen Terminals, eines Spezialbahnhofs für den Container-Verkehr für die Linie Trient–Malé auf der Nordseite des Bahnhofes erwähnt.

Drei Ansichten des Lokomotivdepots in Trient mit der Drehscheibe zum Wenden der Lokomotiven

Der Bahnhof Mazzonis in der Nacht.
Ansichtskarte Ende der dreißiger Jahre.

Die zwei Eisenbahnlinien von Trient nach Mezzocorona

Wer in Trient abfährt« – schrieb Brentari am Ende des 19. Jahrhunderts in seiner Erzählung Beschreibung einer herrlichen Zugreise durch das Trentino –, »... der sieht zu seiner Rechten die schöne Stadt mit Schloß, Torre Verde, die Celva und weiter unten den lieblichen Hang von Povo und Villazzano, übersät mit Häusern und Villen.« Sechs Kilometer von der Hauptstadt entfernt hält der Zug am Bahnwärterhaus Nr. 225 in Gardolo, wo »die Hänge des Calisio flacher werden, mit kleinen Dörfern übersät und mit Ortschaften geschmückt sind, und das Etschtal sich verbreitert«.

Diese Haltestelle gab es zur Zeit, als die Eisenbahn gebaut wurde, noch nicht. Sie wurde erst in den nachfolgenden Jahrzehnten für den kleinen Ort eingerichtet, der auf halber Strecke zwischen Trient und Lavis liegt.

Nach dem Ersten Weltkrieg wurde der alte österreichische Fliegerhorst in Gardolo renoviert und als Zivilflughafen eröffnet. 1935 ließ sich dort die Flugzeugfabrik Caproni nieder, und der Flugplatz wurde zum Militärflughafen unter der Leitung der »Avio Linee Italiane«. Heute liegt der Privatflugplatz G. Caproni zusammen mit einem Luftfahrtmuseum in Mattarello.

Der Reiseverkehr war bereits eingestellt worden, als Gardolo vor etwa zwanzig Jahren erneut ins Gespräch kam. Ein großes Projekt wollte den Straße-Schiene-Verkehr in dieser Region zusammenziehen. Es gab zwei verschiedene Initiativen, die sich aber dann ergänzen sollten. Auf der einen Seite wollte die FS den Güterbahnhof »Filzi« von Trient auf das Gelände des stillgelegten Flugplatzes in Spini di Gardolo verlegen. Man wollte dadurch mehr Raum gewinnen und gleichzeitig ein weites Stadtgebiet räumen (geplant war ein Gebiets-

austausch zwischen der FS und den Gemeindeverbänden). Der zweite Plan war ein Vorschlag der Provinz Trient, die Gardolo zum Knotenpunkt für den kombinierten Güterverkehr machen wollte. Dies sollte die erste Zollstation für das Frachtgut sein, das über die Schiene und über die Straße vom Brenner nach Italien hereinkam, und die letzte für die Waren, die Italien verließen. Im letzten Kapitel werden wir uns die Geschichte und die Entwicklungen dieser Projekte näher anschauen.

Ein anderer Entwurf zur Neugestaltung dieses Gebiets nördlich Trients stammt aus den sechziger Jahren. Er sah eine S-Bahn-Verbindung zwischen der oberen Valsugana und dem Beginn des Nonstales vor. Dazu wollte man die Eisenbahntrasse der Valsugana-Linie und jene der Linie Trient–Malé verbinden. Eine vernünftige Lösung – über die man noch heute diskutiert –, um den täglichen Pendelverkehr, der in der Hauptverkehrszeit die Straßen verstopft, auf die Schiene zu verlegen.

Die »Vodi-Brücke« über den Avisio

Hinter Gardolo fährt die Eisenbahn – wir lesen wieder im Trentiner Reiseführer von Brentari – »über den berühmten«, 922 Meter langen Viadukt, »Vodi-Brücke« genannt, der ganz aus rotem Stein gebaut über das Bett des Avisio führt, in dem hier und da kleine Bauminselchen und Häuserruinen stehen«. Ein wahrlich prachtvolles Bauwerk.

Beim Bau der Eisenbahn hatte man die Lage der Brücke genauestens berechnet. »Um starke Steigungen zu vermeiden« – lesen wir in der mehrfach zitierten Veröffentlichung aus dem Jahre 1859 – »und gleichzeitig die Brücke an jener Stelle anzulegen, wo die successiven

Erhöhungen des Bachbettes am wenigsten bemerkbar erscheinen, beschloss man diese nahe an der Mündung in die Etsch an der breitesten Stelle 'ai Vodì zu erbauen.« Die Brücke bestand aus fünfunddreißig Bögen, die mit sechs Meter dicken Pfeilern wiederum in sieben Abschnitte von je fünf Bögen abgeteilt waren. Jeder Bogen hatte eine Spannweite von 21 Metern, vier Meter maßen die Mittelpfeiler. Im ersten Teil war die Brücke geradlinig, der übrige Teil zeichnete eine weite Kurve.

Um dem Bauwerk Festigkeit zu verleihen, wurden die Fundamente der Pfeiler und Widerlager in einer Durchschnittstiefe von über fünf Metern unter die Sohle des Baches gelegt. Die Pfeiler ruhten auf einem »sehr compacten Schottergrunde« und konnten »nur durch die unausgesetzte Thätigkeit der Dampfpumpen« gesetzt werden. Pfeiler und Widerlager waren an den Kämpfern mit großen Quadern verkleidet und verstärkt. Auch die Gewölbe waren an den Stirnseiten mit großen Quadern belegt. Die Fassadenmauern waren aus Bruchsteinen gebaut und die Gesimse mit verzierten Quadern ausgearbeitet.

Am 24. Oktober 1856 hatte das Bauunternehmen Antonio Talacchini mit den Arbeiten begonnen. Ingenieur Giovanni Bartel übernahm die Leitung der Arbeiten im Abschnitt von Ala bis Bozen. Ingenieur Ernesto Hranac war für den Brückenbau zuständig.

Die Brücke über den Avisio wurde in nur zwei Jahren erbaut. Man verwendete 10.750 Kubikmeter Quadersteine, 18.700 Kubikmeter Bruchsteine und vier Millionen Ziegel. Das Material wurde einem eigens für den Bau der Brücke eröffneten Steinbruch in Finestrelle jenseits der Etsch entnommen. Zu beiden Seiten des Viadukts wurden zwei weitere Durchlässe für Hochwasser angelegt.

Am 18. September 1858 fuhr die erste Lokomotive über den Viadukt, im darauffolgenden Januar begannen die Testfahrten.

»Die Brücke«, schrieb Brentari weiter, »mit ihrem weiten, fast immer ausgetrockneten Schottergrunde gibt eine Vorstellung davon, wie dieser Wildbach tobend und reißend werden kann, wenn er Hochwasser führt. Es ist vorhersehbar, daß die Brücke in nicht allzu vielen Jahren unter dem Schotter begraben sein wird.«

Tatsächlich bildeten die manchmal fast überraschenden Hochwasser des Avisio seit alters eine ständige Gefahr für die Bewohner der Umgebung. Die schwere Überschwemmung von 1830 überzeugte die Regierenden von der Notwendigkeit aufwendiger Arbeiten zur Regulierung des Flusses. Nach einem weiteren Hochwasser im Jahre 1845, das große Schäden anrichtete, beschloß man den Bau neuer Dämme, die sich am weiten Delta öffneten, das der Avisio bei der Mündung in die Etsch bildete.

Genau an der Mündung »ai Vodi«, so genannt wegen des »vadus«, im Lateinischen »Furt«, lag ein Holzhafen. Man bedenke, daß dieser Wildbach – der an der Marmolata entspringt und seinen Lauf durch das Fassatal, Fleimstal und Cembratal fortsetzt – seit jeher der schnellste und wirtschaftlichste Transportweg für die großen Holzmengen war, die aus dem Fleimstal (und in geringeren Mengen auch aus dem Fassatal) ins Tal hinunter befördert wurden. Denn die Seitentäler des Trentino hatten bis in die Mitte des 19. Jahrhunderts gemeinhin keine befahrbaren Straßen. Und derart große und schwere Lasten konnte man schließlich nicht auf dem Rücken von Mauleseln über die damaligen, einzig zur Verfügung stehenden Pfade transportieren.

Der Flößerei über diesen ungestümen Wildbach kam eine große wirtschaftliche Bedeutung zu. Das zur Verarbeitung bestimmte Holz wurde auf der Etsch südwärts befördert und erreichte somit auch die Schiffswerft in Venedig; das Brennholz hingegen war für Lavis und das nahe Trient bestimmt. Lavis war der Umlade- und Handelsplatz für das Holz. Und bei den »Vodi«, wo auch die Zollstelle lag, wurden die Baumstämme zu Flößen gebunden und über den großen Fluß weiter nach Süden verliefert.

Die Flößerei jedoch verursachte bisweilen große Schäden an Land und Straßen. Ein Bericht über das erwähnte Hochwasser von 1845 führt genau aus, daß diese über Jahrhunderte hin übliche Beförderungsart der Mitführung von Geröll und der Entwaldung Vorschub leiste. Aus diesem Grunde sollte dem Ganzen so bald wie möglich Einhalt geboten werden; dies ge-

Zwei Ansichten des Bahnhofsgebäudes von Lavis

schah erst durch den Bau der Fahrstraße von Auer nach Cavalese.

Um die besorgniserregenden und häufigen Überschwemmungen zu zähmen, baute man – wie gesagt – Dämme, die den Fluß bei Hochwasser zu halten vermochten. In den vier Jahrzehnten vor dem Bau der Eisenbahnlinie Verona–Bozen errichtete man zwei Dämme, die heute noch bestehen. Diese gewaltigen Schutzbauten hielten, wie auch die Vodi-Eisenbahnbrücke, dem schweren Hochwasser von 1882 stand. Jedoch lagerte sich bei der Überschwemmung unter den Bogen dieser Brücke eine große Menge Schutt und Geröll ab.

Diese großartige Ingenieurbauleistung fiel neunzig Jahre nach ihrer Errichtung den Bombenangriffen zum Opfer. Am 15. Dezember 1943 wurde das Gebiet zum ersten Male mit Bomben belegt; ab Mai 1944 verstärkten sich die Angriffe.

Die Deutschen hatten im Flußbett des Avisio einen Erddamm mit einer neuen Brücke errichtet, der im Falle einer Zerstörung der Vodi-Brücke benutzt werden konnte. Die Chroniken berichten, daß in der Nacht vom 6. auf den 7. Oktober 1944 ein Zug aus Bozen bei der Fahrt über diese provisorisch erbaute Brücke vom Hochwasser des Flusses mitgerissen wurde. Das Unglück forderte Tote und Verletzte.

Am 4. Januar 1945 flogen Bombenflugzeuge einen schweren Angriff, der die Brücke an mehreren Punkten traf. Einer der schlimmsten Tage war der 19. April, an dem mehr als dreihundert Flieger die beiden Eisenbahnbrücken über den Avisio mit Bomben belegten – die alte Brücke und jene bereits erwähnte, die von den Deutschen als Ausweichmöglichkeit gebaut worden war.

Am Ende des Zweiten Weltkrieges waren nach etwa 240 Fliegerangriffen 22 Brückenbogen zerstört, die anderen beschädigt.

Die Alliierten machten die Brücke durch den Einsatz von Eisentraversen wieder eingleisig befahrbar. Im Februar 1948 begann man die Brücke in Beton wieder aufzubauen. Die Arbeiten dauerten bis Mai 1950. In Anbetracht des Gerölls, das der Fluß mitführte, wurden die Bögen um einen Meter erhöht, so daß die Schie-

nen nun achtzig Zentimeter höher als vorher lagen. Die Neigung der Rampen mußte dieser Änderung angepaßt werden. Die Arbeiten wurden nacheinander für das erste und zweite Gleis durchgeführt, um den Betrieb nicht zu unterbrechen.

Die Station von Lavis

Acht Kilometer nach Trient erreicht man die Station von Lavis, die einer Ortschaft am Eingang zum Cembratal als Bahnhof dient. Seit jeher führte die Reichsstraße, die nordwärts in Richtung Pressano eine sehr steile Steigung überwand, durch diesen Ort. Erst im Jahre 1750 gelang es, die Trasse eben zu ziehen. Heute noch ist dies der Verlauf der Staatsstraße. Lavis war der Knotenpunkt für alle Verkehrsverbindungen zwischen Italien und Deutschland, da sich hier die einzige Straßenbrücke über den Avisio befand. Zunächst aus Holz gebaut, wurde der Übergang 1878 durch eine Eisenbrücke ersetzt.

Oberhalb Lavis lagen an der Straße ins Cembratal die Steinbrüche, in denen man die Materialien für die Eisenbahnbauten und die Vodi-Brücke gewann. Die großen Gesteinsbrocken wurden mit Wagen über eine schmale und steile Straße befördert.

Als die Eisenbahn gebaut wurde, maß man der Station von Lavis eine geringe Bedeutung bei. Der kleine Bahnhof bekam nur ein bescheidenes Gebäude und mußte »aus dem Bereiche des Wildbaches und deshalb ziemlich weit vom Orte angelegt werden ...«. Auch im Falle Lavis hatte die Eisenbahn in den ersten Jahrzehnten eine negative Auswirkung auf die örtliche Wirtschaft.

Führte vormals der gesamte Verkehr zwischen Nord und Süd durch Lavis, und machten häufig Händler und Reisende auch aus dem Ausland halt, war die kleine Ortschaft nun zu einem Durchgangsbahnhof für die Schnellzüge abgesunken. Das war das Los vieler Orte im Etsch- und Eisacktal. Die Situation sollte sich erst viele Jahrzehnte später mit der zunehmenden Verbreitung des Automobils ändern. Trotzdem kurbelte die Eisenbahn die

Wirtschaft an. In Lavis entstanden Mühlen, Sägewerke, Werkstätten und so weiter.

Das Bahnhofsgebäude wurde Ende des 19. Jahrhunderts erweitert. Seinerzeit sprach man auch über eine Stadtbahnverbindung von Lavis ins Cembra- und Fleimstal. Noch während der Planungsphase schwenkte man auf eine elektrisch betriebene Eisenbahn um. Wie wir im nächsten Kapitel sehen werden, hatte auch die Gemeindeverwaltung von Bozen ein besonderes Interesse an einer Verbindung mit dem Fleimstal. Als der Krieg drohte, nahm man von all diesen Plänen Abstand und baute eine Schmalspurbahn ab Auer.

Nach dem Zweiten Weltkrieg konnte das Bahnhofsgebäude instandgesetzt werden, und in dieser Form hat es bis in unsere heutigen Tage überdauert.

In den sechziger Jahren nahm die Wirtschaft in Lavis mit der Schaffung eines Industriegebietes und eines Handelszentrums einen großen Aufschwung.

In diesem Gebiet mündet der Noce in die Etsch; hier beginnt die weite »Rotaliano-Ebene«.

Über Jahrzehnte hinweg hatten die Züge bei Nave San Felice am Bahnwärterhaus Nr. 216 gehalten. Bereits seit dem 13. Jahrhundert wußte man von einer »Brücke in Nave«. Dies war ein »Hafen«, wo Fähren mit Seilen von einem zum anderen Etschufer gezogen wurden. Später machte der Fluß ein Verlegen der Anlegestelle nötig. Die Fähre war im Besitz von Adelsfamilien, bis sie im 19. Jahrhundert an private Unternehmer verpachtet wurde. Das war der Stand, als die Eisenbahn in Betrieb genommen wurde. Die Haltestelle nahe der Fähre wurde erst später errichtet; im Jahre 1893 baute man dann eine Holzbrücke, die vierzig Jahre später durch den heutigen Betonbau ersetzt wurde.

Interessantes und Wissenswertes über Lavis findet man in dem Buch von Albino Casetti, das 1981 von der Trienter Studiengesellschaft für Geschichtswissenschaften veröffentlicht wurde. Der Band vereint verschiedene Dokumente aus öffentlichen und privaten Archiven und persönliche Erinnerungen und gibt einen wertvollen Überblick über die Geschichte dieses Ortes. Wir erwähnen dieses Buch nur als ein Beispiel zahlreicher ähnlicher Veröffentlichungen über andere Orte an unserer Eisenbahnlinie.

Der große gezähmte Fluß

Nun zur nächsten Brücke über die Etsch, einen Fluß, der im Laufe der Jahrhunderte viele Male bedrohlich anschwoll. Die Eisenbahn, die ab Verona Parona immer auf der östlichen Seite des Flusses bleibt, überquert die Etsch kurz vor der Ortschaft St. Michael. Die Steinbrücke wurde ursprünglich »von fünf Feldern in Segmentform« gebildet, wovon jedes 15 Meter Spannweite besaß. »Die Mittel- und Langpfeiler dieser Brücke« – hieß es 1859 – »sind an den Vorköpfen mit grossen Werkstücken versetzt,

die Ziegelgewölbe an der Stirnseite mit Quadern verkleidet, die übrigen Ansichtsflächen in Ciclopen-Mauerwerk ausgeführt, die Cordongesimse aber aus verzierten Quadern gearbeitet.« Wie bei der Brücke von Parona waren die Fundamente der Pfeiler und Widerlager »mit Fangdämmen und doppelter Pfahlreihe hergestellt; als man aber – interessant ist die technische Beschreibung dieses nunmehr seit über hundert Jahren verschwundenen Bauwerks, Anm. d. Verf. – die Trockenlegung vornehmen wollte, blieb jeder Versuch fruchtlos, da durch den schottrigen Boden des Flussbettes ebensoviel Wasser zutrat, als man auszuschöpfen bemüht war ...«.

Um diese Schwierigkeiten zu beheben, beschloß man, »das Geschiebe unter dem Wasser auszuschaufeln ...; hierauf legte man eine Betonschichte von hydraulischem Kalk ... und in dieser Weise war es möglich, mit Hülfe vieler Dampfschnecken das Wasser zu gewältigen«. Auf der Betonlage errichtete man das Mauerwerk, was bei den häufigen Hochwassern mit großen Schwierigkeiten verbunden war.

Die Steinbrücke wurde 1885 durch eine ebenfalls eingleisige Eisenbrücke ersetzt. Eine dritte Brücke, dieses Mal doppelgleisig, baute die FS um 1930. Ihre Geschichte gleicht jener der nächsten Brücke von Auer. Auch die Brücke von Mezzocorona wurde wie die nachfolgende durch die Bombenangriffe des Zweiten Weltkriegs schwer beschädigt. Zunächst nur notdürftig instandgesetzt, wurde sie später wieder ganz aufgebaut.

Nach der Etschbrücke überquert die Eisenbahn den Kalterer Graben über eine Eisenbalkenbrücke von 12 Metern Lichte. Vier Kilometer weiter lag zwischen Mezzocorona und Salurn eine Flachbogenbrücke aus Stein; diese Brücke wurde nach dem Krieg wieder aufgebaut. Der als »Großer Kalterer Graben« bezeichnete Kanal war mit Beginn des Jahres 1774 am Westufer des gleichnamigen Sees angelegt worden und verlief fast geradlinig bis Salurn. Neben diesem sechs Meter breiten Hauptkanal verlief der »Kleine Kalterer Graben«, der zwischen Kurtinig und Salurn in den Großen mündete. Diese Bewässerungsanlage

– die durch ein Netz kleiner Gräben ergänzt wurde – sollte das Land am rechten Etschufer urbar machen; es war dies eine von der Kaiserin Maria Theresia angeordnete und finanzierte Anlage, um den Überschwemmungen Einhalt zu gebieten und neuen Kulturgrund zu schaffen.

Die Bewässerungskanäle machten in den Gemeinden Tramin, Kurtatsch und Kaltern viele Hektar Land fruchtbar. In den Jahren 1779 bis 1780 wurde der neue Graben mit weiteren Maßnahmen zur Urbarmachung und Verbesserung des Bodens angelegt. Trotzdem trat der Fluß des öftern über die Ufer, überschwemmte das Land und zerstörte die Ernte. Um diese Gefahr endgültig zu bannen, mußten sichere Dämme errichtet werden.

Die ersten Pläne in diese Richtung wurden um 1805 von Major Ignaz von Novak entworfen. Sie sahen die Begradigung des gewundenen Flußlaufs vor, um eine Vergrößerung des Gefälles zu erreichen. Bei den Zuflüssen hingegen wollte man die Geröllmassen verringern, die den freien Fluß des Etschwassers hemmten. Novak schlug unter anderem vor, die Mündung des Noce zu verlegen, der im rechten Winkel in die Etsch floß und Schuttablagerungen verursachte. Nur auf diese Weise könnte man die Überschwemmungen vermeiden, die immer wieder die ganze Ebene bis nach Laag und Neumarkt heimsuchten. Die Gemeinde von Deutschmetz (dann Mezzocorona) begann auf eigene Kosten, die Eindämmung des Wildbaches in Angriff zu nehmen.

Nach den fürchterlichen Hochwassern der Etsch, die 1816 das ganze Land zwischen Branzoll, Kurtinig, Salurn und St. Michael überfluteten und 1817 die Ebene von Terlan und Branzoll in einen großen See verwandelten, begann man auch hier mit den Regulierungsarbeiten. Zwischen 1818 und 1826 führte man südlich von Bozen sechs Durchstiche aus und regelte den Zufluß des Eisacks. Ein weiteres Mal jedoch handelte es sich nur um örtliche Maßnahmen, die wegen der geringen zur Verfügung stehenden Geldmittel beschränkt waren.

In der Mitte des 19. Jahrhunderts verflocht sich die Diskussion um die Dammbauten mit

dem Plan für die Schienenstrecke von Verona nach Bozen in Richtung Innsbruck–Kufstein, deren Bau in einem Sumpfgebiet undenkbar war. Um die Eisenbahnlinie legen zu können, wurde – wie Novak vorgeschlagen hatte – der Noce im Jahre 1852 umgeleitet, seine Mündung gegenüber von St. Michael beseitigt und ein neuer Zufluß in die Etsch unterhalb Zambana geschaffen.

Trotz der neuen Bauten nahmen die Überschwemmungen kein Ende. Im Jahre 1868 ereignete sich das schwerste aller Hochwasser im Unterland. Das ganze Etschtal von Bozen bis Trient verwandelte sich in einen riesigen See. Straße und Eisenbahnlinie waren an mehreren Stellen unterbrochen. Dieses dramatische Ereignis überzeugte die Wiener Regierung von der dringenden Notwendigkeit einer Flußregulierung. Die erforderlichen Maßnahmen wurden 1879 genehmigt. Die Kosten sollten vom Staat, der Provinz, den Anliegern und der Südbahn getragen werden. Aber die Arbeiten begannen erst nach wiederholten Überschwemmungen katastrophalen Ausmaßes im Jahre 1882 und konnten 1896 beendet werden.

Weder Mezzolombardo noch Mezzotedesco

Zurück zum Bau der Eisenbahn. Von Süden kommend erreicht man kurz nach der Etschbrücke die Station von St. Michael. Der Bahnhof hatte diese Bezeichnung nicht wegen der Nähe des gleichnamigen Ortes erhalten – der nur weniger als drei Kilometer entfernt lag –, sondern man wollte damit dem langwährenden Streit zwischen Mezzolombardo und Mezzotedesco ein Ende bereiten. Beide Ortschaften wollten der Station ihren Namen geben. Doch in der Veröffentlichung, die in Wien anläßlich der Eröffnung der Eisenbahnlinie erschien, war die Haltestelle als »Station von Noce« bezeichnet. Man bezog sich mit diesem Namen auf den kürzlich regulierten Nebenfluß der Etsch. Als dann der Ort Mezzotedesco in Mezzocorona (im Hinblick auf die oberhalb liegende Burg)

umbenannt wurde, bekam auch die Station diesen neuen Namen.

Dieser Bahnhof hatte eine recht große Bedeutung. Einmal versorgte er die bereits erwähnten drei Ortschaften, zum anderen aber auch das Nonstal und das Val di Sole. Daher wurde er mit einem Wasserturm und einem Warenlager ausgestattet.

In den ersten Jahren des 20. Jahrhunderts hatte die Station Mezzocorona (damals Sankt. Michael an der Etsch) ein eher bescheidenes Verkehrsaufkommen zu verzeichnen. Einer Statistik über den Bahnverkehr zufolge, die 1909 von der Handelskammer in Rovereto veröffentlicht wurde und die Stationen im Bezirk von Avio bis St. Michael an der Etsch einbezog, fuhren in St. Michael jährlich 90.000 Fahrgäste ab. Die Station stand an vierter Stelle hinter Trient (230.000), Ala (200.000) und Rovereto (110.000). Im Güterverkehr belegte St. Michael sogar den dritten Platz.

Das Bahnhofsgebäude von Mezzocorona wurde im Zweiten Weltkrieg teilweise zerstört, danach aber wieder aufgebaut. Man dachte auch an den Bau einer kleinen Gaststätte.

Von Trient bis Mezzocorona wird die Brennerlinie von der Schmalspurbahn Trient–Malé begleitet. In Trient hatte man wie erwähnt auf dem Bahngelände der FS ein Bahnhofsgebäude für die private Linie eingerichtet. Auf diese Weise konnten die beiden Verkehrsnetze enger miteinander verbunden werden. Ab der Hauptstadt verlaufen die beiden Linien fast parallel. Nur auf der Höhe von Lavis entfernen sie sich voneinander. Die Eisenbahn Trient–Malé hält in Gardolo, Lavis, Grumo, St. Michael an der

Die Station von Mezzocorona (oben) auf einem Foto aus der Zeit zwischen den beiden Weltkriegen und das im Zweiten Weltkrieg durch Bomben zerstörte Gebäude (unten).

Etsch, an der Haltestelle Mezzocorona-Ferrovia. Die letztgenannte Station liegt ungefähr fünfzig Meter vom Bahnhof der FS entfernt. Noch ein Stück weiter hält die private Linie in Mezzocorona Borgata; dann fährt sie ins Nonstal, folgt dem Lauf des Noce und berührt so die Orte Mezzolombardo, Mollaro, Taio, Dermulo, Tassullo, Cles, Mostizzolo, Caldes, Terzolas, Malé.

Die Stadtbahn ins Nonstal

Die Geschichte der Bahn Trient–Malé beginnt im Jahre 1891, als der Bürgermeister von Trient den Entwurf zu einem Stadtbahnnetz anregte, das die Hauptstadt mit den wichtigsten Tälern verbinden sollte. Zehn Jahre später erließ Kaiser Franz Joseph ein Gesetz zur Regelung der verschiedenen Eisen- und Stadtbahnen. Im Jahre 1905 wurde der Gemeinde von Trient die Baugenehmigung einer lokalen, elektrisch betriebenen Schmalspurbahn von Trient nach Malé genehmigt, zudem eine Anschlußlinie über eine Normalspurstrecke von Mezzolombardo bis St. Michael an der Etsch (dann Mezzocorona).

Der letztgenannte Abschnitt wurde schnell gebaut und im August 1906 für den Verkehr freigegeben. Die Betriebsleitung wurde der Südbahn übergeben, also jener Gesellschaft, die auch die Brennerlinie verwaltete. Die Südbahn und die private Bahnlinie Trient–Malé trafen Übereinkünfte über die Erweiterung und den gemeinsamen Gebrauch der Station. Diese kurze Teilstrecke – »Gerade« genannt, aber scherzhaft in »Eisenbähnchen« umgetauft – wurde sowohl für den Personenverkehr als auch für den Güterverkehr verwendet, und teilweise besteht sie heute noch. Tatsächlich findet man in der Station Mezzolombardo Gleise mit zwei verschiedenen Spurweiten.

Im April 1907 begannen die Bauarbeiten an der genannten Stadtbahn Trient–Malé. Der Abschnitt von Trient bis Mezzolombardo wurde der Baufirma Francesco Tomasi & C. aus Trient übergeben. Die erste Probefahrt fand im Sommer 1909 statt. Im September wurde der Personenverkehr bis Cles, im Oktober bis Malé aufgenommen. In jenen Jahren war dies die längste elektrisch betriebene Bahnlinie im Reich. Der Betrieb wurde der K. u. K. Österreichischen Staatsbahn übergeben. Auf der Strecke verkehrten zehn Zugpaare, die Fahrzeit für eine Strecke betrug vier Stunden.

Zur gleichen Zeit wurde die Linie Dermulo–Fondo–Mendel eröffnet, die einer anderen Gesellschaft zugeteilt worden war. Diese Linie hatte in Dermulo Anschluß an die Trient–Malé. Von der Mendel aus konnte man über die bereits bestehende Standseilbahn nach Kaltern und über die anschließende Stadtbahn bis nach Bozen fahren. Während des Ersten Weltkrieges wurde ein weiterer, 16 Kilometer langer Abschnitt bis Fucine in Betrieb genommen. Hier fuhr eine Feldbahn. Zur Zeit der Übergabe in Staatshänden hatte die Gemeinde von Trient die Konzession für die Linie. Sie hatte die örtliche Eisenbahngesellschaft »Ferrovia Locale Trento–Malé SpA« mit Sitz in Wien gegründet, der dann nach Trient verlegt wurde. In den fünfziger Jahren wurde die Eisenbahnstrecke mit einer neuen Station an der Piazza Centa wiedererbaut; gleich darauf erneuerte man das rollende Material. Die Fahrzeit verringerte sich auf 80 Minuten.

1972 wurde die Anschlußverbindung zwischen dem Güterbahnhof »Filzi« und dem Industriegebiet in Betrieb genommen. Dazu ergänzte man das Gleis der Trient–Malé mit einer weiteren Schiene, um eine normale Spurweite zu erhalten. In den achtziger Jahren wurde ein neuer Plan für den Ausbau genehmigt, der die – bereits verwirklichte – Verlegung des Bahnhofs von Trient an die Piazza Dante vorsah und die Wiederaufnahme des Entwurfs zur Verlängerung der Bahnlinie bis Fucine beinhaltete.

Im Schatten unter dem großen Bahnsteigdach erkennt man das Gebäude mit dem Wasserreservoir.

Die Bahn im Bozner Unterland

Nach der Salurner Klause, der Grenze zwischen den beiden Provinzen Trient und Bozen, weitet sich das Tal. Hier beginnt das »Bozner Unterland«, jener Teil des Etschtales, der sich zwischen der Salurner Klause und der südlichen Grenze Bozens erstreckt.

Heute nimmt man an, daß die Via Claudia Augusta – wie die heutige Staatsstraße – von Salurn bis Auer östlich der Etsch verlief und hinter Neumarkt bis zum Sattel mit der Burg Castelfeder hinaufführte. Möglicherweise zogen von Trient aus auch zwei verschiedene Trassen nach Norden.

Sie führten vermutlich parallel an beiden Flußufern entlang. Von den verschiedenen Annahmen über den Verlauf der römischen Straße – die Historiker auf der Grundlage überlieferter Schriften und archäologischer Funde erstellen – interessiert uns jene Teilstrecke, die – wie es scheint – die Etsch bei Auer überquerte, um dann jenseits des Porphyrmassivs des Mitterberges in Richtung Kalterer See, Eppan, Andrian, Nals, Vinschgau und Reschen weiterzuführen und schließlich Augusta Vindelicorum zu erreichen.

Der Abschnitt nördlich von Auer in Richtung Bozen und Eisacktal hat sich vermutlich (und vielleicht erst später) aus der Trasse am linken Etschufer entwickelt. Sicher ist, daß die meisten Orte in der Talsohle zur Zeit der Römer gegründet wurden.

Der Verlauf der Brennerstaatsstraße deckte sich bis zu den im 19. Jahrhundert notwendig gewordenen Änderungen im großen und ganzen mit der römischen Trasse.

Die wichtigsten Abzweigungen sind die »Weinstraße«, die in Salurn von der Staatsstraße abzweigt und alle Ortschaften westlich der Etsch berührt, und die Staatsstraße ins Fleims- und Fassatal.

Wo damals der Sumpf war

Wo sich heute auf fruchtbarem Boden die Weinberge ausdehnen, befand sich in der Mitte des 19. Jahrhunderts ein Sumpfgebiet. Im Abschnitt zwischen der Klause bis zurnächsten Station in Salurn trafen die Eisenbahnbauer auf zwei Sumpfgebiete, die große Schwierigkeiten bereiteten. »Aus den vorher gepflogenen Terrainuntersuchungen ergab sich« – heißt es in der bekannten technischen Beschreibung aus dem Jahre 1859 – »dass der Boden dieser Sümpfe mit dünnen Schichten von unreinem Torflager und wasserhältiger Kreide und Sand wechsle, daß unter den an einigen Stellen bis zu acht Meter Tiefe fester, sandiger Schottergrund liegt, während an anderer der Torf mit seinen feinen Anschwemmungsschichten eine unbegränzte Mächtigkeit erreicht«. Um den Gleisen einen festen Unterbau zu geben, baute man einen Damm aus schwerem Schotter, den man im umliegenden Gebirge brach, »indem man nach und nach fortfuhr, die langsam durch die Compression des Torfgrundes entstandenen Setzungen auszugleichen«.

Auf diese Weise erhielt man einen einigermaßen festen Damm, wenn es auch noch einige Zeit Probleme gab. Eine anfangs im ersten Sumpfgebiet errichtete Bogenbrücke mußte wegen der Senkung, die die Widerlager instabil machte, provisorisch mit Holzbalken abgestützt werden. Vom zweiten Sumpfgebiet an verläuft die Bahn dann auf einem vier bis fünf Meter hohen Damm mit einem Höhenunterschied von ungefähr einem Meter über dem höchsten Wasserstand des Flusses bis zur Salurner Station.

Ab dem Bahnhof in Salurn, dem ersten auf Südtiroler Gebiet, bis zur Station am Brenner wurden die ursprünglich deutschen Ortsnamen nach dem Ersten Weltkrieg in italienische umgewandelt. In den fünfziger Jahren führte man dann die zweisprachigen Bezeichnungen ein.

Von Mezzocorona bis Auer verläuft die Eisenbahn am westlichen Etschufer. Damit war der Ort Salurn durch den Fluß und die Staatsstraße von der gleichnamigen Station getrennt. Wir wissen, daß sich der Bürgermeister – ohne Erfolg – für die Verlegung der Linie in die Nähe des Städtchens einsetzte. Salurn hatte wegen seiner Lage an der Klause eine strategisch große Bedeutung; zudem bildete es eine wichtige Verbindung zum Sauchsattel in Richtung Cembratal, das, wie wir noch sehen werden, seit dem Altertum bekannt war. Bereits in der ersten Hälfte des 19. Jahrhunderts gab es in Salurn sieben Gasthöfe. Seine Lage auf halber Strecke zwischen Trient und Bozen bot sich für eine Rast nach einer Tagesreise förmlich an. Von der damalig blühenden Wirtschaft zeugen die vornehmen Patrizierhäuser, die noch heute am Hauptplatz stehen.

Damals verband eine Holzbrücke über die Etsch das Städtchen mit der Station. Heute verläuft eine Straße über den Viadukt, unter dem der Fluß und die Autobahn hindurchführen.

Hinter Salurn fährt die Eisenbahn weiter nach Laag. Dieser Ort, der zur Gemeinde Neumarkt gehört, soll nach neuesten Erkenntnissen über Jahrhunderte hinweg während der häufigen Überschwemmungen des Unterlandes der einzige trockene Übergang gewesen sein. Stellte das Tal noch im 19. Jahrhundert für den Bau der Eisenbahn große Schwierigkeiten dar, so war die Straße zwischen Bozen und Trient schon seit alters während der Hochwasser der Etsch unbefahrbar. Diese Hochwasser verwandelten wie erwähnt das Tal in einen riesigen See, den man dann nur mit Booten zu überqueren vermochte.

Wenn die Straßen überschwemmt waren, mußte man auf einen anderen Weg ausweichen. Wir wissen, daß schon in frühen Zeiten die Reisenden, die von Norden kamen, das Tal bei Laag verließen, den Ort in Richtung Buchholz durchquerten und dann über Gfrill, den Sauchsattel und das Cembratal nach Trient hinabgingen. Auch Albrecht Dürer folgte im Jahre 1494 diesem Weg, aber mit Sicherheit war diese Strecke auch schon bei den Römern bekannt. Beweis ist die große Steinbrücke – »Römische Brücke« genannt und erst kürzlich renoviert –, auf der man die tiefen Abgründe des Sauchtales überwand. Der »Erker« am »Platz der Freiheit« in Laag weist die Maße dieser Brücke auf, ein Hinweis – so nimmt man an – für Reisende, die diesen unwegsamen Höhenweg mit ihren Karren überqueren wollten.

Aber die Strecke ins Cembratal war nicht die einzige Möglichkeit für denjenigen, der aus dem Norden kommend das Tal umgehen wollte. Wenn das Sumpfgebiet etwas trockener war, gab es einen zweiten, etwas tieferliegenden Weg, der durch die sogenannte »Garbe« führte. Diese Abzweigung haben kürzlich Archäologen bei Laag zwischen der Straße nach Buchholz und jener nach Salurn entdeckt.

Im Land des Weines

Wenn man von Salurn in nördlicher Richtung die Straße, die anfangs der Eisenbahn folgt, entlangfährt, durchquert man weite, endlose Weingärten und kommt in die für ihren Wein berühmtesten Orte. Die Weinstraße, die in den sechziger Jahren aus den verschiedenen Gemeindestraßen gebildet wurde, berührt Kurtinig – die kleinste Gemeinde des Unterlandes und über Jahrhunderte hinweg von den wiederholten Hochwassern der Etsch überschwemmt –, erreicht dann Margreid, einen sehr alten Ort, und Kurtatsch, auch dieses in frühen Zeiten gegründet, das bereits auf 332 Meter Höhe liegt und die dichtbesiedeltste Gemeinde der Gegend ist. Einstmals war diese ganze Ebene wie erwähnt ein sumpfiges Gebiet, in dem die

Malaria um sich griff und zahlreiche Opfer forderte. Auch der Kartograph Peter Anich starb in dieser Gegend an der Malaria, als er ab 1760 im Auftrage der österreichischen Kaiserin Maria Theresia die Erhebungen für die erste Tiroler Landkarte machte. Nach der Fertigstellung seiner Nordtiroler Karte hatte er mit jener von Südtirol und Welschtirol begonnen. Während der anstrengenden Vermessungsarbeiten im Gebiet erkrankte der Kartograph und verstarb in der Nähe von Sterzing im Jahre 1766. Anich hinterließ seinem Mitarbeiter Peter Blasius Hueber die Vollendung der Aufgabe.

Um sich vor diesem unheilvollen Klima und den zerstörerischen Überschwemmungen zu schützen, bauten die Bewohner des Unterlandes gewöhnlich ihre Häuser nicht im Talgrund, sondern auf den Schuttkegeln am Fuße des Gebirges.

Wenn man von Kurtatsch die Weinstraße bergauf fährt, kommt man nach Tramin. Seit mehreren Jahrhunderten ist dieser Ort für seine Spitzenweine berühmt. Die Eisenbahn verläuft hier aber am westlichen Etschufer. In den Anfangszeiten folgte auf die Station Salurn der Bahnhof Neumarkt, aber bereits Ende des 19. Jahrhunderts wurde zwischen beiden die Haltestelle Margreid eingerichtet. Später sollte sie den Namen der nahen Ortschaft Kurtatsch bekommen und zur Station erhoben werden.

In alten Zeiten lag auf der Höhe des Bahnhofes die Fähre von St. Florian. Nach den Zerstörungen des Zweiten Weltkrieges – denen auch die Straßenbrücke zum Opfer gefallen war – wurde der Fährdienst im Jahre 1948 wiederaufgenommen, um eine schnelle Überquerung des Flusses zu ermöglichen. Von morgens sechs Uhr bis zehn Uhr abends – und, wenn es sein mußte, auch die ganze Nacht hindurch – brachte der Fährmann die Fahrgäste vom einen zum anderen Etschufer. Diese Möglichkeit nutzten auch die Eisenbahner, die zur Haltestelle Margreid oder zum nahen Bahnübergang mußten.

Aus der Chronik des Bahnhofes wissen wir, daß hier in den vierziger Jahren noch eine Wäscherei und ein Lampenlager bestanden. Nach einem Jahrzehnt war nur noch eine alte Hand-

pumpe für das Wasser übrig, die den Fahrgästen und dem Bahnpersonal zur Verfügung stand. Im Winter wurde die Pumpe ins Innere des Bahnhofsgebäudes gebracht, damit sie nicht einfror. Als die Pumpe entfernt wurde, gab es heftige Proteste, da die Reisenden das Wasser zum Trinken benötigten. Diese kleinen Ausschnitte aus dem täglichen Leben – die heute, ein halbes Jahrhundert später, recht wunderlich erscheinen – erzählen von den Lebensbedingungen in den kleinen Bahnhöfen oder an den Haltestellen. Man muß bedenken, daß in jenen Jahren viele Wohnungen und natürlich auch jene der Eisenbahner noch ohne fließendes Wasser waren.

Da die beiden Orte Margreid und Kurtatsch ziemlich weit von ihren gleichnamigen Bahnstationen entfernt liegen, wich die Bevölkerung bald auf Autolinien aus.

So war die große Bedeutung der nächsten Station Egna oder Neumarkt (wie sie in zwei Sprachen schon in der Beschreibung von

1859 erwähnt wird) bereits während ihres Baus erkennbar. Sofort hatte man an die Errichtung eines Wasserreservoirs und eines Warenlagers gedacht. Auch Neumarkt liegt am Ostufer der Etsch, und man mußte zur Bahnlinie über eine Holzbrücke auf die westliche Seite des Flusses hinübergehen.

Der Ort Neumarkt reicht bis in die römische Zeit zurück. Auf der Via Claudia Augusta folgte auf »Ad Palatium« und »Tridentum« die Station »Endidae« eben Egna, im Deutschen Neumarkt. Im Jahre 1339 wurde der Ort durch einen Brand zerstört. Bei seinem Wiederaufbau bekam er zusätzlich zu seinem alten den neuen Namen Neumarkt, der auf seine Bedeutung als Handelsplatz hinwies, wovon noch heute die Laubengänge im Ort zeugen. Als Durchgangsort für den Verkehr zwischen Italien und Deutschland genoß Neumarkt jahrhundertelang die Vorteile einer Zollstation. Im 19. Jahrhundert war aber von allem nur noch der Holzhandel mit dem Fleimstal übriggeblieben.

Schon zur Postkutschenzeit war Neumarkt ein Städtchen, das den ganzen Verkehr aus dem Fleimstal auffing. Lange Zeit war der einzige Übergang vom Etschtal ins Fleimstal der San-Lugano-Paß. Dann baute man in der Mitte des 19. Jahrhunderts eine neue Handelsstraße, die von Moena nach Auer führte und eine Abzweigung nach Neumarkt besaß. Der Holzverkehr an den beiden Bahnstationen nahm zu, da man nun das Holz über die neue Straße bequem zu Tale befördern konnte. Als man – wie erwähnt – die Tiroler Eisenbahn mit dem Bau der Paßstrecke beendet hatte, richtete man eine Verbindung mit Postkutschen ein, die am Bahnhof in Neumarkt abfuhren. Dank der Eröffnung der Brennerbahn hatten die Bewohner des Fleimstales einen großen Vorteil. Man denke nur an die Salzbeschaffung, wofür man jahrhundertelang mit Maultiergespannen die lange Reise in die Salzbergwerke von Hall bei Innsbruck auf sich nehmen mußte. Von 1867 an mußte man nur noch bis zur Station

Neumarkt hinunterfahren und konnte von dort aus den Zug benutzen.

Als man eine Schienenstrecke bauen wollte, die das Fleimstal mit dem Etschtal verbinden sollte, lagen Neumarkt und Auer mit Lavis im Wettstreit um den Ausgangsbahnhof. Den ersten bedeutenden Schritt tat im Jahre 1891 der Bürgermeister von Trient namens Oss Mazzurana. Er schlug den Bau eines Stadtbahnnetzes vor, das die Hauptstadt mit den umliegenden Tälern verbinden sollte; Trient hatte dabei natürlich Lavis als Station im Auge. Andere Ambitionen hegte Bozen, das an eine Reihe von Anschlüssen ins Fleimstal dachte. Schließlich wurde im Jahre 1913 Neumarkt ausgewählt, aber weiter geschah nichts. Unterdessen brach der Erste Weltkrieg aus. Österreich mußte dringend seine Verteidigung aufbauen. Zur Truppenverschiebung und für den Nachschub von Verpflegung und Munition baute man bereits 1915 die Schmalspurbahn von Klausen nach Plan. Die Stationen Auer

und Neumarkt waren mit den Transporten voll ausgelastet, die von dort über die Straße nach Cavalese und Predazzo weitergeleitet wurden. Der Krieg gebot zur Eile. So fiel die Wahl des Stationsortes auf Auer statt auf Neumarkt, vor allem um den Bau einer Brücke über die Etsch zu vermeiden. Zwischen den beiden Stationen überquerte die Bahnlinie den Fluß, so daß sich der Bahnhof Auer auf der Ostseite befand.

Nach dem Krieg übernahm die Fleimstal-Linie ihre normalen Aufgaben als Verkehrsverbindung für die Bevölkerung und Urlauber; (die ersten Feriengäste waren 1880 noch ab Neumarkt gereist). Die Station von Neumarkt blieb zum Vorteil Auers sowohl vom Nahverkehr als auch von den Eilzügen der Brennerlinie weitgehend ausgeschlossen.

Die Brücke in Gmund

Von Neumarkt setzte sich der Schienenweg auf einem fünf bis sechs Meter hohen Bahn-

damm fort, wo »durch die Anlage von Materialgräben der Ablauf des Wassers bedeutend befördert, und die umliegenden Gründe dadurch wesentlich verbessert« wurden. Die Eisenbahn fuhr so weiter bis ans Etschufer, wo in der Mitte des 19. Jahrhunderts die Fähre von Gmund lag. Dann überquerte sie wenige Kilometer vor der nächsten Station in Auer die Etsch auf einer großartigen Brücke. Eine Brücke – lesen wir in der Beschreibung von 1859 – die »mit Ausnahme der schiefen Richtung ganz der bei S. Michel erbauten gleichgehalten ist«. Die schiefen Bögen in einem Winkel von vierundzwanzig Grad hatten an den Stirnseiten eine Spannweite von 16.40 Metern bei einer Stichhöhe von 2.50 Metern.

Diese gewaltige Steinbrücke behinderte mit ihren Pfeilern und zu niedrigen Bögen den Lauf des Wassers, begünstigte Schuttablagerungen und bedingte damit eine Erhöhung des Flußbettes, was 1868 eine gefährliche Situation heraufbeschwor, die sich 1882 wiederholte. Nach

wiederholten Protesten der Gemeinde Auer erhielt die »Genossenschaft zur Regulierung der Etsch« die Genehmigung, die Steinbrücke durch eine neue Eisenbrücke zu ersetzen.

Die zweite, ebenfalls eingleisig angelegte Brücke war im Jahre 1927 der Schauplatz eines schweren Eisenbahnunglückes, als ein mit Obst vollbeladener Güterzug, der in Neumarkt in Richtung Norden abgefahren war, in den Fluß stürzte. Der Abschnitt war nur eingleisig, und ein Zug in entgegengesetzter Richtung befand sich bereits auf den Schienen, als das Signal dem Güterzug die Zufahrt verbot, der Lokomotivführer jenes aber übersah und die Fahrt fortsetzte. Der Zug geriet auf ein stillge-

Links: Die Etschbrücke in Auer. Das Foto stammt aus den ersten Jahrzehnten unseres Jahrhunderts.

Rechts: Teilansicht vom Bahnhof von Auer

legtes Gleis und stürzte mit heftigem Getöse in die Etsch. Der Lokomotivführer war auf der Stelle tot. Die Presse unterstrich, daß es unhaltbar sei, eine solch bedeutende Linie an dieser Stelle nur eingleisig zu führen.

Aber die Brücke war nicht nur zu schmal für ein Doppelgleis, sondern in Anbetracht des zunehmenden Eisenbahnverkehrs, der schweren Lokomotiven und der immer schnelleren Züge schon lange nicht mehr ausreichend. Deshalb plante und begann die italienische Staatsbahn FS den Bau zweier Eisenbrücken, die von starken Pfeilern getragen wurden. Die alte Brücke wurde nicht abgerissen, sondern der Genossenschaft übergeben, die sich aus den Provinzverwaltungen von Bozen und Trient zum Bau einer Straßenbrücke gebildet hatte.

Seit langem schon hatte man die Notwendigkeit einer Straße zwischen Auer und dem Gebiet von Kaltern–Mendel erkannt, das bislang nur durch eine Fähre Verbindung hatte. Statt eine neue Brücke zu bauen, beschlossen die betroffenen Provinzen, die genannte alte Eisenbahnbrücke umzubauen. Da aber das Gebiet, auf dem sie stand, nach wie vor der FS gehörte und für den Straßenbau nicht in Frage kam, entschied man sich zu einer wahrhaftig einzigartigen Lösung: Man »verschob« die Brücke dem Etschufer entlang.

Das Vorhaben wurde im Dezember 1931 verwirklicht. Die Brücke – drei Millionen Tonnen Eisen! – wurde mit Hilfe zweier Winden bewegt, die an den äußeren Brückenseiten befestigt und mit am Fuße eines ungefähr fünfzehn Meter weit entfernten Gerüsts angebrachten Rädern verbunden waren. Nach und nach wurde die Brücke in mehreren Tagen etwa achtzig Meter verschoben.

Die komplizierte Geschichte der Brücke von Auer nahm eine tragische Wende im Zweiten Weltkrieg, als sie durch Bombenangriffe schließlich zerstört wurde. Da gleichzeitig auch die Straßenbrücke beschädigt worden war, mußte man eine alte Fähre wieder einsetzen, die ihren Dienst bis 1950 tat. Nach einer Übergangszeit, für die man eine provisorische Holzbrücke errichtet hatte, baute man eine neue Brücke – die vierte – mit Stahlbetonträgern.

Hinter der Brücke ... »beginnt der Mitterberg« – schrieb Brentari – »mit seinen schwarzen Steilfelsen, am Fuße vom Wasser des Flusses genäßt und oben von Burgruinen gekrönt; die Landschaft ändert sich völlig, und das sich stark verengende Tal offenbart eine ebene Talsohle und einen für Sumpfgebiete charakteristischen Baumbestand«.

Wir erreichen den Bahnhof von Ora oder Auer (gemäß der Beschreibung aus dem Jahre 1859; später blieb nur der deutsche Name übrig), wichtig wegen ihrer Lage am Zugang zum Fleimstal. Aus diesem Grunde bekam sie von Anfang an ein Warenlager. Aus dem gleichen Grunde baute man ein ziemlich großes, zweistöckiges Bahnhofsgebäude.

Im Ersten Weltkrieg wurde also die Schmalspurbahn Auer–Cavalese–Predazzo verlegt. Ihr Ausgangsbahnhof liegt heute noch neben der Bahnstation der FS. Im Hinblick auf den Krieg wurden die Bahnanlagen in Auer in den Jahren 1915/16 stark ausgebaut. Man errichtete ein Lokomotivdepot mit Werkstatt, eine Werkstatt für das Bahnbetriebswerk, Warenschuppen und Depots, und legte ein weites Gleisbündel an, zu dem eine Drehscheibe zum Wenden der Lokomotiven gehörte. In den zwanziger Jahren wurden auf Verlangen der Regierungsbehörden die Bahnanlagen für den Güterverkehr erweitert.

Im Zweiten Weltkrieg erlitt nicht nur die Brücke, sondern auch der Bahnhof Auer große Schäden. Das halbe Bahnhofsgebäude wurde auf der Seite des äußeren Bahnhofsplatzes zerstört. Nach dem Krieg errichtete man das Gebäude mit einem Anbau auf der Seite Richtung Verona. Man wollte dadurch neue Diensträume gewinnen. Ganz neu gebaut werden mußte auch das Warenlager mit der Laderampe.

In den achtziger Jahren entstanden dann eine Unterführung, ein Bahnsteigdach und ein Bahnsteig.

Der alte Bozner Flußhafen

Die Station Branzoll (heute Bronzolo-Branzoll) hatte zu Beginn eine geringe Bedeutung und war folglich nur mit einem kleinen Bahnhofsge-

bäude ausgestattet worden. In der Geschichte hatte der Ort allerdings eine große Rolle gespielt, bildete er doch seit dem Mittelalter mit seiner »Zollstation« den Hafen von Bozen. Mit seinen Messen war Bozen der Drehpunkt eines blühenden Handels zwischen Deutschland und den norditalienischen Städten. Wenn auch einige leicht beladene Flöße in Terlan oder direkt in Bozen abfuhren, so konnte man doch erst ab Branzoll Flöße und Kähne mit voller Ladung über die Etsch verschiffen. Flußaufwärts wurden die Boote von zehn bis zwölf Pferden vom Ufer aus geschleppt. Zuerst transportierte man nur Holz nach Venedig und Verona, aber schon bald dehnte sich der Verkehr auf andere Waren aus. Auch für die Personenbeförderung erwies sich der Flußweg als eine im Vergleich zu den teuren Kutschen recht wirtschaftliche Reiseart.

Der Flußverkehr war sehr wichtig sowohl für die Entwicklung der Wirtschaft als auch für die Lebensbedingungen der Bevölkerung. Es entstanden zahlreiche neue Betriebe, angefangen beim Floßbau. Seinerzeit waren die Straßen recht unwegsam, zum einen wegen der ständigen Überschwemmungen, zum andern wegen der Räuberbanden, die die Reisenden überfielen. Gleichwohl verlief durch die Ortsmitte von Branzoll die Reichsstraße.

Als die Eisenbahn eröffnet wurde, verdrängte das neue, schnelle und günstige Verkehrsmittel in wenigen Jahrzehnten sowohl den Flußverkehr und alle damit zusammenhängenden Berufe – das letzte Floß fuhr in Branzoll zu Beginn des 20. Jahrhunderts ab – als auch den Straßenverkehr. Man durchlebte eine schwere Krise. Da nur noch die Landwirtschaft als Einkommensquelle geblieben war, mußten viele Leute auswandern.

Eine neue wichtige Einnahmequelle für die Wirtschaft der Region war die Öffnung der Porphyrbrüche in der zweiten Hälfte des 19. Jahrhunderts. Porphyr war damals ein sehr gefragtes Baumaterial und wurde auch als Straßenbelag verwendet. Die Entwicklung dieses Zweiges war eindeutig durch die Eisenbahn bevorteilt, die es erlaubte, das Material ins Ausland zu verschicken. Zu Zeiten der Monarchie

Das Bahnhofsgebäude in Auer.
Die ursprünglich sehr klein angelegte Station von Auer wurde nach dem Krieg beträchtlich vergrößert.

Die Station von Branzoll

wurde es ins ganze Reich versandt. Die wichtigsten Brücke waren in Leifers, Branzoll und Auer, alles Orte an der Bahnlinie; weniger Aufschwung nahm der Gesteinsabbau in Pfatten. Dort legte man, um das Gestein zu den Werften an den Etschufern zu befördern, einen Spezialzug über eine Schmalspurstrecke an, der von Dampflokomotiven über eigens errichtete, provisorische Brücken gezogen wurde. Der Steinbruch von Branzoll war bis 1956 in Betrieb, als ein Abrutschen des Bruches die Verlegung der Staatsstraße erforderlich machte.

Eine andere Antwort auf die von der Eisenbahn heraufbeschworene Krise in der Gegend waren die ersten Obstanpflanzungen und besonders der Weinanbau. Erneut stellte die Eisenbahn ein unersetzliches Verkehrsmittel dar, um die Produkte in weit entfernte Länder zu verschicken; mit der Verlegung der Grenze an den Brenner erfuhren die Ausfuhren nach Österreich und Deutschland allerdings eine starke Verminderung.

Vor dem Ersten Weltkrieg erstreckte sich bei der Station Branzoll über eine Länge von zwei Kilometern auf einer Fläche von 35.000 Quadratmetern ein Militärbahnhof mit 23 Gleisen. In der Zeit zwischen den beiden Weltkriegen wurde die Station mit Anlagen zum Aus- und Abladen ausgebaut. Gegen Ende der fünfziger Jahre errichtete man eine Laderampe für Panzerfahrzeuge; die Militärbehörden wollten im Hinblick auf den Verkehr mit Jugoslawien die Station zudem für den Viehtransport ausstatten.

In den achtziger Jahren wollte man für die Errichtung eines Rangierbahnhofes den ehemaligen Militärumladeplatz in Branzoll auf der Seite Richtung Bozen umbauen. Dieser Verschiebebahnhof war für die aus dem Ausland kommenden Waggons bestimmt, damit sie nicht in den Stationen zwischen Brenner und Bozen abgestellt werden mußten.

1859 war Branzoll die letzte Station vor Bozen gewesen. Aber bereits gegen Ende des Jahrhunderts hatte man den Bahnhof in Leifers eingerichtet, wo (schrieb Brentari) »das Tal sumpfig ... ist und im Sommer in den tiefergelegenen Orten die Malaria um sich greift, wenn auch die Schutzbauten an der Etsch die Sümpfe vermindert haben, die gefährliche Krankheitsherde bildeten«. Leifers hatte jahrzehntelang einen regen Güterverkehr. In den fünfziger Jahren unseres Jahrhunderts beklagten sich die Betriebe aus der Gegend und aus der Hauptstadt über die ungenügende Ausstattung zum Versand ihrer Obstprodukte.

Seit dem Jahre 1850 war Leifers eine eigenständige Gemeinde. Innerhalb eines Jahrhunderts wuchs die Bevölkerung des Ortes von sechs bis 700 auf 14.000 Einwohner an, und aus dem Bauerndorf wurde eine der größten Städte Südtirols. Vom Hochplateau über Leifers und vor allem von Aldein aus beförderte man in den vergangenen Jahrhunderten eine große Menge Holz zu Tale, das dann zu Flößen gebunden und über die Etsch verschifft wurde.

Gegen das Jahr 1937 errichtete man, um die Verschiebung des Luftwaffenmaterials aus dem Lager des nahen Stützpunktes zu erleichtern, eine überdachte Laderampe mit einem Nebengleis und Stationsplatz.

Heute hat die Haltestelle Leifers ein ungewöhnliches, kleines Bahnhofsgebäude aus Ziegelsteinen mit einem Holztragwerk. Obwohl die Station mehr als einen Kilometer vom Ort entfernt liegt, ist sie ein wichtiger Knotenpunkt für den Pendelverkehr nach Bozen. Diese Entfernung von zehn Kilometern legt der Zug in wenigen Minuten zurück, während man mit dem Auto zu verkehrsstarken Zeiten das vierfache rechnen muß.

Von Leifers fährt die Eisenbahn nach Bozen weiter. Bei der Mündung der Talfer in den Eisack »musste der Raum für die Führung der Bahntrace erst durch eine grossartige Sprengung im Porphirfelsen auf eine Länge von 200 Meter, einer verglichenen Höhe von 12 Meter und einer mittleren Breite von 6 Meter gewonnen, und die neue Bahn auf einer mächtigen Stützmauer 3 Meter über der Chaussee erhoben werden«. Die Eisenbahnlinie berührt noch den Ausläufer des Virgls, überquert den Eisack und zieht in Richtung Bozen.

Die Station Bozen im Stadtteil Zwölfmalgreien

Das Leben und die Entwicklung Bozens hingen bereits zu Zeiten der römischen Pons Drusi von den Verkehrsverbindungen ab.

Der erste Grundstein der Stadt wurde wahrscheinlich kurz nach dem Jahr 1000 gelegt. Man wollte die »Kaiserstraße« an der Stelle kontrollieren, wo sie auf die Hochebene des Rittens hinaufzog, um dann in Kollmann wieder hinabzuführen und sodann in Richtung Brenner weiterzugehen. Die Neigungsunterschiede der Straße an den Hängen des Rittens zwangen zu einer Rast. Im Talkessel des späteren Bozen entstanden die ersten Gaststätten und auch die ersten Handwerks- und Dienstleistungsbetriebe für die Reisenden und ihre Gespanne.

Von der anfänglich einzigen Wegachse längs der Laubengasse aus entwickelte sich die Stadt durch den zunehmenden Handel. Es entstanden Gasthöfe, Geschäfte und Läden auch außerhalb der Stadtmauern. Einen großen Aufschwung nahm die Wirtschaft durch die Handelsmessen, die im 17. Jahrhundert von Claudia dé Medici durch eine Marktordnung geregelt wurden.

In der ersten Hälfte des 19. Jahrhunderts war Bozen noch von den beiden anliegenden Gemeinden Gries und Zwölfmalgreien getrennt. Die Grenze zu Gries wurde von der Talfer gebildet, die andere zu Zwölfmalgreien verlief unmittelbar südlich der Altstadt Bozens durch das Gebiet, in dem später der Bahnhof entstehen sollte. Zu jener Zeit war die wirtschaftliche Lage ziemlich kritisch. Man hatte mit den Kriegsfolgen von 1866 und Nahrungsknappheit zu kämpfen. Zudem war in Triest der Freihafen eingerichtet worden, der nun den aus dem Norden kommenden Verkehr anzog.

Besonders in den vierziger und fünfziger Jahren des 19. Jahrhunderts, als die Bahnlinie Mailand–Venedig gebaut wurde und dann einen Anschluß an den Triester Hafen bekam, sah sich Bozen verdrängt aus seiner historischen Stellung als Verkehrsknotenpunkt im Handel zwischen Mittelosteuropa und der italienischen Halbinsel. Natürlich liefen die Transporte nun nicht über die kürzeren Strecken, sondern man benutzte die – dank der Eisenbahn – schnelleren Verbindungswege.

Bozen hatte zum damaligen Zeitpunkt wenige Einwohner, und die mittelalterliche Stadt war immer mehr von einer Abseitslage gezeichnet. Südtirol besaß auch nur eine unbedeutende Industrie.

In dieser schwierigen Situation hatte die Eröffnung der Eisenbahn eine ungeheuer ankurbelnde Wirkung. Das Schicksal der Stadt nahm eine rasche Wendung.

Im Jahre 1859 fuhr die Eisenbahn von Verona bis Bozen. Die Tiroler Stadt hatte damit ihren Anschluß an Venedig und Mailand. Acht Jahre später wurde der Abschnitt Brenner–Innsbruck fertiggestellt. Bozen konnte seine Vorrangstellung im Handelsverkehr zwischen Lombardo-Venetien und Deutschland wieder einnehmen. 1871 bekam die Stadt dank der Pustertallinie auch mit Innichen und Villach eine Verbindung; zehn Jahre später fügte man den Abschnitt bis Meran hinzu, der dann um die Jahrhundertwende von Meran bis Mals verlängert wurde.

Bozen spürte die ersten positiven Auswirkungen der Eisenbahn bereits mit der Errichtung der Linie Verona–Bozen. Arbeiter und Techniker aus Bozen und Umgebung fanden eine neue Beschäftigung, auch italienische Arbeitskräfte wurden angezogen, und Kapital floß ins Land. Die Eisenbahn funktionierte als Antriebsmotor für die Wirtschaft. Das neue Verkehrsmittel ermöglichte einen schnellen Transport der Waren, und jenseits der Alpen fand man neue Absatzmärkte für die lokalen Produkte, besonders für Obst, das in der erst kürzlich urbar gemachten Ebene der Etsch angebaut wurde. Immer mehr Reisende verlegten sich auf die Eisenbahn. Der Tourismus erlebte einen raschen Aufschwung. Die Gegend von Bozen-Gries wurde das bevorzugte Urlaubsziel des österreichisch-ungarischen Adels und Bürgertums. Dieser exklusive Fremdenverkehr ließ nach und nach luxuriöse Hotels entstehen, welche die Stadt zu einem der modernsten und vornehmsten Kur- und Ferienorte Europas machten.

Die wirtschaftliche Blüte zog die Bewohner der umliegenden Gebiete an. Zählte Bozen 1850 noch 8000 Einwohner, waren es vierzig Jahre später bereits 12.000 geworden. Mit der zunehmenden Bevölkerung vergrößerte sich auch das Stadtgebiet. Es entstanden die ersten Industriebetriebe. Doch bevor wir uns näher mit diesem Aspekt befassen, werfen wir einen Blick zurück auf den Bau der Eisenbahn.

Die Brücke über den Eisack und der erste Bahnhof

Bevor die Eisenbahn Bozen erreichte, mußte sie den Eisack auf einer großen Brücke überqueren. Diese besaß vier Brückenfelder von jeweils 20 Metern Lichte und steinerne Pfeiler und Widerlager, die mit großen Porphyrquadern verstärkt waren, »ihre Felder aber werden von vier Balken aus Eisenblech getragen«. Der Unterbau von Pfeilern und Widerlagern war ohne größere Schwierigkeiten gelegt worden. Man hatte den Fluß lediglich an einigen Stellen umleiten müssen, da der Grund des Flußbettes glücklicherweise fest und wasserundurchlässig war.

Im Jahre 1859 dehnte sich der Bahnhof von Bozen über eine Fläche von 80.000 Quadrat-

metern aus. Allein die Bahnanlagen erstreckten sich über eine Länge von 750 Metern. Der zwei bis drei Meter höher als die umliegenden Gärten angelegte Bahnhofsplatz war ganz mit Mauern umgeben. Der Bozner Bahnhof nahm von Anfang an eine wichtige Stellung ein. Deshalb bekam er ein großes Bahnhofsgebäude, dessen mittlerer Teil sich als halbes Achteck zum Platz hin erstreckte; auf der Brennerseite hatte das Gebäude einen Flügel, in dem die Wartesäle mit den Gaststätten lagen. Ein anderer Flügel erstreckte sich auf der Südseite. Ein an das Hauptgebäude angebautes Bahnsteigdach überdeckte die Gleise und schützte die Reisenden vor Regen und Schnee.

Um den Grundriß des Bahnhofs in Bozen zu sehen – der über fünfzig Jahre hinweg im wesentlichen unverändert blieb –, werfen wir einen Blick in die Zeichnungen, die im Archiv der FS in Bozen aufbewahrt werden. Ein Lageplan aus dem Jahre 1897 zeigt das Bahnhofsgebäude für Abfahrten und Ankünfte und parallel dazu in südlicher Richtung ein kleineres Gebäude, einen Garten mit Blumenhütte und eine große Wagenremise. Ebenfalls parallel zum Bahnhofsgebäude lag auf der Brennerseite das Eilgutmagazin mit der Verladerampe. Es folgte ein langes Frachtenmagazin, in dessen Mitte das Zollamt lag.

Gegenüber dem Hauptgebäude erkennen wir jenseits der Schienenanlagen die Lokomotivremise, von hier konnten die Zugmaschinen ins Werkstättengebäude gefahren werden, das über drei Gleise mit Reparaturgruben verfügte. Neben der Werkstatt lag das Materialmagazin, das auf der Ostseite an Privatgrund grenzte.

Eine spätere, aus den ersten Jahren des 19. Jahrhunderts stammende Zeichnung zeigt eine leichte Erweiterung des Bahnhofs auf den Seiten der Werkstatt, wo ein großer Kohlenlagerplatz (für den Betrieb der Dampflokomotiven) und Laderampen für spezielle Güterabfertigungen errichtet worden waren.

Eine bedeutende Veränderung trat in den Jahren zwischen 1905 und 1910 ein, als zwei große angrenzende Grundstücke auf der Ostseite enteignet wurden. Auf dem größeren Grundstück baute man ein neues Lokomotivdepot mit strahlenförmig angelegten Gleisen und einer Drehscheibe. In einer Zeichnung von 1910 und in allen späteren erkennt man beide Depots. Auf dem zweiten enteigneten Grund errichtete man einige Wohngebäude für das Bahnpersonal. Die gleiche Zeichnung aus dem Jahre 1910 gibt Hinweise auf einen Renovierungsentwurf des Bahnhofsgebäudes. Das Wagendepot auf der Seite in Richtung Trient in der Nähe der heutigen Garibaldistraße ist verschwunden; statt dessen erscheint die Schienenstrecke nach Kaltern. Gleichzeitig erkennt man längs der heutigen Rittner Straße an der Seite des neuen Zollagers die Anlagen der Rittner Bahn mit kleinen Schuppen für Waggons und Lokomotiven und einem Warenlager mit Laderampe.

Neben der Station Bozen hatte man bereits zu Anfang einen großen öffentlichen Park angelegt, der nach und nach mit exotischen Pflanzen bestückt wurde. Auf dem Bahnhofsplatz entstand im Jahre 1884 das Hotel »Viktoria«, dessen gebogene Fassade dem halbkreisförmigen Platz folgte; es war im Gegensatz zum halben Achteck des Bahnhofsgebäudes konzentrisch angelegt.

Bozen in der zweiten Hälfte des 19. Jahrhunderts

Der ungeheuere Aufschwung der Bozner Wirtschaft, die Errichtung eines Geschäftszentrums im Gebiet südlich des historischen Stadtkerns und das Anwachsen der Einwohnerzahl machten bald eine Stadtplanung notwendig, die die rasche Ausdehnung der Stadt regelte. Sebastian Altmann – der von der Gemeindeverwaltung beauftragte Architekt aus München – zeichnete 1860, also ein Jahr nach der Eröffnung der Teilstrecke nach Verona, den ersten Stadtplan für das Bahnhofsgebiet.

Das Bahnhofsgebäude lag nicht nur außerhalb der Stadtmitte, sondern sogar außerhalb

Oben: Kaiser Karl und Kaiserin Zita kommen am
22. April 1917 auf dem Bozner Bahnhof an.

Unten: Verlassene Kanonen in der Station Bozen
am Ende des Ersten Weltkrieges

Nebenstehende Seite: Eine Lokomotive der
Baureihe 552 am Bahnhof Bozen-Gries

der ehemaligen Bozner Gemeindegrenzen im Stadtteil Zwölfmalgreien. Die Bozner Laubengasse und der Johannisplatz (heute Waltherplatz) zogen sich um den alten Stadtkern, und in Richtung der Eisenbahn erstreckte sich lediglich der viereckige, eingezäunte Gemeindefriedhof (der erst 1930 nach St. Jakob verlegt wurde). Altmann schlug vor, die Stadt und das neue Verkehrsmittel einander stärker anzunähern und zeichnete vier Straßen, die strahlenförmig von der Station abgingen. Die Hauptstraße, Bahnhofsallee genannt, folgte einer Geraden zwischen Station und Dom durch den Park. Die Laurinstraße führte parallel zum Dreifaltigkeitsplatz (heute Rathausplatz). Die beiden anderen Verkehrswege verliefen auf den beiden Seiten ab dem Bahnhof parallel zur Schienenstrecke: Das waren die Marktstraße und die Bahnstraße, heute Garibaldistraße und Rittner Straße.

Die neuen Straßen bildeten das Gerippe, um das sich nach und nach die neuen Bauten scharten. Allmählich wuchsen die Stadt und der Bahnhof zusammen. 1870 wurde die neue Bauordnung für die Neustadt (heute Dante-, Carducci- und Marconistraße) im Südwesten der Stadt erstellt. Während der neue Stadtteil heranwuchs, führte man in der Altstadt zahlreiche Neu- und Umbauten durch. Innerhalb von dreißig Jahren gelang es, den neuen Stadtteil mit dem Bahnhofsviertel und den historischen Stadtkern mit dem Neubauviertel zu verbinden.

Um den Bahnhof entstanden prächtige Bauten, so im Jahre 1882 das Palais Widmann (heute Sitz der Landesregierung) und 1884 das bereits erwähnte Hotel Viktoria.

Es entwickelten sich neue Bahnverbindungen zwischen Bozen und den umliegenden Ortschaften. 1898 wurde die Linie Bozen–Kaltern eingeweiht, die fünf Jahre später mit der Eröffnung der Standseilbahn zum Mendelpaß einen Anschluß an das Nonstal bekam.

Den Hauptplatz Bozens, der zu Ehren des Erzherzogs Johann aus dem Hause Habsburg Johannesplatz genannt wurde, widmete man in der zweiten Hälfte des 19. Jahrhunderts dem Dichter Walther von der Vogelweide und errichtete diesem im Jahre 1889 ein Denkmal.

Nach dem Faschismus – unter dem das Denkmal vorübergehend entfernt wurde – der Platz erneut dem deutschen Dichter gewidmet, dessen Name, wie wir noch sehen werden, auch in der Geschichte unserer Tiroler Eisenbahn aufscheinen wird.

Indessen spürte man die positiven Auswirkungen der Eisenbahn auf die Wirtschaft. Hatten bislang kleine Handwerks- und Familienbetriebe überwogen, so entstanden jetzt immer mehr Großhandels- und Transportunternehmen sowie Produktionsstätten, die Arbeitskräfte aus der Umgebung, aber auch aus dem Trentino und Venetien anzogen.

1907 wurde die Linie Bozen–Ritten fertiggebaut, auf der teils eine Zahnradbahn, teils eine Adhäsionsbahn fuhr. Am Entwurf zu einer Verbindungslinie mit der Rittner Hochebene, die dadurch von ihrer jahrhundertelangen Isolation befreit werden sollte, arbeitete man bereits seit Mitte des 19. Jahrhunderts, hatte aber den Plan zu einer dampfbetriebenen Zahnradbahn aufgrund der hohen Kosten wieder verworfen. Als Ende des Jahrhunderts der elektrische Betrieb möglich geworden war, gründete man eine Aktiengesellschaft und erstellte den Entwurf. Die Bauarbeiten begannen im Februar 1906 und dauerten ein knappes Jahr. Die Rittner Bahn wurde im August 1907 eröffnet. In der Stadt verkehrte sie als Stadtbahn; sie ging vom Waltherplatz in der Stadtmitte ab, hielt an der Station der Südbahn, fuhr von dort dann am Güterbahnhof entlang und erreichte schließlich die Abfahrtsstation, von wo aus sie als Zahnradbahn weiterführte. Die Zahnradbahn überwand auf einer Länge von 4100 Metern einen Höhenunterschied von mehr als neunhundert Metern, bis sie zuletzt den Ort Maria Himmelfahrt erreichte. Hier begann der Abschnitt, auf dem die Adhäsionsbahn verkehrte. Sie fuhr in einer Höhe von etwa 1200 Metern die sieben Kilometer bis Klobenstein. Bis 1911 wurde die Rittner Bahn von der Südbahn betrieben.

Anfang des 20. Jahrhunderts begann man mit dem Bau des Stadtbahnnetzes, das Teil eines Programms von Bürgermeister Julius Perathoner war. Im Jahre 1909 wurde die Grieser Straßenbahn fertiggebaut, die vom Bahnhof

Bozen durch die Altstadt nach Gries fuhr. 1914 nahm die Bahn nach St. Jakob den Betrieb auf. Sie überquerte den Eisack und setzte später ihre Fahrt bis Leifers fort. Sowohl die Stadtbahnen von Gries und St. Jakob wie auch die Guntschna-Standseilbahn wurden zunächst von der Südbahn verwaltet.

Bei der Volkszählung im Jahre 1910 hatte die Gemeinde Bozen über 30.000 Einwohner. 1911 wurde der Bezirk Zwölfmalgreien eingemeindet. Unterdessen entwickelte sich der Tourismus. Vor allem in Gries, wo man bereits in der Mitte des 19. Jahrhunderts mit dem Bau von Hotels, Ferienanlagen und Sanatorien begonnen hatte, nahm der Fremdenverkehr gegen Ende des Jahrhunderts immer mehr zu. Der Tourismus hatte eine so große Bedeutung erlangt, daß um die Jahrhundertwende die Bahnstation den Namen Bozen-Gries bekam.

Der Erste Weltkrieg brachte die Entwicklung der Stadt zum Stillstand und blockierte alle Projekte der Südbahn zur Erweiterung des Bahnhofs. Glücklicherweise hielten sich die Kriegsschäden in Grenzen.

Umbauten der faschistischen Regierung zu einer »italienischen« Bahnstation

In den Jahren unmittelbar nach der Angliederung des Gebietes bis zum Brenner an Italien veranlaßte Verkehrsminister Costanzo Ciano, der 1924 sein Amt übernommen hatte, die Renovierung der Bozner Bahnstation. Das Bahnhofsgebäude und die angrenzenden Gleisanlagen sollten neu geordnet werden, es sollte der Güterbahnhof verlegt und ein neues Lokomotivdepot mit Bahnbetriebswerk errichtet werden. Zudem wollte man die Linie Verona–Brenner auf elektrischen Betrieb umstellen und etwa dreißig Wohnhäuser für das italienische Bahnpersonal errichten. Die Bauabteilung »Sezione Lavori« sollte von Trient nach Bozen verlegt werden. Diese Politik war ganz im Sinne Mussolinis, der Südtirol italienisieren wollte. Dem Ausbau der Bahnanlagen an der Grenze galt im Rahmen dieser allgemeinen Entwicklung großes Interesse.

Zur Vergrößerung und allgemeinen Neuordnung des Bozner Bahnhofes – das aus dem 19. Jahrhundert stammende Bahnhofsgebäude und die Gleisanlagen waren dem zunehmenden Personen- und Güterverkehr längst nicht mehr gewachsen – legte die FS Ende 1924 einen Entwurf vor, der die Erweiterung des Bahnhofs zum Eisack hin vorsah. Diese Lösung hätte die Verbindung zwischen der neuen Güterabfertigung und der Stadt jedoch schwierig gestaltet. Es wurde auch der Vorschlag diskutiert, die alten Bahnanlagen abzureißen und am Bozner Boden nahe dem Eisack wieder aufzubauen. Allerdings wäre die Verlegung nur geringfügig gewesen, da man eine für die Züge unbezwingbare Steigung vermeiden mußte. Außerdem hätte dieser neue Bahnhof 120 Millionen Lire gekostet, eine Summe, die –, lesen wir in der deutschen Tageszeitung »Der Landsmann« vom 11. Februar 1925 – »abgesehen davon, daß sie nicht zur Verfügung steht, wohl besser und nutzbringender in den Bau der Linie Mals–Landeck investiert werden sollte«.

Die Zeitung erwähnte eine weitere Möglichkeit, und zwar die Verlegung aller Rangiergleise, des Betriebswerkes und des Anschlusses an die Meraner Bahnlinie jenseits des Eisacks oder nach St. Jakob. Auf diese Weise hätte man in Bozen für den Personenverkehr und den Güterverkehr mit der Stadt ausreichend Platz gewonnen.

In diesem Sinne waren die Vorschläge, die der Bozner Ingenieur Perwanger im Auftrag der Stadt Bozen ausgearbeitet hatte. Von den vier Entwürfen sahen drei das Verlegen der Bahnanlagen vor. Man hatte die Wahl: entweder die Beibehaltung des Gebietes zwischen dem neuen Bahnhof und dem Eisack für den Rangierbahnhof und für die ausschließlich zum Bahnbetrieb nötigen Dienste oder die Verlegung der erforderlichen Bahnanlagen nach

Oberau-St. Jakob. Dieser zweite Vorschlag hätte vor allem für die Fahrgäste den Vorteil gehabt, daß der Bahnhof von den Rangiermanövern und dem lästigen Rauch der Dampflokomotiven befreit worden wäre.

Im Vorschlag Nummer vier, von allen der kühnste, wollte man auch die Warenlager für die Stadt jenseits des Eisacks legen. In allen Fällen jedoch wäre die Verlegung der Eisenbahnlinie nach Meran unvermeidlich gewesen.

Bald nahm man von diesen kostspieligen Entwürfen Abstand und konzentrierte sich auf das bestehende Bahnhofsgebäude, das man völlig umzubauen gedachte. Der Auftrag für den Architekturentwurf ging an den uns bereits bekannten Angiolo Mazzoni, seinerzeit Haupt-Inspektor der FS. Er sollte in der Folgezeit auch die Station am Brenner renovieren und das Gebäude in Trient wieder aufbauen.

»Nach einigen Überlegungen« – berichtet Mazzoni in seinen Notizen, die im Museum MART in Rovereto aufbewahrt werden – »entschied man, den Teil mit dem halben Achteck zu belassen und die Abfahrtshalle im Innenhof des alten Baus einzurichten, die Gaststätte an die äußerste Spitze des Flügels in Richtung Brenner zu legen und davor einen Garten anzulegen ... Zudem wurde entschieden, einen Turm zu errichten, der neben seinem vorspringenden Mittelbau den Blick auf den Rosengarten freigab.« Der Vorschlag, die Sicht auf die Alpen nicht zu verbauen – womit die Idee einer Aufstockung des Hauptgebäudes verworfen wurde –, fand auch die Zustimmung des Senators Tolomei, des Präsidenten an des Provinzausschusses für die schönen Künste.

Da im genehmigten Entwurf Kunststein vorgesehen war, stellte die Stadt Bozen den Antrag, die Verzierungen an der Fassade aus Quadersteinen anzufertigen, um diese »einem monumentalen Charakter angemessener zu gestalten und eine würdevolle und bleibende

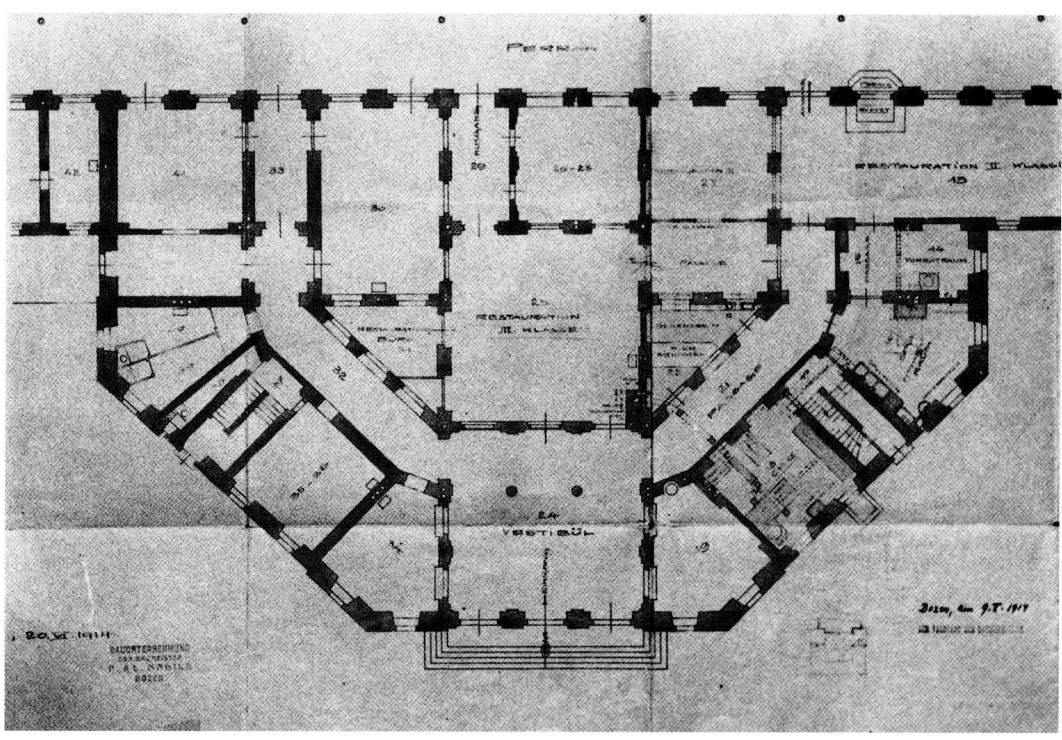

Lageplan des Mittelbaus im Bahnhofsgebäude von Bozen. Eine Zeichnung aus dem Jahr 1914.

Ganzheit zu schaffen«. Doch das Gebäude wurde zum großen Teil wie vorgesehen aus Kunststein errichtet. Ende 1926 genehmigte die Stadt einen Zuschuß von 150.000 Lire, den allerdings der Präfekt kritisierte.

Die Renovierungsarbeiten am Bozner Bahnhof – der heute im wesentlichen unverändert ist – begannen im Mai 1927. Der Auftrag wurde in einer Ausschreibung an die Firma Giuseppe Zanetti aus Brescia vergeben; Bauleiter war Ingenieur Rondolfo Colombo aus der Bauabteilung der FS in Bozen, sein Mitarbeiter war Mario Gröbner.

Die Grundstruktur des österreichischen Gebäudes wurde beibehalten; erweitert wurde es sowohl im Grundriß als auch in der Höhe. Die Flügel zum Brenner und nach Verona hin baute man völlig neu. »Der Mittelbau wurde vergrößert« – wie Ferruccio Businari 1931 auf dem Kongreß der italienischen Ingenieure erklärte –, indem man an den Spitzen des Achtecks dreieckige Baueinheiten ansetzte, die die Seiten-

wände einrahmten und die Ecken der Fassade rechtwinklig machten …« Die monumentale Wirkung erreichte man durch das Anbringen von acht Halbsäulen an der Fassade, die von dem über Straßenhöhe liegenden Fundament des Gebäudes bis ganz nach oben führten, wo ein schweres, verziertes Gesims den Abschluß bildete.

An den Seiten des halben Achtecks setzte sich das renovierte Gebäude mit zwei rechteckigen Baueinheiten fort, die jedoch sowohl in der Höhe als auch ihrer Aufgabe nach verschieden waren. Der ganze Gebäudekomplex gliederte sich in mehrere einzelne Teile; während sie auf der Seite zu den Gleisen hin klar untereinander verbunden waren, schienen sie für denjenigen aufgelockert, der den Bahnhof von außen betrachtete.

Auf den Stirnseiten brachte man zwei symbolische Figuren in Nischen an: Eine stellte die Elektrizität dar (links), die andere den Dampf. Diese Skulpturen hatte wie alle anderen außen

angebrachten Plastiken Professor Ehrenhöfer, der Leiter der Gewerbeschule in Bozen, geschaffen. Auf der Höhe des Nordflügels wurde der Fuß des Turms – eine in unseren Bahnhöfen eher ungewöhnliche Struktur, die Mazzoni von den Stationen in Stuttgart und Helsingfors übernommen hatte – mit Figuren, die die Flüsse der Gegend – Etsch, Passeier, Eisack, Rienz – darstellten, und einem kleinen Brunnen mit der Statue des heiligen Christophorus, des Beschützers der Reisenden und des Verkehrs, geschmückt.

Nach dem Eingangsportal querte der Reisende eine erste Halle und dann die anliegende Abfahrtshalle, wo die Fahrkartenschalter, die Gepäckaufbewahrung, die Bahnpolizei und gleich daneben die in verschiedene Klassen getrennten Wartesäle lagen. Wenn man dann zum Bahnsteig neben dem ersten Gleis ging, fand man links die Ausgangshalle, die Gaststätten, die ebenfalls nach Klassen unterteilt waren und deren Einrichtung maßgerecht ausgesucht worden war. An der Außenseite erkannte man die Gaststätte an einem großen, verzierten Portal.

Im Südflügel lagen im Erdgeschoß die verschiedenen Dienstbüros, im ersten Stock hingegen waren die Büros der Bauabteilung der FS untergebracht.

Das Bahnsteigdach aus Eisen wurde ganz neu errichtet, während man die verlängerte Unterführung durch eine Marmorverkleidung verschönerte. Nichts blieb dem Zufall überlassen. Auch die Fenster und Türen wurden sorgfältig ausgewählt. Die Kosten betrugen insgesamt etwa fünfeinhalb Millionen Lire.

Der Bahnhof, der die politische Zielsetzung des Regimes verkörpern sollte, wurde stark kritisiert. Während die Umbauten ihrem Ende entgegengingen, beschuldigte Minister Ciano den Architekten, der Station von Bozen und den Wohnhäusern für das Bahnpersonal in Südtirol »eine typisch deutsche Formgestaltung gegeben zu haben, was für jeden, der für sein Vaterland gelitten hat, um die Grenzen bis zum Brenner und nach Istrien zu bringen, eine Beleidigung sein muß«. Viele Jahre später sollte Mazzoni selbst in seinen Erinnerungen dieses Ereignis erwähnen, wobei er von einem scharfen Tadel spricht, den er während einer Sitzung des Verwaltungsrates der FS hatte hinnehmen müssen.

Trotz allem war Mussolini anderer Meinung. In zwei Briefen wurde Mazzoni im Dezember 1927 versichert, daß der Bahnhof dem Regierungsoberhaupt gefalle, weil er keinerlei deutschen Einfluß aufweise. Vor der Eröffnung drückte sich der Architekt in einem Telegramm an seine Familie zufrieden aus: »Seine Exzellenz Ciano sehr zufrieden, der Präfekt hat mir seine Glückwünsche ausgesprochen, und hohe Zustimmung seiner Majestät.« In seinen Aufzeichnungen schreibt Mazzoni, daß mit diesem Gebäude der in der FS übliche Bürokratismus, der den Entwurf von Bauwerken bislang bestimmt hätte, durchbrochen worden sei.

Trotz der Schwierigkeiten, die durch den weiterlaufenden Bahnverkehr entstanden, wurde der Umbau schnell und ohne Unterbrechungen in den Wintermonaten ausgeführt und konnte innerhalb eines Jahres beendet werden. Der neue Bahnhof wurde zusammen mit dem Denkmal der Viktoria, das die politische Überzeugung des Regimes verdeutlichen sollte, am 24. Mai 1928 feierlich eröffnet.

Ein Artikel, der in »Turismo d'Italia« im September 1928 erschien, sprach überschwenglich von der »neuen Linie«, die »in jedem architektonischen Teil, in jeder Kehlung, in jedem Gesims, ausschließlich auf der Basis einer geraden Linie und unter Ausschluß von Zopfstäben, Schalen und Karniesen, dem Gebäude einen neuen Baustil gibt, der an manchen Stellen auch verwegen erscheint, so daß er in der Tat als Vorläufer eines modernen Stiles ›900 + 1‹ gelten kann«.

»Die Schlichtheit der Verzierung, welche die Außenwände des Gebäudes prägt« – lesen wir im Blatt »Il Comune di Bologna« Ende 1928 –, »ist das offensichtliche Ergebnis einer strengen Prüfung, um ein Zusammenspiel von hellen und dunklen Elementen zu erhalten, das jedoch die Struktur in ihrer Ausgewogenheit nicht stören durfte. Dies ist es, was eine architektonische Struktur über jene übliche und verschnörkelte Voreingenommenheit hinaushebt, die ihrerseits die pompösen Bauwerke nach dem Geschmack dickköpfiger Auftraggeber charakterisiert.« Dies war ein verstecktes Lob für den Verkehrsminister, Seine Exzellenz Ciano, »dessen genialer Verstand und hervorragende Fähigkeiten« – lesen wir weiter unten – »nur allzu bekannt sind und die seine Projekte im Rahmen der Renovierung der Eisenbahn kennzeichnen«. Es war auch eine Anerkennung für die »hartnäckige Suche einer sensiblen Künstlerseele (Mazzoni), die sich eher im direkten Kontakt mit den praktischen architektonischen Erfordernissen geformt hat als durch die Bürde von Schule und kunstgeschichtlichen Lehren«.

Ferruccio Businari, der direkte Vorgesetzte Mazzonis, lobte auf dem erwähnten Kongreß im Jahre 1931 die Formgestaltung, die »von dem Mut zu völlig neuen Ideen spricht und mit ihren schlichten Richtlinien und ihrer harmonischen Ausdruckskraft den Geist unserer Zeit getroffen hat«. Zwei Jahre vorher hatte Businari die Bozner Bahnstation beim Internationalen Ingenieurkongreß in Tokio vorgestellt.

Natürlich gab es auch Kritik, die erst Jahrzehnte später verklingen sollte. 1961 brachte die Zeitschrift »Città e stazioni« nicht wenige Einwände gegen das Bauwerk Mazzonis vor. »Das Einfügen der großen Haupthalle in die bescheidenen Flügel …, die Monumentalität der Fassade, die eingesetzten Reliefs, die vorspringenden Brunnen, die Üppigkeit an Quadersteinen und der übertriebene Einsatz von Marmor in den Verkleidungen bestätigen die hymnische Neigung des Architekten.« In Wirklichkeit bestanden die Fassaden aus Kunststein – bemerkte Mazzoni in seinen Aufzeichnungen –, und nur der ein Meter hohe Sockel der Hallen war aus Marmor.

Während die Umbau des Hauptgebäudes fortschritt und die Bahnlinie auf elektrischen Betrieb umgestellt wurde – die Strecke von Bozen zum Brenner wurde 1928 freigegeben –, führte man an anderen Stellen ebenfalls Arbeiten durch. Zu den wichtigsten gehörte das neue Lokomotivdepot, das im Hinblick auf die Elektrifizierung der Linie im Zeitraum zwischen Juni 1928 und März 1929 von der Firma Zanetti aus Brescia auf einer Fläche von 70.000 Quadratmetern zwischen Bahnhof und Eisack gebaut wurde. Zum Komplex gehörten ein Werkstattgebäude, ein Schuppen für die Elektrolokomotiven, eine Schmiede und eine Schreinerei, ein Bürogebäude und andere kleinere Bauten für verschiedene Dienstleistungen.

1926 wurde Gries von Bozen eingemeindet. Zu diesem Anlaß schrieb man einen landesweiten Wettbewerb für einen Bauplan zur Erweiterung und Sanierung der Stadt aus. Da keiner der Entwürfe den Erfordernissen entsprach, beauftragte die Regierung den Architekten Marcello Piacentini. Dieser entwarf einen ehrgeizigen Plan – und übernahm dann auch die Bauleitung des Projektes –, der die Ausdehnung der Stadt auf 100.000 Einwohner und unter anderem ein Industriegebiet zwischen dem Eisack und der Brennerstaatsstraße vorsah.

Oben: Das neue Depot für Elektrolokomotiven in Bozen, das in den Jahren 1928/29 errichtet wurde

Unten: Eine Ansichtskarte von Bozen zeigt die Eisenbahn (um 1941).

Im Hinblick auf die industrielle Entwicklung dachte man an die Gewinnung von Elektrizität durch Wasserkraft. In den folgenden Kapiteln werden wir drei wichtige Wasserkraftwerke am Eisack näher betrachten. Das erste, das die Eisacktaler Wasserkraftwerksgesellschaft bei Kardaun errichtete, sollte ebenso wie die Anlage in der Nähe von Waidbruck die Industriebetriebe in Bozen mit Energie versorgen. Das große Wasserkraftwerk in Brixen, das wie jenes in Waidbruck von der Gruppe Montecatini gebaut worden war, nutzte die Wasserkraft von Eisack und Rienz zur Gewinnung von Energie, die großteils für den elektrischen Betrieb der Eisenbahn bestimmt war.

Das Industriegebiet wurde 1935 in den Obstgütern am sogenannten Grutzen errichtet. Die ersten Unternehmen, die sich dort niederließen, waren Montecatini, Lancia, Feltrinelli und Italiana Magnesio. Spezielle Vergünstigungen der Eisenbahn, die einen niedrigeren Kilometerpreis anbot, bildeten eine Entschädigung für die entfernte Lage Bozens von der Poebene. Die Zeit der Blüte waren die Jahre zwischen 1935 und 1940. Die Bevölkerungszahl stieg infolge der Zuwanderungen aus den anderen Regionen Italiens rasch an. 1936 zählte man mehr als 50.000 Einwohner. Zur Vergrößerung des Stadtgebiets wurde ein Bauplan erstellt, der unter anderem die Einrichtung einer Verbindung zwischen der Industriezone und dem Bahnhof vorsah.

Indessen arbeitete man an einem Plan zum weiteren Ausbau des Bahnhofs. Für den Personenverkehr sollten auf der Seite in Richtung Trient zwei neue Zwischenbahnsteige mit Stellwerk entstehen. Im Güterverkehr wollte man die Gleisanlagen für die Abfertigung und Verschiebung der Züge erweitern. Das Bahnbetriebswerk, der Viehumladeplatz und andere Anlagen sollten neben das Lokomotivdepot verlegt werden. Ein Stellwerk sollte auch auf die Brennerseite kommen. Am Ende dieser Umbaumaßnahmen gab es ein neues Lokomotivdepot mit Werkstatt, einen Schuppen für Triebwagen, ein neues Bahnbetriebswerk mit Werkhalle und ein neues Warenlager mit überdachter Laderampe.

Kurz vor dem Zweiten Weltkrieg wurde der Platz vor dem Bahnhofsgebäude, an dem bis 1965 das große Hotel »Viktoria« lag, nach Costanzo Ciano benannt; nach dem Krieg wurde er in Bahnhofsplatz umbenannt. Von der Stadtmitte aus führten auf den Platz die Via del Littorio und der Corso Vittorio Emanuele, früher Laurinstraße und Bahnhofsallee.

Die Statue der »Elektrizität«

Die neuere Geschichte

Im Zweiten Weltkrieg erlitt die Stadt schwere Schäden. Bei 472 Fliegerangriffen – besonders tragisch jene im September 1943, März und Mai 1944 und Januar 1945 – wurden einige Teile des Südflügels zerstört, das Bahnhofsge-

Teilansicht der Fassade mit den für Mazzoni typischen Verzierungen.

bäude stark beschädigt. Auch die Bahnsteigdächer erlitten Schaden, ebenso die Warenlager, das Zollager und das Postamt. Der halbkreisförmige Schuppen des Dampflokomotivdepots wurde fast ganz zerstört. Die tragenden Elemente der Brücke über den Eisack wurden ebenfalls beschädigt. Der Wiederaufbau begann sofort. In den ersten Monaten des

Die »Statue des Dampfes«. Sie stammt, wie die Frauenfigur daneben, vom Bildhauer Ehrenhöfer und steht an der Außenfassade. Von den anderen Skulpturen, die im Bahnhof Mazzonis aufgestellt sind, sei die Gruppe der Symbolfiguren erwähnt, die die Flüsse der Region darstellen und zu Füßen des Turmes angeordnet sind.

Jahres 1946 hatte man die Warenlager und verschiedene Gebäude bereits wieder errichtet. Andere Arbeiten wollte man gerade beginnen, als es hieß, unnötige Ausgaben sollten vermieden werden. Der gültige Bauplan stammte aus dem Jahre 1940 und galt als überholt. Im Hinblick auf die gegenwärtigen und zukünftigen Ansprüche mußte ein neuer ausgearbeitet werden.

Unmittelbar nach dem Krieg wechselten die Züge in Bozen die Lokomotiven, da die Triebwagen für den Einsatz in Richtung Norden und in Richtung Süden aufgeteilt waren; das mußte man beachten. Ebenso wichtig war, für die Linie nach Kaltern eine eigene Schienenstrecke anzulegen. Seinerzeit verkehrten die Züge noch auf dem Hauptgleis, das dafür eigens mit einer Stromschiene ausgestattet worden war. Dies stellte für das Bahnhofspersonal und die Reisenden, welche die Gleise überquerten, eine ständige Lebensgefahr dar.

Mit der Erstellung des neuen Bauplans konnten die verbleibenden Wiederaufbauarbeiten ausgeführt werden. Auch das Bahnhofsgebäude wurde instand gesetzt; man baute das Postgebäude wieder auf, und die Brücke über den Eisack wurde aus Stahlbeton errichtet. In den fünfziger Jahren kümmerte man sich um die Innenausstattung des Hauptgebäudes einschließlich der drei Wartesäle.

Interessant waren die nach Klassen unterteilten Einrichtungen: Die erste Klasse bekam Sofa, Sessel und Eichenholzhocker mit Polsterung und Stoffbezug; in die zweite Klasse sollten Stühle kommen, die in mit Chiampo-Marmor verkleideten Sockeln festgemauert waren, gepolstert und mit Leder überzogen werden sollten, während man für die dritte Klasse einfache Holzbänke ohne Polsterung vorsah. Die beiden ersten Wartesäle blickten auf den ersten Bahnsteig, der dritte auf den äußeren Bahnhofsplatz.

In den fünfziger Jahren mußte der vor dem Krieg erbaute Bahnhof den Ansprüchen von fast 100.000 Einwohnern genügen. Fuhren vor dem Krieg noch 400.000 Reisende pro Jahr in Bozen ab, so waren es 1950 bereits 700.000. Das ständig im Wachsen begriffene Industriegebiet brachte eine Zunahme des Handelsver-

kehrs mit dem Ausland mit sich. Beförderte man 1938 noch 15.000 Tonnen, hatte sich die Menge 1950 bereits verdoppelt. Man veranlaßte die Aufstellung eines neuen Ausbauprogramms, vor allem für den Güterverkehr.

Der 1959 ausgearbeitete Bauplan schloß auch eine Verlegung des ersten Abschnitts der Linie nach Meran–Mals südlich des Industriegebietes ein. Der wichtigste Teil der neuen Strecke war ein Viadukt, der sich im Süden des Industriegebietes mit ungefähr 22 Meter langen Brückenfeldern erstreckte. Fünfzehn Jahre lang diskutierte man über dieses Bauwerk, bis schließlich in den siebziger Jahren der Bau begann; der Viadukt wurde 1980 für den Verkehr freigegeben.

Unterdessen war 1962 ein Tunnel für die Brennerstraße unterm Virgl eröffnet worden. Aus dieser Zeit stammt ein Entwurf der Gemeinde für den Bau eines Fußgängertunnels unter dem Bahnhofsplatz, der mit der Unterführung unter den Bahnsteigen verbunden werden sollte.

In den sechziger Jahren wurde wegen der allgemeinen Verlagerung von den öffentlichen auf die privaten Transportmittel die Linie Bozen–Kaltern eingestellt. Der Betrieb der Rittner Zahnradbahn wurde nach einem schweren Unfall 1964 eingestellt und diese Verbindung durch eine Seilbahn ersetzt, die Teilstrecken der Straßenbahnen wurden ebenfalls aufgelassen.

In den sechziger und siebziger Jahren baute man die Autobahn durch Bozen. Diese durchquert die Stadt über einen fast drei Kilometer langen Viadukt, der dem Eisack folgt. Auf diese Weise erscheint der Verlauf natürlich und stört weder das Landschaftsbild, noch wird der Verkehr behindert, der unterhalb des Viadukts an den Pfeilern vorbei auf der Staatsstraße fließt. Die Autobahn, die sich an der Grenze zwischen Stadt und Industriegebiet entlangzieht, berührt die Stadt so gut wie gar nicht; dann führt sie von Süden her in den 800 Meter langen Virgltunnel.

Den Kuntersweg entlang von Kardaun nach Klausen

Von Bozen aus führte einst die Reichsstraße nicht durch die enge Schlucht des Eisacks, sondern sie kletterte auf die Rittner Hochebene hinauf, berührte die Orte Rentsch, Sankt Justina, Unterinn, Lengmoos, Mittelberg und Lengstein und zog dann bei Kollmann wieder ins Tal hinunter.

Die Straße entlang dem Eisack wurde sehr wahrscheinlich auf der alten römischen Trasse zu Beginn des 14. Jahrhunderts vom Bozner Kaufmann Heinrich Kunter angelegt und im Jahre 1314 für den Verkehr freigegeben. Als Gegenleistung für diese wichtige Arbeit hatte Kunter das Recht, nicht nur den Durchreisenden Wegegeld abzuverlangen, sondern auch zu verlangen, daß die umliegenden Gemeinden die Instandhaltung der Straße garantieren und die durch Witterungseinflüsse entstandenen Schäden ausbessern mußten. Kunter besaß auch ein Vorrecht, das den Bau einer anderen Straße in der Umgebung verbot; ursprünglich hatte die Trasse nur als Saumpfad durch das Tal geführt. Ende des 15. Jahrhunderts wurde sie so verbreitert, daß sie auch für Kutschen befahrbar wurde. Das Wegegeld, das bis zum Ende des 18. Jahrhunderts erhoben wurde, wurde von den Zollstationen in Blumau und Kollmann eingezogen.

Mit dem Beginn des Eisenbahnzeitalters wurden zahlreiche, nah beieinander liegende Stationen eingerichtet, wie es seinerzeit üblich war, als der Zug das einzige schnelle Transportmittel darstellte.

Zur Zeit des Eisenbahnbaus lag die erste Station nach Bozen in Blumau. Im Zwischenstück vorher wurde unmittelbar nach der 57 Meter langen Eisenbrücke über den Eisack eine neue Haltestelle in Kardaun mit einem kleinen Holzgebäude eingerichtet, das dem heutigen sehr ähnlich war.

Heute ist die Ortschaft Kardaun der Sitz der Gemeinde Karneid, die ihren Namen von dem oberhalb liegenden, kleinen Dorf übernommen hat.

In der Nähe der Eisenbahn steht am rechten Eisackufer ein Wasserkraftwerk, das vom Staubecken in Waidbruck gespeist wurde. Es ist das größte Wasserkraftwerk der Provinz. Zuvor hatte es in Kardaun ein kleineres Werk am Eggenbach gegeben.

In Kardaun, das nur knappe drei Kilometer von Bozen entfernt liegt, beginnt die Straße ins Eggental. Das ist die große Dolomitenstraße, die das Eisacktal über den Karerpaß mit dem Fassatal verbindet.

In den dreißiger Jahren wurde für die ursprüngliche Haltestelle in Kardaun eine Konzession vergeben; heute befindet sich dort nur noch eine einfache Blockstelle. An dieser Stelle verläuft parallel zur Bahnlinie die alte Straßentrasse. Von der heute noch stark befahrenen Straße geht im rechten Winkel eine Abzweigung weg, die unter den Schienen durchführt.

Wo sich das Tal bei Kardaun stark verengt, führt die Autobahn über den Fluß, die beiden Staatsstraßen 12 und 12B sowie über die Eisenbahnlinie. Der Viadukt der Autobahn ist ein Bauwerk hochmoderner Technik.

In diesem Ort errichtete Angiolo Mazzoni ein Wohnhaus für die Eisenbahner. Weitere solche Häuser entstanden in den zwanziger und dreißiger Jahren in Bozen und in Richtung Norden in Atzwang, Klausen, Brixen, Freienfeld und am Brenner nahe der Staatsgrenze. Die Architektur dieser Wohngebäude wurde von Minister Ciano stark kritisiert.

Nach der Haltestelle in Kardaun befindet sich ein kleiner Tunnel. In den letzten Jahren ist, wie wir sehen werden, ein neuer Tunnel modernen Baustils entstanden, der direkt zur nächsten Station in Blumau-Tiers leiten wird. Dort öffnet sich nach einer kurzen Unterbrechung ein noch längerer Tunnel, der bis zur Station Waidbruck führt.

Die Schlucht des Kuntersweges

Die ursprüngliche Station von Blumau, die südlich der gleichnamigen Ortschaft lag –, wurde im 20. Jahrhundert zunächst in Prato all'Isarco umgetauft. Noch später bekam sie ihren heutigen Namen Prato Tires – Blumau-Tiers. Das Bahnhofsgelände gehört heute zur Gemeinde Karneid. Das Bahnhofsgebäude aus grauem Granit steht immer noch.

Der Ort Blumau war bereits zur Zeit der Römer bewohnt und seit jeher ein wichtiger Knotenpunkt für den Verkehr durch die Schlucht des Eisacks. Im Mittelalter machte man hier Rast, bevor man die Steigung auf den Hochklausner anging; durch diesen Berg, der eine enge Flußwindung bildet, wurde später der Eisenbahntunnel gebohrt. Am Zusammenfluß von Breibach und Eisack begann der Aufstieg auf die Hochebene von Völs am Schlern und ins Tierser Tal. Von dieser Stelle aus führte ein Steg über den Breibach. Man konnte dann den Eisack überqueren und zum Kuntersweg auf die andere Uferseite gelangen.

Erst Mitte des 16. Jahrhunderts wurden am Völser Steg und in Atzwang zwei Holzbrücken über den Eisack gebaut. Über diese führten sowohl die Saumpfade und Karrenwege, die von Völs hinabzogen, als auch jene Wege, die auf der anderen Seite von der Rittner Hochebene herunterkamen.

Als im 19. Jahrhundert die Eisenbahn gebaut wurde, bereitete der Streckenabschnitt nördlich von Blumau bis Klausen große techni-

Oben links: Detail des Bahnhofsgebäudes von Blumau-Tiers

Oben rechts: Die Eisackbrücke nahe dem kleinen Stationsgebäude von Kardaun

Unten: Sehenswert ist das kleine Holzgebäude der ehemaligen Haltestelle von Kastelruth.

sche Schwierigkeiten. Der Kuntersweg war – schrieb Ingenieur Luigi Tatti ein Jahr nach der Eröffnung der Eisenbahnlinie – »eine gewundene Schlucht, eingezwängt zwischen schroffen und erdrutschgefährdeten Porphyrbergen, deren steile Abhänge sich an manchen Stellen nur durch die sich gegenseitig stützenden Lockermassen unten im Tale aufrecht halten, durch das an mehreren Stellen gerade noch der Fluß und die Poststraße passieren, und das berühmt ist für seine Muren und Steinschläge, die sich in einigen Abschnitten von den oberen Felsen lösen«.

Die Lösung Etzels für diesen Streckenabschnitt – ähnlich wie auf dem Stück von Innsbruck nach Matrei – unterschied sich von allen vorhergehenden Plänen und besonders vom Entwurf Luigi Tattis. Wie er schon auf dem Abschnitt zur Tiroler Hauptstadt die längere Trasse abgelehnt und die Schienenstrecke durch die gewundene Sillschlucht gezogen hatte, wählte der Bauingenieur auch von Klausen bis Blumau die wirtschaftlichste Lösung und legte auf einer vier Kilometer langen Strecke fünf Tunnel an: der längste war 190 Meter lang, der kürzeste 19 Meter.

Bei der Eröffnung der Eisenbahnlinie ergaben sich Schwierigkeiten durch die Beweglichkeit des Bodens. »Natürlich hätte man viele Erdrutsche und Betriebsunterbrechungen vermeiden können« – schrieb Tatti im Jahre 1868 – »wenn man ... von Anfang an strengstens auf die abrutschgefährdeten Hänge geachtet und die Gleisanlagen aufgelegt hätte, statt sie in die Hänge einzubetten. Man hätte weitaus bessere Bedingungen an den Uferrändern geschaffen, wenn man des öfteren von einer zur anderen Flußseite gesprungen wäre. Die Einsparung der vier Brücken über den Eisack ... muß jetzt mit anderen Opfern und der Unsicherheit des Betriebes bezahlt werden. Wenn man die enorme Höhe der Hänge, deren Schichten bei jedem Tauwetter im Frühling und bei jedem Unwetter im Sommer abrutschen, bedenkt, ist es weder vorhersehbar, wann die Natur ihr statisches Gleichgewicht wieder erlangen wird, noch wann die genannten Schwierigkeiten ein Ende haben werden.«

Während der Arbeiten an der Bahnlinie mußte die Holzbrücke am Völser Steg abgerissen werden. Auf der Grundlage eines Übereinkommens mit der Gemeinde Völs wurde sie von der Südbahn wieder aufgebaut. Die Gemeinde lieferte lediglich das Baumaterial und blieb Eigentümer der Brücke.

Am Völser Steg wurde später eine Haltestelle für den Personenverkehr eingerichtet. Die kleine Station Steg (so wurde sie im Fahrplan der Südbahn aus dem Jahre 1898 bezeichnet) hatte ein Bahnhofshäuschen aus Holz, das heute noch steht. Mit der Eröffnung der Brennerbahn näherte sich Völs (dessen Namen die Haltestelle bald bekommen sollte) an Bozen an. Immer mehr Bozner erwarben auf dem Hochplateau von Völs, Seis und Kastelruth ein Ferienhaus. Besonders in Völs, damals wie heute für seine »Heubäder« sehr berühmt, nahm die Zahl der Feriengäste stark zu.

Der zunehmende Fremdenverkehr verlangte eine Verbesserung der Verbindungen zwischen Völs und Bozen. Um die Jahrhundertwende entstanden mehrere Entwürfe für neue Strecken. Man schlug sogar eine Schmalspurbahn vor, die von Bozen über Völs–Kastelruth nach Gröden fahren sollte.

1882 richteten die Überschwemmungen im Eisacktal und Etschtal große Schäden an. Im Abschnitt zwischen Klausen und Blumau waren die Bahnlinie und die Fahrstraße unterbrochen. Das Blumauer Gebiet war ganz besonders in Mitleidenschaft gezogen worden.

Im Jahre 1902 verursachte ein schwerer Unfall den Tod eines Lokomotivführers und Heizers, als ein großer Felsblock beim Hochklausner Tunnel direkt vor einem Eilzug auf die Schienen fiel. Ein anderer Unfall mit tödlichem Ausgang ereignete sich 1927. Während des Hochwassers des Eisacks stürzte ein Rettungszug in den Fluß, und zwanzig Arbeiter fanden den Tod.

Die Brücke beim Völser Steg wurde in einem von den Funken eines Zuges verursachten Brand erneut zerstört und im Jahre 1910 wieder aufgebaut.

In den dreißiger Jahren hatte die Völser Haltestelle einen regen Verkehr zu verzeichnen.

Sommers wie winters kamen hier Touristen, Wanderer und Skifahrer an, die zum großen Teil aus dem Ausland anreisten und zur Seiser Alm oder nach Gröden wollten. Die überlieferten Beschwerden über das fehlende Trinkwasser und die sanitären Anlagen zeugen von der wichtigen Rolle dieser Haltestelle im Fremdenverkehr.

Als einige Jahrzehnte später das Auto als Verkehrsmittel aufkam, verlor die kleine Haltestelle immer mehr an Bedeutung und wurde schließlich geschlossen.

Der Bahnhof von Atzwang und die stillgelegte Eisenbahnlinie

Weiter in Richtung Norden wurde nach der ehemaligen Haltestelle in Völs eine Eisenbrücke über den Eisack gebaut, die zwei Bogen von je 25 Metern hatte. In Berichten über den Bau heißt es, daß Ingenieur Thommen bereits eine große Bogenbrücke entworfen und mit den Arbeiten begonnen hatte. Wegen der verspäteten Lieferung der Bausteine überlegte man es sich anders und entschied sich für eine Balkenbrücke aus Eisen; der Steinpfeiler, der nun keine Verwendung mehr hatte, blieb jahrzehntelang mitten im Fluß stehen.

Etwas weiter liegt Atzwang, das zur Gemeinde Ritten gehört. Die gleichnamige Station war ursprünglich die zweite Haltestelle hinter Blumau von Bozen aus.

Die erwähnte alte Holzbrücke nahe der Haltestelle Steg war eine der drei Brücken, die heute noch den Eisack überspannen. Die zweite überdachte Holzbrücke befand sich in Atzwang, die dritte nahe der ehemaligen Bahnhaltestelle von Kastelruth. In der unmittelbaren Umgebung der Atzwanger Station lagen in südlicher Richtung das Umspannwerk, ein Viadukt und die Einfahrt zu einem Tunnel.

Im Ersten Weltkrieg wurde nahe dem Atzwanger Bahnhof die Talstation einer Schwebebahn nach St. Konstantin eingerichtet, und ganz in ihrer Nähe fuhr eine Materialbahn nach Völs ab. In den fünfzehn Jahren zwischen 1938 und 1953 wurde dann mit dem Bau der Landstraße ab Blumau eine neue Verbindung mit Völs geschaffen.

Doch zurück zur Station von Atzwang, damals Campodazzo genannt. Anfang der dreißiger Jahre baute man auf Verlangen der Militärbehörden die Anlagen zur Güterabfertigung aus. Gleichzeitig wurde die Brücke in Stein errichtet – sie mußte nach dem Zweiten Weltkrieg erneut gebaut werden –, und man errichtete ein Wohnhaus für das Bahnpersonal. In den sechziger Jahren wurde die Station erweitert. Das Bahnhofsgebäude – heute deutlich von der Autobahn überschattet, die sich auf einem langen Viadukt am linken Eisackufer dahinschlängelt – befindet sich an einer stillgelegten Bahnlinie der FS. Seit September 1994 fährt der Zug durch einen Tunnel, und das Gebiet hat seine historische Bedeutung für die Eisenbahn verloren.

Kurz zur Autobahn: Der Viadukt in Atzwang ist zweieinhalb Kilometer lang und setzt sich aus 69 Brückenfeldern von je 35 Metern zusammen. Dieses Bauwerk ist ein gelungenes Beispiel dafür, wie sich hochmoderne Technik harmonisch in die Landschaft einfügen kann. Die Fahrbahn schlängelt sich wellig dahin und folgt dabei dem Verlauf des unterhalb liegenden Flußbettes und des Berghanges.

Jahrzehntelang wurde der Personenverkehr fünf Kilometer von Atzwang entfernt an der Haltestelle Sankt Oswald-Kastelruth abgefertigt. Später bekam die Station einen italienischen Namen, nun heißt sie zweisprachig Castelrotto-Kastelruth. Heute noch steht das kleine Bahnhofsgebäude aus Holz, das man in den zwanziger Jahren baute, um einen Schutz vor Unwettern zu schaffen. In der Nähe befindet sich ein Bahnübergang. An dieser Stelle zweigt ein kleines Sträßchen von der Hauptstraße ab, überquert die Bahnlinie und sogleich den Eisack auf einer alten Holzbrücke, die bereits erwähnt wurde; dann zieht es nach Sankt Oswald bei Kastelruth hinauf.

In den vergangenen Jahrzehnten wurden für die Schienenstrecke zwischen den Stationen Atzwang und Waidbruck Überwachungsanlagen eingerichtet, um mögliche Steinschläge sofort anzuzeigen.

Weiter in Richtung Norden trifft die Bahn im Röthelegraben auf eine andere Brücke über den Eisack. Wenn man die Staatsstraße entlangfährt, kommt man nach Kollmann mit dem alten Zollgebäude in weiß-rotem Schachbrettmuster. Hier zog die Brennerstraße, die von der Rittner Hochebene herunterkam, ins Tal hinab.

Bauarbeiten in der Station Blumau-Tiers. Gleichzeitig wurde an den beiden Tunnelvarianten gebaut.

Der Tunnel und die Station Waidbruck

Die Eisackschlucht stellte seit alters eine Gefahr dar. So ist es kein Zufall, daß man heute für einen sicheren und schnellen Eisenbahnverkehr genau auf dieser Strecke besondere Vorkehrungen getroffen hat. Jahrhundertelang versuchten die Reisenden, das Tal zu meiden. Um diesen kritischen Abschnitt zu entschärfen,

mußte man die Eisenbahn durch einen Tunnel führen.

Ab 1984 sind von der FS vier neue Bahntrassen verlegt worden. Die erste liegt bei der Klause von Ceraino. Die nächsten zwei betreffen den Abschnitt zwischen Kardaun und Waidbruck: hier wurden fast 19 von den insgesamt 34 Kilometern Schienenstrecke zwischen den beiden Stationen neu verlegt und durch zwei Tunnels geführt, die zusammen 17 Kilometer lang sind. Der erste Abschnitt, der für den Verkehr freigegeben wurde, war das Stück von Blumau bis Waidbruck die längste Variante mit einem 13 Kilometer langen Tunnel. Er machte die historische Station Atzwang überflüssig und zudem die Tunnels, die die österreichischen Erbauer vor 130 Jahren gebohrt hatten und ebenso die danach angelegten.

Der moderne Tunnel ist ganz anders. Er wurde am linken Eisackufer gegraben und nach dem Stand neuester Technologie angelegt (wie wir im letzten Kapitel sehen werden), die hohe Geschwindigkeiten und vollbeladene Güterzüge maximalen Profils erlaubt und vor

168

allem Verkehrssicherheit garantiert. Zwei Zugänge liegen beim »Stegfenster« und beim »Schwarzgrießbach-Fenster«.

Die südlichere Variante zwischen Kardaun und Blumau ist bald betriebsbereit. Ihr fiel keine Station zum Opfer, jedoch konnte man durch den Bau eines 430 Meter langen Tunnels einen sehr gekrümmten Abschnitt vermeiden. Im Ge-

Nebenstehende Seite:
Die Station von Ponte all'Isarco – heute Ponte Gardena-Waidbruck – auf einer Ansichtskarte aus den dreißiger Jahren

Oben: Das Lokomotivdepot der Schmalspurbahn Klausen–Plan während eines verheerenden Hochwassers im Jahr 1921. Mitten im Wasser eine Lokomotive.

Unten: Blick auf das Hochwassergebiet mit dem gebogenen Viadukt über den Eisack

biet südlich von Waidbruck wurde in den zwanziger und dreißiger Jahren ein künstlicher See angelegt, der das Eisackwasser sammelt, das dann durch einen 19 Kilometer langen Tunnel inmitten von Felsen und Abstürzen bis nach Kardaun hinabfließt. Dort wurde, wie erwähnt, eines der größten Kraftwerke Europas in Betrieb genommen.

In Waidbruck befindet sich der Bahnhof links des Eisacks kurz nach dem Tunnelausgang. Als die Linie gebaut wurde, gab man der Station den Namen Waidbruck, der nach 1918 in das italienische Val Gardena umgeändert wurde; es folgte die Bezeichnung Ponte Isarco, bis schließlich das heutige zweisprachige Ponte Gardena-Waidbruck eingeführt wurde. Die letzten beiden Namen erinnern an die Brücke, die bis zum Anfang des 20. Jahrhunderts aus Eisen war und dann durch die heutige Betonbrücke ersetzt wurde, auf der die Grödner Straße den Eisack überquert, bevor sie in die Brennerstraße mündet. Die Straßenverbindung durch die Schlucht an der Mündung des Grödner Baches in den Eisack stammt aus dem Jahre 1856. Zuvor mußte man, um vom Eisacktal nach Gröden zu kommen, den steilen Weg zurücklegen, der in Klausen begann – den »Troi Paian«, eine auf prähistorische Zeit zurückgehende Verbindung.

Am linken Eisackufer zweigt die Landesstraße nach Kastelruth-Seis ab und in Richtung Bahnhof jene nach Lajen. Das Bahnhofsgebiet gehört noch zur Gemeinde Lajen, Ortsteil Ried.

Als um das Jahr 1867 die Eisenbahn gebaut wurde, entdeckte man Unterlagen, die den Vogelweiderhof im Lajener Ried oberhalb der Station Waidbruck erwähnen. Hier soll nach Ansicht der Forscher der Geburtsort des mittelalterlichen Dichters Walther von der Vogelweide sein. Diese Entdeckung erweckte das Interesse deutscher Kulturkreise, so daß viele Historiker nach Südtirol kamen und sich vorübergehend in Klausen, das dem Hof am nächsten liegt, niederließen, um ihre Studien zu betreiben. Es kamen auch Maler und Bildhauer in die Gegend, welche die Schönheit der Landschaft zu schätzen wußten. Für einige Jahrzehnte wurde Klausen zu einer regelrechten

Künstlerstadt. Dem Dichter Walther von der Vogelweide, der als Symbolfigur der deutschsprachigen Kultur gilt, wurde 1889 der Platz in der Stadtmitte Bozens gewidmet, wo man ihm auch ein Denkmal setzte.

Bis ins Jahr 1960 fuhr durch das Lajener Ried auch die Grödner Schmalspurbahn, die beim Vogelweiderhof eine eigene Station für den Personenverkehr hatte.

Doch zurück zur Brennerlinie: In Waidbruck baute man zunächst nur ein kleines Bahnhofsgebäude; später wurde es beträchtlich ausgebaut und war dann doppelt so groß wie vorher. Der äußerste Flügel auf der Nordseite erhebt sich mit dem Profil des alten Wasserturms, und Ende der zwanziger Jahre erweiterte man auf Verlangen der Militärbehörde die Anlagen für die Güterabfertigung.

In der Chronik des Bahnhofes liest man im Jahr 1941 von dem Brand des Warenlagers auf der Nordseite, das ganz aus Holz gebaut war. Im gleichen Jahr kaufte die FS einen gemauerten Kiosk, der als Café und Gaststätte diente. Sein Besitzer, ein gewisser Hugo Rienzner mit deutscher Muttersprache, war nach Deutschland ausgewandert.

Unter der Burg Säben

Die nächste Station ist Klausen. Sie liegt ebenfalls am linken Eisackufer an der großen, fast rechtwinkligen Linksbiegung des Flusses. Ursprünglich hieß diese Station Klausen, bekam nach 1918 den Namen Chiusa di Bressanone und wurde bei der Eröffnung der Schmalspurbahn nach Gröden in Chiusa di Val Gardena umbenannt, das später auf Chiusa-Klausen verkürzt wurde.

Die Bahnanlagen liegen im Ortsteil Griesbruck, das bis 1929 zur Gemeinde Lajen gehörte.

Auf einem alten Lajener Plan aus der Zeit vor 1867 ist das von der Windung des Flusses gebildete Dreieck, wo später der Bahnhof entstehen sollte, mit dem Namen »Angerwiesen« (nach dem nahen Schloß Anger) bezeichnet. Heute noch heißt die kleine Straße, die ostwärts ein Stück parallel zur Eisenbahnlinie ver-

läuft, Angerstraße. Noch weiter oben verlaufen in die gleiche Richtung zwei wichtige Verkehrsadern: die Grödner Straße und die Autobahn.

Die Staatsstraße hingegen zieht sich auf der anderen Talseite entlang, führt um das Städtchen herum und verschwindet für ein Stück in einen Tunnel. Von der Staatsstraße zweigt die Straße nach Villanders ab und weiter nördlich jene nach Feldthurns, Verdings und Latzfons.

Jahrhundertelang war die Hauptstraße zum Brenner die einzige, die auch heute noch den Ort passiert. Über diese Straße, die eng inmitten der mit Erkern verzierten Fassaden hindurchführte, lief der ganze Verkehr – natürlich mit den Kutschen und Gespannen von damals, die mit unseren heutigen Verkehrsmitteln hinsichtlich Größe, Gewicht, Schnelligkeit und auch Anzahl nichts gemein hatten.

Auch Klausen verdankt seine Entwicklung seiner verkehrstechnisch günstigen Lage. Demnach bildete der Personen- und Güterverkehr eine wichtige Einnahmequelle. Durch den Ort führte der gesamte Durchgangsverkehr zwischen Nord und Süd, und an der »Klause«, welche die Straße bildete und von der der Ort seinen Namen hat, zahlte man eine recht ansehnliche Wegegebühr, die in die Kassen des Fürstbischofs von Brixen floß. Dieser hatte früher seinen Sitz bis um das Jahr 1000 in der oberhalb liegenden Burg Säben. Die Zollstation wird in Dokumenten von 1028 an bis in die Anfänge des 19. Jahrhunderts hinein erwähnt. Andererseits entstanden an der ständig stark befahrenen Straße Gaststätten, Geschäfte, Läden und so weiter. Nach und nach entwickelte sich das Städtchen.

Ab dem Mittelalter, aber besonders im 15. und 16. Jahrhundert bildete der Bergbau eine zweite bedeutende Einnahmequelle. In den Gruben im Thinnetal und in Villanders gewann man Silber, Zink, Blei und andere Metalle.

Zurück zur Eisenbahn: Das Bahnhofsgebäude von Klausen konnte seine ursprüngliche Grundstruktur bis heute bewahren. Der große, zweistöckige Bau ist dank der Verwendung von traditionellem, hellgrauem Brixner Granit mit etwas dunkleren Umrissen recht stabil. Die Holzverkleidung des oberen Gebäudeteils ist ebenfalls erhalten. In Klausen lag vom Ersten Weltkrieg an über vierzig Jahre hinweg die Endstation der Grödner Schmalspurbahn.

Anfang des 20. Jahrhunderts wurde der bereits erwähnte Vorschlag zu einer Eisenbahnverbindung zwischen Bozen und Gröden erwogen. Der von dem Ingenieurbüro Riehl im Auftrag der Stadt Bozen entworfene Plan sah eine Schmalspurbahn vor, die von Bozen oder Blumau aus über eine Teilstrecke als Zahnrad-

bahn auf das Hochplateau und in die Orte Völs, Seis, Kastelruth und St. Michael führen sollte, um zuletzt nach Urtijëi-St. Ulrich hinabzufahren. Diese Linie war ab 1904 im Gespräch. Es war der erste Entwurf für das berühmte Tal und Teil eines umfassenden Programmes, das die Verbindungen Bozens mit der Umgebung verstärken sollte; man dachte auch an eine Bahnlinie für das Sarntal, die aber nie verwirklicht wurde.

Blick auf Klausen mit dem oberhalb liegenden Kloster Säben

Gleichzeitig legte man einen genau im Gegensatz zum Bozner Entwurf stehenden Plan aus Brixen vor: um das Jahr 1905 setzte sich die örtliche Presse für einen Entwurf ein, der eine Verbindung von Brixen nach Klausen und von dort hinauf nach Lajen vorsah; diese Strecke war dreißig Kilometer kürzer.

Kurze Zeit später legte Ingenieur Hoffmann seinen Entwurf vor. Eine lange Verbindung sollte von Cortina – mit Anschluß an Toblach – über den Falzaregopaß, das Pordoijoch und das Sellajoch nach Gröden und bis Klausen führen. Der Vorschlag kam aus Gröden, das durch diese Linie einen Anschluß an die wichtige Brennerlinie bekommen wollte.

Der Entwurf wurde 1906 vorgestellt, zwei Jahre später wieder aufgegriffen und schließlich fallengelassen.

In einem weiteren Plan wollte man von Waidbruck aus St. Ulrich erreichen. In diesem Falle mußte man einen Höhenunterschied von 765 Metern auf einer Streckenlänge von nur 13 Kilometern überwinden. Ein Drittel der Strecke hätte also als Zahnradbahn geführt werden müssen.

Die angestrebte Bahnlinie wurde, wie erwähnt, in Anbetracht militärischer Interessen erst im Ersten Weltkrieg und ab Klausen gebaut. Im Februar 1916 wurde sie in Betrieb genommen.

Die Station der Schmalspurbahn in Klausen lag nur wenig vom Hauptbahnhof entfernt, zudem etwas tiefer, um die Kosten für die Aufschüttungen zu sparen. Sie umfaßte ein kleines Gebäude für die Reisenden, ein Lager mit Laderampe und jenseits der Gleisanlagen ein kleines Lokomotivdepot.

Von der Endstation aus fuhr der kleine Zug in Richtung Bozen, zog eine enge Rechtskurve von 180 Grad und hielt dann auf den Brenner zu; mit einer weiteren Rechtskurve überquerte er auf einem Bogenviadukt den Eisack, fuhr nahe am Depot vorbei und zog dann langsam ins Lajener Ried hinauf. Im ersten Abschnitt folgte die Linie dem alten Troi Paian, jenem Weg, der jahrhundertelang die einzige Verbindung vom Eisacktal nach Gröden gewesen war.

Im Jahre 1921 ging auf Klausen ein fürchterliches Unwetter nieder. Der Thinnebach, ein Nebenfluß des Eisacks, trat über die Ufer und überschwemmte die Stadt und einen langen Streckenabschnitt der Bahnlinie einschließlich der beiden Bahnstationen.

In die zwanziger Jahre fiel auch der Bau des Umspannwerks.

Um den Verkehr zwischen Klausen und Plan zu erleichtern, wurde Ende der zwanziger Jahre ein Anschluß an die Linie Ala–Brenner eingerichtet. Dazu wollte man eine Teilstrecke des

fünften Gleises des Hauptbahnhofes als Umladeplatz verwenden. Neben das vierte Gleis mußte man eine Laderampe bauen. Sie sollte auf der entgegengesetzten Seite von einem Schmalspurgleis bedient werden, das vom Durchgangsgleis der Linie Klausen–Plan abzweigte.

Die Grödner Bahn blieb bis Ende Mai 1960 in Betrieb.

Zurück zur Brennerlinie: In den fünfziger Jahren waren an der Station Klausen umfassende Renovierungsarbeiten nötig geworden. »Die Anlagen sind vierzig Jahre zurück«, schrieb die Tageszeitung »Alto Adige« Ende 1957. Der Bahnsteig war zu kurz, so daß die Reisenden über unebenes Gelände gehen mußten. Dann »müssen die Koffer auf eine Höhe hinaufgehoben werden, die nicht normal ist, während der Stationsvorstand die Abfahrt des Zuges anpfeift. Wenn es sich dann um eine Reisende

handelt, wird das ganze aus offensichtlichen Gründen noch schwieriger ... wenn auch das Bahnhofspersonal immer hilfsbereit mit einem kräftigen Schubs eingreift ...«. Zudem ist die Beleuchtung sehr schwach; die »Aborte« ließen sehr zu wünschen übrig; dies war die damalige Bezeichnung der Toiletten, die sich in fast allen Bahnhöfen im Innern kleiner Holzpavillons alten Baustils befanden. Die Wartesäle waren »kalt und ärmlich«.

Wenn der Bahnhof auch viel von Fremden benutzt wurde, beschränkte sich die Renovierung aufgrund der finanziellen Lage auf das Nötigste, wobei man auch an den Ausbau der Diensträume dachte. Man überlegte ferner die Einrichtung einer Zollstation in Klausen. Bislang mußten die Reisenden aus oder nach dem Ausland zur Verzollung des Gepäcks eigens bis nach Franzensfeste; die Genehmigung kam 1963.

In den sechziger Jahre wurde ein neues Umspannwerk für die Umsetzung von Wechselstrom auf Gleichstrom gebaut. Man errichtete ein neues Freizeitheim und ein kleines Gebäude für das Bahnhofs-Café. Bis in die fünfziger Jahre war die Gaststätte in einem kleinen Bau gelegen, der nun zu klein geworden war. Das neue Gebäude, das den alten verwahrlosten Kiosk ersetzte, bekam ein großes Fenster mit Blick auf einen kleinen Garten.

In den siebziger Jahren arbeitete man am Entwurf zu einer Unterführung für den Güterverkehr. Sie sollte mit der Laderampe, die auf das Gebiet der ehemaligen Linie Klausen–Plan verlegt worden war, verbunden werden. Die Grödner Straße wurde neu angelegt, die in ihrem ersten Stück im Lajener Ried die Trasse der stillgelegten Schmalspurbahn benutzt. Durch die Tunnels fahren nun statt des kleinen Zuges immer mehr Autos.

Brixen und Franzensfeste

Wenn man von Klausen in nördlicher Richtung weiterfährt, kommt man an die ehemalige Haltestelle Villnöß, die später den Namen Gufidaun bekam und nach 1918 in das italienische Gudòn umgetauft wurde. Zuletzt hieß sie Funés-Villnöß wie das angrenzende Tal und die Gemeinde, zu der die Haltestelle gehörte.

1932 brach bei einem Hochwasser des Eisacks die Zufahrtsbrücke ins Tal und zur Bahnhaltestelle zusammen. Vier Jahre später wurde diese mit einer Laderampe für den zunehmenden Holzversand ausgestattet.

Die Haltestelle Villnöß konnte auch einen ziemlich regen Personenverkehr aufweisen. In den dreißiger Jahren wurde im kleinen Bahnhofsgebäude, das damals auf einer Seite offen war, eine Wand eingesetzt, um einen vor Unwetter schützenden Wartesaal zu schaffen. In den sechziger Jahren schien eine Schließung des kleinen Bahnhofs unvermeidlich, da durch dieses Gebiet die Autobahn gelegt werden sollte; doch ihr Verlauf wurde geändert und der Bahnbetrieb aufrechterhalten. Immerhin brachte der Personenverkehr zwei Millionen pro Jahr ein. Dann vergab man eine Konzession für die Haltestelle, und schließlich wurde sie im Laufe der allgemeinen Veränderungen geschlossen. Das kleine Gebäude der alten Haltestelle steht heute noch.

Einige Kilometer von Brixen entfernt lag die Haltestelle Albeins, heute ebenfalls für den öffentlichen Verkehr geschlossen. Neben dem modernen Stationsgebäude liegt der Bahnübergang an der Verbindungsstraße zwischen der Staatsstraße und dem kleinen Ort Albeins (von wo aus man in Richtung Sarns nach Brixen weiterfahren kann). Im letzten Krieg wurde bei einem Fliegerangriff im Oktober 1944 – der als Ziel die nahe Eisenbahnbrücke über den Ei-

sack hatte – das Gebäude nahe der Haltestelle schwer getroffen. Anfang der sechziger Jahre stand es noch halbverfallen da, bis es endlich abgerissen wurde. Kurze Zeit später wurde ein neues Bahnhofsgebäude errichtet.

Die Ebene von Albeins war in den letzten Jahrzehnten – wie wir am Ende dieses Kapitels sehen werden – für die Errichtung eines großen Güterumschlagplatzes im Gespräch, der den zu klein gewordenen Güterbahnhof in Franzensfeste ersetzen sollte.

Etwas weiter nördlich überquert die Eisenbahn den Eisack auf einer Balkenbrücke aus Eisen, die man nach der Zerstörung durch einen Bombenangriff wieder ganz neu aufbaute.

Die tausendjährige Stadt

Wir sind in Brixen. In der Mitte des 19. Jahrhunderts erstreckte sich die Stadt, die jahrhundertelang Sitz des Fürstbischofs gewesen war, in einem Viereck um den Domplatz herum zwischen der Reichsstraße, also der Hauptlinie von Norden nach Süden, und dem Eisack an der Mündung der Rienz. Im Osten liegt im Mündungsdreieck von Rienz und Eisack Stufels, der älteste Ortsteil von Brixen.

Die wichtigste Straßenverbindung des Eisacktales führte ursprünglich durch Stufels, das am linken Eisackufer lag. Von Albeins kommend, kletterte die Straße hinter Stufels den Hang von Kranebitt hinauf und durchquerte Schabs. Dies blieb so bis zum Ende des 11. Jahrhunderts, als die Brennerstraße bereits westlich des Eisacks angelegt worden war. In den folgenden Jahrhunderten passierte der gesamte Durchgangsverkehr auf der Reichsstraße die Stadt. Die heutige Trasse der Brennerstraße mit der Umgehung der Altstadt wurde Anfang des 20. Jahrhunderts gezogen.

Auch die heutige Straße durch das Pustertal stammt aus jenen frühen Jahren, aber bereits in der Mitte des 17. Jahrhunderts wurde die Trasse Neustift angenähert; zur Zeit der Römer zweigte die Straße ins Pustertal von der Hauptstraße in Schabs am linken Eisackufer ab.

Zurück nach Brixen, das sich zunächst eng um den Bischofssitz schloß. Beim Bau der Eisenbahnlinie bildete die Höhendifferenz zwischen Brixen und Vahrn eine der vielen Schwierigkeiten. Um den Höhenunterschied zu verringern, wurde der Bahnhof von Brixen in einer gewissen Entfernung von der Stadt errichtet. Die Eisenbahn fuhr westlich der Stadt durch Felder, auf denen nur vereinzelt Häuser standen. Der Bahnhof wurde in den Südwesten gelegt, in ein Gebiet, an welches das Territorium der Burg des Fürstbischofs grenzte.

In einer Fotografie, die kurz nach dem für die Brennerbahn schicksalhaften Jahr 1867 gemacht wurde, ist im Vordergrund das Bahnhofsgebäude bereits in der Form zu sehen, wie wir es heute kennen. Natürlich gab es nur den Hauptbau, ohne die Verlängerung nach Norden und ohne das Bahnsteigdach; beides wurde nachträglich angebaut. Auf der Brennerseite befand sich das Warenlager. Im Hintergrund erkennt man auf der Aufnahme den Dom, daneben die gotische Pfarrkirche, den Bischofspalast, den kleinen Stadtkern, und zwischen Eisenbahn und Stadt erstreckt sich nur Ackerland.

Einige interessante Begebenheiten aus den ersten Jahren der Brixner Eisenbahn sind uns vom Färbermeister Franz Schwaighofer überliefert. Seine Tagebücher aus den Jahren zwischen 1867 und 1882, die vor kurzem veröffentlicht wurden, berichten mit gleicher Sorgfalt über die Ankunft eines berühmten Fahrgastes wie über das Konzert einer lokalen Musikkapelle im Bahnhof.

Als Verbindung zwischen der Stadt und dem Bahnhof diente ein Weg, den es schon vor dem Bau der Eisenbahn gegeben hatte. Er wurde nach 1867 als Gehweg zum Bahnhof eingestuft. Diese kleine Straße, kaum breiter als ein Feldweg, die die Reichsstraße kreuzte, diente bis 1910 als Bahnhofszufahrt. Erst als die neue große Straße, die anfangs Erzherzog-Eugen-Straße genannt wurde und später die heutige Bezeichnung Bahnhofstraße erhalten hat, gebaut worden war, verlor der alte Weg seine Aufgabe.

Längs der Bahnhofstraße entstanden bald verschiedene Gebäude. Am Ende der Straße zur Altstadt hin wurde ein Gefallenendenkmal errichtet, das in den sechziger Jahren abgerissen wurde, um dem Fremdenverkehrsamt Platz zu machen; das Kriegerdenkmal steht heute auf dem alten Friedhof.

Am Bahnhofsplatz baute bereits in den letzten Jahren des 19. Jahrhunderts Johann Jarolim das gleichnamige Hotel; das Grundstück hatte ihm die Südbahn verkauft. Im 1893 abgefaßten Vertrag verpflichtete sich Herr Jarolim »auf dem ihm verkauften Grund ein Gebäude zu bauen, das im Einklang mit dem Bahnhof von Brixen steht, und den Bau als Gasthof, Gaststätte oder Fremdenheim zu verwenden«. Im Vertrag wurde genau festgelegt, daß das Gebäude »parallel zum Bahnhofsgebäude und so weit vom Bahnhofsplatz entfernt errichtet werden muß, daß durch das Abstellen der Kutschen um den Platz die Zufahrtsstraße zum Warendepot und die Straße in die Stadt nicht behindert werden«.

In den dreißiger Jahren wurde das Gebäude anläßlich des Besuches von Königin Helena »Hotel Savoia« genannt, nach dem Zweiten Weltkrieg wieder »Hotel Jarolim« nach dem Namen der Besitzer. Seitlich des Hotels beginnt die Mozartstraße, die rechtwinklig in Richtung Eisack führt.

Auf einem Stadtplan aus dem Gemeindearchiv erkennt man die Veränderungen zwischen 1860 und 1900. Zwei waren besonders wichtig in diesen vierzig Jahren, nämlich die Eisenbahn und die Regulierung von Eisack und Rienz. Durch die in den Jahren 1882 bis 1883 nach einer großen Überschwemmung begonnene Regulierung der Mündung konnten dann die sogenannten Rappanlagen angelegt werden. In den ersten Jahrzehnten und bis zum Beginn des Ersten Weltkriegs nahm die Einwohnerzahl im Gebiet zwischen Bahnhof und Stadt nur gering zu. Brixen blieb innerhalb seiner Grenzen und von weiten Wiesen umgeben; das später eingemeindete Dorf Milland jenseits des Eisacks zählte nur wenige Häuser.

Der Verkehr nimmt zu

Auch die Wirtschaft Brixens entwickelte sich in den ersten Jahrzehnten der Bahnlinie nur schleppend, da die allgemeine Lage kritisch blieb. Die Eisenbahn hatte auf die lokale Wirtschaft keine fördernde Wirkung – ganz im Gegenteil: Anfänglich bedeutete sie für die Brixner ebenso einen Nachteil wie für die anderen Bewohner des Eisacktales. Die Enttäuschung war ganz besonders groß, als für den Knotenpunkt der neuen Pustertallinie die Station von Franzensfeste gewählt wurde.

Der Tourismus hingegen profitierte reichlich von der neuen Eisenbahnlinie. Im Jahre 1900 kamen 2800 Urlauber nach Brixen. Die Zahl

Brixen in den fünfziger Jahren. Im Vergleich zum Foto, das achtzig Jahre früher aufgenommen wurde (siehe Seite 46), erkennt man, daß die Stadt sich zur Eisenbahn hin entwickelt hat.

konnte im Laufe der nachfolgenden zehn Jahre verdoppelt werden.

Hinsichtlich der Bahnanlagen haben wir erwähnt, daß das Bahnhofsgebäude sogleich in seiner endgültigen Form errichtet wurde. Das Gebäude mit Erdgeschoß und erstem Stock wurde aus grauem Brixner Granit mit der traditionellen Holzverkleidung im oberen Teil gebaut.

Ab 1927 wurde gleichzeitig mit den Arbeiten zur Elektrifizierung der Linie die Güterabfertigung im Bahnhof erweitert. Außerdem wurde das Lokomotivdepot umgebaut und vergrößert.

In den zwanziger Jahren wurde ein Vorschlag der Gemeinde Brixen überprüft, der die Abzweigung der Pustertallinie von Franzensfeste nach Brixen verlegen wollte. Die technischen Büros der FS erkannten, daß die ursprünglichen strategischen Gründe für die Wahl Franzensfeste nicht mehr galten und daß man durchaus den Anschluß ans Pustertal nach Brixen umlegen könnte. Wichtig war dabei auch, daß die Station Franzensfeste in eine Talenge eingezwängt lag und daß sich für eine Vergrößerung große Probleme auftaten. Brixen hingegen bot den Vorteil einer weitaus größeren Fläche.

Aber der Minister für öffentliche Arbeiten lehnte aus wirtschaftlichen Gründen internationalen Charakters das Vorhaben ab. Die Linie Marburg–Villach–Innichen–Franzensfeste war vorwiegend für den Verkehr vom östlichen in den westlichen Teil der ehemaligen österreichisch-ungarischen Monarchie gebaut worden. Zudem sollte die Linie den Verkehr aus Süddeutschland und Tirol in den Triester Hafen ziehen und eine Konkurrenz zu den Nordseehäfen bilden. Aus diesen Gründen war der Anschluß ans Pustertal so weit wie möglich in den Norden verlegt worden. Dieses Kriterium gelte noch immer, führte der Minister aus, insofern sich auf diese Weise die Verbindungen zwischen Triest und dem Bodensee verkürzten, der zu Recht als Knotenpunkt des europäischen Handels betrachtet wurde.

So wurde der Entwurf für eine weiter in den Süden gerückte Verbindung zwischen den beiden Linien Ala–Brenner und Franzensfeste–Innichen diskutiert, damit die aus Franzensfeste kommenden Züge nicht wieder dorthin zurückfahren müßten. Diese Lösung hätte vermutlich die Verlegung des Tiroler Handelszentrums von Innsbruck nach Bozen bedeutet. Doch der Bau dieser neuen Teilstrecke hätte lange gedauert und wäre zudem teuer gekommen, da man eine weitere große Brücke über den Eisack errichten hätte müssen. Infolgedessen verwarf man auch diesen Plan.

Im Zweiten Weltkrieg wurden der Bahnhof und das angrenzende Gebiet um den kleinen Vahrner See stark bombardiert. Bei dem Fliegerangriff vom 23. Oktober 1944 wurden neben dem Bahnhofsgebäude (Nordseite) das Bahnsteigdach, der Arbeitsschuppen und das Warenlager und einige kleinere Nebengebäude beschädigt. Wie erwähnt, wurde auch das Gebiet um Albeins mit Bomben belegt, da sich dort die Eisenbahnbrücke befand, die eines der wichtigsten Angriffsziele darstellte.

Nach dem Krieg baute man in der Station Brixen einen neuen Nordflügel, in dem man den Zeitungs- und Tabakladen einrichtete. Das Hauptgebäude wurde nur leicht ausgebessert. Ende der fünfziger Jahre wies die lokale Presse auf einige Mängel am Bahnhof hin. Die Halle und die Wartesäle mußten dringend renoviert werden; es fehlte auch ein erhöhter Bahnsteig, der den Ein- und Ausstieg erleichtert hätte; ferner lag die Gaststätte »versteckt in einer Bude«.

Die Mißstände wurden noch deutlicher im Gegensatz zum äußeren Bahnhofsplatz, der erst kürzlich von der Gemeinde erneuert worden war.

Als 1967 die Brennereisenbahn ihr hundertjähriges Bestehen feierte – und nur wenige Monate nach dem Hochwasser des Eisacks, das im Abschnitt zwischen Klausen und Brixen schwere Schäden angerichtet hatte –, begannen die Renovierungsarbeiten in der Station, welche die Unterführung und eine Bahnsteigüberdachung mit Warteraum zwischen dem zweiten und dem dritten Gleis betrafen; die Räume im Bahnhofsgebäude teilte man zweckdienlicher auf.

Im September 1969 nannte die Tageszeitung »Alto Adige« die letzte notwendige Arbeit, nämlich die Restaurierung der Fassade; dies erfolgte in kurzer Zeit. In jenen Jahren wurden auch die sechzig Eisenbahnerwohnungen einschließlich eines dreistöckigen Gebäudes auf dem Bahnhofsplatz errichtet.

Vahrn und ... der versunkene Ort

Sechs Kilometer von Brixen entfernt liegt an einem starken Gefälle die ehemalige Haltestelle Vahrn. Die Ende des 19. Jahrhunderts auch für das nahe Schalderer Bad eingerichtete Haltestelle wickelt keinen Personenverkehr mehr ab.

Das ursprüngliche Dienstgebäude – drei Holzbaracken, die das Betriebsbüro, den Wartesaal und die Toiletten beherbergten – befand sich nach dem Krieg in einem erbärmlichen Zustand. Zudem war es für die Einrichtung einer Gepäckabfertigung der dreißig oder vierzig Reisenden pro Tag zu klein geworden. Noch weniger genügte es einer Güterabfertigung, wie es hingegen die sich rasch entwickelnden Fabriken und Handelsbetriebe in Vahrn verlangt hätten, die das aus dem Ausland eingeführte Holz in Brixen verladen mußten. In den frühen sechziger Jahren wandelte sich die Gegend von Vahrn rasch.

Da die nahe Gemeinde Brixen keine Fabrikniederlassungen erlaubte, siedelten sich alle neuen Betriebe im angrenzenden Vahrn an, wo bereits fünf Fabriken mit insgesamt 200 Arbeitern tätig waren.

Die Aussichten für die Entwicklung des Güterverkehrs waren also gut. Die wirtschaftlichen Betriebe verlangten anläßlich der umfassenden Arbeiten zur Elektrifizierung den Bau einer neuen Station und ausreichender Gleisanlagen mit Ladebühne.

Eine Schwierigkeit für den Bau eines richtigen Bahnhofs bildete der Verlauf der Linie bei der Haltestelle Vahrn. Diese lag an einer gleichmäßigen Neigung von über 22 Promille. Wenn überhaupt, so konnte man ein Netz von Anschlüssen an das zukünftige Industriegebiet in Erwägung ziehen.

Erst in den Jahren 1970–1972 wurde ein neues Bahnhofsgebäude aus Stein gebaut. Nahe bei dem kleinen Gebäude liegen auf der Seite Brixens ein Eisenbahnerwohnhaus und das Umspannwerk, die beide nach 1925 errichtet worden waren. Seit langem fertigt die Haltestelle keinen Personenverkehr mehr ab.

Unmittelbar nördlich der Franzensfeste und der Abzweigung der Pustertallinie lag zwischen der Haltestelle Vahrn und dem Bahnhof Franzensfeste jahrzehntelang die Militärhaltestelle Franzensfeste. Als Südtirol an Italien angegliedert wurde, erhielt sie den Namen Pradisotto, das auf den nahen Ortsteil Unterau der Ge-

meinde Vahrn hinweist. 1944 wurde die Halte-
stelle aufgelöst, ynachdem der Ort von den
Wassern des neuen Stausees im wahrsten
Sinne des Wortes ertränkt worden war – eine
einzigartige Episode aus der Geschichte der
Eisenbahn.

Auf den Landkarten und Fotografien erkennt
man noch in den ersten dreißiger Jahren des
20. Jahrhunderts den kleinen Ort Unterau, wie
er eng in der Talsohle zwischen Eisack im Südwesten, der Brennerstraße und der Bahnlinie
liegt. Die Brennerstraße schlängelte sich parallel zum Schienenweg dahin, lag allerdings tiefer
und führte an dem Kirchlein und dem kleinen
Platz vorbei. Dort stand der vierstöckige Gasthof »Unterau« mit seiner freskenverzierten Fassade; daneben gab es einige Bauernhöfe; dahinter erhebt sich der bewaldete Berg.

Die »Società Elettrica Alto Adige« (Montecatini), die in Südtirol tätige Elektrogesellschaft,
begann im Auftrag der FS im Jahre 1939 mit
den Arbeiten am Damm, der das künstliche
Staubecken schuf. Innerhalb von 30 Monaten
wurde der Bau fertiggestellt.

Bereits 1923 hatte die italienische Staatsbahn einen Antrag auf Genehmigung zur Nutzung von Eisack und Rienz gestellt. Mit dieser
Anlage wollte sich die FS im Hinblick auf die
bevorstehende Elektrifizierung der Linie eine
günstige Stromquelle sichern.

Das Bauwerk war äußerst umfassend. Ein
65 Meter hoher Staudamm sollte das Wasser
des Eisacks in Unterau sammeln und es dann
in einer unterirdischen Leitung weiterführen; ein
anderer Staudamm im nahen Pustertal sam-
melte das Wasser der Rienz und leitete es weiter. Das gewonnene Wasser sollte in einem unterirdischen Kanal zusammenfließen, der fünf
Turbogeneratoren eines Kraftwerks in einer Ni-
sche bei Brixen antrieb. Die produzierte Energie war für das Bahnnetz der FS und zum Teil
für die Privatindustrie bestimmt. »Das Kraft-
werk« – erklärte die Zeitschrift »Le Vie d'Italia«
– »produziert nun Strom für 170.000 Pferde-
stärken, genug um gleichzeitig 250 Züge mit
jeweils 20 Waggons anzutreiben, ähnlich der
Kraft von 1.700.000 Männern!« Das gewaltige
Werk – das am 29. November 1940 im Beisein

des Verkehrsministers Benni eröffnet wurde –
hatte mit seinen beiden Staubecken, aufgrund
derer es eine unterschiedliche Wasserführung
der beiden Flüsse ausgleichen konnte, eine
große Bedeutung.

Mit dem Bau des Stausees verschwand
Unterau. Ein Teil der Staatsstraße wurde umgeleitet und erhöht unterhalb der Bahnlinie angelegt.

Franzensfeste, ein Ort für die Eisenbahn

Südlich des heutigen Ortes Franzensfeste lag
in früheren Zeiten die Brixner Klause mit von
Soldaten besetzten Türmen; eine andere Sper-
re lag nur wenige Kilometer entfernt in Mühl-
bach im Pustertal.

Zwei Dinge spielen in der Geschichte von
Franzensfeste eine bedeutende Rolle – das
Fort Franz I., das dem Ort seinen Namen gab,
und die Eisenbahn, welche die Entwicklung

und das Leben dieser kleinen Ortschaft in einer
engen Schlucht inmitten der Berge bestimmte.

Der Bau der Forts wurde unter Kaiser
Franz I. nach den Plänen von Generalmajor
von Scholl 1835 begonnen und unter Ferdinand I. im Jahre 1838 beendet.

Die alte Brücke wurde erhöht auf einem Gra-
nitsockel gebaut, so daß das Tal an der Ei-
sackmündung in die Ebene von Brixen strategisch abgeschlossen war. Ziel war, den Brenner gegen von Süden und Osten kommende
Angriffe zu verteidigen.

Sicherlich war es nicht einfach, die militärischen Ansprüche mit denen der zu bauenden
Eisenbahnstrecke zu vereinbaren. Die Gleise
mußten notgedrungen durch das Fort laufen,
aber die Militäradministration bestand darauf,
den Durchgang so klein anzulegen, daß der
Blick ins Innere des Forts sich auf ein Mindestmaß beschränkte; ferner verlangte man eine
dem Militär vorbehaltene Station an dieser
Stelle.

Da die Bahnlinie zwischen zwei Forts verlief, mußte die Trasse im Vergleich zur Talsohle hoch gehalten werden. Folglich mußte auch die Station Brixen erhöht angelegt werden und deshalb wie erwähnt in einiger Entfernung von der Stadt. Einige Jahre später sollte sich die in die Höhe verlegte Schienenstrecke als großer Vorteil für die Anschlußverbindung mit der Pustertallinie erweisen. Die Abzweigung dieser Linie in der Nähe der Forts diente einerseits Verteidigungszwecken, andererseits genügte sie aber auch technischen Anforderungen, insofern starke Neigungen vermieden werden konnten.

Als die Brennerbahn gebaut wurde, gab es in dieser Gegend nur zwei Ortschaften, das bereits erwähnte Unterau und Oberau, das es heute noch gibt, die durch Wiesen und Wälder getrennt waren.

In diesem Gebiet fiel der alte Reiferhof aus dem 17. Jahrhundert der Bahnstrecke zum Opfer. Es wurde eine kleine Station aus Holz gebaut; die Straße verlief damals am Spinger Berg entlang.

Der Bau der Pustertallinie bewirkte von 1869 an eine Reihe wichtiger Veränderungen in dieser Gegend. Wo vorher die kleine Bahnstation lag, befand sich nun die Abzweigung der neuen Linie, und man errichtete eine Gaststätte, später ein Haus für die Eisenbahner, ferner einen Güterschuppen, ein Postamt, zwei Geschäfte und den Gasthof »Post Reifer«, der die Tradition des Reiferhofes weiterführte. Es entstand ein kleiner Ort, dem man den Namen Franzensfeste gab; allerdings war er vorerst ein Anhängsel von Mittewald.

Dann errichtete man das große Bahnhofsgebäude, das heute noch steht und sich von allen anderen dieser Linie unterscheidet: Nach der charakteristischen österreichischen Bauweise ist es aus Holz mit wie Fischschuppen angeordneten Schindeln gebaut. Der Eisenbahnknotenpunkt in Franzensfeste war ursprünglich eine Bahnstation für den Binnenverkehr; später zweigte von hier in Richtung Pustertal die Bahnlinie nach Wien ab.

Im letzten Jahrzehnt des 19. Jahrhunderts wurde die Kirche errichtet. Dann legte man rechts vom Eisack eine neue Straße an, die über eine Brücke durch Franzensfeste und Unterau führte.

Als am Ende des Ersten Weltkrieges die Grenze von Borghetto an den Brenner verschoben wurde, mußte die Zollstation – damals in Peri – näher an die neue Grenze gelegt werden. Die beste Lösung schien Franzensfeste zu sein. Die Anlagen der Station waren jedoch für den Zoll- und Güterverkehr unzureichend, wobei man noch mit der Zunahme des Verkehrs zwischen Österreich und Deutschland rechnen mußte. Die Station mußte dringend ausgebaut werden. Die Zollabfertigung wurde in Holzbaracken untergebracht, die als einstweilige Regelung gedacht gewesen waren, blieb aber dann für dreißig Jahre in diesen Räumen.

Der Ausbau, der 1924 genehmigt wurde, schloß auch ein neues Abstellgleisbündel von insgesamt 1200 Meter Länge ein. Zum Bau dieser Gleisanlagen mußte man 68.000 Kubikmeter Erde aufschütten. Um das nötige Material zu gewinnen, eröffnete man in einem Schuttkegel oberhalb der Station hinter dem Lokomotivdepot eine Grube; der Abbau erwies sich als wesentlich schwieriger und kostenaufwendiger als geplant, da der Großteil des geförderten Materials aus großen Blöcken bestand, die dann gesprengt werden mußten.

Es wurde auch ein neues Lokomotivdepot errichtet, und das Warendepot erweiterte man mit einer weiteren Laderampe; man baute auch eine spezielle Laderampe für den Viehtransport. Im Norden erlaubte der Erdaushub die Vergrößerung der Bahnanlagen, um neue Abstellgleise für Güterwaggons zu schaffen. Für die Erweiterung des Bahnhofs mußten Straßen verlegt, die Unterführung südlich des Stationsgebäudes verlängert und neue Stützmauern angelegt werden.

Indessen nahm die Bevölkerung rasch zu. Zum großen Teil bestand sie aus Eisenbahnern, dazu kamen Zollbeamte und Angestellte der Transportunternehmen. Aus der Zeit zwischen den beiden Kriegen sei die tragische Überschwemmung vom 25. September 1927 erwähnt, bei der etwa zwanzig Eisenbahner ums Leben kamen. 1940 wurde Franzensfeste, das mittlerweile an Größe und Bedeutung gewachsen war, eine eigenständige Gemeinde.

Schwere Schäden erlitt der Ort beim amerikanischen Bombenangriff von 1945. Am 20. April stürzten die Mauern des Rathauses und des Gasthofes »Stazione« ein, viele Häuser erlitten Schäden. Im Bahnhof selbst, der das eigentliche Ziel der Angriffe war, wurden dank seiner Lage im Schutze des Gebirges nur das Zollager und das Lokomotivdepot beschädigt.

Ein völlige Renovierung erfolgte erst Anfang der fünfziger Jahre, als man die Station um vier neue Richtungsgleise vergrößerte. Dazu mußten auch das Lokomotivdepot und das Wasserreservoir verlegt werden.

Der Bahnhof in Franzensfeste hatte dank seiner Funktion als internationaler Durchgangsbahnhof für die zwei Eisenbahn- und Straßenpässe – Brenner und Winnebach bei Innichen – eine große Bedeutung. Da man keine bessere Lösung finden konnte, beschränkten sich alle zukünftigen Pläne auf den weiteren Ausbau dieses Bahnhofs. In den fünfziger Jahren wurde die Zollabfertigung erweitert, und bei dieser Gelegenheit baute man an der Nordseite des Gebäudes an.

Auch der Bau eines neuen Bahnhofsgebäudes, das das alte, nunmehr achtzigjährige ersetzen sollte, war im Gespräch. Der Rohentwurf wurde von den Ingenieuren M. de Agazio und A. Sardagna angefertigt, 1953 dem Minister für das Transportwesen vorgelegt, bald aber verworfen.

Anfang der sechziger Jahre wurden die Anlagen einschließlich der Unterführung für die Reisenden erneuert. Der Bauplan der Station hatte damit – wie damals betont wurde – die zur Verfügung stehende Fläche auf das beste ausgenutzt. In Richtung Eisack konnte nicht mehr erweitert werden, und auf der gegenüberliegenden Seite konnte man nur wenig Raum durch das Abtragen des Hanges gewinnen.

Die Entwürfe aus der Zeit der Hochkonjunktur

Bereits Ende der fünfziger Jahre hatte die FS zwei Vorschläge für die Verlegung des Güterbahnhofes von Franzensfeste nach Freienfeld beziehungsweise Albeins ins Auge gefaßt. Die Verwaltung war von der Unvermeidbarkeit dieses Umzugs überzeugt, da Franzensfeste mittlerweile große und unüberwindbare Mängel aufwies. Besonders die Viehverladestelle war äußerst mangelhaft; sie wickelte die gesamte Grenzkontrolle für den Transport von Vieh und Tierprodukten ab. Über diesen Umzug sollte noch jahrelang beraten werden.

Die Ebene von Freienfeld wurde vom »Comitato promotore dei traffici attraverso il Brennero«, dem Förderungskomitee des Verkehrs über den Brenner, vorgeschlagen. Anscheinend hielt die Südbahn schon seit 1883 einen Entwurf bereit, nach dem in Freienfeld ein großer Umschlagplatz errichtet werden sollte. Ähnliche Pläne scheinen noch früher von der FS erstellt worden zu sein, waren allerdings wegen der Schwierigkeiten des Geländes nie näher in Betracht gezogen worden.

Diese Ideen wurden wieder aktuell, als man in der Ebene von Freienfeld und Sterzing eine große internationale Eisenbahnstation errichten wollte. Konkret in diese Richtung gingen zwei Entwürfe, die in den sechziger Jahren für die Modernisierung der Brennerlinie die größte Zustimmung gewinnen konnten: der Entwurf Marin, der den Bau eines Haupttunnels mit Einfahrt in der Nähe Sterzings und in Freienfeld die Errichtung eines großen Bahnhofes vorsah, und der Entwurf Neuner, der zwar einen langen Tunnel auf der Hauptlinie durch das Passeiertal plante, aber eine Abzweigung im Tunnel mit Ausfahrt in Sterzing anlegen wollte, wo dann ein neuer internationaler Bahnhof entstehen sollte. Die Lösung Freienfeld – die wegen der durch die Nutzung des ehemaligen Militärgebäudes auch wirtschaftlich war – wurde in den Jahren 1962/63 und nochmals 1969 eingehend in Betracht gezogen.

Das zweite Gebiet, das für die Errichtung eines großen Güterbahnhofes in Frage kam, war Albeins. Der Vorschlag einiger Gemeindeverbände wurde 1958 und wiederum 1962 überprüft. Die weite Ebene, die etwa zwei Kilometer südlich von Brixen lag und vom Bahndamm der Brennerlinie und dem rechten Ufer des Eisacks mit festen Dämmen zum Schutz vor Überschwemmungen begrenzt wurde, war für alle Transportmittel gut erreichbar. Einige Schwierigkeiten bildete der Höhenunterschied von dreieinhalb Metern zwischen der verfügbaren Fläche und der Eisenbahnlinie. Der vorgesehene Umschlagplatz sollte an das im Wachstum begriffene Industriegebiet in Brixen angrenzen. Im Hinblick darauf plante man auch die Einrichtung einer Haltestelle für die aus den umliegenden Orten kommenden Arbeiter.

Eine andere Idee war die Umlegung eines Betriebsteils von Franzensfeste in die Stationen Graßstein an der Hauptlinie und nach Aicha an der Pustertallinie. Diese Lösung wurde von der Presse kritisiert, welche die Entwürfe mit großer Aufmerksamkeit verfolgte. Ihrer Meinung nach hätte dieser Plan die Schwierigkeiten nur zeitlich verschoben. Indessen nahm der Viehtransport, der über den Brenner hereinkam, immer mehr zu.

Im Jahre 1970 genehmigte der Verwaltungsausschuß der FS den Güterbahnhof in Albeins und stellte die Geldmittel für den ersten Bauabschnitt zur Verfügung. Dann neigte man wieder zur Lösung Freienfeld, da dort eine Anschlußverbindung mit der Autobahn-Grenzstation in Freienfeld-Sterzing in Aussicht stand. Die Beratungen um die Lage des zukünftigen Umschlagplatzes gingen weiter. Unterdessen änderten sich die Anforderungen des Verkehrs, und die Station in Franzensfeste reichte völlig aus.

Anfang der siebziger Jahre wurde die Autobahn fertiggestellt, die bei Franzensfeste drei schwierige Punkte aufwies. Der erste lag in südlicher Richtung vor dem künstlichen See: Hier bestand große Steinschlaggefahr. Zur Sicherheit für den Autoverkehr baute man einen Tunnel.

Noch schwieriger stellte sich schon in der Entwurfsphase der Bau des Viadukts heraus, der über den See führen sollte. Um den Unterbau anzulegen, wurden die umliegenden Wassermassen eingefroren, und zwar mit Hilfe flüssigen Stickstoffs auf 230 Grad unter Null. Im Eisblock konnte man nun sechs bis sieben Meter unter dem See die Fundamente der Pfeiler legen.

Das dritte Problem in Franzensfeste war die Enge bei der Festung. Um es zu lösen, führte man zwei parallel liegende Galerien in den Granit, jede 750 Meter lang.

Oben: Drehscheibe für Lokomotiven im Depot von Franzensfeste

Unten: Details des schönen Bahnhofsgebäudes in Franzensfeste. Es ist das einzige der Linie, das ganz aus Holz gebaut wurde.

Von Freienfeld zur Umleitung ins Pflerschtal

Wenn man hinter Franzensfeste die Schlucht der sogenannten »Sachsenklemme«, deren Name an die Napoleonischen Kriege erinnert, passiert hat, kommt man an drei, nur wenige Kilometer voneinander entfernte Einrichtungen, die früher Haltestellen für den Personenverkehr gewesen waren: Mittewald, Graßstein und Mauls. Mittewald gehört heute zur Gemeinde Franzensfeste, die beiden anderen Ortschaften zu Freienfeld.

Wie erwähnt war Mittewald in früheren Zeiten Gemeindesitz und wesentlich bedeutender als das heranwachsende Franzensfeste. Im 14. Jahrhundert trug das gesamte Gebiet des heutigen Franzensfeste in der Talenge den Namen Mittewald und war in eine südliche und eine nördliche Zone unterteilt. Die gleichnamige Haltestelle wurde erst gegen Ende des 19. Jahrhunderts eingerichtet. Nach 1920 baute man dort ein Umspannwerk und ein Wohngebäude für das Bahnpersonal.

Bei der Eröffnung der Schienenstrecke war von Süden her Graßstein (eigentlich Großstein) die erste Station hinter Franzensfeste. Der Ort war für seine Steinbearbeitung berühmt. Bis zum Zweiten Weltkrieg gewann man jahrhundertelang aus den oberhalb liegenden Granithängen Steine für Bauten und Straßenpflaster, die auch zum Bau der Eisenbahnlinie benutzt wurden.

Die Eisenbahn erwies sich als das geeignete Transportmittel für das schwere Material. Deswegen bekam dieser Ort unverzüglich einen Bahnhof, der Ende der zwanziger Jahre auf Verlangen der Militärbehörden nochmals ausgebaut wurde; man legte fünf Parallelgleise an, von denen eines dem direkten Be- und Entladen diente.

Im Personenverkehr spielte die Station Graßstein keine große Rolle. 1965 wurde sie aufgrund des geringen Verkehrsaufkommens in eine unbesetzte Haltestelle umgewandelt und später aufgelöst. Bezüglich des Güterverkehrs hingegen blickte man mit großem Interesse nach Graßstein. Ende der sechziger Jahre dachte man an die Errichtung von Entlade-, Stall- und Beladeanlagen für den Viehtransport, welche die bereits bestehenden, aber mittlerweile nicht mehr ausreichenden Vorrichtungen in Franzensfeste ersetzen sollten. Die Station Graßstein, die mit elf Abstellgleisen und einem Verschiebegleis ausgestattet war, unterstützte bereits den größeren, nur sieben Kilometer entfernt liegenden Bahnhof von Franzensfeste.

Mittewald und Graßstein und ebenso Mauls sind heute für den öffentlichen Verkehr nicht mehr zugänglich. Im Norden von Mauls führt eine Brücke über den Eisack, die man baute, nachdem die vorherige bei einem Bombenangriff im Zweiten Weltkrieg zerstört worden war.

Die weite Ebene von Sterzing

Die nächste Station hinter Graßstein war von Anfang an Freienfeld. Sie lag im gleichnamigen Ort zwischen Stilfes im Westen und Trens im Osten. Die heutige Gemeinde Freienfeld wurde im Jahre 1928 durch den Zusammenschluß der beiden unabhängigen Gemeinden Stilfes und Trens, die bereits 1820 errichtet worden waren, und Mauls, das als Gemeinde ins Jahr 1838 zurückreichte, gebildet.

Die Gegend war schon vor den Römern bewohnt gewesen; später führte die römische Straße durch Freienfeld. Sie überquerte den Eisack und zog dann nach Stilfes hinauf. Von dort führte sie nach Sterzing und umging so das unterhalb liegende Sumpfgebiet. Das Sterzinger Moos, wie man diesen Sumpf nennt, ist der Überrest eines weiten Sees, der sich nach der Eiszeit durch einen großen Erdrutsch bei Mauls gebildet und den Lauf des Eisacks versperrt hatte.

Beim Bau der Eisenbahn stieß man im Talkessel von Sterzing auf große Schwierigkeiten. Bis zur endgültigen Flußregulierung war die Ebene ständig von Überschwemmungen bedroht. Das Sumpfgebiet erstreckte sich über eine Fläche von 700 Hektar. Die Verhandlungen der Südbahn mit den Grundbesitzern zur Kultivierung des Landes stießen auf die heftige Ablehnung der Bauern von Stilfes und Trens. Ergebnis war, daß man die Schienenstrecke zunächst durch das sumpfige Gelände legen mußte und erst viele Jahre später das Land kultivieren konnte. Um das Gleichgewicht des natürlichen Wasserhaushaltes nicht zu stören, verzichtete man auf den Bau eines hohen Damms. Das ungesunde Klima des Sterzinger Mooses führte zum Tod vieler Arbeiter. Nahe der Burg Sprechenstein, die sich steil über der Bahnlinie leicht südlich von Sterzing erhebt, mußte man am 9. Januar 1867 einen Felsen mit 1500 Kilo Schwarzpulver sprengen.

Die Arbeiten zur Kultivierung des Gebietes begannen im September 1875.

Die Eisenbahn kurbelte auch in Freienfeld den Fremdenverkehr an. Ende der zwanziger Jahre baute man die Anlagen zur Güterabfertigung aus und verlegte zwei neue Abstellgleise. In einem Anbau an das Bahnhofsgebäude wurde ein elektromechanisches Stellwerk untergebracht. In jenen Jahren wurden in Richtung Franzensfeste auf beiden Seiten des Bahnkörpers Laderampen für militärische Zwecke errichtet.

1928 wurde der Entwurf genehmigt, der zwischen der Station Freienfeld und der folgenden in Sterzing einen wichtigen Militärbahnhof vorsah. Seine Errichtung war vom Kriegsministerium für die Abfertigung außergewöhnlicher Transporte verlangt worden. Zusätzlich dachte man daran, in dem weiten Gebiet später eine Zollstelle für den Frachtverkehr einzurichten. Die Zollabfertigung befand sich damals noch in verschiedenen Bahnstationen, von denen Franzensfeste und Aicha besonders wichtig waren.

Das genehmigte Projekt umfaßte ein Bündel von fünf Richtungsgleisen, eine Laderampe, eine Drehscheibe für das Wenden der Lokomotiven, ein Bürogebäude und einen Bau mit vier Wohnungen. Um die Schienen verlegen zu können, mußte man einen Abschnitt der Staatsstraße umleiten. Um das Jahr 1934 wurde ein Gleisbündel verlegt, das in den folgenden Jahren ständig erweitert werden sollte, bis man schließlich über elf Gleisstränge und fünf Abstellgleise mit elektrischem Betrieb verfügte.

Im Zweiten Weltkrieg wurden im Militärpark zwei Baracken und eine Desinfektionsanlage für die Züge, die aus dem Ausland kamen, gebaut. Diese Militärstation, die sich über eine Strecke von ein paar Kilometern Länge hinzog, war das Ziel schwerer Bombenangriffe. Am Ende des Krieges waren viele Waggons beschädigt; einige mußten verschrottet werden.

Sterzing hatte durch seine Lage in der Talweitung, in der verschiedene Verbindungswege zusammenlaufen, bereits zur Zeit der Römer eine große Bedeutung. Längs der Straße, die von Pons Drusi zum Brenner führte, waren

Oben: Die Militärstation zwischen den Bahnhöfen Freienfeld und Sterzing

Unten: In der Station sind einige Soldaten mit dem Verladen der Güter auf einen Waggon beschäftigt.

im Abstand von einer Tagesreise (30–35 Meilen) zwei Straßenstationen mit Raststätte und Übernachtungsmöglichkeit eingerichtet worden: eine lag wie erwähnt in Sublavione, die andere in Vipitenum.

Von Sterzing aus kommt man durch das Pfitschtal jenseits des gleichnamigen Passes ins obere Zillertal; im Süden erreicht man Bozen über das Penser Joch und das Sarntal. Über den Jaufenpaß kann man in Richtung Meran und dann durch das Passeiertal fahren; nach Westen hin öffnet sich das seit jeher für seinen Bergbau bekannte Ridnauntal. Wegen seiner Lage an der Hauptverkehrsstraße wurde Sterzing bald zum Knotenpunkt zwischen Nord und Süd – eine Rolle, die sich im 13. und 14. Jahrhundert noch zusätzlich festigen sollte,

als man die Handelsfreiheit errang und der Verkehr durch die Stadt geleitet werden konnte. Dies brachte für die Handels- und Handwerksbetriebe ungeheure Vorteile. Eine weitere bedeutende Einnahmequelle war der Bergbau, der in Ridnaun und Pflersch seine Silbergruben hatte. Mit dem Zuzug von Unternehmern und Bergleuten aus dem Norden begann sich die Stadt beachtlich zu entwickeln. Es wurden auffallend schöne Bürgerhäuser gebaut. Während der Bergbau vom Ende des 16. Jahrhunderts an stark abnahm – es hatte auch eine Art Rollstrecke für das abgebaute Material bis Sterzing gegeben –, überlebten jene Berufe, die an den Verkehr gebunden waren.

Ein schwere wirtschaftliche Krise brachte der Bau der Eisenbahn. Nachdem die internationalen Züge das Eisacktal ohne Halt passierten, wurden Hotelbesitzer, Gastwirte und Handwerker, deren Tätigkeit an den Einsatz von Pferden und Kutschen geknüpft gewesen war, nicht nur in Sterzing arbeitslos. Die Wirtschaft der Gegend begann sich neue Bereiche

zu suchen. Nach dem Bau der Eisenbahn wurde wie erwähnt das Moosgebiet an den Südrändern der Stadt urbar gemacht. Man gewann Felder für den Futterpflanzenanbau, was die Viehzucht ankurbelte und der Großmolkerei zum Aufschwung verhalf.

Doch man setzte hauptsächlich auf den Fremdenverkehr, für den die Eisenbahn einen großen Vorteil bedeutete. 1912 wurde die Straße über den Jaufenpaß in Richtung Meran fertiggebaut, und im folgenden Jahr die Busverbindung eröffnet. Anfang des 20. Jahrhunderts plante man eine Bahnverbindung Meran–Sterzing durch das Passeiertal; 1914 standen in Sterzing bereits drei große Hotels, und man zählte zehn Gasthäuser.

Das Bahnhofsgebäude in Sterzing wurde umgehend in seiner endgültigen Form errichtet. Am Bahnhofsplatz entstand am Ende des Jahrhunderts das Hotel »Stötter«.

Am 18. Februar 1915 ereignete sich zwischen dem Bahnhof Sterzing und dem nächsten in Gossensaß ein schwerer Unfall. Ein Güterschnellzug mit jungen Soldaten fuhr auf einen vor ihm fahrenden und auf der Schiene stehengebliebenen Güterzug auf. Ein Fahrgast starb, 35 wurden verletzt. Am 4. Juni desselben Jahres entgleiste ein anderer Zug in der Nähe von Sterzing, und die Lokomotive blieb auf dem kurzen Hang, der die Gleise von der unterhalb entlangführenden Straße trennte, schräg hängen.

Ende der zwanziger Jahre wurde die Station – die sich damals Vipiteno nannte – auf Verlangen der Militärbehörden um ein Abstellgleis und eine neue Laderampe erweitert. Man baute das Umspannwerk und gleichzeitig das Wohnhaus für das Eisenbahnpersonal.

In der Zeit zwischen 1933 und 1938 wurde die Straße von Sterzing zum Pfitscher Joch angelegt. Wo sie begann, stand bereits der Bahnhof. Dieser liegt also im Gebiet östlich des Eisacks, das seit dem Bau der Eisenbahn zur Ortschaft Wiesen in der Gemeinde Pfitsch gehört. Die heutige Bahnhofsstraße überquerte den Eisack auf einer Brücke, dann die Staatsstraße und in wenigen hundert Metern führte sie in die Stadt und mündete dort in die Neustadt.

Das Umspannwerk von Sterzing, das in den zwanziger Jahren errichtet wurde.

Zurück zum Bahnhofsgebäude: Im Jahre 1938 wurden bei einem verheerenden Brand der Wartesaal und die Gaststätte (untergebracht in einem Gebäudeflügel aus Stein und Holz) schwer beschädigt. Der Ausbruch des Krieges verhinderte ihren Wiederaufbau. Im verbliebenen Wartesaal wurde lediglich der Raum für eine Einkehrstätte abgeteilt. Während des Krieges baute man dann im Bahnhof einen Pavillon mit vierzig kleinen Schlafräumen, einer Küche und einem Speisesaal für das unverheiratete Bahnpersonal, das zwischen Franzensfeste und dem Brenner pendelte.

Nach dem Krieg gab es große Beschwerden über die Mängel der Bahnstation. Man betonte besonders die Notwendigkeit neuer Wartesäle und einer Gaststätte; außerdem sollten die sanitären Anlagen, die bislang in einem noch unter österreichischer Verwaltung errichteten Holzhäuschen eingerichtet waren, eine gepflegtere Unterbringung bekommen. Als in den fünfziger Jahren der Reiseverkehr stark zunahm, wurde die Lage noch schwieriger. Die Tageszeitung »Alto Adige« betonte, daß zu den 4000 Einwohnern in Sterzing noch etwa zweitausend Garnisonssoldaten hinzugekommen seien; ferner lief über Sterzing der Verkehr ins Pfitschtal und nach Ridnaun. »Der Bahnhof wird gut geführt, vom Bahnpersonal gepflegt« – hieß es in dem Artikel – »allerdings kann die ganze Mühe derart viele Mißstände nicht wettmachen«.

Der Umbau wurde in den Jahren 1958/59 ausgeführt. Man erneuerte auch das Gebäude des Umspannwerkes, wenige Meter vom Stationsgebäude in Richtung Süden entfernt. Die Hauptfassade wurde neu gestrichen, der umliegende Platz mit Blumen und Kies verschönert. Als das Ergebnis der Arbeiten gelobt wurde, erinnerte die Lokalpresse daran, daß die Renovierung der Arbeit des Bahnpersonals zu verdanken sei, das dafür viele Stunden Freizeit geopfert hätte.

Der Reiseverkehr nahm weiter zu. Waren es 1959 noch 300 Reisende, die täglich in Sterzing abfuhren, so hatte sich diese Zahl zehn Jahre später bereits verdoppelt. Auch der Güterverkehr lief gut: Auf den Gepäckwagen von zwei Eilzügen wurden in den sechziger Jahren ungefähr 1500 Kilogramm Butter verladen. In den siebziger Jahren erneuerte man die Bahnhofsgleise; zuletzt ist die Unterführung gebaut worden.

Gossensaß und das Pflerschtal

Die bis 1928 eigenständigen Gemeinden, die damals Colle Isarco, Fleres und Brennero hießen, wurden unter der faschistischen Regierung zur Gemeinde »Brennero« zusammengefaßt. Sie hatte ihren Sitz in Colle Isarco, also in Gossensaß. Deswegen gehören heute die Bahnlinie und die Anlagen ab der Station Gossensaß, dem damaligen Colle Isarco, zur Gemeinde Brenner.

In Gossensaß erreicht man das Ende eines engen Stiches, wo wegen der Eisenbahn der Eisack durch einen in den Raspenbühel gegrabenen Tunnel umgeleitet wurde; hier verläuft auch heute die Straße. Eine ähnlich bedeutende Arbeit leistete man mit der Umleitung der Sill jenseits des Brenners.

Gossensaß verdankt seine Entwicklung den Transportwegen – zunächst der Straße, später der Eisenbahnlinie. Die Brennerstraße führte von Anfang an durch den Ort. Bereits im 13. Jahrhundert entstanden die ersten Gasthöfe und Einkehrstätten für die Reisenden. Nachdem Sterzings Fremdenverkehr an Rang verloren hatte – was eine Reihe heftiger Proteste nach sich zog – errichtete man in den folgenden Jahrhunderten zahlreiche Hotels in Gossensaß, die sich an der einzigen Straße aufreihten. Für die Versorgung von Reisenden, Postkutschen, Wagen und Pferden waren schon früher Handwerksbetriebe entstanden. Die Fahrbahnbreite im Ort war nach wie vor sehr schmal, so daß zwei Wagen nicht aneinander vorbeikamen – und noch heute schlängelt sich die Straße mit einer S-Kurve eng durch die Mitte des Marktes.

Wenn bis zur Mitte des 19. Jahrhunderts die hauptsächlichen Einkünfte aus dem Ackerbau und der Viehzucht kamen, war der Name Gossensaß bereits ab dem frühen Mittelalter auch im Bergbau ein Begriff. In der Nähe der Ort-schaft gewann man ebenso wie im Pflerschtal Silber, Zink, Blei und andere Metalle, was Gewerken und Knappen anzog.

Mit der Eröffnung der Eisenbahnlinie ging der Straßenverkehr in Gossensaß schnell zurück. Die traditionellen Berufe des Schmiedes, Stellmachers, Sattlers und so weiter durchlebten eine schwierige Zeit; damals hatte der Ort etwa 500 Einwohner.

Zum Glück brachte die Bahn auch die ersten Touristen. Bereits 1869 kamen Urlaubsgäste aus Wien, Innsbruck und dem Süden, und ihre Zahl wuchs schnell. Die einen kamen, um die Landschaft zu genießen, die anderen, um Geschäfte zu machen. Seit 1867 wurde ein Markt abgehalten, der zweimal im Jahr – am 1. Juni und am 29. September – auf dem Hauptplatz im Ort stattfand. Die örtliche Verwaltung bewies Weitblick und erkannte die Möglichkeiten des neuen, schnellen Transportmittels.

Nach und nach entwickelte sich Gossensaß zu einem berühmten Urlaubs- und Kurort. Die ersten touristischen Unternehmer hießen Gröbner und waren die Besitzer des gleichnamigen Gasthofes. Leopold Gröbner investierte die Entschädigungsgelder, die er für seinen an die Eisenbahn abgetretenen Grundbesitz erhalten hatte, in den Bau und die Renovierung der Hotels an der Straße. Das Unternehmen sollte sich in den nächsten Jahren weiter vergrößern. Ein Hotel der Familie entstand am Hauptplatz.

Eines Tages machte ein Beamter der Südbahn Gröbner den Vorschlag, den Bau des in Anbetracht des zunehmenden Fremdenverkehrs geplanten großen Hotels im Ort zu übernehmen. Die Familie akzeptierte dies und erweiterte und renovierte ihr Hotel am Platz nach den von der Südbahn angefertigten Entwürfen, was das Ansehen des Hotels beträchtlich hob. Anfang des Jahrhunderts wurden weitere Gebäudeteile angebaut, und da tauchten in der Geschichte des Hotels bereits berühmte Namen auf wie etwa des norwegischen Dichters Henrik Ibsen, nach dem heute der Platz benannt ist.

Mittlerweile entstanden weitere Hotels, oder bereits bestehende wurden renoviert und mit modernem Komfort ausgestattet. Im neuen Jahrhundert begann sich neben dem nunmehr etablierten Sommertourismus auch der Wintertourismus zu entwickeln.

Der Erste Weltkrieg brachte den Fremdenverkehr völlig zum Stillstand. Aber auch nach seinem Ende ging es weiter bergab. Die Feriengäste aus der österreich-ungarischen Monarchie zogen sich aus dieser Gegend zurück, und die Anzahl der italienischen Urlauber war noch sehr gering. Einen schnellen Aufschwung erlebte der Tourismus erst nach dem Zweiten Weltkrieg, und dies wieder dank der Eisenbahn.

In all den Jahren blieb das Bahnhofsgebäude unverändert – ein sehr schönes Gebäude aus grauem Granit mit weißen Umrissen. Der Ort hingegen hat sich stark verändert. Im Vergleich zu einem Foto aus dem Ende des 19. Jahrhunderts ist heute der Ort wesentlich mehr bebaut als früher. Der große Park am Hang zwischen der Bahnhofsstraße und dem nahen Marktplatz ist geblieben. Die Grünanlage war einstmals geschaffen worden, damit

Das Bahnhofsgebäude von Gossensaß. Es ist aus Granit in zwei Farben gebaut und eines der schönsten im Eisacktal.

man den Höhenunterschied zwischen den Ortsteilen angenehm überwinden konnte. Es sei daran erinnert, daß in der Nähe des Bahnhofs auf der Nordseite die Straße ins Pflerschtal abzweigt.

Seit alters verursachte der Pflerscher Bach anläßlich der Schneeschmelze und nach heftigen Gewittern im Hochgebirge Überschwemmungen in der Umgebung von Gossensaß. Im Laufe der Jahrzehnte trat er mehrmals über die Ufer. Um diese Gefahr zu bannen, hatte sich bereits Ende des 19. Jahrhunderts aus den betroffenen Grundbesitzern eine Genossenschaft gebildet, die alljährlich oder auch öfter das Flußbett tiefer legen und die Dämme verstärken ließ. Auch die Südbahn gehörte zu dieser Genossenschaft; sie war vor allem um den Schutz der Tunneleinfahrten besorgt.

Eine kühne Lösung

Der Abschnitt zwischen Gossensaß und dem Brenner stellte die Eisenbahningenieure vor große Schwierigkeiten. Zwischen den beiden Orten, die nur wenig mehr als vier Kilometer voneinander entfernt lagen, bestand ein Höhenunterschied von 250 Metern. Dies bedeutete für die Poststraße zwischen Gossensaß und Giggelberg eine Neigung bis zu 66 Promille, weswegen man bei der Auffahrt frische Zugpferde einsetzen mußte. Derartige Gefälle waren für den Schienenverkehr undenkbar. Man mußte also den Abschnitt verlängern.

Eine wahrlich glückliche Lösung bot das Pflerschtal. Zunächst hatte man geplant, die Bahnlinie auf beiden Seiten zu verlegen, wie es ähnlich im Schmirntal jenseits des Brenners geschehen war. Die Südseite von Pflersch erwies sich jedoch für den Schienenweg als zu unsicher, wohingegen das Felsgestein auf der Höhe der Haltestelle Pflersch zuverlässiger erschien; so entschied man, die Trasse nur auf dieser Seite anzulegen. Der Bau des 761 Meter langen, in einer weiten Kehre angelegten Tunnels gestaltete sich äußerst schwierig und kostete mehreren Arbeitern das Leben. Man begann im Mai 1864, aber ein Jahr später wurden die Arbeiten aufgrund unüberwindbarer Schwierigkeiten ausgesetzt und konnten erst wieder aufgenommen werden, als man einen querlaufenden Hilfstunnel gegraben hatte. Am 21. Dezember 1866 wurde die letzte Wand durchstochen.

Die Idee zu diesem Tunnel stammte von Inspektor Wilhelm Pressel, die Bauleitung hatte Ingenieur Prettenhofer.

Ein anderer solcher Kehrtunnel war wie erwähnt im Abschnitt zwischen dem Brenner und dem Bahnhof Steinach angelegt worden, wo die Eisenbahn über eine Strecke von zwei Kilometern ins Schmirntal eindringt. Auch hier wollte man Länge gewinnen, um Neigung zu verringern. Dies waren die ersten Kurventunnels in der Geschichte der Eisenbahn, die allen weiteren als Modell dienten.

Ab Gossensaß fuhr die Eisenbahn über eine Strecke bergauf, die etwa vier Kilometer lang in das Seitental führte; nach einem langen Bogen im Tunnel bei der Höfegruppe Ast wurde die Linie auf den oberen Hang zurückgeführt und erreichte schließlich Giggelberg. Dort wurde sogleich die Station Schelleberg eingerichtet, die in Luftlinie gemessen nur wenig von der unterhalb liegenden in Gossensaß entfernt war. Diese ungewöhnliche Trassierung der Bahnlinie veranlaßte so manchen Reisenden, in Schelleberg auszusteigen und von dort zu Fuß über den Wanderweg nach Gossensaß hinunterzugehen; inzwischen hatte dann auch der Zug langsam die enge Kurve in Pflersch durchfahren. Genauso machte es – am 10. August 1873 – der Schah von Persien, Nasir ad-Din, der mit seinem Gefolge nach einem kurzen Besuch in Innsbruck weiter nach Italien reiste. In seinem Reisetagebuch vermerkt der Monarch, daß er an der Station Schelleberg einige seiner Begleiter »zusammen mit anderen Fahrgästen aus dem Zug aussteigen und bergabwärts gehen sah. Als ich nach dem Grund fragte, antwortete man mir, daß es interessant sei, die Abfahrt des Zuges zu beobachten. So stieg auch ich aus und ging ein gutes Stück Weg hinunter bis ich in den Ort Gossensaß kam ...«.

Beim Bau der Brennerlinie hatte man auch an einen direkten Tunnel gedacht, um einige hundert Meter Steigung und Gefälle zu vermeiden. Schließlich entschied sich Etzel jedoch wie erwähnt für die wirtschaftlichere Lösung. Daß der Tunnel keine günstige Lösung darstellte, hatte bereits Ingenieur Luigi Tatti 1859 bewiesen, als er für den geplanten Bau eines Tunnels vom Siller Sprung bis Pontigl unterhalb von Schelleberg genaueste Erhebungen durchführte. Der Tunnel wäre mindestens neun Kilometer lang geworden. Tatti schrieb: »Man hätte einen kleinen Gewinn mit großen Opfern erhalten oder hätte trotz der Opfer durch unvorhersehbare Schwierigkeiten mit zuströmenden Wassermassen nicht einmal diesen erhalten«.

Der Ort Schelleberg, der bis 1838, als er an die Gemeinde Brenner angeschlossen wurde, eine eigenständige Verwaltung hatte, galt als die Kornkammer des oberen Eisacktales. In der Station – die nach dem Ersten Weltkrieg in »Moncucco« umgetauft wurde, was einfach die Übersetzung des Namens des naheliegenden Ortes Giggelberg war – nahm der Personenverkehr nach dem Zweiten Weltkrieg immer mehr ab. Anfang der sechziger Jahre war sie gänzlich unbedeutend, so daß man auch den geforderten Bau eines neuen Wartesaals, der den bestehenden Holzbau ersetzen sollte, gar nicht erst in Betracht zog. In den siebziger Jahren wurde mit einem Zuschuß der FS eine neue Verbindungsstraße zwischen dem Bahnhofsgebäude und Gossensaß angelegt.

Über einige Jahrzehnte hinweg lag zwischen der Station Gossensaß und jener in Schelleberg die Haltestelle Pflersch im Ortsteil Ast, die in den achtziger Jahren geschlossen wurde, wie es bereits mit Schelleberg geschehen war, da das Verkehrsaufkommen fast bei Null angelangt war.

Von diesen Erinnerungen an die Zeit der langsamen und schnaubenden Lokomotiven blicken wir nun in die Zukunft der modernen Technologie. In der Nähe des ehemaligen Kehrtunnels wird ein neuer, hochmoderner Tunnel gebaut, der für Züge mit großen Geschwindigkeiten und für Güterwaggons ohne Längenbeschränkung passierbar sein wird.

Ein Jahrhundert nach dem Bau der Eisenbahnlinie mußte auch die Autobahn das Pro-

blem der starken Steigung zwischen Gossensaß und dem Brenner lösen; das geschah aber
auf ganz andere Art – sie führt nach und nach
auf einem Viadukt mit immer höheren Pfeilern
nach oben. Dies ist der aufsehenerregendste
und beachtlichste Teil der Brennerautobahn.

Der Viadukt, der auf einer völlig neuen Technik basiert, wird von zwölf Pfeilern getragen,
von denen der höchste in der Mitte 96 Meter
mißt. Von diesem hohen Pfeiler aus erstreckt
sich ein 163 Meter langes Brückenfeld. In der
Planungsphase hatte man auch an die starken
Temperaturschwankungen zwischen Tag und
Nacht und den verschiedenen Jahreszeiten
gedacht; um den Straßenbelag elastischer und
damit widerstandsfähiger zu machen, mischte
man den Asphalt mit künstlichem Gummi; das
Klima war auch der Grund für den Bau der Galerien zum Schutze vor Lawinen an den gefähr-
lichen Stellen.

**Kruzifix an der Schranke eines Bahnübergangs
nahe der Station Freienfeld**

**Panorama zwischen Freienfeld und Sterzing. Im
alten Militärbahnhof ist ein Zug abgestellt.**

Der Bahnhof am Brenner

Bevor es der Autobahn zum Opfer fiel, sah man fünf Kilometer nach der Haltestelle Schelleberg das Stationsgebäude von Brennerbad. Es war das Sinnbild einer nunmehr vergangenen Blütezeit dieser Thermalstation.

Die ersten Zeugnisse über die Thermalquellen in der Nähe des Brenners stammen aus dem 14. Jahrhundert. Der Kurort war zusammen mit Dreikirchen oberhalb von Klausen einer der ältesten im Eisacktal. Die von einem Erdrutsch begrabene Quelle wurde im 17. Jahrhundert wieder freigelegt und mit einer Anlage ausgestattet, die zwei Jahrhunderte lang von der Familie Zacharias Geizkofler geführt wurde. Zwei Jahre nach der Eröffnung der Eisenbahnlinie richtete man eine Station ein, die den Namen Brennerbad bekam, und an der alle Züge hielten. Die Eröffnung der Bahnlinie hatte eine großen Anteil am Aufschwung der Thermen. Nachdem der Ort am Brenner nun einfacher zu erreichen war, nahmen seine Besucher zu; waren es 1859 noch zweihundert, so zählte man fünfzehn Jahre später bereits achthundert Gäste.

1871 kaufte die Stadt Sterzing die Thermalanlagen, die von den verschiedensten Bevölkerungsschichten besucht wurden. Die Reichen wohnten im oberen Teil der Anlage, während die weniger Wohlhabenden, die ihren Aufenthalt mit der finanziellen Unterstützung einer eigens dafür gegründeten Stiftung bezahlten, getrennt untergebracht waren.

Eine frühere Wohnanlage für Mittellose war niedergerissen worden, um der Eisenbahn Platz zu machen, und wurde dann abseits wieder aufgebaut.

Die Zahl der Kurgäste aus dem gehobenen Mittelstand stieg ständig an. Viele kamen aus Südtirol, aber auch aus Nordtirol, Wien und aus anderen Ländern. Um den Bedürfnissen dieser anspruchsvollen Gäste zu genügen, baute die Brennerbadgesellschaft von Brixen als neue Besitzerin der Thermalanlagen zur Jahrhundertwende das große und luxuriöse Grand Hotel. Es war für jede Art Kur ausgestattet, bot aber auch Unterhaltung und Zeitvertreib. Das Hotel lag zwischen den Bahngleisen und der Reichsstraße.

Der Erste Weltkrieg bewirkte einen drastischen Rückgang im Tourismus des Kurortes; zahlreiche Gebäude verfielen rasch. Nach dem Krieg nahm der Fremdenverkehr zwar wieder zu; wegen der Verlegung der Staatsgrenze war es jedoch schwierig, die Kurgäste wieder zurückzugewinnen. Nach dem Zweiten Weltkrieg wurde die Gegend aufgrund der Verminung des Geländes zeitweise gesperrt.

Ende der vierziger Jahre nahm der Verkehr langsam wieder zu, so daß im Jahre 1948 eine Haltestelle auch für Eilzüge beantragt (jedoch nicht genehmigt) wurde; aber man restaurierte das Bahnhofsgebäude.

Gleichzeitig wurde der Sessellift von Brennerbad zur Leitneralm in Zirog hinauf eröffnet; es war die einzige Schwebebahn im Gebiet. Ihre Talstation nahe der Bahnlinie und der Brennerstraße sollte sich als großer Vorteil erweisen. Die »Società Terme di Brennero S.p.A.«, die Gesellschaft der Brennerthermen, verlangte von der Südbahn bessere Verbindungen mit Bozen, Brixen und den anderen wichtigen Orten Südtirols und zudem die Renovierung des kleinen Gebäudes, das den Reisenden zur Verfügung stand. »Die Haltestelle bietet dem Reisenden nicht den geringsten Komfort«, – schrieb der Geschäftsführer der Gesellschaft – »es gibt keinen Raum, der vor der Kälte schützen würde; die einzigen zwei Räume dienen als Abstellraum, und man kann sich leicht vorstellen, wie überdrüssig der auf die Züge wartende Reisende da wird, die zudem niemals pünktlich sind ...«

Das Gebäude, das ausgebaut wurde, befand sich in der Nähe des Bahnübergangs an der Staatsstraße in einer S-Kurve. Nur wenig entfernt davon lag auf der Seite Richtung Brenner das Umspannwerk, zudem ein Wohnhaus und eine Werkstatt für elektrische Anlagen. Doch die Blütezeit des Thermalbads war vorbei, und einer der vornehmsten Kurorte des Eisacktales geriet in Vergessenheit.

Die Eisenbahn ereilte dasselbe Schicksal, da sie wesentlich vom Fremdenverkehr abhing; je mehr der Tourismus zurückging, desto weniger Züge hielten an der Station Brennerbad, die 1978 auf eine unbesetzte Haltestelle reduziert und später ganz geschlossen wurde. Heute befindet sich an der Stelle der alten Station die Einfahrt zum neuen Pflerscher Eisenbahntunnel. Das alte Umspannwerk hingegen steht noch; daneben wurde ein neues errichtet.

Die Grenze am Brenner

Der in der tiefen Talfurche inmitten der Berge liegende Ort Brenner, der sich heute an der Grenze zwischen Italien und Österreich befindet, wird von der Brennerstaatsstraße, der Eisenbahn und der Autobahn durchquert. Etwas weiter, und bereits auf österreichischem Gebiet, fährt die Eisenbahn am Brennersee mit der gleichnamigen Station vorbei, die zur Gemeinde Gries am Brenner gehört. Der Grenzstein wurde offiziell am 2. Oktober 1921 gesetzt.

Bereits in der Bronzezeit führte ein Saum durch die damals noch unbewohnte und von dichtem Wald bedeckte Brennerfurche. Die Römer legten eine Straße an, und die Wasserscheide befand sich nun zwischen Vipitenum

und Matreium. Im 13. Jahrhundert wurde am Sattel der Prenner- oder Prennerius-Hof errichtet, der dem Paß seinen Namen geben sollte. Zwei Jahrhunderte später entstand der erste Gasthof.

Als die Eisenbahnlinie gebaut wurde, war Brenner ein kleiner Ort mit einem Kirchlein, das Sankt Valentin gewidmet war, einem Gasthof und wenigen Häusern. Bei diesem Dorf am Paß wurde eine kleine Bahnstation eingerichtet, die mit lediglich drei Gleisen ausgestattet war. Da sie sich am höchsten Punkt befand, war sie die Endstation für die Lokomotiven, die zum Schub eingesetzt wurden.

Nach der Eröffnung der Bahnlinie wurden neue Gebäude errichtet, andere renoviert. Im Bahnhof eröffnete man eine Gaststätte.

Im Jahre 1870 unterbrach eine Lawine sowohl die Bahnlinie als auch die Straße, und eine weitere Lawine begrub im Februar 1879 einen Bahnwärter unter sich.

Ende des 19. Jahrhunderts hatte sich der ehemalige Gasthof am Brenner stark vergrößert. Ein Reiseführer, der von der Österreichischen Lloyd in jenen Jahren veröffentlicht wurde, schwärmte von diesem Ort: »Von den Höhen im Norden und Süden weht ein anregender Gebirgswind, deswegen ist es hier immer kühl, es gibt klares Quellwasser, hervorragende Hotels ...« Alles dies machte aus dem Brennergebiet vom Hotel Post bis zu den Thermalquellen »einen angenehmen Aufenthaltsort für den ganzen Sommer«.

Oben: Das Dorf Brenner am Ende der zwanziger Jahre. Rechts von der Bahnlinie ist der sogenannte »Stern« zu sehen. Diese Schienenstruktur wurde 1922 gebaut; sie ermöglichte das Umkehren der Lokomotiven auf engem Raum.

Unten: Eine Ansichtskarte zeigt den Ort in den zwanziger Jahren, also vor dem Ausbau des Bahnhofs unter der Leitung von Angiolo Mazzoni. Man erkennt die Büste Karl von Etzels in der Mitte eines kleinen Platzes nahe den Gleisen.

Als nach dem Ersten Weltkrieg die Staatsgrenze an die Wasserscheide verlegt wurde, wurde der Brenner plötzlich zu einem Grenzbahnhof, der an der Hauptverkehrslinie zwischen Italien, Österreich und Deutschland lag. Der Abschnitt Innsbruck–Bozen, auf dem vorher die Lokomotiven der Südbahn verkehrt waren, die nicht ausgewechselt oder gewendet werden mußten, war nun in zwei Teilstrecken aufgeteilt, die von zwei verschiedenen Verwaltungen betrieben wurden. Der Brenner wurde zur gemeinsamen Station. Die Brennerstation war direkt unterhalb des Berghanges gebaut worden und deshalb nicht erweiterungsfähig. Deswegen wurde der Durchgangsverkehr zum Teil in Franzensfeste und Innsbruck abgefertigt. Die Bahnhofsanlagen am Brenner wurden durch zwei neue Gleise erweitert.

Vor allem mußte man ein Wendesystem für die Lokomotiven einrichten. Lange Zeit mußten die Maschinen rückwärts fahren, was einen großen Zeitverlust und Beschwerlichkeiten einbrachte; im Winter z. B. mußte man bei jeder Fahrt die Schneeschutzanlage ummontieren. Auch die alte Drehscheibe der Südbahn war nicht zu verwenden, da die Lokomotiven zu schwer waren. Von 1919 bis 1922 erstellte die Bahn verschiedene Entwürfe, allerdings war die Lösung wegen des fehlenden Raumes äußerst schwierig. Im einzig verfügbaren Gebiet am nordöstlichsten Ende der Station wurde schließlich 1922 ein sehr origineller »Stern« errichtet: Der von einem Fachmann erarbeitete Entwurf wandelte die normale Anlage in eine Dreiecksform für enge Raumverhältnisse um. Innichen, die zweite Grenzstation, wurde ebenfalls mit einer Drehscheibe ausgestattet.

1925 wurde die Linie Brenner–Innsbruck auf elektrischen Betrieb mit Einphasenstrom umgestellt. 1928 stellte auch die FS auf elektrischen Betrieb um, verwendete allerdings Drehstrom. Die italienische Regierung genehmigte den Anschluß der österreichischen Eisenbahn an die Brennerstation nicht. So mußten die Züge von einer Dampflokomotive über eine Strecke von 1300 Metern vom Brennersee – dort wurde die Station zwangsläufig mit mehreren Gleisen ausgestattet – zum Brenner gezogen werden. Dieser kurze Abschnitt ohne elektrischen Betrieb wurde mit all dem damit verbundenen Zeitverlust und Personalaufwand bis 1934 aufrechterhalten, als endlich der Anschluß genehmigt wurde.

In Innsbruck gab es eine italienische Abordnung mit Bahnbetriebswerk.

Als die ehemalig österreichischen Bahnlinien in die Hände der italienischen Staatsbahn FS übergingen, setzte sich das Bahnhofsgebäude am Brenner aus zwei aneinanderliegenden Teilen zusammen, die im gleichen Baustil, allerdings verschieden, gestaltet waren; der eine Gebäudeteil war mit Quadersteinen sorgfältig bearbeitet worden, den anderen hatte man – was sicherlich auf einen Erweiterungsplan zurückzuführen war – verputzt und mit eher grobem Zement reliefartig vollendet. Um der Situation sofort Abhilfe zu verschaffen, fand man einstweilige Regelungen. Man baute eine große Holzbaracke für die Zollabfertigung – Zollstellen wurden auch in Innichen/Toblach und in Franzensfeste eingerichtet – und eine weitere für die Bahnpolizei. Zudem versuchte man, die im Hauptgebäude verfügbaren Räume so gut wie möglich zu nutzen. Diese kleine Erweiterung hielt sich streng an den vom österreichischen Bau vorgegebenen architektonischen Stil. Anfang der zwanziger Jahre wurde außer dem »Stern« auch ein Lokomotivdepot gebaut.

In den endgültigen Entwürfen für den Ausbau des Bahnhofsgebäudes spielte der Architekt Angiolo Mazzoni eine wichtige Rolle. Seine Ideen gaben dem Bahnhof die entscheidende Form, in der sie bis in unsere Tage überdauert hat. Zunächst wollte man an das alte Gebäude zwei Flügel anbauen. Die Bauteile sollten sich durch eine bewegte Formgestaltung harmonisch in die Landschaft einfügen, »dabei sollte aber« – lesen wir in einem Bericht der FS – »ein Hauptteil geschaffen werden, der in bezug auf die Gesamtheit und das Verhältnis von Masse und Leere dem Gebäude die nötige Bedeutung verlieh«. Dieser erste Entwurf fand keine Verwirklichung, da man zunächst den genauen Ort für die Zollstelle der FS festlegen mußte.

Als man endlich entschieden hatte, die Zollabfertigung des Durchreiseverkehrs am Brenner von Sterzing in den Grenzbahnhof zu verlegen, wollte man das alte, schlichte Gebäude bewahren und es nur um die für die Unterbringung der Eisenbahnbüros und der Bahnpolizei nötigen Räume erweitern. Der Entwurf wurde vom Minister im Januar 1925 genehmigt und ein erster Abschnitt gebaut.

In einem Zusatzvorschlag empfahl man auch den Bau eines langen, einstöckigen Flügels nach Süden hin, der zur Zollabfertigung genutzt werden sollte. Dieser ergänzende Plan blieb allerdings trotz seiner Genehmigung in der Schublade. Tatsächlich wurde, als die Formalitäten für die neue Ausschreibung im Gange waren – die nötig geworden war, da das bereits mit dem Bau beschäftigte Unternehmen einen zweiten Auftrag zu gleichen Bedingungen abgelehnt hatte –, an den Finanzminister die Forderung gerichtet, in den neuen Gebäudeteil auch Dienst- und Wohnräume für die Zollbeamten einzufügen. Die Generaldirektion der FS stand der Anfrage positiv gegenüber, aber nur unter der Bedingung, daß eine Miete vereinbart würde. Doch der Bau dieses langen, einstöckigen Flügels, »unter wirtschaftlichen Gesichtspunkten entworfen, wäre aber den Anforderungen und der Bedeutung eines Grenzbahnhofs, wie es der Brenner ist, nicht angemessen, wo man hingegen aus zweckmäßigen und politischen Gründen jede neue Anlage einheitlich und großzügig schaffen müsse«.

Der Entwurf Mazzonis

So änderte man den Entwurf des neuen Flügels in ein mehrstöckiges Gebäude um, das sich an einen strengen Baustil hielt. Ein Bogengang sollte an die Stelle des Holzvordaches treten, um vor den tiefen Temperaturen und den häufigen Schneefällen zu schützen. Im Gebäude wurden im Erdgeschoß der Zollgrenzschutz und das Postamt untergebracht, in den oberen Stockwerken richtete man acht Wohnungen für die Zollbeamten ein.

Der Baustil hielt sich nach eingehenden Überlegungen »an eine vornehme Schlichtheit, wie sie einem Gebäude im Gebirge angemessen ist. Die Verzierungen ergeben sich aus dem verwendeten Material selbst, und die Details wurden besonders bedacht ...« Um die Ästhetik des bereits bestehenden Gebäudes mit dem zu bauenden harmonisch zu verbinden, wollte man – wie es in den Unterlagen des Unternehmens steht – »das Bahnsteigdach aus Eisen mit einem Holzdach austauschen, das mit grün und gelb glasierten flachen, kleinen Ziegeln nach einem geometrischen Muster im lokalen Baustile verkleidet werden sollte«. Vor der äußeren Fassade sollte eine Reihe von Bäumen den Blick von der Staatsstraße auf das Gebäude verdecken. Die Bahnhofskantine, die zwischen dem Bahnhofsgebäude und der Staatsstraße errichtet werden sollte, hätte dann ihr übriges getan.

Ferruccio Businari, Direktor des Baubüros der FS, schrieb in einem Bericht über die Bauarbeiten, daß »die hervorragende Formgestaltung des neuen Zollgebäudes in krassem Gegensatz zum alten, danebenliegenden stehe«. »Der Bogengang muß« – fügte der Beamte hinzu – »über die ganze Seite hinweg verlängert werden, was den Neubau der Fundamente des bestehenden Gebäudeteils mit sich bringt. Auf diese Weise wird ein wahrlich großes und bequemes Bahnhofsgebäude entstehen, das würdig ist, an der Grenze einer großen Nation zu stehen.«

»Das neue Gebäude« – schrieb Businari in einem späteren Bericht im Oktober 1928 – »ist kürzlich überdacht worden. Es ist gelungen, was man beabsichtigt hatte – ein Bauwerk typisch italienischer Formgestaltung. Sein weiter und bequemer Bogengang auf der Innenseite des Bahnhofes erinnert an ein Schloß oder ein großes Gut. Die Granit- und Prophyrquader unterstreichen den Reichtum der Ausstattung. Auch die Fassade am äußeren Bahnhofsplatz ist gelungen. Die Wirkung ist größer, als es der Entwurf zunächst erkennen ließ, was ja gemeinhin für den schlichten und beständigen Baustil gilt, der die Bauwerke unseres Architekten Mazzoni charakterisiert.«

In Anbetracht der derart gelungenen Außenfassade ließ man die Idee, Bäume anzupflan-

zen, fallen. Im Gegenteil – der Plan, einen »italienischen Platz« zu schaffen, wurde völlig verworfen, damit das schöne Gebäude nicht verdeckt würde. Man zog es vor, den Bahnhofsplatz offen zu lassen und nutzte ihn für eine parallel zur Staatsstraße verlaufende Verkehrsstrecke, um eine ruhige Zone zu schaffen; den Höhenunterschied zwischen der Bahnhofsvorhalle und der Straße, die etwa dreißig Meter entfernt lag, versuchte man auf zweckmäßige Art zu überwinden. Von den Gebäuden am Bahnhofsplatz sollten demnach die ärmlichen Bauten abgerissen werden, »einschließlich des Asyls«, empfahl man 1928, in der Hoffnung, »den Blick auf das wertvolle Kirchlein aus dem Mittelalter freizulegen«.

In einem von Mazzoni unterzeichneten Entwurf aus jenen Jahren lagen um den kleinen, dreieckigen Platz das Bahnhofsgebäude, der von seiner Königlichen Hoheit, der Herzogin

von Aosta, errichtete Kindergarten und – wie in einem Bericht aus dem Jahre 1929 zu lesen – »das neue Pfarrhaus, in dem auch die Sanitätsdienste untergebracht werden sollten; dieses Gebäude würde den Blick auf das häßliche Haus seitlich der Kirche in Richtung Grenze verbauen«. Es folgten »die herrliche Kirche, die mit wenigen Renovierungsarbeiten verschönert werden konnte, und das Hotel »Post«, wo Goethe auf seiner Italienreise Rast gemacht und erkannt hatte«, – betonten eifrigst die Beamten der FS – »daß er den Norden verließ, um in die Heimat seiner großen Künstlerseele einzutreten«. Das Hotel und die Kirche erreichte man über eine Auffahrtsallee. Weitere Bäume ließ Mazzoni vor dem Kindergarten anpflanzen, um den Platz besser in die Umgebung einzufügen.

Weitere Gebäude, die errichtet werden mußten, waren das Freizeitheim, die Kantine für die

Eisenbahner und die neue Schule. Man beabsichtigte, die bereits errichteten Bauten und jene, die man noch bauen wollte und zudem die Ausstattung des Platzes in der Formgestaltung zu vereinheitlichen. Der Entwurf wurde von den Beamten der verschiedenen betroffenen Verwaltungen geprüft.

Indessen hatte man im Ort Brenner drei Wohngebäude für die Bahnangestellten gebaut; weitere Gebäude entstanden, die als Kasernen und Unterkünfte der Polizei dienten.

Die Umbauarbeiten am Bahnhofsgebäude am Brenner waren 1930 beendet.

Die Büste von Ingenieur Karl von Etzel konnte wieder aufgestellt werden. Sie war 1927 von ihrem ursprünglichen Platz entfernt worden, um dem Zollgebäude Platz zu machen. Die Österreichischen Bundesbahnen in Innsbruck hatten wiederholt eine Unterbringung des Denkmals verlangt und Bedenken angemeldet, daß es vom Unwetter beschädigt werden könnte und daß es – wenn man am Brenner keinen geeigneten Platz fände – doch wieder zurückgegeben werden sollte, damit es in einem anderen Bahnhof jenseits der Grenze aufgestellt werden könnte.

Heute befindet sich die Büste in der Mitte des Bogengangs auf der Gleisseite.

Die zweite Phase

Eine weitere Reihe von Arbeiten wurde ebenfalls von Mazzoni ab Oktober 1933 durchgeführt. Der Brenner sollte in eine echte internationale Bahnstation verwandelt werden, an die der österreichische Zoll verlegt werden sollte, der damals in Brennersee lag. Auch die Endstation der österreichischen Züge, die sich damals jenseits der Grenze befand, sollte an den Brenner verlegt werden. Die Kosten wollten Italien und Österreich gemeinsam tragen.

Der wichtigste Teil des Entwurfes war das neue Gebäude, das zwischen den zwei Durchgangsgleisen in beiden Richtungen parallel zum ersten Gebäude errichtet werden sollte. Mit dieser etwas ungewöhnlichen Lösung wollte man die Einfahrt der österreichischen Züge, die mit Einphasenstrom fuhren, ermöglichen

und die Zollabfertigung erleichtern. Neben dem Zoll sollten in dem neuen Gebäude der Fahrkartenschalter, die Wartesäle, das Restaurant, der Zeitungs- und Tabakladen und ähnliches untergebracht werden.

Die Bauarbeiten, die vergeben wurden, machten die Abtragung des angrenzenden Hanges zum Verlegen der neuen Gleise notwendig. Zudem mußten Gebäude und Holzbaracken abgerissen werden, die in der Umgebung standen. Entlang dem Mittelgebäude mußte ein fünf Meter breiter Bahnsteig mit einer Stahlbetonbedachung gebaut werden.

»Die neuen, unter der Bahnsteigbedachung errichteten Gebäude sind ein Musterbeispiel des Funktionalismus« – kann man in einem damals veröffentlichten Artikel lesen. – »Sie sind modern, elegant und bequem und außen mit weißem Laaser Marmor mit Rändern aus rosafarbenem Granit verkleidet. Innen sind die für die Öffentlichkeit zugänglichen Räume mit Holz-, Keramik- und Glasverkleidungen wahrhaft vornehm gestaltet worden.«

Große Beachtung schenkte Mazzoni ganz seiner Gewohnheit gemäß auch der Einrichtung, die funktionell sein und gleichzeitig in ästhetischer Hinsicht modernen Ansprüchen genügen mußte.

Das neue Gebäude wurde mit dem eigentlichen Bahnhofsgebäude durch eine Unterführung verbunden.

Kurz nach ihrem Beginn mußten die Arbeiten im Winter für gut sechs Monate unterbrochen werden, was sich in den folgenden Wintern wiederholen sollte. Um den neuen Bahnhof einschließlich der Gleisverlängerungen zu errichten, mußten etwa zwei Kilometer der Brennerstraße verlegt und demnach auch der Eisack umgeleitet werden. In zwei großen Kabinen richtete man ein elektromechanisches Zentralstellwerk ein. Ein Bahnübergang am Eingang zum Bahnhof auf der italienischen Seite sollte beseitigt werden. Zur Beleuchtung des Bahnhofes wurden zwei große Eisentürme errichtet.

Am Ende der umfangreichen Renovierung – die zehneinhalb Millionen Lire und 140.000 Arbeitstage gekostet hatte – wurde die Eröff-

nungsfeier am 11. November 1937 im Beisein des Verkehrsministers Benni abgehalten.

Unter den modernen, von Mazzoni verwendeten Stilmitteln am neuen Gebäude seien u. a. die Schutzkörbe um die Lampen gegen Beschädigungen durch Skier – eine bereits in Trient angewandte Idee – und die zylinderförmigen Pfeiler erwähnt, die ihrer Form wegen den unvermeidlichen Stößen der Gepäckswagen weniger ausgesetzt waren. Mazzoni erinnerte daran, daß man es ihm nur in diesem Bahnhof genehmigt hatte, diese zylindrische Form zu verwenden, die sonst immer von den obersten Behörden abgelehnt worden war.

Die Verkleidungen bestanden aus örtlichen Materialien. Für die Pflastersteine in der Unterführung wählte man Porphyr aus Auer, für den Sockel der Wände violettfarbenen aus Predazzo; Wände und Decke wurden verputzt und mit Zementit in tiefem Kadmiumgelb gestrichen. »Es ist dies eine Farbe« –, bemerkte der Architekt – »die dem Minister wegen ihrer Leuchtkraft gut gefallen hat.« Was die Bahnsteigbedachung anbelangt, gelang es Mazzoni, sie an der Decke nicht wie vorgesehen mit Keramik- und Glasmosaiksteinen verkleiden zu lassen; statt dessen ließ er den Beton offen liegen (Sichtbeton).

In den Nachrichten über die Eröffnung in der Tageszeitung »Il Brennero« wurde das an dieser äußersten Schwelle Italiens entstandene Bauwerk gelobt: »Die alte Station hat ihr Aschenbrödelkleid abgelegt, sich der Länge und der Breite nach erweitert, sich mit Bögen verziert und mit Marmor geschmückt.«

Es wird überliefert, daß der Schriftsteller Ugo Ojetti, als er eines Morgens auf seiner Rückreise nach Italien durch die Station am Brenner fuhr, im Schlafanzug aus dem Zug gestiegen sein soll, um die perfekte Reinheit der neuen Zollstelle zu bewundern – und auch Mazzoni lobt sich selbst in seinen übergenauen Aufzeichnungen.

Dreimal – am 18. März und 4. Oktober 1940 und am 2. Juni 1941, und vielleicht noch weitere drei Male geheim – haben sich Hitler und Mussolini auf dem Brenner zu politischen Gesprächen getroffen. Bei dem ersten Treffen

gab Mussolini Italiens Eintritt in den Krieg bekannt.

Während des Krieges passierten zahllose Militärzüge die Grenze.

Nach dem 8. September 1943 nahmen die Fliegerangriffe zu. Die Station am Brenner, die bislang unbeschädigt geblieben war, wurde bei einem Bombenangriff in den letzten Kriegstagen beschädigt. Am 21. März 1945 warf um 13.55 Uhr ein Geschwader von aus dem Norden kommenden achtzehn Flugzeugen über dem Gebiet Bomben ab. Dabei kamen 21 Menschen ums Leben, und die Gebäude erlitten schwere Schäden. Auch der Bahnhof selbst wurde in der Mitte und auf der Nordseite getroffen, wobei das Hauptgebäude und das Gebäude zwischen den Durchgangsgleisen teilweise zerstört wurden und das Lokomotivdepot Schaden erlitt. Zwei Bomben gingen in der Nähe der Unterführung nieder. Mehrere Personen, die dort Schutz gesucht hatten, fanden den Tod. Nachdem die Bomben mit einem Zeitzünder ausgestattet waren, explodierten am Abend noch weitere am Brenner.

Einen Monat später war der Krieg zu Ende. Die Gleise wurden wieder instand gesetzt, um den Betrieb aufnehmen zu können. Die Häuser wurden wiederaufgebaut, die Schäden an den Bahnhofsgebäuden ausgebessert.

Bereits in den letzten Kriegsjahren hatte sich das Gleisbündel, über das der Güterverkehr lief, als ungenügend erwiesen. Dies war der Grund für die langen Wartezeiten der Züge in den Güterbahnhöfen auf der italienischen und der österreichischen Seite. Man hatte begonnen, zwei neue Gleise zu verlegen; allerdings unterbrach der Krieg diese Arbeiten für lange Zeit.

Das Problem tauchte Ende der fünfziger Jahre erneut wieder auf. Man plante, für den wachsenden Verkehr die Zollstation zu erweitern und auszubauen, die Umspannung des Antriebssystems, den Bau neuer, elektrifizierter Gleise und die Verlängerung des Gleisbündels im Bahnhof. Für diese Arbeiten mußte man neben vielen kleineren Sprengungen über etwa 140 Meter hinweg einen beachtlichen Teil des Bergfußes abtragen, der aus Schiefergestein besteht. Um die ausgehöhlten Hänge zu stützen, errichtete man Mauern aus Zementitgemisch.

In den sechziger Jahren überlegte man, ob die sternförmig angelegten Gleise abgerissen werden sollten oder nicht. Die Anlage wurde nicht mehr benützt, da die Lokomotiven nicht mehr gewendet werden mußten.

Jenseits des Brenners führt die von Karl von Etzel gebaute Bahnlinie durch das Silltal weiter nach Innsbruck. In den Bahnhöfen stehen Gebäude aus ähnlichen Steinen, wie wir es südlich des Passes beobachtet haben. Der Bahnhof der Tiroler ist jedoch bei den Bombenangriffen des Zweiten Weltkrieges völlig zerstört und danach neu wieder aufgebaut worden.

Heute und morgen

Ein Zug ETR 500 fährt am 12. September 1992 anläßlich des 125jährigen Bestehens der Eisenbahnstrecke über die Brennerlinie.
Ein Symbol der neuen Zeit und ein Blick in die Zukunft.

Zeichen der Wandlung

Dieses Buch beschreibt die historische Eisenbahnlinie von Verona zum Brenner. Kurz nach der ersten Hälfte des 19. Jahrhunderts vom Kaiserreich Österreich gebaut, diente sie über ein Jahrhundert lang auf vortreffliche Weise sowohl dem internationalen Fernverkehr als auch dem Lokalverkehr. Nicht ohne ein bißchen Sehnsucht nach vergangenen Zeiten haben wir die Ereignisse, um sie nicht in Vergessenheit geraten zu lassen, noch einmal aufgerollt, wenn wir auch wissen, daß die Linie bereits verändert ist. Vier Varianten, die vorwiegend durch Tunnels führen, verkürzen die Trasse um 34 Kilometer. Zusätzlich soll in Zukunft der bestehenden Linie eine neue mit einem langen Tunnel hinzugefügt werden.

Bereits der Entwurf Qualizzas aus dem Jahre 1847 sprach wie erwähnt von der Idee, den Brenner mit Hilfe eines Tunnels zu überwinden. Auch Etzel überprüfte bei der Aufstellung des Ausführungsplans eingehend die Möglichkeit eines Tunnels. Die erste, nur wenige Jahre vorher gebaute Gebirgsbahn über den Semmering, in der Carlo Ghega die Paßstrecke durch einen 1431 Meter langen Tunnel unterführte, diente als Vorbild; ferner befand sich seinerzeit der Tunnel am Moncenisio in Bau. Bei der Brennerlinie entschied sich Etzel für die wirtschaftlicheren Lösungen. Die Linie mußte vor allem an der Oberfläche bleiben. Die beiden Kehrtunnels sollten die Neigung auf den beiden neuen Hangseiten soweit verringern, damit sie vom Zug überwunden werden konnten.

Der Weg zum Tunnel

Die Idee, den Paß mit einem Tunnel zu unterführen, tauchte nach 1950 erneut auf, als man dringend nach einer Lösung zum Ausbau dieser internationalen Hauptlinie suchte.

Von österreichischer Seite wurde im Jahre 1953 ein erster Vorschlag von August Dressler unterbreitet, der 1959 von Robert Neuner aufgegriffen wurde. Die beiden Entwürfe – die von der Handelskammer Tirols und jener Bayerns angeregt worden waren – neigten zur Errichtung einer völlig neuen Schienenstrecke. Dressler schlug vor, die bayerischen Alpen mit einem über 30 Kilometer langen Tunnel durch das Karwendelgebirge zu unterschreiten. Ein zweiter Tunnel mit einer Länge von sage und schreibe 65 Kilometern sollte von Innsbruck nach Schenna in der Nähe von Meran führen (maximale Höhe 582 Meter, Neigung drei oder vier Promille).

Neuner verfolgte die gleiche Strecke. Er begrenzte den Tunnel auf der Nordseite auf 18 Kilometer und jenen auf der Südseite auf 53 Kilometer Länge. Dieser sollte dann bei St. Leonhard in Passeier enden; die Paßhöhe sollte 728 Meter betragen. Ein Seitentunnel garantierte den Anschluß an Sterzing, der unter anderem nötig war, um die Verbindung von Innsbruck nach Lienz über Franzensfeste–Innichen aufrechtzuerhalten.

Die italienischen Konstrukteure hingegen setzten auf eine Trasse, die sich von der bestehenden nur wenig unterschied.

Zuerst war es Antonio Graf Sardagna im Jahre 1961, dann Ferruccio Marin 1967, die empfahlen, die Neigung zwischen Brixen und Freienfeld durch die Verlängerung der Bahnstrecke zu vermindern. In Sterzing sollte der Paßtunnel beginnen, der über eine Länge von etwa 40 Kilometern allmählich nach Innsbruck hinunterführte. Die starke Neigung dieser Trassen von 15 beziehungsweise 12 Promille verlangte allerdings geringere Fahrgeschwindigkeiten als die beiden österreichischen Entwürfe.

Die italienischen Untersuchungen wurden auf Betreiben des »Comitato Promotore dei Traffici del Brennero« durchgeführt. Diese Kommission, die sich um die Verkehrslage am Brenner kümmerte, ließ in den sechziger Jahren geologische Erhebungen für einen Paßtunnel anstellen. Der »Gruppo di studio Asse Brennero«, die Gruppe zur Erforschung der Brennerachse, die im Rahmen der »Union Internationale des Chemins de Fer (UIC)«, der Internationalen Vereinigung der Eisenbahnen, arbeitete, entschied sich für die Pläne von Neuner und Marin und lehnte die italienischen Vorschläge ab.

Auf der Grundlage der Angaben Marins wurden von der FS nachfolgend mehrere Entwürfe ausgearbeitet, von denen einige nur geringe Veränderungen der historischen Bahntrasse beinhalteten. Einer dieser Pläne wollte, um die Kurven weiter ziehen zu können, die Bahnstation in Brixen auflösen und eine neue in Milland einrichten. Ein anderer Entwurf schloß die Stationen von Klausen und Franzensfeste aus, die von einer eigens zu errichtenden Zwischenverbindung versorgt worden wären.

Innerhalb der »Gruppo Asse Brennero« entbrannte eine leidenschaftliche Diskussion, standen doch vielerlei Interessen auf dem Spiel. So mußte man entscheiden, Täler – insbesondere das Pustertal und Gröden – und recht bedeutende Orte mit einzuschließen oder auszuklammern. Dahingehend war der Entwurf Neuners mit Sicherheit jener, der am meisten Aufsehen erregte; er wollte alle Orte zwischen Bozen und Innsbruck von der Eisenbahn ausschließen.

Um den Verkehrsansprüchen des Eisacktales und des Silltales gerecht zu werden, schlug Edoardo Mori im Jahre 1974 vor, der historischen Trasse zu folgen und zwischen Aicha und Innsbruck auf der Westseite des Wipptales einen 58 Kilometer langen Tunnel anzulegen. Auf diese Weise hätte sich die Strecke um 23 Kilometer verkürzt. Aufgrund der maximalen Neigung von zehn Promille könnten auf dieser Strecke 200 Stundenkilometer gefahren werden. Auf der Grundlage dieses Entwurfes wurde – ähnlich wie es zuvor mit dem Plan Neuners geschehen war, ein technischer Ausführungsplan erarbeitet. Ein dem Vorschlag Moris ähnlicher Entwurf – der die Trasse allerdings auf der Ostseite des Wipptales zog – wurde im Jahre 1978 vom Büro Lässer & Frez-Mayr vorgelegt. Auch dieser Plan stützte sich auf eine Umleitung der Hauptlinie Innsbruck–Meran mit einem Haupttunnel von etwa 66 Kilometer Länge.

Neben den hohen Kosten barg der Bau eines langen Tunnels zudem die Schwierigkeit in sich, große Gesteinsmassen auswerfen zu müssen; ferner befürchtete man Probleme für den Betrieb. 1978 tauchte der Entwurf von Salvatore Puccio auf – seinerzeit FS-Abteilungsleiter von Verona –, der eine internationale Station in Freienfeld und danach einen knapp 24 Kilometer langen Tunnel zwischen Sterzing und Matrei beinhaltete.

Ein großes Problem war die Neigung, die das heutige Niveau von 25 Promille hatte und die mögliche Fahrgeschwindigkeit auf 70 Stundenkilometer begrenzte.

Dann versuchte man es mit einer Zwischenlösung, mit einem Tunnel von Sterzing bis Patsch von etwa 35 Kilometer Länge. Indessen schlug Neuner in einem weiteren Entwurf aus dem Jahre 1980 erneut die Hauptstrecke Innsbruck–Meran vor, längs derer er einen Tunnel von nur 60 Kilometern legte und die ursprüngliche Zweigverbindung mit Sterzing ausklammerte. Die mäßige Neigung erlaubte eine Fahrgeschwindigkeit von 250 Stundenkilometern.

Im Jahre 1986 beauftragten die Verkehrsminister von Italien, Österreich und Deutschland die »Internationale Brennergenossenschaft« mit Sitz in Innsbruck, die Durchführbarkeit eines neuen Überganges am Brenner zu prüfen, der einen wichtigen Abschnitt der neuen Bahnlinie München–Verona bilden sollte. Die gewählte Lösung umfaßte den Bau eines durchgehenden Tunnels von Innsbruck bis Franzensfeste mit einer Länge von 54,7 Kilometern, der sich im Osten des Wipptales mit einer maximalen Neigung von elf Promille entlangzog. Eine Station sollte in Freienfeld eingerichtet und über eine Unterführung mit dem Haupttunnel verbunden werden; der Bahnhof in Franzensfeste, der den Anschluß an das Pustertal ermöglicht hätte, sollte ausgebaut werden.

Im Jahre 1991 gaben die Verkehrsminister der drei betroffenen Länder Deutschland, Österreich und Italien mit der »Brenner-Erklärung« den drei Eisenbahnverwaltungen den Auftrag, weitere Untersuchungen in die Wege

Das »Pilotloch« mit Bohrmaschine beim Eingang auf der Südseite des Tunnels zwischen Kardaun und Blumau-Tiers

zu leiten. Die »Internationale Brennergesellschaft« überprüfte die Durchführbarkeit der nördlichen und südlichen Zugänge des neuen Überganges, veranlaßte die Betriebssimulation der gesamten Achse von München bis Verona, erstellte ein Gesamtkonzept für die Sicherheit und verfügte die Untersuchung von Mehrsystem-Lokomotiven. Das »Management des Projektes«, das sich aus den Stellvertretern der drei Eisenbahnverwaltungen zusammensetzte, wurde vom »Brenner-General-Consultant« unterstützt. Dieses Beratergremium, gebildet von einer Gruppe internationaler Gesellschaften, leitete die wirtschaftlichen und finanziellen Erhebungen und gab einen Überblick über die Belastungen für die Umwelt.

Die Entwurfsphase für die neue Bahnlinie dauert bereits vierzig Jahre und ist bis heute noch nicht abgeschlossen.

Aller Voraussicht nach wird sich die neue Brennerachse Verona–München zukünftig aus zwei verschiedenen Linien zusammensetzen – jener schon bestehenden, die mit bereits begonnenen und geplanten Arbeiten ausgebaut wird, und jener, die bislang nur auf dem Papier existiert – einschließlich des Tunnels unterm Paß. Diese Hauptlinie würde den Verkehr von 400 Zügen täglich (80 Prozent Güterzüge) auf vier Gleisen und mit einer Höchstgeschwindigkeit von 250 Stundenkilometern erlauben: eine adäquate Lösung für die zukünftige Verkehrszunahme.

Neue Trassen und Technologien

Indessen sind wichtige Ausbauarbeiten an der in Betrieb befindlichen Bahnlinie im Gange.

1985 vereinbarten die Minister für Transport und die Eisenbahnen von Deutschland, Österreich und Italien den »Plan für mittelfristige Baumaßnahmen«, der auf italienischem Gebiet Modernisierungs- und Ausbauarbeiten für die Brennerlinie vorsah.

Damit diese Bahnlinie weiterhin und besser ihre Funktion als internationale Durchgangsstrecke, aber auch als öffentliche Verkehrsverbindung und als Träger der wirtschaftlichen

Entwicklung auf regionaler Ebene ausüben konnte, mußten die bestehenden starken Neigungen und die engen Kurven, die in vielen Abschnitten die Fahrgeschwindigkeit auf 75 Stundenkilometer begrenzten, beseitigt werden.

Die geplanten Arbeiten umfaßten insbesondere die vier erwähnten Tunnels von insgesamt etwa 34 Kilometern. Die betreffenden Teilstrecken sind – wie in den vorhergehenden Kapiteln dargestellt – die Abschnitte zwischen Domegliara und Dolcé, zwischen Kardaun und

Blumau und zwischen Blumau und Waidbruck, wo sich der längste Tunnel von über dreizehn Kilometer Länge befindet; der letzte Abschnitt liegt zwischen Gossensaß und Brennerbad. Die Arbeiten für diese Umleitungen begannen bereits 1985.

Das Ziel derart schwieriger Baumaßnahmen ist die Gewährleistung der Betriebssicherheit auf den von Steinschlag, Erdrutschen und Lawinen besonders bedrohten Abschnitten. Zudem soll die Bahnlinie vor den durch Erosion und Überschwemmungen des Eisacks bedingten Auswirkungen besser geschützt werden. Von der Verringerung der Neigungen, Erweiterung der Kurven und insbesondere der Anpassung der Tunnels an das internationale Profil genannt »Gabarit C« verspricht man sich ferner eine erhöhte Leistungsfähigkeit der Linie in bezug auf den Huckepackverkehr.

Interessant sind die modernen Techniken, die zum Graben der Tunnels eingesetzt werden. Man beginnt mit einem »Pilotloch«, das man mit einem speziellen Bohrer erhält, stellt anhand dieses »Musters« genaue Untersuchungen über die Zusammensetzung des Bodens an und errechnet mit dem Computer die jeweils erforderliche Menge Sprengstoff für den gewünschten Tunnelumfang. Hat man einen Abschnitt gegraben, werden die inneren Wände mit PVC-Planen abgedichtet und das Wasser abgeleitet.

Um die größten Tunnels zu bauen, wurden auf der Höhe des Schlernbaches und des Tisenser Baches (Schwarzgrießbaches) zwei Zugänge angelegt; dort richtete man die Baustellen ein. Der Bau dieser beiden Eingänge bereitete große Schwierigkeiten. Der nördliche Zugang in Waidbruck wurde unter dem Widerlager und bei den Pfeilern des Autobahnviadukts angelegt; der südliche in Blumau erforderte außer der vorsorglichen Festigung eines Felsausläufers den Bau einer Brücke und einer Unterführung.

An den Endpunkten sind – wie bei den erwähnten Zwischeneingängen – auf der Außenseite Plätze angelegt worden, die nicht nur den normalen Instandhaltungsarbeiten, sondern im Notfalle auch Rettungseinsätzen dienen. Die

Plätze haben Anschluß an das allgemeine Straßennetz und die Autobahn; zudem können hier Hubschrauber landen. Da das Gleis auf einer Bettung aus einem Gemisch von Spannbeton ohne Beschotterung aufliegt, kann der Bahnkörper auch von Autos befahren werden, was eventuelle Noteinsätze mit bereiften Fahrzeugen erleichtert. Um ein Höchstmaß an Sicherheit zu gewährleisten, wurden für die Tunnels der Linie Verona-Brenner die modernsten Techniken angewandt, die die Möglichkeit von Unfällen verringerten und im Notfalle die Schäden in Grenzen halten würden. Es seien hier die Sammelbecken für die giftigen Flüssigstoffe erwähnt, die Feuerschutzanlage und Sauerstoffversorgung, die Beleuchtung, die Fernmeldeanlagen und die Signalanlagen.

Was den Umweltschutz anbelangt, wurde der Lärm durch den Tunnel selbst und auf den Außenstrecken durch die Errichtung schallschluckender Wände stark verringert. Für den Bau verwendete man großteils das im Berg ausgehobene Material; die Überreste wurden für künftige Arbeiten gelagert, um die Steinbrüche nicht auszubeuten.

Um die Leistung der Bahnlinie zu erhöhen, ist die Einrichtung der automatischen Blockierung des Gegenverkehrs grundlegend, die an alle Stationen angepaßt ist; wichtig auch der Ausbau des elektrischen Antriebssystems, das den Bau sieben neuer Umspannwerke in Villa Lagarina, Auer, beim Schlerntunnel, in Graßstein, Sterzing, Pflersch und Brennerbad nach sich zieht.

Dieses Bauprogramm kann die Leistungsfähigkeit der Linie auf 200 Züge täglich anheben.

Die Bahnhöfe von morgen

Die Einführung einer modernen Betriebsform, welche die Automatisierung des Rangierens der Züge mit sich bringen wird, wird den Beruf des Fahrdienstleiters in vielen Stationen überflüssig machen. Auf der Linie Verona–Brenner werden außer in den beiden Endstationen nur noch in den Bahnhöfen von Trient, Bozen und Franzensfeste verkehrsbedingte Arbeiten anfal-

len. Die anderen Stationen werden von Bahnpersonal aus dem kommerziellen Bereich besetzt sein, so etwa in Rovereto, Auer, Mezzocorona, Brixen und Sterzing. Alle anderen bleiben unbesetzt.

Wenn man bedenkt, daß zwischen dem Bahnhof in Verona und jenem am Brenner in den ersten Jahrzehnten des 20. Jahrhunderts den Reisenden immerhin 51 Stationen und Haltestellen zur Verfügung standen, während sich die Zahl der Haltestellen für den Reiseverkehr heute auf die Hälfte reduziert hat, dann wird man sich der großen, durch die moderne Technik bedingten Wandlung bewußt.

Im Eisenbahnbetrieb ist die Ersetzung des Menschen durch Maschinen eine neue Erscheinung der letzten Jahre und betrifft sowohl die Hauptlinien wie auch die Nahverkehrsstrecken. Es handelt sich um eine regelrechte Umkehrung des traditionellen, historisch gewachsenen Konzepts der Eisenbahnstation, das sich mehr als ein Jahrhundert lang erhalten hatte. Die Situation steht nach wie vor in einer Entwicklung, und man sucht nach geeigneten Lösungen, um dem Bürger vor allem in den Stationen ohne Bahnpersonal die größtmöglichen Annehmlichkeiten zu bieten. Zudem sollen die bestehenden Bahnhofsgebäude auch für Handelszwecke genutzt werden.

Ein Übergewicht der nicht an die Eisenbahn gebundenen kommerziellen Tätigkeiten findet man im großen und ganzen auch in den Bahnhöfen der Hauptstädte. In diesem Falle dient das Bahnhofsgebäude als regelrechtes Zentrum für verschiedenste Geschäfte, die sich in seinem mittleren, leichter zugänglichen und besten Teil niederlassen werden. Auch mit dieser Wandlung hat man sich von der einstigen Auffassung des 19. Jahrhunderts weit entfernt, nach der die Stationen ausschließlich dem Zugverkehr gewidmet waren und sich das Bahnpersonal des Betriebs, der Aufsicht usw. und die Dienstleistungen für die Reisenden die inneren und äußeren Räume und Flächen teilten. Dazu gehörten der Fahrkartenschalter, die Wartesäle, die Gepäckaufbewahrung und – als einzige in gewissem Sinne fremde, allerdings von Anfang an für wichtig erachtete Einrichtung

– die Gaststätte und das Café. Heute hingegen wird die Station weniger als »Bereich für Züge« gesehen denn als »städtischer Lebensraum«.

Ein andere Neuigkeit innerhalb des Eisenbahnbetriebs ist die zunehmende Bedeutung der Ästhetik. War die Bahnstation einst eine schlichte Anlage, die nur dem Zweck diente und als neutral in bezug auf ästhetische Ansprüche galt, trägt sie heute die Merkmale eines großen öffentlichen Lebensraums, der nach neuen architektonischen und gestalterischen Kriterien entwickelt und geordnet werden muß.

Ein gutes Beispiel ist der heutige Bahnhof in Verona Porta Nuova, der in einem modernen und angenehmen Baustil gehalten ist. Seit dem Ende der achtziger Jahre wurden alle der Öffentlichkeit zugänglichen Räume im Hauptbahnhof der Skaligerstadt gemäß zweckdienlichen Kriterien neu gestaltet und mit sorgfältig ausgewählten Materialien und Einrichtungen verschönert. Auf der Außenseite am Bahnhofsplatz wurde an die mit Steinplatten verkleidete Fassade eine Struktur aus Metall, Glas und Plexiglas angebaut, welche die Passage zwischen den beiden Zugängen der Station überdacht. In der Halle trifft der Reisende sofort auf die verschiedenen Dienstleistungen der Eisenbahn und die Geschäfte. Der Fahrkartenschalter, das Auskunftsbüro und der Wartesaal sind vollkommen erneuert worden; die Renovierung hat auch das Aussehen der Unterführung verändert. Besondere Aufmerksamkeit widmete man der Abstimmung von Marmor und Porphyr in den verschiedensten Farben, die für die Verkleidungen und die Bodenbeläge verwendet wurden.

Wir haben die Renovierung des Bahnhofs Verona Porta Nuova erwähnt – die man auf der Ostseite begann und zur Seite Richtung Mailand fortführte –, da sie als Vorbild für alle Arbeiten gelten kann, die in verschiedenen Stationen nach Maßstäben der Eleganz und des ästhetischen Genusses ausgeführt werden sollen.

In einigen Stationen, die als besonders wertvoll gelten können, kommt das Problem der Erhaltung und des Denkmalschutzes hinzu. Heute ist man dabei, die historische Bedeu-

tung des Bahnhofsgebäudes von neuem zu entdecken. Nicht von ungefähr richtete sich anläßlich des hundertjährigen Geburtstages Mazzonis mit einer großen Ausstellung und einem Treffen die Aufmerksamkeit auf das Stationsgebäude von Trient – eine vieldiskutierte Arbeit, die aber zweifellos das reife Ergebnis einer von den Prinizipien der Vervollkommnung geführten Planung eines Architekten mit großen kreativen Fähigkeiten darstellt. Auch in anderen, historisch bedeutenden Stationen – wenn sie auch weniger berühmt und gefeiert sein mögen als jene in Trient – und in den kleineren Bahnhofsgebäuden, die architektonisch oder städtebaulich erhaltenswürdig erscheinen, wird man die ursprüngliche Struktur respektieren müssen.

Im Rahmen einer funktionsgerechten Integration von Bahnhof und Stadtgebiet wurden für die wichtigsten Bahnhöfe der Brennerlinie, Trient und Bozen, neue Entwürfe ausgearbeitet. Die Gebäude und die umliegenden Gebiete beider Stationen wurden, wie sie sich heute

zeigen, in den dreißiger Jahren gestaltet. Deshalb müssen die Räume, die Flächen und die Betriebsanlagen neu geordnet werden. In Trient ist der neue Eisenbahnterminal der Linie Trient–Malé von großem Interesse; einen weiteren Anziehungspunkt bildet die Konzentration der Büros und Dienstleistungsbetriebe von seiten der Provinz. Derartige Niederlassungen, die sich in unmittelbarer Nähe des Stationsgebäudes befinden, lassen das Bahnhofsgebiet zu einem allgemeinen Treffpunkt und Arbeitsplatz heranwachsen. In Bozen plant man eine Neuordnung des äußeren Bahnhofsplatzes. Durch eine unterirdische Struktur soll der Durchgang für Personen vom Autoverkehr ge-

Der heutige Bahnhof Brenner

trennt werden. Das Programm, mit dem das Bahnhofsgelände wieder an Bedeutung gewinnen soll, geht ins Detail und bezieht auch den Güterbahnhof mit ein.

Entwürfe und Umwelt

Wir haben das neue Konzept einer multifunktionalen Bahnstation erwähnt. Sicher ist, daß die Eisenbahn ein dichtes Beziehungsnetz zur Außenwelt aufbaut. Man denke an die in der Provinz Bozen eingeführte Koordinierung mit dem Busverkehr. Seit 1991 kann man dank diesem integrierten System in der ganzen Provinz sowohl die Bahn als auch die Omnibusse mit einer einzigen Fahrkarte benutzen.

Ein weiteres Zeichen für eine Öffnung ist die Einrichtung der Parkplätze für Fahrräder und Kraftfahrzeuge. Heute fährt man – vor allem in den Orten, die keine öffentlichen Verkehrsverbindungen mit der Eisenbahn haben – mit dem Privatfahrzeug zum Bahnhof; deshalb sollten baldmöglichst geeignete Parkplätze geschaffen werden. Die Einrichtung von Parkplätzen ist entscheidend, um die Bevölkerung zur Benutzung der Bahn anzuregen. Eine stärkere Inanspruchnahme des Transports über die Schiene wird dazu beitragen, die Straßen frei und die Luft sauber zu halten und den Geräuschpegel in den Städten zu senken.

Um die Bewohner einer bestimmten Gegend zur Benutzung des Zuges anzuregen, sind ferner schnelle und häufige Bahnverbindungen ausschlaggebend. Die Züge sollten wenn möglich im Zeittakt verkehren, um den Erfordernissen des Verkehrs zu genügen. Nur unter diesen Bedingungen wird der Bürger sein Auto zu Hause (oder an der Station) stehenlassen und den Zug benützen. Nicht von ungefähr wurde das Thema Umweltschutz besonders in dieser Gegend behandelt, durch deren einziges, langes Tal sich alle Verkehrslinien ziehen.

Der bereits begonnene Ausbau der Hauptlinien wird dem Güterverkehr der Bahn und besonders dem Huckepackdienst zum Aufschwung verhelfen. Als im Jahre 1989 die Regierung in Österreich das Nachtfahrverbot einführte, baute die ÖBB den Eisenbahntermi-

nal am Brennersee einen halben Kilometer nördlich der Grenzstation mit einem Gleis (heute sind es zwei). Die Eisenbahn übernimmt hier einen regelrechten Versand von Lastwagen (samt Ladung) auf speziellen Güterwagen – eine echte und wirkliche »Rollende Landstraße«, wie dieses Angebot der Bahn genannt wurde.

In den achtziger Jahren bot man vom Brenner aus in Richtung Süden einen Huckepackdienst von München zum Umschlagplatz für den Straße-Schiene-Verkehr im »Quadrante Europa« in Verona an, aber die Beförderungsmöglichkeiten waren wegen der begrenzten Tunnelprofile stark eingeschränkt. Diese Schwierigkeit wird in Bälde durch die Eröffnung neuer Teilstrecken mit Tunnels nach europäischen Maßen, die für den Huckepackdienst geeignet sind, behoben sein.

Der »Interporto« von Verona und jener von Trient, die die Beförderung über die Schiene und die Straße besser koordinieren können, werden eine Zunahme des Eisenbahngüterverkehrs fördern.

Der »Interporto« in Verona, der von 1982 an im Rahmen des »Quadrante Europa« errichtet wurde und als internationaler Umschlagplatz und Zollager für den einfachen und kombinierten Gütertransport dient, gliedert sich in mehrere Bereiche, zu denen das Eisenbahngelände gehört, das Direktions- und Betriebszentrum, die allgemeinen Warenlager, die Fracht- und Versanddienste, das Zollamt, das Speditionszentrum usw. Das Bahngelände besteht aus einem Spezialbahnhof für den Huckepackverkehr.

Die Ein- und Ausfahrt der Züge wird von der Station »Verona Quadrante Europa« aus gesteuert; die Bahnanlagen sind mit dem Bahnhof Verona Porta Nuova und über Anschlüsse mit den einzelnen Bahnlinien verbunden, die von Porta Nuova aus in die verschiedenen Richtungen abgehen.

Der »Interporto« befriedigt die auf den internationalen Handelsaustausch ausgerichteten Bedürfnisse von Industrie und Wirtschaft eines großen Gebietes, zu dem nicht nur Verona, sondern auch die nahen Provinzen Vicenza, Trient, Brescia und Mantua gehören. Zudem

genügt der »Interporto« von Verona einem zweiten Anspruch, indem er das hohe Verkehrsaufkommen – zum großen Teil Durchgangsverkehr –, das seit jeher das Veroneser Gebiet betrifft, begünstigt. Verona ist der ideale Ort für einen Knotenpunkt Straße-Schiene, und ideal ist ebenso die Lage des »Quadrante Europa«, der sich am Schnittpunkt der beiden Autobahnen Brenner–Modena und Mailand–Venedig und der beiden Bahnlinien in dieselben Richtungen befindet; obendrein liegt er nahe am Flughafen Verona Villafranca.

Wir haben bereits die Pläne für den Bahnhof von Trient erwähnt. Für die Hauptstadt des Trentino besteht ein Plan, nach dem die Station und das angrenzende Gebiet umfassend verändert werden sollen. Mit diesen Maßnahmen will man die Bedingungen für den Güterverkehr verbessern und gleichzeitig das Stadtgebiet vom Güterbahnhof befreien.

Das Unternehmen nahm seinen Anfang mit dem Integrationsplan von 1981, der die Errichtung eines Knotenpunktes für den Straße-Schiene-Verkehr vorsah. Einige Jahre später genehmigte die Autonome Provinz ein Bauprogramm für den Raum Trient. Im Jahre 1987 unterzeichneten die Staatsbahn FS, die Provinz, die Gemeinde und die Zollamtsgesellschaft »Società Interporto Doganale« von Trient ein Übereinkommen, das die Verlegung des Güterbahnhofs »Filzi« vom Stadtgebiet in das Industriegebiet von Roncafort nördlich von Trient unmittelbar neben dem Zollamt vorsah. Man wollte auf der Brennerachse einen wichtigen Güterumschlagplatz errichten.

1990 wurden Ablauf und Reihenfolge der Arbeiten in Anbetracht der modernen Eisenbahnanlagen, die bereits in Verona »Quadrante Europa« und in München-Riem entstanden sind, neu bestimmt. Die FS, die Provinz und die Gemeinde kamen überein, in Roncafort einen Güterbahnhof für den kombinierten Straße-Schiene-Verkehr zu errichten, der auf den Transport innerhalb der Provinz zugeschnitten sein sollte.

Die Fläche des ehemaligen Güterbahnhofs »Filzi« sollte der Stadt für den Bau eines neuen Geschäftszentrums übergeben werden. Der Hauptbahnhof stünde dann nach der notwendigen Neuordnung der Gleise ausschließlich den Reisenden zur Verfügung.

Die Arbeiten, die auf dieser Grundlage noch andauern, betreffen sowohl das Bahnhofsgelände als auch das Gebiet im Norden der Stadt, wo neue Infrastrukturen entstehen werden.

Auch für Bozen wurde in den letzten Jahren der Vorschlag gemacht, den Güterbahnhof aus der Stadtmitte abzuziehen. Die derzeitige Gliederung im Mittelteil des Bozner Bahnhofes umschließt ein Bündel von 24 Gleisen, von denen sechs für die Personenzüge verwendet werden; auf der Ostseite das Bahnhofsgebäudes liegen die Depots mit den entsprechenden Anschlußgleisen. Auf der Nordseite befindet sich auf einer dritten Fläche der sogenannte »Güterbahnhof Sibirien« mit fünf Gleisen, die für das Ein- und Ausladen der Güter ausgestattet sind. Der bereits erwähnte, von lokalen Wirtschaftsunternehmern in den achtziger Jahren ausgearbeitete Vorschlag sah die Verlegung des Güterbahnhofs nach Branzoll oder Auer vor, die elf beziehungsweise 16 Kilometer von Bozen entfernt liegen und über weite Flächen verfügen.

Privatinitiativen, wie der »Eisenbahnterminal Valpolicella«, der bei der Station Domegliara-Sant'Ambrogio entstand, tragen auf geschickte Weise zur Entwicklung des Güterverkehrs bei. Es ist dies ein Bereich, in dem sich der Verkehr – ähnlich wie es in den vergangenen Jahrzehnten im Reiseverkehr geschehen war – nach und nach auf die hinsichtlich ihrer Leistungsfähigkeit wichtigsten Umschlagplätze verlegt. Dies bietet eine Möglichkeit zur Rationalisierung des Frachtdienstes, was die Betriebskosten vermindert und die Qualität erhöht.

Die Eisenbahn – Geschichte und Kultur

In diesem Buch haben wir eine Reise mit der Eisenbahn von Verona zum Brenner unternommen. Unser Interesse galt vor allem dem engen Verhältnis, das zwischen der Eisenbahnstrecke und den Städten, der Beschaffenheit der Landschaft, der lokalen Wirtschaft und der Lebensweise der Bewohner besteht.

Wir haben gesehen, wie die Eisenbahn – wenn auch nicht als Hauptdarstellerin und oft sogar in Vergessenheit geraten – an den großen historischen Ereignissen und politischen Wandlungen teilhatte. Zunächst als Verbindung für Tirol und Lombardo-Venetien innerhalb des großen österreichischen Kaiserreiches entworfen, hatte die Brennerlinie von Anfang an die Funktion einer internationalen Verkehrslinie. Im 20. Jahrhundert erlebte sie in erster Linie die Verlegung der Staatsgrenze und die dramatischen Kriegsereignisse.

Die Eisenbahn ist selbst Geschichte, und zwar der Architektur und der Entwicklung des Gebietes, der Wirtschaft und der Verbindung zwischen dem Staat und seinem Bürger. Dies ist der rote Faden, der uns bei der Erforschung dieser Linie geleitet hat, einer Linie, die gemeinhin nur unter ihren rein funktionellen Aspekten als Verkehrsader betrachtet wird. Die venetianisch-tirolerische Schienenstrecke vermittelt interessante Zeugnisse, die als Mittelpunkt die Bahnhöfe haben. Wenn man wie in diesem Buch von Verona zum Brenner durch die einzelnen Stationen fährt, durchläuft man im Rückwärtsgang die Ausprägungen der Eisenbahnarchitektur; man beginnt mit der letzten Nachkriegszeit, um allmählich bis zu den Strukturen aus dem österreichischen 19. Jahrhundert zurückzugehen.

Das derzeitige Bahnhofsgebäude von Verona bildet ein Beispiel der typischen Stationen, wie sie nach dem Krieg in den mittelgroßen Städten entstanden sind. Man bevorzugte sachliche Linienführungen und verwendete lokale Materialien. All dies verlangte sicherlich der neue Stil, aber gleichzeitig war dieses Bestreben mit der Dringlichkeit des Wiederaufbaus und der Notwendigkeit, die Kosten so gering wie möglich zu halten, verbunden. In den Stationen von Valpolicella und in Richtung Norden bis Rovereto finden wir andere Beispiele für Wiederaufbauarbeiten – von der einfachen Neuausgabe des endgültig verlorengegangenen alten Stationsgebäudes (wie im Falle Paronas) bis zur Renovierung zu einem reicheren und originelleren Bauwerk (wie jenes von Domegliara).

Ein kleiner Zug fährt durch das obere Eisacktal – ein harmonisches Bild.

In Trient haben wir die Planung des faschistischen Regimes kennengelernt, das mit Angiolo Mazzoni auf Größe und »italienischen Stil« setzte. In den Jahren nach dem Ersten Weltkrieg wurde auch die Grenzstation am Brenner umgebaut. Man wollte ein bedeutendes Eingangstor zu Italien schaffen. In Bozen hat der faschistische Bau durch eine erweiterte Formgestaltung die österreichische Struktur überlagert.

Sahen wir auf unserem Weg nach Norden bereits im Trentino zahlreiche Gebäude aus der Zeit des Baus der Bahnlinie, so treffen wir zwischen Kardaun und Gossensaß die charakteristischsten Stationen an, jene gemeinhin aus Granit errichteten Gebäude, die Karl von Etzel unter Verwendung von Steinen aus örtlichen Steinbrüchen bauen ließ. Diese Gebäude, denen ein wichtiger und dauerhafter Betrieb wie jener der Eisenbahn zugedacht war, beschränken sich auf das Notwendigste, sind beständig und unwandelbar. Sie sind meisterhaft in die Alpenlandschaft eingefügt und bilden einen wertvollen Schatz, der ein Beispiel von Ausgeglichenheit und Schönheit gibt.

Zeittafel

1832
- Eröffnung der ersten Eisenbahnlinie des Kaiserreiches Österreich von Linz nach Budweis; sie wird durch Zugtiere bewegt.

1835
- Der bayerische Ministerrat prüft einen Entwurf für die Eisenbahnlinie München–Rosenheim. Ein Jahr später wird eine Zweiglinie nach Kufstein–Innsbruck in Erwägung gezogen.

1837
- In Innsbruck bildet sich eine Gesellschaft für den Bau der Linie Innsbruck–Kufstein. Luigi Negrelli wird mit dem Entwurf beauftragt, den er im darauffolgenden Jahr fertigstellt.

1838
- Eröffnung der Teilstrecke von Florisdorf bei Wien nach Deutsch Wagram; es ist die erste österreichische Bahnstrecke mit Dampfbetrieb.
- Der Bürgermeister von Innsbruck schlägt eine Bahnlinie München–Triest vor; zum ersten Mal zieht man die Überquerung des Brenners in Betracht, wenn auch mit einer Pferdebahn.

1841
- Ein Regierungsbeschluß genehmigt den Bau eines Eisenbahnnetzes auf Kosten des österreichischen Staates. In Wien gründet man eine Generaldirektion der Staatsbahn, deren Leitung dem venezianischen Ingenieur Ermenegildo Francesconi übergeben wird.

1846
- Eine Gesellschaft wird gegründet, die sich für den Bau einer Eisenbahnstrecke längs der Linie Venedig–Bassano–Trient–Brenner einsetzen soll.

1847
- Die österreichische Regierung schließt in das Eisenbahnbauprogamm eine Linie Verona–Trient–Bozen–Brenner–Innsbruck–Kufstein mit ein.
- Der Veroneser Ingenieur Qualizza fertigt den Entwurf für eine Eisenbahnlinie durch Tirol an.
- In Verona beginnt man mit den Bauarbeiten an der »Hauptwerkstätte«.

1848
- Luigi Negrelli kommt nach Italien als Leiter der neuen Oberdirektion für Bauarbeiten mit Sitz in Verona.
- Rund um die Stadt Verona entsteht ein Festungsring, längs dessen der erste Abschnitt der Tiroler Eisenbahnlinie entstehen wird.

1849
- Mit der Fertigstellung der Teilstrecke Vicenza–Verona erreicht der Zug das linke Etschufer: die K. K. Privilegierte Ferdinand-Eisenbahn Lombardo-Venetien verkehrt bereits auf der Strecke Venedig–Verona und von Mailand nach Treviglio. Die Verbindung mit Mailand wird mit einer Pferdekutsche hergestellt; in den Abschnitten, auf denen die Eisenbahn verkehrt, werden die Kutschen auf besondere Waggons verladen.
- In diesen Jahren wird der Bahnhof in Verona Porta Vescovo gebaut, der siebzig Jahre lang seine Aufgabe als Hauptbahnhof der Stadt wahrnehmen wird.

1851
- Eröffnung der Linie Verona–Sant'Antonio Mantovano. In Verona entsteht an der Porta Nuova eine kleine Station.
- Am 21. Juni unterzeichnen Österreich und Bayern einen Vertrag über die Eisenbahnverbindungen zwischen den beiden Staaten. Österreich verpflichtet sich zum Bau der Linien Kufstein–Innsbruck und Verona–Bozen bis 1858; zudem sollen die Untersuchungen für eine Verbindungslinie Bozen–Innsbruck weitergeführt werden.

1852
- Die Etschbrücke in Verona zwischen den Stationen Porta Nuova und Porta Vescovo wird eröffnet.
- Für die Verlegung der Schienenstrecke wird der Noce umgeleitet. In diesen Jahren werden die aufwendigen Flußregulierungen und Dammbauten längs des Etschlaufes ausgeführt.

1853
- In Verona wird die K. K. Direktion für den Eisenbahnbau unter der Leitung Luigi Negrellis eingerichtet.
- Die Arbeiten zur Linie Innsbruck–Kufstein (K. K. Nordtiroler Staatseisenbahn) nach den Plänen von Carlo Ghega beginnen.

1854
- Die Bauaufträge für die ersten Teilstrecken der Linie Verona–Bozen werden vergeben (K. K. Südtiroler Staatseisenbahn); die Linie ist in fünf Abschnitte unterteilt.
- Im Juni beginnen die Arbeiten unter der Leitung Luigi Negrellis.
- Die Teilstrecke der »Ferdinand-Linie« von Verona bis Brescia wird in Betrieb genommen.
- Im Hinblick auf die Verlegung der Schienenstrecke beginnt man mit der Begradigung der Etsch im Gebiet Centa in Trient.
- Der Abschnitt über den Semmering auf der Linie Wien–Triest ist fertig; es ist die erste Gebirgsbahn.

1855
- Luigi Negrelli wird seiner Ämter in Italien enthoben und kehrt nach Wien zurück.
- Luigi Tatti macht Erhebungen für die Brennerlinie.

- Man beginnt mit dem Bau des Bahnhofes in Trient.

1856

- Die österreichische Regierung vergibt für die bereits gebauten und die im Bau befindlichen Eisenbahnlinien Konzessionsverträge an Private mit einer Laufdauer von neunzig Jahren. Die Linie Verona–Bozen ist zunächst ausgenommen.
- Negrelli wird als Generalinspektor der Reichsbahnen wieder in den Staatsdienst genommen.

1857

- Die Linie Mailand–Venedig mit der ursprünglichen Abzweigung nach Bergamo ist fertig.
- Die Linie Wien–Laibach–Triest wird eröffnet.
- Man beginnt mit dem Bau des Moncenisio-Tunnels, der Piemont auf direktem Wege mit Frankreich verbinden soll.

1858

- Im August wird die Linie München–Kufstein vervollständigt.
- Am 19. September findet die erste Probefahrt von Verona nach Trient statt.
- Am 23. September werden Bau und Betrieb der Tiroler Eisenbahnen einer Genossenschaft übergeben, die sich aus nationalen und ausländischen Kapitalgebern zusammensetzt.
- Am 1. Oktober stirbt Luigi Negrelli im Bezirk Alsergrund/Wien.
- Am 24. November wird die Linie der Nordbahn von Innsbruck nach Kufstein in Betrieb genommen.

1859

- Am 1. Januar entsteht aus dem Zusammenschluß der Lombardisch-Venetianischen Eisenbahn und der Franz-Joseph-Orientbahn eine neue Gesellschaft mit Sitz in Wien: die K. K. Privilegierte Südliche Staats-Lombardisch-Venetianische und Centralitalienische Eisenbahngesellschaft.
- Am 23. März wird der Abschnitt Verona–Trient eröffnet.

- Am 16. Mai wird mit einer Einweihungsfeier die Strecke Trient–Bozen in Betrieb genommen.
- Karl von Etzel tritt als Baudirektor in den Dienst der Eisenbahngesellschaft.
- Mit dem Züricher Frieden wird die Lombardei an Italien angegliedert.

1860

- Die Verbindung Mestre–Treviso–Casarsa–Udine–Cormos–Nabresina–Triest ist fertig. Man kann jetzt mit der Bahn von Wien bis Mailand fahren.
- In Verona beginnt der Bau der äußeren Festungslinie. Im Gebiet um Trient werden die Zugänge zur Westseite befestigt.

1861

- Etzel beginnt mit allgemeinen Erhebungen für den Bau der Eisenbahnlinie von Bozen nach Innsbruck.

1862

- Vom 20. Juni an übernimmt die 1859 gegründete Eisenbahngesellschaft den Namen K. K. Privilegierte Südbahn Gesellschaft. Mit dem Züricher Vertrag und der Erklärung des Königreiches Italien wird das lombardische Netz vom venezianischen getrennt.

1863

- Im September wird der Entwurf Etzels über die Eisenbahnlinie Bozen–Innsbruck genehmigt.

1864

- Am 23. Februar beginnt mit dem Tunnel am Bergisel bei Innsbruck der Bau der Brennerbahnstrecke.
- Am 23. November erkrankt Etzel schwer und muß alle seine Ämter niederlegen. Die Brennerlinie wird von seinen Mitarbeitern Achilles Thommen, Wilhelm Pressel, Julius Lott und Wilhelm Hellwag fertiggebaut.

1865

- Am 2. Mai stirbt Etzel in der Bahnstation von Ybbs-Kemmelbach.
- Der italienische Staat übergibt die Betriebsleitung der bestehenden Linien und den Bau der neuen Strecken an einige Privatgesell-

schaften, darunter die Oberitalienische Eisenbahngesellschaft »Società delle Strade Ferrate dell'Alta Italia« (SFAI).

1866

- 14.000 Arbeiter müssen die Bauarbeiten an der Eisenbahnlinie niederlegen und in den Krieg zwischen Österreich und Italien ziehen.
- Mit dem Wiener Frieden wird Venetien an das Königreich Italien angegliedert. Die Grenze auf der Brennerlinie wird nach Borghetto verlegt.
- Am 21. Dezember wird der Durchstich des Pflerscher Tunnels beendet.

1867

- Am 18. Mai findet die erste Probefahrt einer Lokomotive von Bozen nach Innsbruck statt.
- Am 25. Juli fährt ein ganzer Zug über die Brennerlinie.
- Am 17. August wird die Linie für den Güterverkehr freigegeben.
- Am 24. August wird auch der Reiseverkehr aufgenommen. Die Verbindung Verona–München ist nun vollständig.

1871

- Die Verbindung durch das Pustertal über Franzensfeste–Innichen–Villach–Marburg ist fertig.
- In Franzensfeste wird das große Stationsgebäude aus Holz gebaut, das heute noch steht.

1881

- Eröffnung der Linie Bozen–Meran.

1882

- Eine verheerende Überschwemmung sucht das Eisack- und Etschtal bis Verona heim.

1884

- In Verona verkehrt die erste Pferdestadtbahn.

1885

- Eine neue Eisenbrücke über die Etsch bei Mezzocorona wird gebaut.
- Der italienische Staat gibt die Bahnlinien erneut in private Hände. Die nordöstlichen Linien Italiens gehen an die italienische Eisenbahngesellschaft »Società Italiana per

l'Esercizio delle Strade Ferrate Meridionali – Esercizio Rete Adriatica«.

1889
- Bau einer neuen Eisenbrücke über die Etsch in Gmund bei Auer; sie ersetzt die ursprüngliche, die den Abfluß des Wassers hemmte.
- Die Linie Verona–Domegliara–Affi–Caprino wird eröffnet (1904 kommt die Zweiglinie von Affi zum Gardasee hinzu).

1891
- Eröffnung der Linie Mori–Arco–Riva.

1894
- Genehmigung zum Bau der Nahverkehrslinie von Trient nach Borgo bis zur Reichsgrenze bei Tezze. Im Mai beginnt man mit dem Bau.

1896
- Die Valsugana-Linie wird eröffnet.

1897
- Die Direktverbindung Mestre–Triest ist fertiggestellt.

1898
- Eröffnung der Linie Bozen–Kaltern.

1905
- Der Gemeinde von Trient wird die Konzession für die Linie Trient–Malé übergeben. Die Arbeiten beginnen im Jahre 1907.
- In diesen Jahren wird der Bahnhof Bozen um ein neues Lokomotivdepot erweitert.
- Der italienische Staat übernimmt den Betrieb der Eisenbahnen. Das italienische Staatsbahnunternehmen »Azienda Autonoma delle Ferrovie dello Stato (FS)« wird gegründet.

1906
- Die Teilstrecke Meran–Mals ist fertiggestellt.

1907
- Der Entwurf des Architekten Dini für den neuen Bahnhof von Verona Porta Nuova wird genehmigt.
- Die gemischte Zahnrad- und Adhäsionsbahn von Bozen auf das Hochplateau des Rittens wird in Betrieb genommen. In diesen Jahren entwickelt sich das Straßenbahnnetz zwischen Bozen und den umliegenden Orten.

1908
- Erste Teilstrecke der elektrischen Straßenbahn in Verona, die von der Porta Vescovo zur Porta Nuova fährt.

1909
- Die Linie Trient–Malé ist fertiggestellt.

1910
- Die Linie Mestre–Castelfranco–Bassano–Primolano wird eröffnet; sie hat Anschluß an die bereits auf österreichischem Gebiet gebaute Linie Trient–Tezze.
- Die Bauarbeiten an der Station Verona Porta Nuova beginnen.

1915
- Am 24. Mai tritt Italien in den Krieg ein.
- In diesen Monaten veranlassen Österreich und Italien die Modernisierung und den Ausbau der jeweiligen Linien und insbesondere der Bahnhöfe.
- Auf österreichischem Gebiet verlegt man aus militärischen Gründen in kurzer Zeit drei neue Linien: eine Feldbahn von Toblach ins Höhlensteintal (1915), die Linie Klausen–Plan (im Februar 1916 eröffnet), die Linie Auer–Predazzo (1918). Man beginnt auch mit dem Bau einer Verbindung von Mals nach Landeck, die jedoch nicht fertiggestellt wird.

1919
- Mit dem Vertrag von Saint-Germain wird die Grenze an der Brennerlinie von Borghetto (der Grenzbahnhof war in Ala) an den Brenner verlegt (wo die neue Grenzstation eingerichtet wird). Die italienische Staatsbahn FS übernimmt den Betrieb der Linien der Südbahn und der Staatsbahn.
- Am 1. August ist die Betriebsorganisation für die neu erworbenen Linien fertig.

1922
- Am 22. März wird der neue Bahnhof in Verona Porta Nuova eingeweiht.
- Am Brenner wird der »Stern« für das Wenden der Lokomotiven errichtet.

1923
- Der Tunnel am Monte Pastello bei der Klause von Ceraino ist fertig.

- Die Bauarbeiten zum doppelgleisigen Abschnitt Verona–Ala werden beendet. Von nun an ist die ganze Linie Verona–Brenner zweigleisig.

1924
- Es entstehen Entwürfe zur Verlegung der Bozner Station, um Raum für Erweiterungen zu gewinnen. Man entscheidet, das bestehende Bahnhofsgebäude zu belassen und es vollständig zu renovieren. Der Bauauftrag wird dem Architekten Angiolo Mazzoni aus der Bauleitung der FS in Rom übertragen.
- Die Station von Franzensfeste wird um ein neues Lokomotivdepot erweitert; dazu muß ein Berghang abgetragen werden.
- Die Linie Verona–Bologna ist in Betrieb.

1925
- Der Plan von Angiolo Mazzoni zum Ausbau des Bahnhofes am Brenner wird genehmigt.
- Die Verlängerung der Linie Mori–Arco–Riva bis Rovereto wird fertiggestellt.

1927
- Auf Verlangen der Militärbehörden werden die Anlagen der Güterbahnhöfe einiger Stationen ausgebaut; darunter die Stationen von Auer, Branzoll, Brixen und Sterzing.
- Im Mai beginnen auf der Grundlage des Entwurfs von Mazzoni die Umbauarbeiten im Bahnhof von Bozen.

1928
- Am 24. Mai wird der neue Bahnhof von Bozen eröffnet. Man beginnt mit dem Bau des neuen Lokomotivdepots.
- Die Teilstrecke Bozen–Brenner wird auf Drehstrom umgestellt; ähnliche Arbeiten werden auf der österreichischen Seite ausgeführt. Da die italienische Regierung den Anschluß an den Brenner nicht genehmigt, liegt nun zwischen den beiden Eisenbahnlinien ein Abschnitt von 1300 Meter Länge mit Dampfbetrieb.
- In den zwanziger und dreißiger Jahren baut Mazzoni entlang der Südtiroler Linie mehrere Wohngebäude für das Eisenbahnpersonal.

1928–1930
- Die Brücke von Parona wird zweigleisig angelegt.

1930
- Eine neue, zweigleisige Eisenbrücke (die dritte) wird in Mezzocorona gebaut.
- Mit der Fertigstellung des Hauptgebäudes ist der erste Abschnitt der Ausbauarbeiten in der Station am Brenner beendet.

1931
- Eine neue, zweigleisige Eisenbrücke nahe Auer.

1933
- Im August wird der Entwurf Mazzonis für den Bahnhof in Trient genehmigt.
- Der zweite Abschnitt des Ausbaus am Brenner wird begonnen.

1934
- Erster Spatenstich im alten Bahnhof von Trient.

1935
- Die Teilstrecke Trient–Bozen wird auf Drehstrom umgestellt.

1936
- Schließung der Linie Rovereto–Mori–Arco–Riva.
- Am 28. Oktober wird das neue Bahnhofsgebäude von Trient feierlich eröffnet.

1937
- Am 11. November wird am Brenner der zweite Bauabschnitt mit dem Gebäude zwischen den zwei Durchgangsgleisen eingeweiht.

1939
- Im Auftrag der FS beginnt die Südtiroler Elektrizitätsgesellschaft »Società Elettrica Alto Adige« mit den Bauarbeiten zum Staudamm zwischen Brixen und Franzensfeste, der im November 1940 fertiggestellt wird; die Anlage liefert den Strom für die elektrifizierten Bahnlinien.

1940
- Italien tritt an der Seite des Deutschen Reiches in den Krieg ein.
- Am 21. Oktober wird der erste Bombenangriff auf die Station Verona Porta Nuova geflogen.
- Der Bahnhof von Trient ist fertiggestellt.

1941
- Die Linie Verona–Trient wird auf Gleichstrom von 3000 Volt eingestellt.

1943
- Am 2. September Bombardierung Bozens.
- Das Waffenstillstandsabkommen zwischen Italien und den Alliierten (8. September) gibt dem Krieg eine dramatische Wendung. Am 10. September werden die Provinzen Bozen, Trient und Belluno zur sogenannten »Operationszone Alpenvorland« erklärt.
- Die Fliegerangriffe längs der Brennerachse werden immer häufiger und stärker. Die Brennerlinie war die von der alliierten Luftwaffe meistbombardierte Bahnstrecke (282 Angriffe).
- Erster Fliegerangriff auf die Vodi-Brücke zwischen Trient und Lavis im Dezember.

1944
- Im Januar zieht die Generaldirektion der FS nach Verona um.
- In den Monaten März und Mai finden zahlreiche Angriffe auf den Bahnhof in Bozen statt. Im Oktober wird ein Personenzug in der Station von Peri getroffen.
- November ist der Monat der großen Zerstörungen. Zahlreiche Bahnhöfe zwischen Verona und Trient werden getroffen.

1945
- Am 4. Januar werden bei einem Angriff der Bahnhof Verona Porta Nuova und die Vodi-Brücke zerstört.
- Bei den Luftangriffen vom 28. Februar, 9. und 10. März werden die Brücke und die Station von Parona schwer beschädigt.
- Am 21. März wird der Brenner bombardiert.
- Ende Juni wird der Verkehr auf der Brennerlinie wiederaufgenommen.
- Der Wiederaufbau im Bahnhof Bozen beginnt.

1946
- Im Mai beginnt der Wiederaufbau der Brücke von Parona.
- Man beginnt mit dem völligen oder teilweisen Wiederaufbau der Stationsgebäude von Parona, Pescantina, Borghetto, Ala, Rovereto usw. Im November beginnen die Renovierungsarbeiten am Bahnhofsgebäude von Trient; im Dezember wird das neue Gebäude, das wie jenes in Ala von Roberto Narducci entworfen wurde, in Domegliara gebaut.
- Der Vertrag zwischen De Gasperi und Gruber (5. September) beinhaltet ein Abkommen über die freie Durchreise für Personen und Güter zwischen Nordtirol und Osttirol.
- Im September beginnt der Bau des Bahnhofsgebäudes von Verona Porta Nuova nach dem Entwurf Roberto Narduccis.

1947
- Der Wiederaufbau der Stationsgebäude wird vor allem auf der Strecke zwischen Verona und Trient vorangetrieben. Man beginnt mit der Renovierung des Gebäudes von Peri.

1951
- Der Bahnhof von Franzensfeste wird erneut erweitert. In den sechziger Jahren werden dann weitere Modernisierungsarbeiten ausgeführt.
- Ähnliche Eingriffe nimmt man am Brenner vor.

1953
- Der Vorschlag August Dresslers eröffnet die Planungsphase für eine neue Brennerlinie; die politische Diskussion und die Gegenüberstellung zahlreicher, nach und nach entstehender Entwürfe werden die folgenden Jahrzehnte bestimmen.

1956
- Die Linie Verona–Affi–Caprino/Garda wird geschlossen.

1960
- Schließung der Grödner Bahn.

1963
- Schließung der Linie Auer–Predazzo.

1984
- Man beginnt mit dem Bau von vier neuen Streckenabschnitten und der Verwirklichung wichtiger betriebstechnischer Neuerungen auf der ganzen Linie von Verona zum Brenner.

Bibliographie

Progetto di una strada a guide di ferro da Venezia a Milano dell'ingegnere Giovanni Milani, Venezia, 1840

Storia e descrizione della Svizzera e del Tirolo, di F. de Golbery, traduz. a cura di A. Francesco Falconetti, Venezia, 1840

Cenni sulle strade ferrate in Austria e principalmente nel Regno Lombardo-Veneto, in: »Giornale del Lloyd Adriatico«, Trieste, 1842

Ottavio Cagnoli, Cenni statistici di Verona e della sua provinicia, Verona, 1849

Le vie di comunicazione interne e le strade ferrate dell'Austria, in: »Annali Universali di Statistica«, aprile-giugno 1852

Della utilità di una lega doganale austro-italica, discorso di F. M. Deliliers pubblicato su »Annali Universali di Statistica«, gennaio-marzo 1852

Convenzione concernente l'assunzione, la costruzione e l'esercizio delle ferrovie nel Regno Lombardo-Veneto, fatta in Vienna il 14 marzo 1856, Venezia, 1956

Atti di concessione e statuto dell'I.R. Priv. Società delle Strade Ferrate Lombardo-Venete e dell'Italia Centrale, Vienna, 1857

Ungarischer Brief (Theiss-Eisenbahn), in: »Pester Lloyd«, Pest, 1957

C. Cantù, Grande illustrazione del Lombardo-Veneto, ossia storia delle città, dei borghi, comuni, castelli ecc. fino ai tempi moderni, Milano, 1858

Le principali vedute della strada ferrata veneto-tirolese da Verona a Bolzano in fotografia, ossequiosamente presentate dagli imprenditori Antonio Tallachini, Pietro Gonzales, Paolo Varrotti, Druckerei Eberle, Bozen, ohne Datum (vor 1858)

Zur Erinnerung an die Eröffnung der Eisenbahnstrecke von Innsbruck nach Kuffstein im November 1858, Wien, ohne Datum

Zur Erinnerung an die Eröffnung der Eisenbahnstrecke von Verona nach Botzen im Jahre 1859, Wien, ohne Datum

Die Südtiroler Eisenbahnen von Verona bis Botzen mit ihrem Ausflusse an Innsbruck – Technisch, historisch und malerisch, Wien, 1859

Führer für Reisende auf Eisenbahnen und Dampfschiffen in Österreich nebst den Verbindungen mit dem Auslande über die in Österreich noch bestehenden Stellwagen-Verbindungen von Wien, Wien, 1859

L. Tatti, I passaggi delle Alpi e la ferrovia del Brennero, in: »Annali Universali di Statistica«; Milano, gennaio-marzo 1859

Guida del viaggiatore alle strade ferrate e piroscafi in coincidenza colle Messaggerie e corriere che partono da Milano, Milano, 1860

Guida per i viaggiatori sulle strade ferrate Veneto-Tirolesi, Lombarde ... colle corrispondenze per la Francia e la Svizzera, Verona, 1862

R. Zotti, Storia della Valle Lagarina, 2 voll., Trento, 1862, ristampa anastatica, Bologna, 1969

Guida per i viaggiatori sulle strade ferrate Veneto-Tirolesi meridionali, Verona, 1863

Karte der Brenner Bahn von Innsbruck bis Botzen, nach den Original-Aufnahmen des K.K. Mil. Geographischen Institutes, zusammengestellt von V. Schussel und Karl Wieg, Wien, 1864

Memoriale al progetto di una nuova rete ferroviaria della Monarchia austriaca, Udine, 1864

Scritti sulla nuova linea di strade ferrate destinata a congiungere Venezia col mezzodì e col centro della Germania, Venezia, 1864

F. Airaghi, Il Passaggio del Brennero, in: »Annali Universali di Statistica«, Milano, ottobre-dicembre 1867

Descrizione di un nuovo congegno meccanico d'armamento per l'ultimazione del traforo e rivestimenti delle gallerie, progettato e introdotto nella costruzione della ferrovia del Brennero dall'imprenditore Francesco Ranzi di Trento, Trento, 1868

K. K. Priv. Südbahn-Gesellschaft, in: »Österreichisches Eisenbahn-Jahrbuch«, Wien, 1868

L. Tatti, La ferrovia del Brennero – Note. Estratto dal »Giornale del Genio Civile«, Firenze, 1868

Die Brennerbahn. Dreiundzwanzig photographische Ansichten. Aufgenommen von J. Löwy. Wien, 1869

Ferrovie dell'Alta Italia, Direzione dell'Esercizio, Orario generale attivato col 10 maggio 1869, Milano, 1869

Ferrovie dell'Alta Italia, Tariffe e condizioni dei trasporti da attivarsi il 16 febbraio 1872, Torino, 1872

Carta delle ferrovie internazionali e provinciali proposte delle Provincie venete e loro congiunzione con le linee italiane-tirolesi-germaniche, pubblicata per incarico del Consiglio Provinciale di Venezia, Venezia, 1873

Constatazione delle linee componenti la Rete Adriatica, Linea Venezia-Peschiera, Firenze, 1888

Die Südbahn und ihr Verkehrsgebiet in Österreich-Ungarn. Herausgegeben von der K. K. Priv. Südbahn Gesellschaft. Lloyd Austriaco, ohne Zeitangabe

O. Brentari, Guida del Trentino, 3 voll., Bassano, 1891, 1895 e 1900

O. Brentari, Guida della linea ferroviaria Verona–Venezia, Milano, 1905

Statistica del movimento ferroviario, postale e bancario nel Trentino, a cura della C.C.I.A.A. di Rovereto, Rovereto, 1909

La guerra d'Italia nel 1915–1916, Milano, 1917

A. R. Toniolo, L'Alto Adige – Cenni geografici e statistici, De Agostini, Novara, 1919

Ferrovie dello Stato, Compartimento di Venezia, Linea Verona–Brennero, raddoppio binario fra Verona e Ala, convenzioni di cottimo per l'esecuzione dei lavori di armamento, Verona, 1921

Il porto di Venezia, Aspetti e problemi della sua rinascita, quaderno mensile, Venezia, 1924

G. Piva, Stazioni di confine, in: Quaderno XLIX dell'Istituto Federale di Credito per il Risorgimento delle Venezie, Venezia, luglio 1926

A. Zieger, Storia del Trentino e dell'Alto Adige, Trento, 1926

A. Mazzoni, Architettura ferroviaria, in: »Architettura e Arti Decorative«. Rivista d'Arte e di Storia, fasc. V-VI, Milano-Roma, gennaio-febbraio 1927

C. Capezzuoli, Opere Architettoniche contemporanee del governo fascista, nella rivista »Comune di Bologna« – Rassegna mensile di cronaca amministrativa e di statistica, anno XIV n. 1, novembre 1928

G. A., Le opere del Regime: La Nuova stazione ferroviaria di Bolzano, nella rivista »Turismo d'Italia«, anno II n. 9, Roma, settembre 1928

La nuova stazione ferroviaria di Bolzano, in: »L'Italia«, settembre 1928

G. Adami, Luigi Negrelli ingegnere, Trento, 1929

G. Adami, Il Canale di Suez e l'ingegnere Negrelli, in: »Trentino«, anno VI n. 9, settembre 1930

F. Businari, L'Architettura nella edilizia delle Ferrovie dello Stato, pubbl. in occasione del secondo Congresso Naz.le degli Ingegneri Italiani, Roma, 1931

E. Lanzerotti, Le vie di comunicazione nella Venezia Tridentina, in: AA. VV. »Terre redente e Adriatico«, vol. I, Milano, 1932

G. Vaccaro, *Edifici postali e stazioni ferroviarie dell'arch. Angiolo Mazzoni,* in: »Architettura«, annata XI, fasc. V, maggio 1932

U. Atzwanger, *Adige e Isarco – Peregrinazioni attraverso le bellezze dell'Alto Adige,* Bozen, 1933

Le Ferrovie dello Stato nei primi 25 anni di esercizio: 1905–1930, conferenze tenute dai Capi Compartimento, a cura del Ministero delle Comunicazioni, Roma, 1933

R. Mandel, *Storia popolare illustrata della grande guerra (1914–1918),* Milano, 1933

R. Valgoi, *Le ferrovie italiane durante la guerra,* in Le Ferrovie dello Stato nei primi 25 anni di esercizio. 1905–1930«, conferenze tenute dai Direttori Compartimentali, 1933

La nuova stazione ferroviaria, in »Il Brennero«, Trento, 6 marzo 1934

C. Condini, *I marmi e le pietre ornamentali del Trentino ed il loro impiego nella stazione di Trento,* in: »Il Trentino e le sue possibilità industriali«, Trento, 1936

Trento, nuova stazione, in der Zeitschrift »Case d'oggi«, n. 10 ottobre 1937 – XVI, Milano, 1937

P. Carb., *La nuova stazione di Trento,* in: »Architettura«. Rivista del Sindacato Nazionale Fascista Architetti, annata XVII, fasc. II, febbraio 1938-XVI, Milano-Roma, 1938

Stazione Ferroviaria di Trento (1937) – Arch. Angiolo Mazzoni, in: »Documenti Architettura«, 77 esempi raccolti dall'architetto R. Campanini, serie »e«, fascicolo 1 n. 3, 1938

F. Kargl, *Siebzig Jahre Brennerbahn,* herausgegeben vom Österreichischen Forschungsinstitut für Geschichte der Technik in Wien, Wien, 1939

A. Crispo, *Le ferrovie italiane. Storia politica ed economica.* Milano, 1940

Il centenario delle ferrovie italiane, 1839–1939, a cura della Direzione Generale delle FS, Roma, 1940

Neue italienische Bahnhofsgebäude – Architekt Dr. Ing. Angiolo Mazzoni, in der Zeitschrift »Deutsche Bauzeitung«, Jahrgang 74, Nr. 44, Berlin, 1940

M. Campanella, *Stazione ferroviaria di Trento (Arch. Angiolo Mazzoni),* nella rivista »Opere Pubbliche« – Rassegna dello sviluppo dell'Italia Imperiale nelle opere e nelle industrie, anno XI, n. 1-2, Roma, 1941-XIX

Documentario della Ricostruzione Italiana, pubblicato a cura di »Ripresa Nazionale«, 1947

Le Ferrovie italiane dello Stato. La ricostruzione alla fine del 1949, a cura dell'Ufficio Stampa del Ministero dei Trasporti, Roma, 1949

Bolzano, una città che risorge – 1948–1952, a cura dell'Amministrazione Comunale di Bolzano, Bozen, ohne Zeitangabe

G. Adami, *La ferrovia Verona–Trento–Bozen nel suo primo centenario (1853–1953),* in: »Economia Atesina«, 1953

Indici della ricostruzione della provincia di Bolzano, a cura dell'Ufficio Provinciale Industria e Commercio, Ufficio Provinciale di Statistica, Bozen, 1953

L. Piamarta, *Rovereto: ricerche di geografia urbana,* in: »Annali di ricerche e studi di geografia«, ann. 9 (1953), n. 2, pp. 37–76, ristampa a cura Biblioteca Civica di Rovereto, Calliano, 1986

Attuazione dell'accordo intervenuto a Parigi tra il Governo italiano e il Governo austriaco il 5 settembre 1946 (Accordo De Gasperi-Gruber), Roma, 1954

V. Lena, *Le grandi stazioni per viaggiatori,* estratto dalla rivista »Ingegneria Ferroviaria«, fasc. ottobre-novembre 1953, febbraio-marzo-giugno 1954

F. Egert, *Importanza dei valichi di frontiera ferroviari e stradali della zona tirolese per gli scambi economici italo-austriaci,* in: »Studi sulle comunicazioni e i trasporti nel Trentino-Alto Adige«, a cura della Regione Trentino-Alto Adige, Trento, 1955

M. Ferrandi, *L'Alto Adige nella storia,* Trento, 1955

P. Helfrich, *Importanza della via del Brennero nel traffico di merci e viaggiatori tra l'Italia e la Germania occidentale,* in: »Studi sulle comunicazioni e i trasporti nel Trentino-Alto Adige«, a cura della Regione Trentino-Alto Adige, Trento, 1955

R. Campagnari, R. Marchioretti, *L'Esercizio ferroviario nella Regione Trentino-Alto Adige,* Trento, 1956

Studi sulle comunicazioni e i trasporti nel Trentino-Alto Adige, raccolti e ordinati dal dr. G. Carone, a cura della Regione Trentino-Alto Adige, Trento, 1956

Il Compartimento ferroviario di Verona. Fattori tecnici, amministrativi ed economici che ne richiedono la conservazione, il completamento ed il riconoscimento giuridico, a cura della C.C.I.A.A. di Verona, Verona, 1957

M. Dard, *Le nostre locomotive elettriche,* serie »Quaderni delle Ferrovie italiane dello Stato«, n. 9, Roma, 1957

M. Diegoli, *Storia del mostro (Le nostre locomotive a vapore),* serie »Quaderni delle Ferrovie dello Stato«, n. 10, Roma, 1957

L. Jannattoni, *Dalla Bayard all'ETR 300 – Sommario storico delle Ferrovie italiane,* serie »Quaderni delle Ferrovie italiane dello Stato«, n. 5, Roma, 1957

V. Lena, *Città e stazioni – Architettura e urbanistica ferroviaria,* serie »Quaderni delle Ferrovie italiane dello Stato«, n. 11, Roma, 1957

A. Usigli, *Cento anni di traffico ferroviario fra Italia e Centro Europa,* Venezia, 1957

L'accordo De Gasperi-Gruber sull'Alto Adige. Dalle sue premesse storico-politiche all'attuazione nell'ordinamento italiano, a cura della Presidenza del Consiglio dei Ministri, Ufficio Regioni, Roma, 1958

H. Holzmann, *Romantik der Brennerstraße – Vom Berg Isel zur Veroneser Klause,* Bozen, 1958

F. Ogliari, F. Sapi, *Sbuffi di fumo.* Storia dei Trasporti italiani, VI-VII, Trentino Alto Adige – Veneto – Friuli Venezia Giulia, Milano, 1960

G. Adami, *In memoria dell'eminente ingegnere Luigi Negrelli nel primo centenario dall'apertura al traffico della linea ferroviaria Verona–Trento–Bolzano,* in: »Atti dell'Accademia Roveretana degli Agiati«, Rovereto, 1961

P. Mechtler, *Mitteilungen des Österreichischen Staatsarchivs,* herausgegeben von der Generaldirektion, Wien, 1961

R. Fasanari, *Il problema delle strade ferrate illustrato nel »Foglio di Verona« dal 1840 al 1848,* estr. da »Atti dell'II. Congresso Nazionale di storia del giornalismo«, Trieste, 1963

E. Toldo, *Rovereto. Dalle origini ai tempi nostri,* Rovereto, 1964

100 Jahre Brennerbahn 1867–1967. Festschrift der Österreichischen Bundesbahnen, herausgegeben von Sollath, G. Stöbich und W. Stratowa, Innsbruck, 1967

F. Martin, *Il nuovo tracciato della linea ferroviaria del Brennero,* Bozen, 1967

Mario Ferrandi, *Storia della Ferrovia del Brennero,* in: »Bollettino Ufficiale della C.C.I.A.A. di Bolzano«, anno XX, n. 8, agosto 1967

F. H. Riedl, *Planung, Baugeschichte und Entwicklung der Brennerbahn,* in: »Bollettino Ufficiale della C.C.I.A.A. di Bolzano«, anno XX, n. 8, agosto 1967

Walther von Walther, *I 100 anni della Ferrovia del Brennero,* in: »Bollettino Ufficiale della C.C.I.A.A. di Bolzano«, anno XX, n. 8, agosto 1967

Hoeninger, *Altbozner Bilderbuch,* Bozen, 1968

U. Corsini, G. B. Emert, H. Kramer, »*Trentino e Alto Adige dall'Austria all'Italia*«, Bozen, 1969

A. Mioni, *Un caso di studio: la strada ferrata lombardo-veneta da Milano a Venezia,* in: C. Carozzi, A. Mioni, »L'Italia in formazione. Ricerche e saggi sullo sviluppo urbanistico del territorio nazionale«, Bari, 1970

G. Silvestri, *Per la via dell'Adige,* in: »Nella bella Verona«, a cura di P. P. Brugnoli, Bologna, 1972

G. Barbetta, *Lo sviluppo di una città-fortezza,* in: »Nella bella Verona«, a cura di P. P. Brugnoli, Bologna, 1972

Convegno intercittà: ferrovia del Brennero, problema d'Europa, Verona, gennaio 1973

G. Cornolò, *La Società Veneta,* Roma, 1973

La Verona di ieri, a cura di Nino Cenni, per iniziativa della Cassa di Risparmio di Verona, Vicenza e Belluno, Verona, 1973

M. Forcher, *Il Tirolo. Aspetti storici,* Wien, 1974

I. Coser, *Guida storico-culturale di Ala e frazioni,* nella rivista »I Quattro Vicariati«, 1975

G. Nones, *Storia di una ferrovia. La linea Mori–Arco–Riva del Garda,* Trento, 1975

G. Beggio, *Navigazione, trasporto, mulini sul fiume: i tratti di una tipologia,* in: »Una città e il suo fiume. Verona e l'Adige«, a cura di G. Borelli, iniziativa della Banca Popolare di Verona, Verona, 1977

I. Briano, *Storia delle Ferrovie in Italia,* 3 volumi, Milano, 1977

P. P. Brugnoli, *Il Paesaggio atesino dalla Chiusa a Castagnaro,* in: »Una città e il suo fiume. Verona e l'Adige«, a cura di G. Borelli, iniziativa della Banca Popolare di Verona, Verona, 1977

T. Fanfani, *L'Adige come arteria principale del traffico tra nord Europa ed emporio realtino,* in: »Una città e il suo fiume. Verona e l'Adige«, a cura di G. Borelli, iniziativa della Banca Popolare di Verona, Verona, 1977

U. Corsini, *Gli accordi De Gasperi-Gruber,* in: »Il Veltro«, settembre-ottobre 1977

Il Lombardo-Veneto (1815–1866) sotto il profilo politico, culturale, economico-sociale. Atti del Convegno, Mantova, 1977

U. Corsini, *La politica tedesca nell'Alpenvorland e l'atteggiamento delle popolazioni nelle tre province di Bolzano, Trento e Belluno,* in: »Fascismo, antifascismo e resistenza«, Trento, 1978

Il Lombardo-Veneto dal 1849 al 1866. Atti del Convegno, Padova, 1978

Il Lombardo-Veneto tra Risorgimento e Unità, a cura di G. Giusti, Mantova, 1978

K. Frischler, *Das Große Österreichische Eisenbahnbuch,* Wien, 1979

P. P. Saporiti, *Le stazioni del Regime,* in »Rassegna«, »Ferrovie dello Stato 1900–1940«, aprile 1979

H. Dultinger, *Die Brennerbahn – gestern heute morgen,* Rum, 1980

V. Jacobacci, *La piazzaforte die Verona sotto la dominazione austriaca 1814–1866,* iniziativa della Cassa di Risparmio di Verona, Vicenza e Belluno, Verona, 1980

M. Recchia, *80 anni di lavoro,* Verona, 1980

A. Casetti, *Giurisdizione di Königsberg-Montereale,* a cura della »Società di Studi Trentini di Scienze Storiche«, Trento, 1981

W. Dondio, *Bolzano e Dintorni,* Bozen, 1981

B. de Cesco, *Una città con le ghette – Verona belle époque (1882–1914),* Verona, 1981

Relazione del viaggio in Italia dello Scià di Persia Nasir ad-din nel 1873, a cura di L. Longo und E. Krüger, in: »Studi Trentini di Scienze storiche«, n. 3, Trento, 1981

Verona Zai – 1950–1980, di E. Ferriani und A. Felice, iniziativa del »Consorzio Zona Agricolo-Industriale«, Verona, 1981

La guerra di Volano. Appunti per la storia del paese dal 1880 al 1919, a cura dell'Amministrazione comunale di Volano, Trento, 1982

F. Laitempergher, *Atti di nascita urbanistica,* in: »Le piace Bolzano?«, fascicolo »Letture trentine e altoatesine«, n. 28–29, Trento, dicembre 1982

R. Bocchi, C. Oradini, *Trento,* serie »Le città nella storia d'Italia«, Roma-Bari, 1983

Immagine e struttura della città. Materiali per la storia urbana di Trento, a cura di R. Bocchi, C. Oradini, Roma-Bari, 1983

L. Mezzena, *La politica urbanistica del Comune di Trento durante l'amministrazione di Paolo Oss Mazzurana,* estratto da »Studi Trentini di Scienze Sociali«, Trento, 1983

E. Mori, *La ferrovia da Verona a Monaco di Baviera. Cronaca dei lavori del gruppo Ferroviario Internazionale »Brennerach-*

se« nel quadro del Piano regolatore delle ferrovie europee. 1971–1975, Cortona, 1983

G. Silvestri, *La Valpolicella,* iniziativa del »Centro di Documentazione per la storia della Valpolicella«, Verona, 1983

Venezia–Vienna, a cura di G. Romanelli, Milano, 1983

Angiolo Mazzoni (1894–1979), Architetto nell'Italia tra le due guerre, catalogo della mostra, Bologna, 1984

Bolzano centro storico, Bozen, 1984

G. Callin, *Un ponte per l'Europa. L'autostrada del Brennero,* Trento, 1984

G. Cornolò, G. Villan, *Binari nel passato. La Società Veneta Ferrovie,* Parma, 1984

Lotze, lo Studio fotografico 1852/1909, a cura di P. P. Brugnoli, Sergio Martinelli, Alberto Prandi, Verona, 1984

L. Mezzena, *Trento: la questione delle case operaie nella seconda metà dell'Ottocento,* estratto da »Storia Urbana«, Milano, 1984

Quel novembre dell '44, nel 40° della distruzione di Volargne, scritti e testimonianze raccolti da Policante, Dolcé, 1984

Rovereto, a cura di V. Crespi Tranquillini e P. Longo, Mori, 1984

Tedeschi, partigiani e popolazione nell'Alpenvorland (1943–1944), a cura dell'Istituto Veneto per la storia della resistenza, annata 1982/83, Venezia, 1984

Le Tranvie di Bolzano, a cura dell'Azienda Consorziale Elettrica di Bolzano e Merano, Bozen, 1984

D. Turrini, *L'autostrada del Brennero nella sua storia,* Trento, 1984

Verona. Panorama generale 1900–1944, Verona, 1984

B. Dal Lago, E. Locher, *Il Trentino Alto-Adige, una regione sconosciuta,* Roma, 1985

G. Faustini, *L'economia dell'Alto Adige tra le due guerre,* Trento, 1985

Storia della cultura veneta, vol. 6: »Dall'età napoleonica alla prima guerra mondiale«, Vicenza, 1986

B. Bertanza, *La sottostazione elettrica di Ala (S.S.E.),* in: »I Quattro Vicariati«, n. 6, 1986

G. Chiericato, *Un vecchio trenino: la ferrovia Verona–Caprino–Garda,* Boscochiesanuova, 1986

Venezia e la Germania, iniziativa della Banca Cattolica del Veneto, Milano, 1986

Verona. Panorama generale 1900–1944, Verona, 1986

M. Zambelli, *Ferrovie del Trentino. Cenni storici-divulgativi con particolare riguardo al distretto Ala/Avio,* nella rivista »I Quattro Vicariati«, n. 59, 1986

A. Bernardello, *Imprese ferroviarie e speculazioni di borsa nel Lombardo-Veneto e in Austria (1836–1847),* estratto da »Storia in Lombardia«, n. 3, 1987

L. Dal Rì, *Mori. Note storiche dalle origini alla fine della I. Guerra Mondiale,* Mori, 1987

M. Delladio, *Vapore in val di Fiemme,* Cortona, 1987

J. Dultinger, *150 Jahre Lokomotiv-Eisenbahnen in Österreich. Beiträge zur Österreichischen Eisenbahngeschichte,* Rum, 1987

Fortezza. 150 anni attraverso la storia della fortificazione di Francesco I., catalogo della mostra a cura di F. Schimenti, Franzensfeste, 1987

Karneid. Das Leben einer Gemeinde in Vergangenheit und Gegenwart, Karneid, 1987

M. Corsini, R. Lill, *Alto Adige 1918–1946,* Bozen, 1988

Z. O. Algardi, *Luigi Negrelli, l'Europa, il Canale di Suez,* Firenze, 1988

Comune di Bolzano, *PUC,* della serie »Quaderni del Piano Urbanistico Comunale«, n. 2, a cura di Marcello Vittorini, Bozen, 1988

G. Ennemoser, *Gossensaß, Brenner, Pflersch,* in Zusammenarbeit mit Alois Staindl und Karl Keim, Bozen, 1988

Fié allo Sciliar (Völs am Schlern), 888–1988 – Il paesaggio, la storia, i personaggi, l'arte e la cultura. Libro dedicato al millecentenario della prima menzione di Fellis (Völs), a cura di H. Vötter (Buch anläßlich der Tausendeinhundertjahrfeier zur ersten Erwähnung des Ortes Fellis), Völs, 1988

A. Gorfer, G. Gorfer, *La regione dell'Adige. Elementi per una storia urbana del Comprensorio C. 5 Valle dell'Adige,* Trento, 1988

M. Schweiggl, F. Hauser, *Bassa Atesina,* Bozen, 1988

R. Bocchi, *Trento. Interpretazione della città,* Trento, 1989

G. Cornolò, *Locomotive a vapore,* Parma, 1989

P. Dalla Battista, *L'officina Grandi riparazioni di Verona,* Verona, 1989

Ferrovie Italiane. Immagine del treno in 150 anni di Storia, a cura di P. Berengo Gardin, ediz. Ente Ferrovie dello Stato, 1989

A. Giuntini, *Ferrovie Italia. Bibliografia 1839–1989. Contributo alla formazione di una bibliografia sulle ferrovie,* supplemento a »Il Treno«, 1989

A. Kozlovich, *La ferrovia lombardo-veneta. La ferrovia Venezia–Verona dal progetto all'inaugurazione,* 1989

K. Mittermaier, C. Wild, *Val d'Isarco – Paesaggio e uomini. Impressioni.* ediz. Tappeiner, Bozen, 1989

F. Ogliari, P. Muscolino, *1839–1989. Centocinquant'anni di trasporti in Italia,* Milano, 1989

R. Petri, *Storia di Bolzano,* Padova, 1989

G. Poli, *L'Adige. Storia e Vita di un fiume,* iniziativa del Comune di Verona, Venezia, 1989

F. Pozzato, *Il treno in Pusteria,* Bozen, 1989

S. Puccio, *Origine e vicende della linea del Brennero,* in: »La Tecnica professionale«, settembre 1989

Il Veneto e l'Austria: vita e cultura artistica nelle città venete. 1814–1866. Catalogo della mostra nel Palazzo della Gran Guardia a Verona, Milano, 1989

E. Baumgartner, *Eisenbahnlandschaft Alt-Tirol, Verkehrsgeschichte zwischen Kufstein und Ala im Spannungsfeld von Tourismus, Politik und Kultur,* Innsbruck, 1990

Bolzano in cartolina – Die Stadt Bozen in den Ansichtskarten. 1890–1940, a cura di G. Sessa und F. Triggiani, Trento, 1990

Borgo Roma. Storia, immagini e ... curiosità. Itinerari didattici della scuola media statale Egidio Meneghetti di Verona, Verona, 1990

A. Chemelli, *Trento nelle stampe d'arte,* edizione a cura della Provincia Autonoma di Trento, Servizi Beni Culturali, Trento, 1990

G. Chiericato, *Tram, filobus ed autobus – La storia del trasporto pubblico urbano a Verona,* a cura di »Azienda Municipalizzata Trasporti AMT«, Verona, 1990

G. De Carli, C. Rossi, La »carrozza matta«. *Storia della ferrovia della Valsugana,* Trento, 1990

W. Dondio, *Guida allo studio dell'Alto Adige,* a cura della Provincia Autonoma di Bolzano, Assessorato all'Istruzione e Cultura in lingua italiana, Bozen, 1990

Le missioni militari alleate e la resistenze nel Veneto. La rete di Pietro Ferraro dell'OSS, a cura di C. Saonara, iniziativa dell'Istituto Veneto per la storia della Resistenza, ann. 1988/89, Venezia, 1990

Luigi Negrelli ingegnere e il canale di Suez, a cura di A. Leonardi, Atti del convegno internazionale svoltosi a Primiero dal 15 al 17 settembre 1988, edito a cura della »Società Studi Trentini di Scienze Storiche«, Trento, 1990

L'Arena – Il Giornale di Verona. Centoventicinquesimo anniversario 1866–1991, speciale a cura de »L'Arena«, Verona, 1991

L. Bosio, *Le strade romane della Venetia e dell'Histria,* Padova, 1991

C. Focacci, *Potenziamento linea a doppio binario Verona–Brennero,* in: »Quarry and Construction«, june 1991

B. Galvagni, L. Delpero, *Ferrovie e ferrovieri ad Ala. Ricerche e curiosità in merito alla presenza della ferrovia nella città di Ala,* nella rivista »I Quattro Vicariati«, n. 69, 1991

G. Stella, *Storia illustrata di Verona. Dai Visconti al XX secolo,* Verona, 1911

G. Tengler, *Vadena. Paesaggio e storia,* Bozen, 1991

L. Facchinelli, *La prima ferrovia nel Veneto. Storia della strada ferrata da Marghera a Padova a 150 anni dalla costruzione,* Venezia, 1992

Linee ferroviarie Monaco–Kufstein–Brennero–Bolzano–Verona, numero speciale della rivista »Tutto Treno«, Albignasego (PD), luglio-agosto 1992

L. F. Montanari, *L'asse ferroviario del Brennero,* in: »La Tecnica professionale«, dicembre 1992

Mori formato cartolina. Antologia per immagini d'epoca 1897–1950, a cura della Biblioteca Comunale di Mori, Mori, 1992

E. Perathoner, *La Ferrata de Gherdëina – Die Grödner Bahn,* Bozen, 1992

Un tempo e oggi. Ritratti del territorio, F.lli Alinari, Firenze, 1992

Vahrn – Heimat zwischen den Welten, Vahrn, 1992

O. Zöggeler, L. Ippolito, *L'architettura per una Bolzano Italiana,* Lana, 1992

Karl von Etzel – der bekannte Unbekannte, in: »Präsent«, Nr. 37, 10. September 1992

125 Jahre Brennerbahn, herausgegeben von der Österreichischen Bundesbahn, Bundesbahndirektion Innsbruck, 1992

Signori, in carrozza! Un viaggio di 150 anni nella storia delle ferrovie venete e friulane 1842–1992, supplemento de »Il Gazzettino«, 1992

La ferrovia del Brennero, numero speciale della rivista »Mondo ferroviario«, prima parte a cura di A. Ditterich, A. Muratori, R. Cocchi, Desenzano del Garda, giugno 1992

La ferrovia del Brennero, numero speciale della rivista »Mondo ferroviario«, seconda parte a cura di A. Ditterich, A. Muratori, Desenzano del Garda, febbraio 1993

G. Chiericato, R. Rigato, *Un vecchio trenino. La ferrovia Verona–Caprino–Garda,* Verona, 1993

J. Fontana, *Neumarkt. Ein Beitrag zur Zeitgeschichte des Unterlandes,* Bozen, 1993

Gemeindebuch Lajen – Raum und Mensch im Wandel der Zeit, Lajen, 1993

S. Nave, *50° L'offensiva aerea alleata. Le missioni alleate e la resistenza del Veneto 1943–1945,* Padova, 1993

H. J. Rosenberger, C. Rosenberger, *Le ferrovie in Sudtirolo,* Bozen, 1993

Rovereto 1940–1945. Frammenti di un'autobiografia della città, a cura di D. Leoni und F. Rasera, Rovereto, 1993

In Treno verso l'Europa, a cura di M. Peliti und P. Spila, Roma, 1993

Brixen 1867–1882. Die Aufzeichnungen des Färbermeisters Franz Schweighofer, Bozen-Wien, 1994

Bronzolo ed il suo cammino – Branzoll und seine Entwicklung, Branzoll, 1994

U. Corsini, *Problemi di un territorio di confine. Trentino e Alto Adige dalla sovranità austriaca all'accordo De Gasperi-Gruber,* Trento, 1994

Documenti fotografici. Serie di mostre della ditta Durst sulla fotografia nel Tirolo, 1 – Transito – Il superamento della barriera alpina nella fotografia, ediz. Durst, Brixen, 1994

E. Gaspari, *La ferrovia delle Dolomiti, Calalzo–Cortina d'Ampezzo–Dobbiaco, 1921–1964,* Bozen, 1994

Linea Verona–Brennero – Galleria Sciliar tra Prato Tires e Ponte Gardena, a cura delle Ferrovie dello Stato SpA, Bologna, 1994

La stazione di Trento di Angiolo Mazzoni, della serie »Quaderni di architettura«, Electa, Milano, 1994

Storia del Trentino, a cura di Sergio Benvenuti, vol. I: »Periodizzazione e cronologia politico-istituzionale«, Trento, 1994

G. M. Tabarelli, *Strade romane nel Trentino e nell'Alto Adige,* Trento, 1994

Außerdem werden im Text Nachrichten und Artikel folgender Zeitungen zitiert:

Alto Adige, Annali Universali di Statistica, L'Arena, Bollettino Ufficiale delle FS, Eisenbahn Zeitung, La Gazzetta di Trento, Il Brennero, Mondo Ferroviario, Orario Ufficiale delle FS, Tutto Treno, Voci della Rotaia ...

Die Bibliographie, die im weiteren Sinne die Verkehrsverbindungen längs der Achse Verona–Brenner behandelt, ist äußerst umfangreich.

Das vorliegende Literaturverzeichnis richtet sich nach folgenden Interessengebieten:

– Beschreibung der Veroneser, Trentiner und Südtiroler Gebiete und die Geschichte dieser Regionen,
– Geschichte der einzelnen Bahnstationen an der Linie Verona–Brenner,
– Entwicklung der Verkehrsverbindungen und Transportbedingungen
– Geschichte der Eisenbahn und Architektur der Bahnhöfe,
– die Ereignisse in den zwei Weltkriegen.

Die angeführte Bibliographie bildet die Grundlage zu diesem Buch. Zusätzlich haben Materialien und Informationen aus verschiedenen Archiven (insbesondere aus den Archiven der Staatsbahndirektion FS von Verona, Bozen, Venedig und Rom), Gespräche mit Fachleuten und Zeitzeugen, Besichtigungen vor Ort und persönliche Erkundung der Bahnstationen und Haltestellen einschließlich der stillgelegten in das Werk Eingang gefunden.

Die Autorin dankt allen, die durch ihr Wissen und ihre freundliche Hilfsbereitschaft eine umfangreiche Materialsammlung und die Verwertung entsprechender Informationen, Hinweise und Anregungen ermöglichten.

Besonderer Dank gebührt:

Tiziano Berté aus dem Kriegsmuseum von Rovereto, Dr. Günther Ennemoser aus Gossensaß, Dr. Ermanno Filippi aus dem Gemeindearchiv der Stadt Bozen, Prof. Andrea Leonardi der Universität Trento, Architekt Bruno Pedri aus Salurn, Dr. Manfred Schuh aus der Bibliothek der ÖBB in Wien, Wilfried Spatzek, Vertreter der ÖBB am Brenner, Michele Zocca, Sandro Guarnieri und Architekt Luigi Coeli aus der »Direzione FS« von Verona, Radamés Pandini vom »Servizio Potenziamento e Sviluppo FS« in Bozen, Prof. Alessandro Muratori aus Mantua und Rag. Fabrizio Baroni aus Mestre.

Dank gebührt überdies folgenden Institutionen, die in ihrem Besitz befindliche Materialien zum Nachdruck zur Verfügung stellten:

Tiroler Landesmuseum Ferdinandeum, Innsbruck: Seite 10, 11,

Archivio Provincia Autonoma di Trento: Seite 15, 60, 61, 112 (unten), 114, 115, 121 (r.), 123, 127, 128, 129, 131, 132, 140

Biblioteca Comunale – Trento: Seite 27, 55, 62, 125, 136

Biblioteca Civica – Verona: Seite 50, 148, (l.)

Museo Correr – Venezia: Umschlag (3. SW-Bild v. o. n. u.), Seite 7, 31, 35, 106, 153

Biblioteca Marciana – Venezia: Seite 18, 19

Archivio FS Verona: Seite 21, 24, 25, 48, 81, 94, 95, 96, 97, 101 (u. l.), 103, 109 (r.), 112 (o.), 116, 117, 118, 119

Archivio FS Bozen: Seite 28 (o.), 77, 78, 157

Archivio FS Venezia: Seite 66, 67, 80 (o.), 87 (l.), 89 90, 91 (o.)

Archivio FS Roma: Seite 99, 194, 197

Gemeindearchiv Waidbruck: Seite 80 (u.), 168

Gemeindearchiv Klausen: Seite 83, 169, 171, 172

Gemeindearchiv Franzensfeste: Seite 178, 179

National Archives – Washington: Seite 72, 73, 74

Weitere Angaben konnten dank der freundlichen Unterstützung und Hilfsbereitschaft der Besitzer folgender Sammlungen verwertet werden:

Sammlung Gotthard Andergassen, Bozen: Seite 51, 70, 155, 158, 159, 161 (u.)

Sammlung Ferruccio Barazzuti, Trento: Seite 68

Sammlung Giovanni Buio, Ceraino: Seite 12, 59, 64, 101 (u. r.), 110

Sammlung Günther Ennemoser, Gossensaß: Seite 53

Sammlung Mario Forni, Trento: Seite 28 (u.), 49, 113, 142 (o.), 154, 161 (o.)

Sammlung Peter Hasler, Freienfeld: Seite 183

Sammlung Hartmann Lentsch, Branzoll: Seite 32, 33, 39, 40

Sammlung Reinhold Nössing, Brixen: Seite 192 (u.)

Sammlung Francesco Pozzato, Bassano: Umschlag (2. SW-Bild v. o. n. u.), Vorsatz

Sammlung Maria Putzer, Franzensfeste: Seite 177

Sammlung Renzo Zanardi, Verona: Umschlag (1. und 4. SW-Bild v. o. n. u.), Seite 44, 85, 87 (r.), 91 (u.), 92, 101 (o.)

Archiv March, Brixen: Seite 46, 175

Sammlung Bahnhof Mezzocorona: Seite 142 (u.)

Privatsammlungen: Seite 30, 37, 42, 43, 57, 65, 93, 107, 192 (o.)

Die Fotos, welche die heutige Brennerlinie zeigen, stammen von:

Laura Facchinelli: Seite 102, 105, 109 (l.), 121 (l.), 122, 134, 135, 138, 143, 147, 148 (r.), 150, 162, 163, 165, 173, 181, 184, 187, 189, 198, 204

Cinzio Gasparini: Seite 69

Alessandro Muratori: Umschlag (Farbbild), Seite 9, 22, 144, 185, 191, 199, 207

Norbert Steiner: Seite 167, 201, 202

Die Genehmigung für die Wiedergabe der Fotos der Luftangriffe wurde vom britischen Verteidigungsministerium am 7. Juni 1991 erteilt.